洛陽流散唐代墓誌彙編三集

上

毛陽光　主編

國家圖書館出版社

圖書在版編目 (CIP) 數據

洛陽流散唐代墓誌彙編三集：全二册 / 毛陽光主編 .—北京：國家圖書館出版社，2023.2

ISBN 978-7-5013-7300-0

Ⅰ. ①洛…　Ⅱ. ①毛…　Ⅲ. ①墓誌-彙編-中國-唐代　Ⅳ. ① K877.45

中國版本圖書館 CIP 數據核字 (2021) 第 144271 號

書　　名　洛陽流散唐代墓誌彙編三集（全二册）
著　　者　毛陽光　主編
責任編輯　景　晶
責任校對　宋丹丹　霍　瑋
裝幀設計　愛圖工作室

出版發行　國家圖書館出版社（北京市西城區文津街7號　100034）
（原書目文獻出版社　北京圖書館出版社）
010-66114536　63802249　nlcpress@nlc. cn（郵購）
網　　址　http://www. nlcpress. com
排　　版　京荷（北京）科技有限公司
印　　裝　河北三河弘翰印務有限公司
版次印次　2023年2月第1版　2023年2月第1次印刷

開　　本　787×1092　1/8
印　　張　100
字　　數　950千字
書　　號　ISBN 978-7-5013-7300-0
定　　價　1380.00圓

編輯委員會

國家社科基金項目『2000年以來流散唐代墓誌的整理與研究』（19BZS004）階段成果

國家社科基金重大項目『新出土墓誌與隋唐家族文學文獻整理與研究』（21ZD270）階段成果

2020年河南省高校哲學社會科學創新團隊『河洛古代特色文獻整理與研究』（2020-CXTD-04）資助成果

2014年河南省高校科技創新人才（人文社科類）項目成果

洛陽師範學院河洛文化科研平臺專項資助成果

前言

本書是此前出版的《洛陽流散唐代墓誌彙編》（以下簡稱《彙編》）、《洛陽流散唐代墓誌彙編續集》（以下簡稱《續集》）的第三集（以下簡稱《三集》），收入的仍是從二十世紀九十年代以來洛陽周邊地區出土，流散民間的唐代墓誌拓本資料。近年來，隨着各級政府對文物保護力度的加大，相關措施的積極推進，洛陽周邊地區古墓遭受盜掘的現象大爲減少。筆者近年最深切的感受就是能够寓目的新出土唐墓誌數量大爲減少，這是非常令人欣慰的。但與此同時，還必須認識到，仍有大量此前出土的唐代墓誌流散民間，而零星出土的唐墓誌亦時常可見，需要我們去細緻地查訪并加以整理。《三集》中所收入的三百五十七方墓誌資料，都是筆者近年來多方搜集而來的拓本。其中部分已經出版過，但相關資料并不全面。如一些墓誌誌蓋未備，或圖版不够清晰，或無標點録文等，本書在一定程度上彌補了這方面的缺憾。如《柳二娘墓誌》《裴向墓誌》《裴向妻盧氏墓誌》《李朝弼墓誌》《李朝弼妻鄭氏墓誌》《李亞封墓誌》等此前雖已有刊布，但均無誌蓋，而本書中則附有誌蓋。此外，本書所收墓誌相當部分都是未曾刊布的新資料，均爲新見唐代文獻。尤其值得一提的是，本書中收入的多數墓誌都是多年前出土，之後就流散到各地。其中部分被私人以及民營博物館徵集，我們之前對此一無所知。通過本書的整理，我們可以再次領略洛陽出土唐代墓誌豐富的文獻價值與藝術價值。

本書收入墓誌中有不少是唐代知名官員與文人的作品，許多此前未曾刊布。如劉禕之、賀敳合撰《張大素墓誌》，張敬之《楊行表墓誌》，宋璟《裴敬道墓誌》，席巽《來珪墓誌》，趙冬曦《張待問墓誌》，趙不疑《仇克義墓誌》，劉同昇《趙駿墓誌》，盧僎《崔日用妻韋氏墓誌》，裴敦復《謝權墓誌》，賈彦璋《許奉基墓誌》，崔珪《李昌庭墓誌》，蔡瑋《趙文晉墓誌》，鄭虔《李璩墓誌》，蕭昕《薛家丘墓誌》，李紓《崔渙墓誌》，穆員《崔渙墓誌》，穆質《裴曼墓誌》，盧杞《盧楹墓誌》，裴諝《韋微妻裴真墓誌》《盧華墓誌》，苗丕《裴諝墓誌》，劉執經《崔堅墓誌》，杜黄裳《李充墓誌》，張賈《李充妻盧氏墓誌》，姚勗《姚韞墓誌》《姚珏墓誌》，路隋《房宙墓誌》，盧弘宣《盧濰墓誌》，鄭愚《宇文忞妻劉夫人墓誌》，高璩《高少逸墓誌》，崔用怨《李珪墓誌》，苗恪《盧含墓誌》，楊收《楊乘墓誌》，劉鄴《高璩墓誌》，陸墉《陸勲墓誌》，鄭仁表《李珪夫人鄭氏墓誌》等等，這些唐人文字除穆員《崔渙墓誌》外，均未傳世。

唐代知名官員有肅宗時期宰相崔渙的墓誌，崔渙《舊唐書》卷一〇八、《新唐書》卷一二〇有傳。本書收入其兩方墓誌：一方是崔渙大曆三年（七六八）十二月在道州去世後，大曆五年（七七〇）二月歸葬洛陽邙山時李紓所撰；另一方則是穆員所撰，貞元七年（七九一）十月崔渙與妻鄭氏、繼妻李氏的合葬墓誌。墓誌内容注重對崔渙家世的推崇，重點刻畫其在安史之亂時迎謁玄宗，輔佐肅宗安定江南，代宗朝揭露元載專權等情況，可以與兩《唐書》内容相參證。其中穆員所撰墓誌有傳世文本，見於《全唐文》卷七八四[一]。對比二者内容，大體一致，可見傳世文本在流傳過程中基本保持了文本的原貌。稍大的差异如傳世文本中涉及崔渙表字以及夫人享年與卒年等資料都以某年、若干等方式刻意掩飾掉了，這應該是保持了穆員所撰文字的最初狀態，而石本體現的則是墓誌製作完成之後入土時的樣貌。再如其二夫人與崔渙合葬時間，墓誌原文爲貞元七年（七九一），而傳世文本誤爲貞元元年（七八五），當爲傳抄致誤，當以墓誌爲準。此外，墓誌原文記述崔渙在代宗朝的作爲有『綱紀中朝』幾個字，而傳世文本中没有，或許爲喪家所加。此外，還有一些在用字上的小差异，主要是字形接近導致傳世文本的誤寫，還有一些衍字和漏字的情況。可以看出墓誌文本在轉化過程中的

[一]（清）董誥《全唐文》卷七八四《相國崔公墓誌銘》，中華書局一九八三年，第八一九二至八一九三頁。

一些變化，既有人爲原因，也有客觀原因存在，也説明了新出墓誌對於傳世文獻校勘的重要作用。這是繼《李密墓誌》《張説墓誌》《李虛中墓誌》《苗蕃墓誌》《李濤墓誌》《閻用之墓誌》《劉濟墓誌》《竇牟墓誌》《李纁墓誌》《段夫人墓誌》《獨孤申叔墓誌》《崔蹈規墓誌》之後，新見的石本與傳世文本共存的又一例，對於我們研討唐代墓誌文獻石本與紙本的轉化過程有重要的意義[一]。

中唐官員裴諝夫婦墓誌共三方，均爲近年偃師緱氏鎮新出土唐墓誌。高宗與武后之子李弘的恭陵就位於這裏，這裏也是中晚唐時期洛陽的一處葬地，本書中收入一定數量此地所出唐墓誌。裴諝其人，《舊唐書》卷一二六、《新唐書》卷一三〇有傳，記載比較細緻。正史傳記的撰寫或許參考過苗丕所撰《裴諝墓誌》，二者可以相互參證。巧合的是，本書還收入裴諝撰寫的其女《韋微妻裴真墓誌》。

《李充墓誌》《李充妻盧氏墓誌》爲早年出土於洛陽萬安山，之後流散到山東地區的兩方夫妻誌，且分藏不同的機構。筆者二〇一九年搜集到《李充墓誌》拓本。李充其人兩《唐書》僅有零星記載，《唐文續拾》中收入其《法玩禪師塔銘》，有極簡的小傳。李充就是貞元十一年（七九五）四月被裴延齡構陷，與陸贄同時被貶者中的一員，時任京兆尹。由杜黄裳撰寫的《李充墓誌》詳細記載了其生平與仕宦情况，尤其是楊綰的延譽，輔佐盧翰、蕭復出使，在京兆尹任上的政績等，使我們對這位能吏有更全面的認識。墓誌也能够糾正《新唐書·宗室世系表上》相關記載的錯誤。機緣巧合，二〇二一年筆者又搜集到《李充妻盧氏墓誌》拓本，使得夫妻二人墓誌拓本得以在本書中合璧，亦是快意之事。巧合的是，李充父李椅、母元遥的合祔墓誌以及其弟李直妻崔眉墓誌之前也已出土，均藏洛陽師範學院河洛古代石刻藝術館，其拓本已編入《新中國出土墓誌·洛陽師範學院卷》，即將出版。

晚唐宰相高璩墓誌近年在洛陽伊川出土。高璩其人，《舊唐書》卷一七一附其父高元裕下，『元裕子璩，登進士第。大中朝，由内外制歷丞郎，判度支。咸通中，守中書侍郎、平章事』，僅數十字。《新唐書》卷一七七傳記稍詳，載其超登翰林學士，爲相月餘，因結交非類，得丑謚等事，貶詞甚多。而墓誌二千餘字，詳細記載其家世、早年的聰穎、科第的榮耀、白敏中的知遇之恩、大中時期仕途的順暢、節度東川的政績、咸通年間的位極人臣及備極哀榮的葬事，多方面稱贊了高璩的能力和政績。墓誌爲劉鄴撰，裴璩書。儘管劉鄴早年受高璩伯父高少逸及高璩兩代人的恩遇，爲高璩撰誌難免溢美，但誌文仍能够提供非常豐富的史料，極大地補充傳世文獻的闕失。此外，高璩伯父高少逸墓誌二〇二〇年也在伊川出土，墓誌由高璩撰文，已收入本書。

高宗時期著名史官張大素，本人是唐初功臣張公謹第二子，一生著作宏富，《舊唐書·經籍志》《新唐書·藝文志》都著録其大量的史書著作。然其人《唐書》雖有列傳，但記載極爲簡略。如《舊唐書·張大素傳》載：『龍朔中歷位東臺舍人，兼修國史，卒於懷州長史。撰《後魏書》一百卷、《隋書》三十卷。』[二] 其家族情况，《新唐書·宰相世系表》記載魏郡張氏這一系僅從張公謹開始。對此，葉國良、趙超先生均利用早年出土張氏家族碑誌資料，如《張忱墓誌》《張惇墓誌》及張大素子《張愃墓誌》已經有所彌補[三]。本書則收入由劉禕之撰序，賀敳撰銘的墓誌。墓誌記載其曾祖敢之，『後魏恒州刺史、凉州大中正、西平縣公』，較此前的記載更爲細緻。墓誌還全面記述了張大素的人生際遇，詳細列舉了他在高宗顯慶年間擔任史官參與著書的經歷，以及在著史方面輝煌的成就。如參與編纂《累璧》《瑶山玉彩》，『奉詔修武德以來起居注』。『載

[一] 據筆者所見，尚有張説《張鷟墓誌》、柳宗元《崔敏墓誌》還未公開刊布。

[二] （後晋）劉昫《舊唐書》卷六八《張公謹傳附張大素傳》，中華書局一九七五年，第二五〇七頁。（宋）歐陽修、宋祁《新唐書》卷八九《張公謹傳》，中華書局一九七五年，第三七五六頁。

[三] 葉國良《唐代墓誌考釋八則》，《臺大中文學報》第七期，臺灣大學中國文學系一九九五年四月。收入氏著《石學續探》，大安出版社一九九九年，第一一五至一一八頁；趙超編著《新唐書宰相世系表集校》卷二《張氏》，中華書局一九九八年，第三二五至三二六頁。

因緝務之餘，專以著書爲業。撰《後魏齊隋史》，合爲一百六十卷。采古今名言，爲《説林》二帙。後以《遍略》曠而蕪，《類苑》狹而淺。删其繁雜，廣其條流，成六百卷，題爲《册府》。又續《家傳》七篇。所製雜文廿卷』。據兩《唐書》的記載，張大素撰輯《策府》五百八十二卷，而據《墓誌》，應爲《册府》，傳世文獻均誤。該墓誌也是新見的一方唐人合撰墓誌。撰文者劉禕之，高宗、武后時期著名文人、宰相。近年來其撰文碑刻墓誌多有出土，其墓誌亦在洛陽出土，已收入《彙編》。撰銘者賀敳，時任司文郎中、太子侍讀、右贊善裏行、崇賢館學士，《全唐詩》僅存詩一首。此外，《彙編》一五〇還收録有張大素侄、張大安子《張涚墓誌》，可以參看。

盛唐時期詩人丁仙之，以往《全唐詩》《舊唐書》等傳世文獻中均誤爲丁仙芝[一]。此前，程章燦考釋洛陽出土的《陸廣成墓誌》時已經注意到『前國子進士丁仙之撰』的題署與傳世文獻的差异，判定二人爲同一人[二]。楊瓊、胡可先亦指出『「之」與「芝」孰是孰非，未敢遽定』。而新出《丁仙之墓誌》明確記載『公諱仙之，字冲用，丹楊郡丹楊縣人也』，與《陸廣成墓誌》可以相印證。這樣，關於丁仙之名字的争議可以定讞。墓誌還記載：『公在弱年，美姿儀，習文史，尤長詩賦。自國子生進士高第，有盛名於天下。』墓誌詳細記載了詩人的家世與仕宦情况，使我們對這位『位遇不達』詩人的人生經歷有更深入的瞭解。

楊乘也是晚唐時期著名的詩人，而事迹傳世文獻記載極爲簡略。《舊唐書》卷一七七《楊發傳》後附有其小傳，僅記載：『亦登進士第，有俊才，尤能爲歌詩，歷顯職。』計有功《唐詩紀事》卷四七則記載：『乘，宣宗大中初登第，官終殿中侍御史。』[三]《全唐詩》卷五一七楊乘小傳也主要是據以上兩書資料而成。本書收入的楊乘墓誌爲其叔父、咸通時期任宰相的楊收所撰，記述楊乘生平及仕宦情况甚詳。墓誌記載：『乘筆爲詩，才調峭拔不近凡語，自得境趣，凡所著千餘篇。』這與文獻記載吻合，也使得我們對於楊乘的詩歌造詣有了更爲全面的認識。而《全唐詩》存詩僅五首，也令人扼腕。墓誌記載，楊乘於咸通四年（八六三）去世，時年四十三歲，可謂英年早逝。就其宦迹而言，殿中侍御史是其在嶺南任幕職時的憲職，并非實授。而且，楊乘官終膳部員外郎，且任職時間較短暫。雖然已經位至郎官，但與傳世文獻記載『歷顯職』明顯不符。

本書還收録了晚唐筆記小説《陸氏集異記》的作者陸勳墓誌。《集異記》在《郡齋讀書志》《宋史·藝文志》中均有收録。李劍國據《元和姓纂》《舊唐書》以及唐詩中的零星記載有過細緻考證，但由於資料所限，我們對陸勳的情况所知不多[四]。而墓誌對於陸勳早年易學及釋教方面的造詣、進士及第以及仕宦履歷均有詳細的記載，多可以和傳世文獻相參證。尤其是其被諸多顯宦延聘入幕，任左補闕、起居郎以及河南令時期履職盡責，受到賢相推重的描述，勾畫了一位有才情，又守正不撓、盡職盡責的循吏形象。而墓誌中對於陸勳早年學習經歷的記載，也可以窺知《集異記》産生的背景。

有關唐代文學方面的重要史料，本書中的《李珪墓誌》《李珪夫人鄭氏墓誌》均值得重視。李珪是文宗大和六年（八三二）狀頭，其名見《登科記考》卷二一，但未見相關資料。墓誌詳細記載其科第及生平宦迹，如其早年潛心磨礪，『初以秀才詣春官試，專退自勵，不務輕得。由是名聲籍甚於公卿間。……登進士科，序次果居第一』。其與鄭魯之間的交往。之後跟隨李固言、牛僧孺、蕭俶等人，後官至郢州刺史。李珪無子，以侄孫李巨川繼嗣，亦爲晚唐著名文人，《舊唐書·文苑傳》《新唐書·叛臣傳》有傳。但《舊唐書》列傳僅僅提到其生父李循，未見李珪。而墓誌則指出其承繼叔祖李珪爲嗣子，并提及巨川生父李循及母崔氏的情况，亦可推知李巨川生年，對李巨川早年經歷有補充。

〔一〕楊瓊、胡可先《新出墓誌與〈丹陽集〉詩人考辨》，《陝西師範大學學報》二〇一四年三期。

〔二〕程章燦《陸廣成墓誌考》，《考古》一九九五年第十期。

〔三〕（宋）計有功撰，王仲鏞校箋《唐詩紀事校箋》卷四七《楊乘》，中華書局二〇〇七年，第一六一三頁。

〔四〕李劍國《唐五代志怪傳奇叙録》，南開大學出版社一九九三年，第八三四至八三五頁。

有趣的是，《李循墓誌》已收入《續集》三五七，而撰文者正是李珪，撰誌時其職爲『朝議郎守郢州刺史』。衹是當時由於《李循墓誌》拓本題署處『珪』字極細，誤爲李玨。據《墓誌》可知，李循是李珪兄李璦之長子，早年喪父。其後一直跟隨李珪，李珪爲其婚娶崔逢女，教授其文章。大中八年（八五四）進士及第後，又追隨李珪到郢州，但該年末即在郢州去世。李珪在大中九年（八五五）閏四月將其歸葬洛陽偃師北原。李循留下二女一子，子岳郎，即後來的李巨川。

《李珪夫人鄭氏墓誌》文學價值也不容小覷，該墓誌爲鄭仁表撰。鄭仁表是武宗朝宰相鄭肅之孫，其事附兩《唐書·鄭肅傳》。鄭氏即李珪妻、鄭仁表姑母。文中記載：『始，文簡公（鄭肅）以狀頭昇第，而門户家未嘗有。姑夫能繼之。』則鄭氏與李氏爲兩個科第狀元之家的聯姻。按《登科記考》，鄭肅元和三年（八〇八）登第，此年狀頭爲柳公權，然墓誌明確記載鄭肅爲狀頭。則徐松當年所據《唐語林》『柳公權擢第，首冠諸生』，即認定柳公權爲是年狀元，應該有誤。正史中記載，鄭仁表『文章尤稱俊拔』，『自謂門地、人物、文章具美，嘗曰「天瑞有五色雲，人瑞有鄭仁表」』。衹是由於當年輕慢劉鄴，咸通末年劉鄴爲相時，貶死嶺外。值得注意的是，墓誌文字撰寫時間已是乾符六年（八七九）年末，此時鄭仁表的職務是將仕郎、殿中侍御史内供奉，而此時劉鄴早已罷相，鄭仁表貶死嶺外之説恐非史實。此外，《墓誌》文字中亦涉及其表弟李巨川，并述説其名字中『巨』『川』二字的來源，分别與鄭魯、鄭洎有關聯，亦爲晚唐文人軼事。鄭仁表文章《全唐文》僅收有《孔紓墓誌》一篇，此爲二見。

本書此次還收入了洛陽偃師新出土的盛唐隸書名家史惟則撰寫的《裴系墓誌》。近年來，史惟則書丹的墓誌在陝西西安多有出土，其中就有《韋元甫墓誌》《辛旻墓誌》《常君夫人竇氏墓誌》[一]。而洛陽以往最爲知名的史惟則作品，則是收藏於洛陽博物館的《管元惠碑》。目前所見的史惟則作品中，《大智禪師碑》《管元惠碑》均完成於開元後期，而《韋元甫墓誌》《辛旻墓誌》《常君夫人竇氏墓誌》則完成於大曆年間。而《裴系墓誌》書丹於天寶六載（七四七）十一月，這填補了天寶中期史惟則書法作品的空白，也可以窺見史惟則書法藝術的發展與演變。而對於史惟則這一時期的仕宦情況，開元末至天寶初年史惟則曾帶職伊闕縣尉、伊闕縣丞。天寶四載（七四五）時爲陽翟縣尉，而爲此墓誌書丹時，史惟則帶職爲陽翟縣丞，可以和天寶七載（七四八）史惟則書寫的《曹溪能大師碑》署名的『河南陽翟縣丞史惟則八分書』相對應，增加我們對史惟則天寶中期職官遷轉情况的認識。本書中還有薛希昌書《鄭融墓誌》，薛希昌是盛唐隸書名家，傳世名碑有《有唐濟瀆之記》。席巽是盛唐知名的書法鑒藏家，竇臮《述書賦》稱其『心專務得，家業或遺』。本書收入其書《來珪墓誌》，《續集》亦曾收入其書《張敬輿墓誌》。

中古時期，隨着高門士族中央化趨勢的加劇，大量門閥士族集中居住在長安與洛陽，身後也安葬於此，形成規模巨大的家族墓地。而在洛陽也形成了邙山、首陽山、萬安山等大族較爲集中的葬地。但由於以往絶大多數墓誌爲不同時期盜掘出土，或者雖同時出土但同一家族成員的墓誌流落四方，分散收藏於各地。因而本書非常重視這類墓誌資料的系統收集與整理，儘量將有血緣、婚姻關係的墓誌集中刊布，以便利相關問題的研究。如本書收入的《鄭融墓誌》《鄭老彭墓誌》《鄭叔度墓誌》以及《崔翹墓誌》《崔巽墓誌》《崔師蒙墓誌》均爲安葬在洛陽城南萬安山的五姓大族墓誌，反映出當時高門士族聚葬洛陽萬安山的喪葬文化風氣。此外，萬安山的姚崇家族墓地近些年來慘遭盜掘，除《姚懿墓誌》《姚崇妻劉氏墓誌》《姚伾墓誌》《姚侑墓誌》被洛陽文物考古研究院、千唐誌齋徵集之外，其餘均散落民間。《彙編》《續集》已經收入多方，本書又收入新見的《姚韞墓誌》《姚珏墓誌》《姚璩墓誌》。再如《盧倕墓誌》《盧倕妻鄭氏墓誌》《盧抒墓誌》爲安葬於偃師首陽山的盧氏家族墓誌，《李朝弼墓誌》《李朝弼妻鄭氏墓誌》《李儹墓誌》爲安葬在龍門的家族墓誌。《裴謂墓誌》《裴謂妻盧華墓誌》《裴謂妻韋婉墓誌》則爲安葬於緱氏縣小宋原的夫妻墓誌。此外，本書也儘量將同一家族的墓誌囊括其中，如《孫儆妻王正真墓誌》《孫守謙墓誌》《孫默識墓誌》，儘管安葬地點不同，但均爲高宗宰相孫處約的子孫輩，《吕思悊墓誌》《吕獻臣墓誌》

〔一〕前二誌的研究參金鑫《新見唐史惟則書〈韋元甫墓誌〉〈辛旻墓誌〉考釋》，《中國書法》二〇一七年六期。

與《李昌庭墓誌》《李惟友墓誌》以及《李思節墓誌》《李璩墓誌》均爲父子墓誌。其他一些墓誌，也與《彙編》以及《續集》的内容相銜接，如本書收入的《薛家丘墓誌》《薛家丘妻盧氏墓誌》，就是《續集》中《薛鄭賓墓誌》誌主之子與媳。《崔日用妻韋氏墓誌》中韋氏是《續集》收入《崔日用墓誌》誌主玄宗宰相崔日用之妻。而《張埱妻李氏墓誌》，則是《續集》中所收《張埱墓誌》誌主之妻。《裴敬道墓誌》之誌主裴敬道即爲《續集》所收《裴友直妻封氏墓誌》中裴友直之父，這些墓誌均出自萬安山北麓。本書收入的《司馬象墓誌》，就是《續集》中所收《司馬邵墓誌》《司馬翥墓誌》二位誌主之兄，三方墓誌均爲隸書，書法嚴謹秀麗，紋飾精美，體量碩大。均爲開元三年（七一五）十月安葬於河陽縣嶺山時製作，也是隋唐時期河内司馬氏家族重塑家族郡望的舉措之一。再如本書中的《張知孝墓誌》《張知禮墓誌》《張承敬墓誌》，均爲豫西靈寶地區隋末名將張須陀家族墓地出土的墓誌，張須陀墓誌已經收入《彙編》。前二人爲張須陀之孫，張承敬爲張知禮之子。三人與張須陀均爲景雲二年（七一一）二月遷葬到閿鄉縣桃林鄉原的。這一點，讀者在閲讀時可以多加關注。

中古時期的洛陽一直是這一時期絲綢之路上重要的節點城市，自北朝以來就有大量來自中亞粟特地區的粟特商人居住於此。此前洛陽唐墓已經出土了大量相關墓誌，《彙編》與《續集》皆有收録。此次本書又收録了《米支畢夫人墓誌》《石磨咄墓誌》《安元貞墓誌》等粟特人後裔墓誌。其中《米支畢夫人墓誌》較爲典型。米支字野那，野那是粟特胡人男女中非常常見的胡名，洛陽出土唐代石塔題記中就有『石野那』。其語源據考證爲yʾnʾkk，意爲『最喜歡的人』。其夫人畢氏，也是來自中亞畢國胡人的後裔。『生也蕃服，家於上都』則説明米支是這一時期歸附唐朝的米姓胡人，之後他被唐朝授予游擊將軍、果毅都尉。晚年的米支夫婦居住在洛陽從善里。夫妻二人開元天寶之交卒於洛陽，安葬在洛陽城南的龍門原。有意思的是，其子米守一，『邦之象胥，導四國之言無私，□九賓之儀有叙』。象胥出自《周禮》，指接待外國使臣的外交譯員。則其應該是唐朝政府的譯語人，負責外交中的翻譯工作。可見其父子入唐時間并不長，米守一具有較强的語言能力，故而能够勝任唐朝政府的對外交流工作。這也是繼《米欽道墓誌》之後，洛陽出土的第二方中亞米姓胡人的墓誌。《石磨咄墓誌》二〇一九年左右出土於洛陽吉利區，目前流散民間。墓誌雖稱其『范陽人』，但從家族情況來看，『曾恒裕，皇朝左衛中郎、麗州都督。祖希昂，皇朝銀青光禄大夫、上柱國兼朔方節度副使。父奉超，皇朝游擊將軍兼試殿中監』。其曾祖石恒裕曾任麗州都督，則其應該是唐初貞觀年間，東突厥被唐軍擊破之後被安置在六胡州之一的麗州的粟特部落首領。此後，其祖父石希昂曾任朔方節度副使，其父石奉超，任游擊將軍兼試殿中監。石磨咄『代襲弓裘，長於沙漠』，則其出身軍將世家。從其身世經歷來看，『比者方隅多事，攻戰有聞。……頃以四郊習武，中原小疵』。他應該是在這一時期平定安史以及此後代宗、德宗時期的内難中立下戰功，先後歷官云麾將軍守左金吾衛大將軍員外置同正員、上柱國，輔國大將軍員外置同正員、試太常卿、上柱國、神烏縣開國男、食邑二千户，開府儀同三司、檢校太子賓客、武威郡王兼大理卿，憲宗元和時位至河陽節度副兵馬使、檢校太子詹事，勾勒了一個粟特武人家族成員在中唐時期的仕宦軌迹。與之相比，安元貞的經歷就簡單得多。其祖先也是來自武威凉州。其祖安均出身行伍，但并無顯赫的宦迹。『公之父，性唯疏曠，懶折於君前，乃高尚而不仕，貿易以供膳。公亦不墜父之弓裘耳』。中晚唐時期，安元貞父子以經商爲業，居住在洛陽的通利坊，這裏正好位於南市北面。安元貞雖然經營商業，從事貿易，『然立身端己，發意盡事父母，色養温清，撫弟妹，推讓退己。於家治理，於朋友交，言而有信』，已經完全漢化了。

《王慶墓誌》亦爲本書收入墓誌中較爲獨特的一方。王慶早年投筆從戎，在徐州跟隨王智興，此後一直追隨其左右。後官至宣武軍衙前兵馬使，主掌財務。退職後居住在洛陽，王慶崇信佛教，樂善好施。在文宗大和五年（八三一）正月廿四日於聖善寺齋僧侣一萬餘衆，『放債績三千貫文，焚券牘於報慈殿前，列僧徒於蓮宫廡下。於是官寮士庶駭嘆殊常，雖古之賢達，罕有斯心者也』，得到了當時河南尹白居易的贊賞。會昌初年，洛陽蟲蝗爲灾，『衢路饑荒，斃者杜甚』，王慶又在聖善寺廣致粥飯，拯救饑民。『日逾萬衆，盡鼓腹而歸。老少行歌，皆荷府君深德。自春及夏，獲麥方停。遂得饑民再蘇，洛邑復泰』，又獲得長官盧簡辭的贊許。之後，武宗皇帝得知其善行，其年六月特敕授陪戎副尉、守右威衛河南府潁源府折衝都尉的職務。《墓誌》記載了一位信仰佛教的退職武官在洛陽積德行善，拯救灾民的義舉，此類題材在這一時期墓誌中較爲少見，對於這一時期民間救灾研究具有重要的價值。

本書收入的其他墓誌，許多也有獨特的史料價值。如《孟買墓誌》提及隋朝末年李密的瓦崗軍攻打洛陽，隋軍固守皇城的情況，『於時駕幸江都，洛川大擾。軍民士女，同固皇居。李密鴟張，窺窬神器。兵交□觀，矢及九重。郭北城南，皆非國有』。洛陽近年新見的《樊恭墓誌》，其人就是負責咸亨三年（六七〇）龍門盧舍那大佛營造的副使、東面監樊玄則。從其經歷來看，他還負責洛陽東都上陽宮以及東都苑其他宮殿的營造，此外還有九成宮、奉天宮等宮殿的建造。可見其人是這一時期兩京地區宮殿建設的主要負責人，應該也是一位頗有才能的建築大師。遺憾的是，該墓誌所見僅有誌石一面，文字并未刻完，導致大量信息闕失。按照常規，另外部分應該刊刻在墓誌蓋的背面，但未見誌蓋。樊恭卒於武周時期，故而遺失部分應該是關涉武則天統治時期的内容。有趣的是，本書中還收入了武周時期神都苑總監兼知營繕監事張遠助的墓誌，他還曾擔任明堂大使，負責洛陽明堂的修建工程。而安葬於安禄山占據洛陽時的《李喬年墓誌》再次提到當時洛陽『中都』的稱謂，結合以往洛陽出土的安禄山時期墓誌資料，可以坐實安禄山在建立政權之際，將洛陽改稱爲中都。此外，墓誌中還將長安稱爲西都。由此可見，當時不同政治勢力在政治博弈過程中，利用洛陽天下之中的都城歷史，通過都城名稱革易所顯現的微妙用心。《鄭叔華墓誌》中記載：『泉寶應□初，東都大定，蕃夷雜種，□踐黎元。毁宮豈止於穀洛，□人或甚於猰貐。聖上軫圜，辛臣□□。乃命使車，□□風俗。』提及寶應元年（七六三）十月，唐軍和回紇聯軍收復東都後，回紇軍隊對城中居民大肆殺戮劫掠，毁壞宮室的情況。此外，本書中還收入了《至一律師墓誌》《劉彦暉墓誌》《張遊霽墓誌》《胡玄章墓誌》等僧侣及道士墓誌，對於研究唐代洛陽的佛教、道教傳播也有重要的價值。

而本書所收《李爗墓誌》原本并非新出土石刻文獻，而是重新發現的早期流散唐墓誌，其發現亦頗具戲劇色彩。該墓誌二十世紀二十年代末在洛陽出土，有拓本流傳。陳寅恪《李德裕貶死年月及歸葬傳説辯證》一文曾引用該墓誌，討論李德裕死後歸葬洛陽事宜，具有極高的文獻價值〔一〕。録文見《唐代墓誌彙編》（咸通〇一六）。國家圖書館收藏有拓本，并收入《北京圖書館藏中國歷代石刻拓本滙編》第三十三册。此外，《隋唐五代墓誌彙編·洛陽卷》第十四册也有收録，但兩書拓本邊飾均失拓。而墓誌原石長期散落民間，二十世紀九十年代被洛陽私人收藏，一直被誤爲僞品，隨意放置，不爲所重。筆者在一偶然機會得見原石，感到刻工、紋飾及風化痕迹均非常自然，遂細緻審核，并核對諸書著録拓本，確認爲墓誌原石無疑。萬幸的是，經歷一個世紀的滄桑歲月，原石保存基本完好，惟右下角及左上角由於長時間的風雨侵蝕，文字較爲模糊。因此，本書將有邊飾的完整墓誌拓本收入，亦是對過往墓誌搜集整理歲月的一種紀念。

此外，還需要説明的是：本書中所收個别墓誌拓本的質量并不高，故而圖版質量也就差强人意。但由於這些拓本此前并未刊布，筆者也没有搜集到更爲清晰的拓本，爲了使這些文獻資料能够爲學者使用，我們盡其所能釋讀出較高質量的録文，并附上圖版供大家參考，請讀者見諒。

從本書的編纂也可以看到，墓誌整理中圖版使用的重要性。以往一些墓誌整理著作或相關研究文章，由於體例、版面等原因，多不注意附録墓誌拓本。原本拓本圖版就是墓誌重要的組成部分。而且，有圖版的存在，如果讀者遇到有疑問的地方，也可以自行核對，儘量避免訛誤的産生。如收入《全唐文補遺》第九輯的山東桓臺拿雲美術博物館收藏的《温縣主簿方禮墓誌》，其圖版未曾刊布。而據筆者購藏的拓本來看，該墓誌從書法上看明顯不是唐人書風，且内容上還有『刑部尚書員外郎』等明顯與唐代制

〔一〕陳寅恪《李德裕貶死年月及歸葬傳説辯證》，《中央研究院歷史語言研究所集刊》第五本第二分，一九三五年。後收入氏著《金明館叢稿二編》，生活·讀書·新知三聯書店二〇〇一年。

度相牴牾的書寫訛誤，顯係僞刻〔一〕。而另一方《魏舟濟律師墓誌》，内容上并無問題〔二〕。但其墓誌刻工生澀，缺乏神采，墓誌無銹蝕痕迹，筆者認爲是一方翻刻墓誌。再如收入《全唐文補遺·千唐誌齋新藏專輯》的《許杲（景先）墓誌》，所據爲千唐誌齋收藏的翻刻品〔三〕。該翻刻拓本筆者曾寓目，由於翻刻不够精審，將許杲誤爲許呆，文字也多有訛誤。本書此次收入的即爲拓印精良的原石拓本。

本書所收墓誌拓本中，許多來自民營博物館。其中較爲大宗的是拿雲美術博物館等處的墓誌收藏。該館共收藏唐代墓誌四十七種，而洛陽流散唐墓誌十九種（含僞刻一種）。這批墓誌都是在二〇〇〇年左右流散到山東，被拿雲美術博物館徵集的。此前曾在個别刊物和書中有著録。如《書法叢刊》二〇〇六年二期中刊布了其中的五種，其中《許杲妻郝默墓誌》《魏舟濟律師墓誌》有圖版、釋文與相關研究，《張敦墓誌》《李知本墓誌》《崔翹墓誌》則刊布了圖版。此後在《全唐文補遺》第九輯中刊布了當時該博物館收藏的全部唐墓誌釋文，其中洛陽唐墓誌十八種。略感美中不足的是，《全唐文補遺》第九輯僅僅刊布了釋文，并没有收入圖版，而《書法叢刊》僅僅刊布了六種唐墓誌。因此，拿雲美術博物館中收藏的唐墓誌圖版一直没有全部刊布。此次本書收入了該館收藏的全部十八種洛陽墓誌的拓本，還包括新徵集、從未刊布的《賈宿妻韋夫人墓誌》，彌補了以往相關出版物内容不够完備的缺憾。除了内容全面、圖版清晰之外，所附釋文也在《全唐文補遺》第九輯的基礎上更加精審。

近年來，隨着大量唐墓誌的盗掘和流散，墓誌背後巨大的利益鏈條，墓誌翻刻與作僞也引起了學者們的廣泛疑慮。畢竟，出土時間、地點均不明晰的墓誌，理所當然會引起研究者的顧慮。部分學者也就一些在書法、文字表述、内容及形制上存在疑惑的墓誌進行了辨僞，其中既有言之成理的内容，也有深文周納、杯弓蛇影的恐慌。筆者這裏想説明的是：目前各類書籍中刊布的大部分流散墓誌是没有問題的，而翻刻品與僞品是可以通過多重要素加以辨别的。而收入本書中的墓誌拓本都經過了筆者認真的審核與辨析，不存在僞品的可能，讀者們不需要有這方面的顧慮。如果還存在争議，責任在筆者個人。

清代學者王昶在《金石萃編·序》中曾指出：『然天下之寶，日出不窮。其藏於嗜古博物之家，余固無由盡睹。而叢祠破冢，繼自今爲田父野老所獲者，又何限？是在同志之士爲我續之已矣。』確實如王昶所期待的那樣，在此之後，後繼者甚夥。大量學者投入到石刻文獻的搜集與整理中來。直到二十世紀末，當我們覺得這個工作已經結束之時，未曾想到新一波墓誌出土的高潮方纔來臨。這是我們的幸運，還是不幸？在本書即將定稿之際，筆者原以爲十四年來對洛陽流散唐代墓誌的搜集與整理可以暫時告一段落了。這十年來，儘管搜集唐代墓誌的歷程非常艱辛，但是，能够看到大量流散的唐代墓誌資料得以整理刊布，筆者還是非常欣慰的。然而，正如前面所言，現實情況并不樂觀。目前洛陽民間仍有相當數量早年出土的唐代墓誌不爲我們所知。由於收藏者的珍視，對目前相關政策的疑慮等因素，很多墓誌收藏者并不願意將拓本資料提供出來，重要者如盧藏用撰書《孔昌寓墓誌》、徐浩撰書《姚閎墓誌》、柳宗元撰《崔敏墓誌》以及《徐嶠之墓誌》等，祇能期待以後合適的機緣了。對我們而言，祇有努力地搜集這些流散民間的珍貴文獻，至少讓學者們知道它的存在、它的價值，纔能最大程度地避免它們湮滅無聞，期待着它們最終有讓人欣慰的歸宿吧。

〔一〕吴鋼主編《全唐文補遺》第九輯，三秦出版社二〇〇七年，第四五六頁。

〔二〕拓本及相關考釋文章參劉建、任秀珍《唐魏舟濟律師墓誌銘考釋》，《書法叢刊》二〇〇六年二期；釋文另見《全唐文補遺》第九輯，第四一三頁。

〔三〕吴鋼主編《全唐文補遺·千唐誌齋新藏專輯》，三秦出版社二〇〇六年，第一六〇至一六一頁。

凡例

一、本編所收録的都是 2000 年來在洛陽及其周邊地區出土的唐代墓誌的拓片資料。目前這些墓誌都流散在民間，或被洛陽本地收藏家及民營博物館收藏，或被外地收藏家及公私博物館收藏。

二、本編收録拓片資料按照墓誌入葬或遷葬時間爲先後順序，如葬年不明確，則依據卒年。每張拓片圖版之後是拓片文字的行數、字數、尺寸、書體、撰書者、誌蓋内容以及墓誌録文等信息。

三、拓片名稱按照墓誌首行題名。如首行無題名，但有墓誌蓋者，按誌蓋内容確定。兩者皆無，則由編者根據墓誌内容擬定。

四、本編的墓誌拓片録文一般使用通行繁體字，并加以標點。對拓片中漫漶不清，無法辨識的字用『□』標示，不詳具體字數的用『⧄』標示，可以推斷或考證出的用『字』標示。對於墓誌中由於避諱原因出現的缺筆字，録文將使用通行繁體字。墓誌中的通假字則保持原樣。

五、對於墓誌中出現的明顯的誤寫以及缺字、漏字、改刻等情況，録文將以簡注的形式加以説明。

六、對於墓誌中因平闕原因形成的空格，凡空一格者録文予以保留。兩格以上者録文僅空兩格。對於銘文中因格式整齊形成的空格則不予保留。

七、爲便於檢索，本書最後附有人名筆畫索引。

目録

洛陽流散唐代墓誌彙編三集

○○一 隋故上柱國光禄府屬張君（敦）墓誌銘

貞觀十年（六三六）二月十五日葬。
誌文二十四行，滿行二十四字。正書。誌長、寬均四十七厘米。
墓誌原石藏山東桓臺拿雲美術博物館。

隋故上柱國光禄府屬張君墓誌銘并序

君諱敦，字孝伯，南陽白水人也。軒轅受姓，族派枝分。文終以通幽極神，運謀猷而匡高祖；安昌以儒宗博雅，處師範而傅元皇。振洪烈於前脩，垂慶祚於後嗣。祖紹，魏衛將軍、秦州刺史、文成縣開國侯。父暉，齊伏波將軍、武陽襄城二縣令。惠政播春澤之津，威風扇秋霜之肅。去思來晚，遺愛興謡。君蘊道含章，黄中在性。率由怡順，素履發衷。悦禮敦詩，摛文翫史。肆情歡賞，好士友賢。風月暢班尹之襟，琴酒攄嵇阮之樂。方欲追蹤箕潁，畢契林泉。但玉潤流光，蘭芬飛馥。鄉貢翹秀，聿膺選叙。既而待詔於金馬，希寓目於石渠，求補校書郎。遂得游情秘府，討論墳籍。光禄大夫、許國公[一]位重臺衡，望崇朝右。素所欽待，虚懷招致，補光禄府司倉參軍，俄遷府屬。誠毗贊有紀，而違方非好。迺謝疾高舉，丘園自逸。以大唐貞觀七年七月十九日啓足歸全，終於里舍，春秋七十有三。以十年二月十五日葬於洛陽縣邙山，禮也。有子世謙，志業淳深，學行甄敏。舉俊士，始膺賓王之命，仍罹天罰之酷。匍匐苫塊，追不勝喪。攀風樹而長號，感寒泉而永慕。思所以式鐫遺德，勒銘玄壤。銘曰：

三略遠圖，弼諧帝祖。七葉近侍，光熙天宇。繼軫英華，允文允武。慶胤攸被，重規叠矩。其一。慶胤伊何，篤生時哲。愔愔道性，稜稜義烈。文苑磬源，儒林窮轍。言論兼吐，嘯歌間設。其二。升沉由命，舒捲在躬。明目秘籍，晦迹參戎。寓形宇内，税駕巖中。攄暢芝苑，留連桂藂。其三。閲川東騖，羲轡西傾。潜魂蒿里，掩體佳城。烟矄隴色，風思松聲。幽扃閉而分身世，芳塵頌而播遺榮。

[一] 許國公即高士廉，貞觀五年（六三一）進封許國公。參《舊唐書》卷六五《高士廉傳》。

大唐孟
君墓誌
之銘記

○○二　大唐孟君（買）墓誌之銘記

貞觀十八年（六四四）十一月二日葬。

誌文三十一行，滿行三十一字。正書。誌長、寬均七十厘米。

誌蓋篆書：大唐孟君墓誌之銘記

君諱買，字先長，河南洛陽人。其先魯桓公之□孟孫之後也。靈源浩汗，基構崇高。世胙上卿，因以爲族。軻惟敦素，卓乃無私。□□太尉漢朝，達則常侍魏室。曾祖元，魏鎮西將軍。祖琛，齊青州刺史。囟仁，齊朔州總管、安南將軍。君龜文燕頷，河目星眉。稟山嶽以降靈，資昴宿而呈象。中和既感，上德爰生。少慕吳起之風，長學孫武之術。大業八載，東夷未賓。隋主親總六師，吊民遼碣。君陪奉鑾輅，宿衛鈎陳。體國忘家，身先士卒。金鼓既作，犀象亦馳。旁跳圂蟬，直截玄菟。躬曳桑本，手抉懸門。射轂臣於車上，縛郭最於麾下。以戰功第一，乃授建節尉，仍除同州建安府司馬。左蓐右轅，魚麗鶴鸛。甲堅戈鋭，弓勁馬肥。養威關中，人百其勇。屬隋運漸終，火德將改。八紘崩沸，萬姓不安。豺狼滿塗，梟鏡被野。君以風俗頽弊，綱紀不全。與其危身，不如就養。迺辭榮馮翊，卜宅洛濱。植菀方石崇，面城似潘岳。屏居鄉塾，教訓子孫。嵇叔夜之雅琴，劉伯倫之酒德，復存於兹日矣。天策初開，大藩東夏。妙選英髦，鱗萃幕府。君任掌黄鉞，職典兹弓。肆類之晨，同霑凱澤，授以陪戎尉。君年逾耳順，久猒囂塵。專旨玄宗，禮誦爲業。明淫心疾，體力浸微。因遘沉痾，綿留不止。皇天輔德，豈其然乎。以 大唐貞觀十八年歲次甲辰八月壬寅朔廿四日乙丑卒於洛陽縣修義坊之宅，春秋六十有七。霜凋蘭蕙，風折松筠。里息巷哥，鄰停相杵。嗚呼哀哉！夫人清河張氏，隋建節尉仲略之女也。風儀脩固，操履貞明。幼育帷閨，即從姆訓。笄年合契，言適良人。諧若弟兄，和如琴瑟。宗廟而肅，家室囚嚴。何圖染痾宫城，先天早卒。以大業十三年五月十三日終於少府監，春秋卅有三。於時駕幸江都，洛川大擾。軍民士女，同固皇居。李密鴞張，窺窬神器。兵交□觀，矢及九重。郭北城南，皆非國有。其後長蛇既剪，封豕亦除。洎武德四年，始得改殯。又恐陵移谷徙，海變山崩。餘芳不傳，英華靡托。粤以君之卒年十一月辛未朔二日壬申與夫人合葬於本縣清風鄉張方里邙山之麓。惟君秩望膏腴，器藝淹遠。喜愠不作，利欲無生。高尚比陸通，至孝如曾子。夫人內行脩謹，坤道不愆。鄒母記之，得同窀穸。雖合葬非古，前聖所存。夏屋馬鬣，抑惟舊典。世子弘勵等，七日不飡，三年下泣。哀黄場之恒翳，痛玄泉之永戢。天降地騰，金石斯立。其銘曰：

七百之封，三桓之族。世建侯胙，時班王禄。德傳鐘鼎，功流簡牘。節勁方松，貌温如玉。顯允司馬，於穆建節。萬乘龍趨，千群浴鐵。昆陽師敗，睢河尸咽。路遠三危，塗艱九國。南風莫競，東鄰喪□。君不元首，臣無股肱。人亡國徙，地陷天崩。楊朱路絶，阮籍塗窮。弓櫜繁弱，甲藏組練。郊静雷鳴，野息龍戰。渥恩方布，仁風漸扇。美秩嘉庸，伊君是見。日月遷訛，世道迴互。誰言蘭蕙，溘從霜露。聲逐時新，人隨物故。嗟此雙魂，同之一墓。松間霧結，隴上風凄。親友流泪，驂服悲嘶。吠唯玉犬，鳴則金鷄。式彰徽烈，永播鐫題。

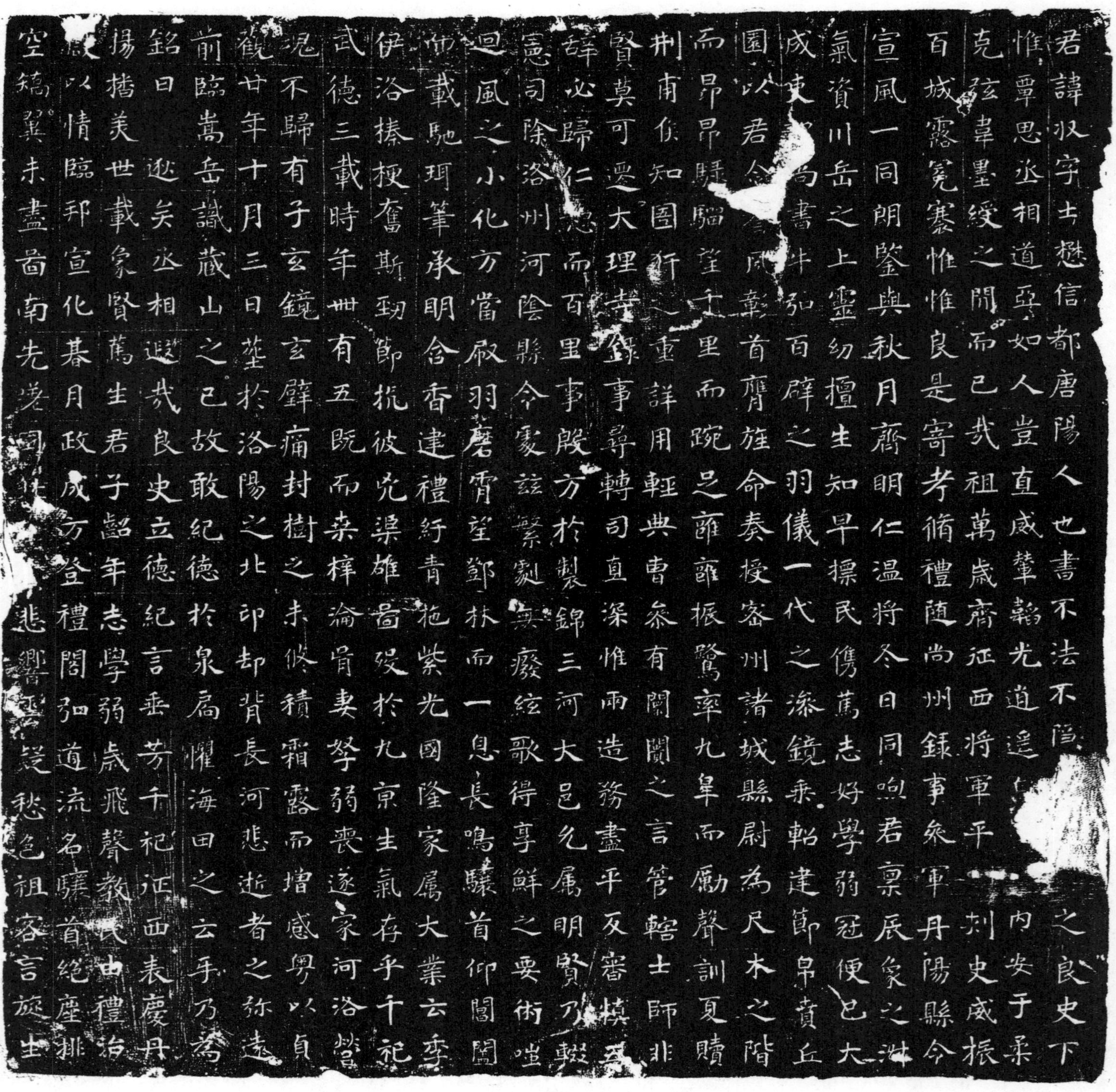

〇〇三　唐隋故河陰令董君（收）銘

貞觀二十年（六四六）十月三日葬。

誌文二十四行，滿行二十四字。正書。誌長、寬均四十八厘米。

誌蓋篆書：唐隋故河陰令董君銘

君諱收，字士懋，信都唐陽人也。書不法不隱□，□□之良史；下惟覃思丞相，道亞如人。豈直威輦韜光，逍遥□□，□内安於柔克，弦韋墨綬之間而已哉。祖萬歲，齊征西將軍、平州刺史。威振百城，露冕褰帷，惟良是寄。考脩禮，隋尚州録事參軍、丹陽縣令。宣風一同，朗鑒與秋月齊明，仁温將冬日同煦。君禀辰象之淑氣，資川岳之上靈。幼擅生知，早標民俊，篤志好學，弱冠便已大成。吏圖尚書牛弘，百辟之羽儀，一代之澡鏡，乘軺建節，帛賁丘園。以君令譽夙彰，首膺旌命，奏授密州諸城縣尉。爲尺木之階，而昂昂騄騮，望千里而蹶足；雍雍振鷺，率九臯而勵聲。訓夏贖刑，甫侯知圄犴之重；詳用輕典，曹參有闤闠之言。管轄士師，非賢莫可。遷大理寺録事，尋轉司直。深惟兩造，務盡平反；審慎五辭，必歸仁恕。而百里事殷，方於製錦；三河大邑，允屬明賢。乃輟憲司，除洛州河陰縣令。處兹繁劇，無廢弦歌，得享鮮之要術，嗤迴風之小化。方當刷羽磨霄，望鄧林而一息；長鳴驤首，仰閶闔而載馳。珥筆承明，含香建禮，紆青拖紫，光國隆家。屬大業云季，伊洛榛梗，奮斯勁節，抗彼凶渠，雄圖歿於九京，生氣存乎千祀。武德三載，時年卌有五。既而桑梓淪胥，妻孥弱喪，遂家河洛，營魂不歸。有子玄鏡、玄璧，痛封樹之未修，積霜露而增感。粤以貞觀廿年十月三日葬於洛陽之北邙。却背長河，悲逝者之彌遠；前臨嵩岳，識藏山之已故。敢紀德於泉扃，懼海田之云互。乃爲銘曰：

邈矣丞相，遐哉良史。立德紀言，垂芳千祀。征西表慶，丹揚播美。世載象賢，篤生君子。齠年志學，弱歲飛聲。教民由禮，治獄以情。臨邦宣化，期月政成。方登禮閣，弘道流名。驤首絶塵，排空矯翼。未盡圖南，先嗟□北。□□悲響，雲疑愁色。祖客言旋，生。[一]

[一] 墓誌空間不够，未寫完，應闕三字。

○○四　唐故上柱國正議大夫光禄少卿汝陽公袁君（異度）墓誌銘

貞觀二十年（六四六）十月二十六日葬。
誌文三十行，滿行三十二字。正書。誌長、寬均七十一厘米。
誌蓋篆書：唐故光禄卿袁公墓誌

唐故上柱國正議大夫光禄少卿汝陽公袁君墓誌銘并序

君諱異度，字異度，汝南汝陽人也。漢司徒安之後也。崇基峻極，姚墟竦其增構；洪源遥裔，汝海控其清澗。慶軼鋼鈎，道彰金鉉。膺東都之四世五公，冠西京之朱輪華轂。高祖周，齊臨潁郡守、平州刺史。曾祖寧，東北道行臺郎中。上儀星象，旁求民瘼。分竹結去思之情，起草擅當時之譽。祖俊，本郡主簿。父喜，　皇朝同州別駕。蔣鑒人流，毗贊州部。鄉閭以之遷善，邦國於是不空。君玉潤摛章，蘭芳表性。少遊庠序，卓爾不群。長契周行，矯然獨秀。隋大業中弱冠，以明經舉，擢第甲科。朝廷重君風彩，將升之以不次。君以一人喪德，萬方解體，陵陸之舉，且療幽憂之疾。遷陰擇木，相時觀變；思展驥足，果值　龍顏。即授正議大夫、大丞相府典簽。武德開元，除通事舍人、員外散騎侍郎。四年，授金部郎中。從今　上討王世充、竇建德，頻積功勞，纍加上柱國，改授職方郎中。九年，除雍州長安縣令。其年，改授華州治中。貞觀元年，除鄜州都督府長史。二年，封汝陽縣開國公，邑三百户。尋遷都水使者。十年，除使持節、隰州諸軍事、隰州刺史，入爲將作少匠。丁祖親憂去職，尋而起復，俄除太府少卿，尋授正議大夫、行光禄少卿。粵以十八年九月廿三日遘疾終於京第，春秋五十有五。惟君懷抱虚暢，襟期清簡。辭高筆海，理富言泉。升尼甫之堂，入相如之室。六行與三極同歸，五禮將四科俱運。交友之際，義逸金蘭；清慎之方，志淩松竹。急人之急，憂人之憂。懷墨子之兼愛，鄙楊朱之獨善。及運偶會昌，且欣攀附。戮蚩尤於中冀，必豫前驅；剪封豕於洞庭，恒參後殿。屬官材任能之日，騁惟幾成務之功。照愛景於精民，遊銛刃於蟠木。莫不政以禮成，事同德舉。恭慎之操，載表話言；謙敬之塗，見諸深旨。謂公門必復，與善可期；而輔仁多爽，泉垌鎩翮。夫人鉅鹿魏氏。祖德理，任徐州道行臺郎中。父誌仁，隋任左勛侍。并清德繼軌，道風高世。夫人生自華宗，來儀君子。禮彰外閫，德茂中閨。而階老莫從，逝川先閱。以貞觀十年五月十二日終於隰州。粵以廿年歲次景午十月己未朔廿六日甲申合葬於洛州洛陽縣邙山之陽。世子求己陟峻岵而興哀，愫凱風而永慕。式旌玄礎，以播芳猷。其詞曰：

茂緒剋昌，高門垂慶。舄弈繁祉，訏謨景命。祖德有融，家風無競。玉質標彩，珠胎遠映。乾坤將革，風雲未和。唐郊授手，牧野投戈。抑揚奇士，掩頓雲羅。既欣同德，且叶前哥。吐納赤墀，從容丹棘。褰帷晋境，握蘭　宸極。縱壑鼓鱗，垂天使翼。俱申令問，并宣風力。吉凶無象，倚伏相依。倏辭昭世，遽掩徂暉。隙駒終謝，泉室同歸。薤哥朝切，桐露晨晞。美哉君子，挺斯義烈。懿矣中饋，懋是貞潔。始哀永逝，終欣同穴。陵谷有遷，芬芳無絶。

〇〇五　唐故始州黃安縣令楊君（行表）墓誌銘

貞觀二十三年（六四九）二月二十七日葬。

誌文二十六行，滿行二十六字。正書。誌長、寬均五十六厘米。閻處逸撰。

唐故始州黄安縣令楊君墓誌銘并序

洛州司法參軍恒山閻處逸製

君諱行表，字行表，其先弘農弘農人也，□寓居河南洛陽焉。有周分裔，楊侯建國，太尉流譽於漢朝，將軍擅美於晋世。垂諸竹帛，可略而言。曾祖禮，魏鎮遠將軍、涇州刺史。立功立事，嘉謀嘉猷。祖涉，本州主簿、陽城郡守。知止知足，可大可久。父嶷，齊舉秀才，除協律郎、銅鞮令、吕州司馬。所居稱職，清議攸歸。君幼而聰敏，夙標令問。無慚偉器，寧愧大成。以隋大業中，以父蔭任四門學生，經術既明，鋒穎自見。釋褐梁郡寧陵縣法曹，獄氣以銷，怨魂是絶。既而三方鼎沸，九有土崩。逐鹿推亡，斬蛇啓　聖。以君鄉黨領袖，大使擬爲扶河縣令，尋改任東原州司功參軍事。官惟權授，非其好也。遂西遊上國，求申利用。京畿屬縣，擢必以材。纍遷雍州好時、高陵二縣尉。又以長安　帝□，自昔難治，以君贊翊有聲，改佐赤縣。邑宰之任，實資明德。　詔舉賢良，爰應旌賁。於是除始州黄安縣令，化被一同，芳流四遠。去思在咏，來暮興謡。於時邛笮雖通，昆明暫閉，爰命飛將，兼贊奇謀。遂命君茂州道行軍司馬，指蹤無失，獻凱有期。天不憖遺，奄從風燭。粤以貞觀廿一年七月廿三日卒於師，春秋六十。嗚呼哀哉！即以貞觀廿三年二月廿七日歸葬於芪子之南原，禮也。惟君奇才卓犖，雅調鏗鏘。學富九流，文高四始。依仁蹈德，資忠履孝。方期與善，忽此殲良。子思慎等情切追遠，孝終哀送。窀穸忽臨，攀號永闋。嗚呼哀哉！唯余楊子，早契始終。庶緝無愧之詞，以垂不朽之譽。其詞曰：

綿綿遠祖，系隆周焉。弈弈中葉，纂義侯焉。飛纓飛蓋，名自循焉。克勤克儉，譽彌流焉。其一。惟君禀訓，挺奇節焉。亭亭孤聳，性高絶焉。如彼珠耀，波圓折焉。如彼月朗，光皎潔焉。其二。措心守正，止水清焉。鳌怨察理，朝鏡明焉。尺波不息，遽東征焉。寸景莫借，忽西傾焉。其三。靈輀隱隱，遺孤思焉。飛旐翩翩，悲風駛焉。松檟列植，愁雲萃焉。勒銘幽壤，終天地焉。其四。

〇〇六　唐故隋河南郡司士書佐張君（賢）墓誌銘

永徽三年（六五二）十月十三日葬。

誌文二十六行，滿行二十六字。正書。誌長、寬均五十四厘米。

唐故隋河南郡司士書佐張君墓誌銘并序

君諱賢，字明宗，其先幽州范陽人也。自晉元南徙，迺任江陵；梁季北迴，聿歸京洛。昔文成得黄石之書，光隆漢□；壯武識酆城之氣，燮理晉邦。自是冠冕相承，公侯踵武。君即司空十一世孫矣。祖纘，梁駙馬都尉、侍中、尚書左僕射、相雍二州刺史、吏亭侯，謚簡憲。公慶連戚里，職陪帷幄。居端揆之貴，又皇舅之尊。軒蓋相望，光生道路。父朋，梁任秘書郎，陳始興王友。君履慶高門，光膺鴻業。幼有奇節，長而强敏。歷覽經史，捃摭英華。謹於立身，果於行義。大業年，以愍后内弟授河南郡司士書佐。君以直道當官，翼贊神邑，聲績宣於所涖，信義洽於寮家。皇泰初，又授上開府儀同三司。屬國道淪亡，朝綱紕紊。凶暴蜂起，君子道消。蓋明者達於未然，智者見機而作。乃觀象察變，慮在謀身，養志幽閑，游心墳藉。洎洛城不守，多罹世故，木雁之間，終保元吉。大軍開泰，屢被嘉招。耳順年侵，稱□□園。於是栖遲衡泌，散誕郊園。詩書足以自娱，琴酒時招賓客。守潔白爲己任，用無欲爲得性。唯畜三數僮竪，食百畝之田，耕績取給，樂在其中矣。外弟宋公[一]，望高群后。降師臣之貴，時有造焉。素尚其風，就廬致敬。共談至理，幽求妙門。深入乘如，惟日不足。冀享□福，永保長年。豈期藥餌無徵，奄歸玄穸。粤以大唐永徽三年歲次壬子五月丁巳朔廿八日甲申告終於洛陽縣崇義鄉宋公莊之私室，春秋八十有二。即以其年十月乙酉朔十三日丁酉葬於首陽山之南故洛陽城東北宋村西北三里，禮也！哀子左翊衛悚等泣庭訓之永遠，望風樹而摧剥。爰托幽人，迺爲銘曰：

猗歟盛族，軒轅遐胤。弼諧漢祖，鹽梅有晉。冠冕百城，功高萬仞。皇祖皇考，金暉玉潤。門鍾餘慶，誕此勝人。動如蘭馥，志潔松筠。標置既遠，令譽日新。克荷鴻業，爰膺絲綸。解巾出仕，方登顯職。時遇世艱，掛冠養德。衡泌蕭散，丘園栖息。不保松椿，忽摧鵬翼。身辭白日，魂歸夜臺。龍輀曉駕，素旐晨迴。墳前月冷，松徑風來。孝思攀慕，霜露增哀。

[一] 宋公即蕭瑀。隋煬帝蕭后弟，唐初封宋國公。參《舊唐書》卷六三《蕭瑀傳》。

〇〇七　唐故内宮怙六尚苴氏墓誌銘

永徽四年（六五三）十月十九日葬。

誌文二十三行，滿行二十三字。正書。誌長、寬均四十三厘米。

唐故内宫怗六尚菹氏墓誌銘并序

六尚者，吴郡吴人也。融慶熊軒，冠青都而命氏；開封江滸，列南邦而錫爵。跨荆衡而峻趾，控崑閬以疏流。國惠家風，詳諸素篆；粹猷清範，灼譽青編。祖以門慶承基，炫學行於梁宋；父以衣冠飾道，藴文雅於陳隋。合三代而連華，綜四京而擅美。六尚體此家風，載誕淑懿。虺蛇在夢，孕娥景而開輝；笄纚維身，翼巫雲而比映。婦功四德，表自生知，《女誡》七篇，傳華姆範。洎乎年及二四，端麗克彰，充選宫闈，即階榮命。金閨旦啓，飄颻進止之儀；玉階夕止，鏗鏘環珮之節。泛清音於列縣，衛女矯而未聽；薦鮮禽於雕俎，樊姬感而不食。六尚佩昔人之二美，懷貞慎之一操。花容景麗，蕙問風流。實可酌仙臺之玉液，延此脩齡；拔瓊田之靈草，融兹永祚。豈期寒景生疾，彌留惟漸。九轉□遇，二豎成灾。入月仙容，共川珠而遽盡；凌波微步，□閲水而不歸。粤以永徽四年九月十日，沉痾不痊，奄捐宫掖，春秋八十有四。即以其年十月十九日遷瘞於河南縣之芒山，禮也。銀臺妝鏡，無復迴鸞；吴都顧鶴，空聞傾市。烏呼哀哉！乃爲銘曰：

分源崑岳，析幹荆岑。瓊峰隱隱，珠浦沉沉。乘樞藴耀，馥桂抽蔭。伐歡東竹，時美南金。積慶垂裕，淑懿是生。巫雲旦鬱，陰務宵明。脩容蹈壼，基惠馳名。蘭窗灼灼，桂殿盈盈。樊遊楚室，馮侍漢宫。沉吟辭膳，艷曳當熊。不極其寵，實盡其忠。猗歟六尚，千載同風。逝流易往，隟光難駐。未掩頽魄，遽驚遺露。夜臺不曉，晨堂空□。□矣蘋風，長凄隴樹。

〇〇八 唐故董君夫妻（粲）墓誌銘

顯慶二年（六五七）十一月二十二日葬。

誌文二十行，滿行十九字。正書。誌長四十五厘米，寬四十四厘米。

唐故董君夫妻墓誌銘并序

夫乾坤否泰，環運所以資靈；人神感通，作象而興其類。鍾䆒含德，所貴聲超；楨榦挺材，標嘉良茂。流芳播頌，難可抑詞。君諱粲，字貞。其先隴西董胡之苗裔也。劉漢之時，榮紛物外。況復鱣魚墮學，肇迹關西；大鳥臨喪，開其華岳。名□四海，德冠古今。業异三端，光超人物。祖珪，父亮。并雅嗣門風，操履貞潔。材推衆表，𡽪逸群英。君年餘弱冠，乃娉夫人成氏。以武德六年九月二日遘疾所縈，卒於私第。夫人國氏，幼异閨門，夙彰令淑。可謂瓊瑰始耀，忽遇摧殘；芝桂方薰，颯然秋瘁。以顯慶二年十一月一日卒於本第。春秋九十有六。詔授歸仁鄉君。即以其年歲次丁巳其月乙酉朔廿二日丙午遷奉厥夫同壙，合葬洛城之東清風之地，禮也。草色萋萋，東西獸迹；松風飋飋，晝夜禽啼。可謂生如琴瑟，形存燕鳥之雙；死尚同衾，魂有鴛鴦之匹。無銷之骨，必望於佳城；不朽之容，猶冀開於輪闠。嗚呼哀哉，乃爲銘曰：

生事百行，没後□秋。形銷響溢，□朽名留。其一。轂則异居，死將同穴。幽壙無睹，泉門□徹。其二。

○○九　唐故宋處士（岌）墓誌銘

顯慶三年（六五八）五月二十一日葬。
誌文十九行，滿行十九字。正書。誌長、寬均四十七厘米。

唐故宋處士墓誌銘并序

處士諱岌，字滿仁，河南宜陽人也。遠祖相，代振高風於漢文；卿子冠軍，建忠烈於張楚。自兹以後，銀艾交暉，花綬蓮冠，盛於今代。祖興，隋荆陽令。父師，隋鷹揚□。道映士林，義高時彦。徵春煦而凝志，□秋露以標情。處士素衛□風，早奉庭訓。依仁遊藝，履道思忠。學總七篇，義窮六度。仰瀨鄉而抵掌，顧鷲嶺而揚眉。於□德性日隆，榮華月故。攀桂枝而挹天酒，帶蘿薜而庶朝霞。□□飛雪之辰，酒賦清□⿴夜。所以幕天地，齊鵬鷃，嘯傲青山之表，流漣碧池之上。詎覺寒暑，寧知老侵？嗚呼！東逝易流，西山之藥無驗；菊潭夕冷，尋芝之志仰從。春秋六十二，越以顯慶三年四月廿四日終於景行里，以其年五月廿一日權殯於鷹揚塋内，禮也。嗣子博乂恐□壑難固，陵谷易遷。敢録芳猷，其詞云爾：

赫烈鴻族，郁穆高風。爲將爲相，乃侯乃公。於那君子，和而不同。已矣歸盡，倏焉大暮。風肅松烟，悲□薤露。孤月上懸，泉門下固。

顯慶三年五月廿一日

〇一〇　唐故樂城縣令松州司户孟府君（範）墓誌銘

顯慶五年（六六〇）正月五日葬。

誌文二十七行，滿行二十八字。正書。誌長、寬均六十厘米。

唐故樂城縣令松州司户孟府君墓誌銘并序

君諱範，字公則，瑯琊平昌人也。自恭仲易名，式纂多才之胤；子輿耽道，載遊睎聖之門。瓊幹於是聯華，珠源由其濬委。曾祖度，魏建寧太守。價重浮筠，化光分竹。祖鍾，齊司州從事。□厲澄清之節，終淪下調之悲。父閔子，齊奉朝請、新野陽平二郡太守。仁風載洽，初騰伐枳之謡；遺愛無忘，尚切留棠之咏。君承規義里，毓景賢星。歲鄰髫綺之初，調掩笙簧之韻。故知青田矯翰，遂騫千里；緑地甫馳，先超十駕。隋開皇十六年，爰降綸旨：齊氏衣冠之胄，咸令詮擢。以射策甲科，授鄜州内部縣尉，轉臨川郡司户。大業季年，王道多故。群凶肆毒，首届鄱陽。君義結善鄰，情深接淅。資仁奮勇，率衆摧鋒。去彼城邑，君之謀也。蒙授朝散大夫、臨川縣令。才光時用，方挺鋭於盤根；運屬道消，遂韜光於季葉。既而殷憂啓　聖，文明御宇。以君商樂初奔，并三仁以遐騖；秦圖方徙，察五緯以知歸。武德五年，授嘉州樂城縣令。緑軫調音，警鸞聲於度曲；素柯徇儉，契魚躍於時謡。轉松州司户。方謂姬占啓繇，伫執酳於春庠；豈期鄭已驚年，奄遷舟於夜壑。以武德九年八月廿三日卒於杭州錢塘縣，春秋六十有五。惟君陶和韞鋭，禀粹含章。景峻岳於摛姿，括澄陂於雅量。是以希風接武，望李成蹊。入室承芳，遊蘭變質。復以□律之制，今古難詳。科條暫或，空倦社羊之請；威儀且替，終貽相鼠之□。爰撰《律疏》十卷，《吉凶儀》曰卷。傍羅體要，咸成準的。利器莫申，殲良奄洎。粤以顯慶五年正月五日祔於邙山之原，禮也。有子玄智、玄機，箕冶傳芳，罌罛荀□。風枝結思，毁極寅門。闞原氏之阡，窮泉方遠；紀騰公之隧，貞石爰□。其銘曰：

驥稱園道，鳳曰西申。三封騁駿，六像摛仁。體兹成德，允屬芳塵。含暉春嶺，孕彩隨津。學苑先蹈，翰林初搴。掛劍期諾，懸河縱辯。葉碎緑沉，花霏丹篆。運拒通塞，智齊舒捲。式裁美錦，載撫鳴琴。方搏曾陸，竟委長岑。陳星韜彩，趙日傾陰。永隨萬化，空餘九吟。曲洛迴轜，崇邙啓隧。痛池柳之行徙，泣閶□之漸閟。園野晦而嘶驂悲，霜林凄而孤鳥思。刊百行於泉户，庶千秋其不墜。

〇一一　大唐故樂城縣令孟公（範）夫人周氏墓誌銘

顯慶五年（六六〇）正月五日葬。

誌文二十四行，滿行二十五字。正書。誌長、寬均五十九點五厘米。

大唐故樂城縣令孟公夫人周氏墓誌銘并序

夫人諱［一］，字［二］，汝南人也。昔亞夫踞貴，開細柳而揖漢文；公瑾權奇，入烏林而摧魏武。英賢叠耀，軒蓋駢飛。流芳藏室之圖，聲蔓總章之樂。曾祖道興，魏渤海信都二郡太守、鴻臚卿，尚宜陽公主。祖顯祖，齊奉朝請。父侃，隋安州司倉參軍。并德茂天經，望華人紀。嗣三君於遠烈，方萬石於遐年。夫人禀潤荆岑，承芳桂宇。掩雲霞以秀質，懷琬琰以貞心。發言可咏，動容成則。年十有四，言適孟氏［三］。以兹令淑，歸是名家。執恭正以禮神，持謙讓以牧巳。聽從君子，終無弛替之心；就養嚴姑，恒□温柔之色。重以栖情真諦，寘想尊經。總三乘而不遺，指十地而高集。既而福愆偕老，禍興獨拜。流雨泗而覆崇墉，勵霜情而嚴苦節。所誕二息，藐然孤幼。既缺趨庭之誥，實弘徙宅之方。遂使兩鳳聯飛，雙珠并映。出爲光國之秀，入稱保家之主。次子玄機，頻移宦籍。三從有托，五孝無遺。甘旨將前，必勗司池之慎；晨昏來謁，先誡折獄之難。政道克諧，母儀攸賴。行窮萬壽，向臻千月。側窺金籍，謂符與善之談；旋瞰玉壺，終嗟不留之景。春秋九十一，以顯慶三年二月廿八日卒於華原縣舍。粤以五年正月五日祔窆於北邙山之原。第二子華原主簿玄機，才優管樂，性淳曾閔。鮮車百乘，方薦長筵之娱；玄隧九重，永淪大被之念。屠肝裂髓，標氣崩魂。悲聲慟鄰母之心，迸泣移隴松之彩。怨攀援之靡逮，有切終身；揚風範之萬一，微申窮慕。式刊玄石，乃勒銘云：

絳矦垂緒，赤壁分岐。瓊柯叠映，璇式重規。門滋景福，室挺柔儀。貞心松茂，淑問蘭披。備禮外成，載釐内則。發揮六行，抑揚四德。晦□不改，始終無忒。媛範其凝，閨風允塞。玉液乖應，金波落輝。晨飄丹旐，夕掩玄扉。隴樹簫瑟，山靄霏微。黯然何見，徒御空歸。

［一］此處空一格未刻字。

［二］此處空二格未刻字。

［三］孟氏即孟範，墓誌見前。

公姓樊諱師洛州洛陽
縣清風鄉和仁里人也
高祖衡後魏武衛將軍
曾祖賓北齊定州刺史
祖遷隨洛州州都文達
隨鄭城縣長公於
大唐仕至右武候宜昌
府果毅龍朔元年十
月十二日平壤城下卒

〇一二 樊公（師）墓誌

龍朔元年（六六一）十二月十二日卒。

誌文九行，滿行九字。正書。誌長、寬均六十厘米。

誌蓋篆書：樊公墓誌

墓誌原石藏洛陽龍門博物館。

樊公墓誌

公姓樊，諱師，洛州洛陽縣清風鄉和仁里人也。高祖衡，後魏武衛將軍。曾祖賓，北齊定州刺史。祖遷，隋洛州州都。父達，隋鄲城縣長。公於　大唐仕至右武候宜昌府果毅。龍朔元年十二月十二日平壤城下卒。

○一三 大唐故國子垣君（濬）墓誌銘

乾封元年（六六六）九月二十一日葬。

誌文二十二行，滿行二十二字。正書。誌長、寬均四十三厘米。

大唐故國子垣君墓誌銘并序

夫□璺披華，騰芳儀於仙闕；驪珠耀色，焕靈文於碧澥。□以資神赤野，□積慶而馳芬；圜質紫山，乘素風而扇美。紀英規於篆册，見於垣府君之列宗焉。君諱濬，字德冲，略陽人也。昔劉氏初基，□英聲於□籙；龍興宋室，騰茂實於縑緗。蟬奕徽猷，紛綸史籀，詳諸□牘，可略而言。曾祖敬，齊任將軍，飛纓萃萼，鞬夏箙而晨趨；曳綬彤墀，弭燕弧而夕候。實謂連驪下瀨，比迹伏波而□焉。祖珎，隋任鷹揚，父璨，任大督，并智勇絶倫，名高往代；識宇□暎，望重當年。惟公門胄克昌，家圖淹裕。年登齠丱，預子衿於上庠；□漸桑榆，□忘筌而遁迹。是知歌申三樂，不獨擅□前脩；咏襲二賢，庶高蹤於緬葉。何期逝川□速，□□遄□，石火不停，奄隨風電。忽以乾封元年九月七日終□私□□，春秋七十有二。即以其年歲次丙寅九月乙丑朔廿日甲申殯於清圝鄉積潤里，禮也。孝子隱等痛慈顔之永背，□聖善之無□。泣血荒原，與檟柏而俱瘁；吞哀竹勁，對祭笋而孤傷。日□易流，丹陵難固。追録芳猷，樹之泉路。其詞曰：

猗歟茂族，顯允惟良。門傳軒冕，代襲珪璋。□□□□，望□略陽。其一。日月循環，春秋代謝。隙駟不留，奄歸□□。黄鳥□棘，白馬馳駕。哀竭泉壤，慟感姻婭。其二。風□隴□，霜□梧楸。猨禽亂響，山雲送愁。□□□□，祭笋寒抽。佳城鬱鬱，長夜□□。

〇一四　唐故儀同三司河東郭君（文）墓誌

乾封元年（六六六）十一月二十二日葬。

誌文十九行，滿行十九字。正書。誌長、寬均三十九厘米。

誌蓋篆書：郭君之銘

唐故儀同三司河東郭君墓誌并序

君諱文，字藝林，號國河東人也。曾祖，齊南陽通守。父諱建［一］，隋開府儀同、朝請大夫。君嗣纂餘基，胤承弓冶。英風松勁，蕙問蘭敷。體度昂昂，若鳳鶴□群鳥；内明外潤，猶卞璧之偶隨珠。洎□隋政隕綱，凶渠捔。帝惟君雅懷雄毅，鸞勇先鳴。詔授儀同三司，以酬誠效。既而玉鏡辭夏，寶鼎歸周。鑒否泰以懷安，故捲璩智而高蹈。粤以乾封元年六月十八日卒於囚路鄉之第，春秋七十有四。遂其年歲次景寅十曰月癸亥朔廿二日甲申葬於小宋村南先君舊塋之右，禮也。恐歷年代永，令德湮沉。敬刊斯銘，式歟嘉問。嗚呼哀哉，乃爲銘曰：

綿窺縹篆，側鏡緗□。稱郭命氏，肇自姬周。秦漢魏晋，琳瑯間儔。景純岳峙，有道川流。蹈茲於穆王考，分□剖符。建節承襲，克纂嘉謀。惟君紹績，□涅弗渝。寧舒璩捲，顔孔行藏。蹈茲先軌，晦迹韜光。栖遲林壑，□終待常。有涯運謝，奄及摧梁。雙茲日□，□彼□□。道存身没，播美無疆。

乾封元年十一月廿二日記

［一］『建』字有改刻，或爲『粲』。

〇一五　大唐□□□信安縣令上柱國袁君（元誠）墓誌銘

總章三年（六七〇）正月十一日葬。

誌文二十八行，滿行二十八字。正書。誌長、寬均五十厘米。

誌蓋篆書：袁君之銘

大唐□□□信安縣令上柱國袁君墓誌銘并序

君諱□□，字元誠，汝南汝陽人也。若夫紫轂填衢，司隸之風孤□；仁猋扇境，太守之德遐覃。故使悠源浩汗，層岩峻極。緒太尉之餘芬，係司徒之英軌。曾囧奉，魏使持節、渝州諸軍事、渝州刺史。祖囯，周朝散大夫、行江州別駕。父超遠，隋蒲州桑泉縣令。并道富黃□，儀兼□□。□三江而展驥，攀九□而馳輪。□流去贊之恩，并沐馴翬之政。君□嵩山之高趾，峰嶠連華；□溟海之洪源，波濤接□。扶暉灼迥，詞清對日之年；柳曜文空，辯架談天□歲。精開羽石，學總籯金。符蓋影以期貞，抱虹暉而俟價。隋之季曆，君子道消。埸駒之什有聞，在野之詞已切。及皇家統曆，道浹寰中。捧樂器以歸秦，□長□而入晉。解褐婺州信安令、上柱國。俄而抽簪去職，散髮歸岩。面清洛而疏基，指惟嵩而葺□。□□架迥，瞰老成之虛玄；□水澄源，邑莊生之□喻。方期長筵罔□，安仁之第不移；別業娛賓，季倫之圃斯在。□彼蒼不□，殲我良人。玉樹淪暉，無復浮筠之彩；□弦靜引，空餘閱水之悲。以貞觀囝九年□月廿八日終於私第，春秋六十有囥。夫人隴西公孫氏，周□城□令之孫，隋豫章縣令之息女。風儀婉麗，□性□□。掩鸞室於初年，抱孀□於早歲。循環屢革，次有凋殘。以總章二年十二月十二日同歸物化，南箕鋏氣，共慘花光；西甸鑾鸞儀，同昏鏡□。總章三年正月十一日合葬於洛州之感德原，禮也。依邇素幰，引颸丹旒。□悲川而日慘，傃噫岫而雲收。逕紆迴而挽噎，谷凄斷而禽幽。長子義深，□趨庭之罷訓，泣倚廬之無恃。仰風樹之不停，慟寒流之莫已。勒茲神道，□徽萬祀。銘曰：

亭亭聳幹，森森疏源。英靈踵□，□性茲袁。飛裾紫禁，握扇華藩。五官□疊，四葉頻繁。分聲砌履，接曜池□。其一。乃祖顯考，風流彌劭，澤滋徙轂，恩生坐嘯。展驥齊鑣，馴翬等妙。誕圂□杰，英情迥照。其二。秦原鹿散，漢濕蛇□。來遊舜海，實庇唐雲。疇咨厚錫，□□□勛。優遊蓽薄，散誕丘墳。其三。面城築室，疏川鑿沼。邑羽朝馴，溟鷗夕□。□志□霏，孤情月皎。未終野趨，俄追京兆。其四。秦晉囇族，潘楊代姻。齊圊展敬，奉圝如賓。□侔班姊，廣跨萊嬪。孀心遽慘，厚□還均。其五。遲遲春甸，泛泛年光。風旂颺□，挽鐸含鏘。悲纏野閈，泣翳通莊。式圖徽於文篆，庶長紀乎遺芳。其六。

○一六　大唐故懷州長史張府君（大素）墓誌銘

咸亨元年（六七〇）十一月三日葬。

誌文三十八行，滿行三十九字。正書。誌長、寬均八十八厘米。

劉禕之撰序，賀敱撰銘。

大唐故懷州長史張府君墓誌銘并序

聞夫砥躬以行，孔□甄其無擇；立志以言，臧文稱爲不朽。經緯三綱之緒，發揮九流之奥。顔閔□□，□士林而擢彩；揚班秀出，控詞苑以騰光。克嗣清徽，在乎張府君矣。　君諱大素，字茂真，魏郡繁陽人也。自黄運青陽，權輿啓其昌構；徙梁遷魏，委輸激其洪源。□□圖友□基，荐復公侯之胤。曾祖敢之，後魏恒州刺史、涼州大中正、西平縣公。祖士儒，　皇朝使持節、深州諸軍事、深州刺史。父公謹，　皇朝使持節、都督代忻蔚朔四州諸軍事、代州刺史，使持節、都督襄函唐鄧淅五州諸軍事、襄州刺史、左驍衛大將軍，贈使持節、大都督荆硤岳朗四州諸軍事、荆州刺史、郯國襄公。并材茂國華，譽光人杰。文英武略，爲四□所稱；佩玉鏘金，當一時之貴。君承禎藴慶，降和勛德之門；誕粹疏韶，飛聲仁義之里。玩璋襲褓，嶷然孤映；控竹輪蒱，卓焉高竦。十四通經而博覽，十五强學而待問。於時蘭署宏開，芸編巨積。懷鉛握槧，佇得其人。君年富業優，膺兹讎校。辯遺緝蠹，騏閣於是增華；析謬刊訛，狐□以之不亂。鴻生演義，庶得齊衡；童子爲郎，遠多慚色。尋以門調授左千牛備身，俄以昆季連官，出爲蘇州司功參軍事，轉蜀王府記室。蜀王[一]罕遵直道，思縱逸遊。君上諫書，以至言爲目；洎王失國，以讜正見知。穆生察醴而先辭，韋孟陳詩以托諷，弗足高也。顯慶初，移著作佐郎兼修國史。其後皇上綴集群言，名爲《累璧》；　儲君區别文翰，是稱《玉彩》。撰著之始，廣徵英彦。君以才藝優洽，前後咸預焉。書成，賜帛數百匹，纍加驍騎尉。俄遷左史，奉　詔修武德以來起居注，兼知弘文館事，尋加朝散大夫。麟德初，擢授東臺舍人。庇影鳳枝，濯襟鸞渚。劉向以名儒膺賁，陳劭以悦禮當仁。夤問左曹，獨華禁闥。坐公出爲豳州司馬，遷懷州長史。纍贊名藩，偕流善政。驤途方展，遽聞過隙之悲；鵬路行騫，翻結止隅之恨。以咸亨元年七月廿二日遘疾卒於官舍，春秋卌有六。有子恒州司兵參軍愃等粤以其年十一月庚子朔三日壬寅窆於洛州偃師縣亳邑鄉之首陽原，禮也。惟君資孝宅躬，體仁成德。靈臺湛鏡而外混其塵，神府持衡而内盈其量。不標墻仞，應物無替其儀；寧局楷模，行己必循其則。愛善如渴，樂道忘飢。莫事家産，聚書萬卷。踵茂先之溢架，轥墨翟之聯箱。故能汲引群流，吐言泉而不竭；陶甄衆藝，驛思匠以無端。載因緝務之餘，專以著書爲業。撰《後魏齊隋史》，合爲一百六十卷。采古今名言，爲《説林》二帙。後以《遍略》曠而蕪，《類苑》狹而淺。删其繁雜，廣其條流，成六百卷，題爲《册府》。又續《家傳》七篇。所製雜文廿卷。昔承祚之詮《三國》，紹統之次《九州》。《語林》創於榮期，《皇覽》基於熙伯。陸氏之甄系歷，潘仁之叙家風。异路争驅，未能致其遐躅；分功競述，猶且虧其奥旨。君獨運幽襟，駢開衆目。繹微婉之奇致，統良直之宏詞。映南左而孤標，凌曹干而迅發。鴻編在列，似登群玉之峰；隻字靡刊，詎俟懸金之肆。非夫成麟峻業，絡書扃於性府；雕龍奮藻，控筆海於情源。孰能縱力兼人，同烏獲之扛鼎；絶群超舍，等白義之追風。斯實曠代之偉材，　昌時之秀士也。降年不永，悲夫！司文郎中、太子侍讀、右贊善裏行、崇賢館學士會稽賀敳，司文郎、崇賢館直學士臨淮劉禕之，并君之故人也。石渠接影，挹淡水而罔懷；摇峰綴詞，望高山而仰止。千里爲别，幾嘆清風；九言尚存，奄悲玄夜。文康遽往，遥殷玉樹之傷；元伯長歸，遂阻金鄉之送。啜其泣矣，共撰遺音。禕之序其事，賀公銘其德。既愴絶弦，且均投誄。載題芳於貞琰，庶咏旌乎幽隧。其銘曰：

繞電浮精，因星效禎。昌基叠秀，慶緒抽英。猗歟晋輔，赫矣周卿。陸離軒蓋，照灼珪珩。種德有憑，象賢多裕。室含珠景，庭敷玉樹。早肅嵇風，先披樂霧。情仞山峙，心源海注。顔生不二，黄氏無雙。耕耘藝圃，游咏詞江。飛聲動俗，入仕輝邦。芳馳鵠板，譽偃鷄窗。桂邸英翹，芸扃美選。九流載緝，三閣增絢。擢彩鳳林，承暉鸞殿。宸問兹待，貞規式薦。豳郊懷服，變化移風。首席初賁，傳薪遂窮。琴臺瞑静，書帳晨空。魂銷魏北，殯徙瀍東。鞏樹寒深，陽林照晚。霧昏太室，霜凝小菀。摇曳朱杠，逶遲素幰。痛泉户之方閟，惜芳猷之遽□。

[一] 蜀王即李愔，參《舊唐書》卷七六《蜀王愔傳》。

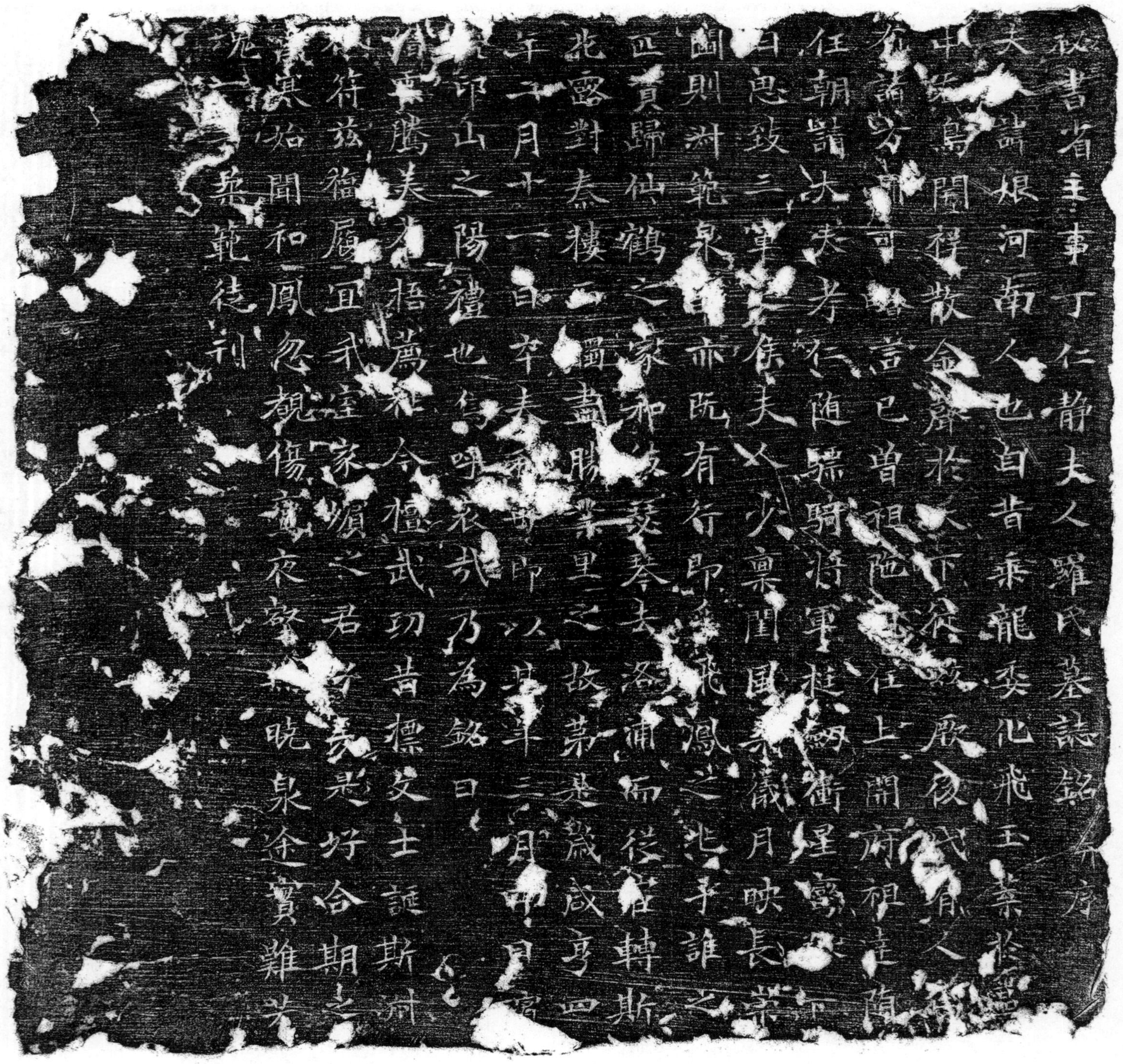

〇一七　秘書省主事丁仁静夫人羅氏（娘）墓誌銘

咸亨四年（六七三）三月四日葬。

誌文十五行，滿行十九字。正書。誌長、寬均三十八厘米。

秘書省主事丁仁静夫人羅氏墓誌銘并序

夫人諱娘，河南人也。自昔乘龍委化，飛玉葉於區中；玄鳥開祥，散金聲於天下。從兹厥後，代有人圖，布諸方册，可略言已。曾祖陁，隨任上開府。祖達，隋任朝請大夫。考仁，隋驃騎將軍。挺劍衝星，彎弧下日，思致三軍之侯。夫人少禀閨風，柔儀月映；長崇閫則，淑範泉□。亦既有行，即孚飛鳳之兆；於誰之匹，實歸仙鶴之家。和彼瑟琴，去洛浦而從宦；轉斯花露，對秦樓而獨盡。勝業里之故第，是歲咸亨四年二月十一日卒，春秋卅。即以其年三月四日窆於邙山之陽，禮也。嗚呼哀哉！乃爲銘曰：

□雲騰美，蒼梧薦祉，今擅武功，昔標文士。誕斯淑令，符兹福履。宜我室家，嬪之君子。爰是好合，期之歲寒，始聞和鳳，忽睹傷鸞。夜壑□曉，泉途實難。芳魂一□，柔範徒刊。

〇一八　大唐故郴州盧陽縣丞張君（慶則）墓誌銘

咸亨四年（六七三）十月二十八日葬。

誌文三十行，滿行三十字。正書。誌長、寬均五十六點五厘米。

大唐故郴州盧陽縣丞張君墓誌銘并序

□諱慶則，其先南陽之盛族也。顯祖從宦，徙居仙洛，遂爲河南陸渾縣人焉。原夫開地疏基，五代標相韓之貴；大梁分構，八王參輔漢之榮。氣擁連珠，拂香貂於侍葉；祥開石璽，化禎鵲於常山。鑒沉寶於東吴，辯浴星於西漢。斯并半千秀峙，九萬遐騫。雕譽殺青，飛名鍛帛。曾祖安，魏洛州刺史。祖榮，周持節、平東將軍、鄧城郡守。父浩，隋太尉、楚景武公[一]長史。并十朋開德，六象騰儀。素履居貞，黃裳元吉。惟公珠樹仙榮，金芝瑞英。乘南箕而降粹，夢西魄以懸名。青珥孕彩，振景於輿泉；白義騰姿，飛華於轡野。七門殊迹，終隱括於詞樞；九流分派，并朝宗於學海。黃陂德量，方淹郭泰之游；紫電雄芒，自駭風胡之□。爰屬有隋失馭，巨浪飛瀛。

大唐寶運在躬，高旗拂霓。斷鼇開地，叱江海以恬波；飛龍在天，嘯風雲而蕩色。雖妖星策馬，已静於墟躔；而閏位餘黿，尚憑於荒徼。公□謀泉波詭，壯氣雲烝。遽請長纓，載申憑軾。以義寧二年爲山南道招慰大使，冉安昌等反接歸化。陸大夫之説越，方申寶劍之遊；魯仲連之下齊，爰謝華珪之賞。至武德二年，又爲夔州道撫慰大使，詔授上儀同、朝請大夫。至四年，又從趙郡王[二]山南道問罪，爲行軍判司。公豹韜開變，倚馬成文。乘破浪之長風，卷稽天之巨祲。凱歸獻捷，詔授朝散大夫。七年，任夔州都督府參軍。至貞觀二年，任蜜州司户。鄭鄉通德之門，想千齡之英氣；孔座盈樽之酌，懷百祀之芳塵。十一年，轉任郴州盧陽縣丞。風韻虚融，翊調絲之景化；霜鐔遊刃，贊製錦之良工。公紫嶽渾金，青冥壯翼。嵇松勁節，郄桂芳枝。函丈液中，藝窮神霧；揮毫池上，字繞仙雲。既而税駕西虞，遊魂東觀。赴圓清之京兆，就方濁之修文。以貞觀十五年二月田□日終於官舍，春秋五十有九。花耕□□，空墮泪於羊碑；柳駕旋輌，送歸靈於雁乘。夫人李氏，隋吉州刺史之長女也。白雲開族，紫氣凝禎。圓婺隤祥，纖娥誕粹。膺錯薪於刈楚，附貞樹於春蘿。佩金燧以揚輝，裂鴛機而表訓。不謂光沉笑電，景晦悲泉。雨霽巫臺，霞銷宓館。忽以咸亨四年九月廿八日卒於私寢，春秋八田有五，粤以其年十月廿八日合祔於河南縣平洛鄉邙山之陽，禮也。嗣子文藝茹荼嬰痛，集蓼纏哀。悲素騏而悽斷，吊白鶴而徘徊。積愁□於夜室，照苦月於泉臺。凝薤歌□晞曉露，攀宰樹而啓驚雷。嗚呼哀哉，乃爲銘曰：

黃神七聖，炎靈四王。金蜩鸞渚，玉鉉龍光。朱幡寫譽，紫綬馳芳。於門蘊德，應社□□。□盈素正，藝襲青箱。鋒標武庫，□艷文房。初九素履，□五黃裳。騰機韜略，□□□□。孤鸞絶影，雙劍沉芒。背赤松之烟駕，掩黃石於泉堂。

[一] 楚景武公即楊素，大業二年（六〇六）改封楚王，卒贈太尉，謚景武。

[二] 趙郡王即李孝恭，貞觀初年改封河間郡王。

〇一九　劉仁舉墓誌

上元二年（六七五）十月二十七日葬。

誌文二十一行，滿行二十六字。正書。誌長、寬均四十三厘米。

君諱□舉，字仁舉，洛州伊闕人也。[一]其先帝堯之餘苗，御龍之遠裔。居殷匡□，號曰豕韋；至周相時，氏爲唐杜。晉主夏盟，食包其花。爰及秦代，始作劉宗。開帝緒於昔時，騰暉遠策；極天峻於曩日，振美於今。　祖賓，齊任襄城郡守。投名三异，宣布六條；極迹一時，徽猷千古。　父暹，隋洛州溼陽縣主簿。善贊一同，綱維百里。隱遊朝市，匿迹丘園。君幼而澄徽，長而英潤。志尚山水，雅好琴書。遁代居貞，韜光下里。去顯慶五年，奉板授壽州新樂縣令。冀以桑雉來馴，道愈飛舄。朝聞圂頌，野樂德音。豈謂良木斯摧，夢楹期促。遂使誠未立而魂以虧，化不宣而年以往。以龍朔元年十月九日卒於私第，春秋九十有二。

夫人周氏，春秋八十有一，以上元二年十月三日卒於家第，以其年十月廿七日合葬於伊闕縣内都里之平原，禮也。東則伊川浩浩，浸潤横流；[二]有鍾阜峩峩，日月迴薄。南瞻黑嶺，一仞連天；北望甘泉，派流接海。將圂桑田草貿，陵谷遷移。惠連加冥寞之言，莊周爲腐骨之嘆。聊因玄石，用紀銘云：

德被一同，思沾百里。落落奇才，汪汪秀士。聲颺九皋，隱居朝市。挺質當時，美隆千祀。其一。不仕不愚，爲賢爲智。意在清高，無規小利。遊心墳籍，潛形養志。立軌於前，遺芳後嗣。其二。隱隱孤魂，遊遊四□。生有光輝，死爲幽晦。良木何摧，明珠忽昧。勒此單言，流鑒後代。其三。

上元二年十月廿七日葬於伊川之□

[一] 墓誌蓋佚，根據墓誌内容，誌主應爲劉姓。

[二] 根據文意，此處漏刻『西』字。

大唐故王九品亡宮墓誌銘
亡宮者不知何許人也以上
元三年五月七日卒於寢宮
之舍春秋五十有六即以其
年其月十八日葬　陵東景
山之原禮也

唐故亡
宮王九
品墓誌

〇二〇　大唐故王九品亡宮墓誌銘

上元三年（六七六）五月十八日葬。

誌文六行，滿行十一字。正書。誌高三十八厘米、寬三十五厘米。

誌蓋篆書：唐故亡宮王九品墓誌

大唐故王九品亡宫墓誌銘

亡宫者，不知何許人也。以上元三年五月七日卒於寢宫之舍，春秋五十有一［一］。即以其年其月十八日葬於陵東景山之原，禮也。

［一］此處有改刻，或爲八。

〇二一　大唐故郭君（僧喜）墓誌銘

上元三年（六七六）七月七日葬。

誌文二十四行，滿行二十四字。正書。誌長、寬均四十厘米。

大唐故郭君墓誌銘并序

君諱僧喜，字武，太原郡人也。自元天始構，大寶有章，錫珪土以開家，誓山河而流祉。五爵傳其茂族，駟馬接乎高門。求諸□故，可得言矣。祖玉，齊驃騎大將軍、齊州刺史。入司交戟，狼彗静其妖芒；出牧褰帷，神雀祥乎仁恕。父漢，隋雄武郎將，　皇朝翊衛右監門校尉。外清鯨浪，干城版蕩之餘；内警龍門，賁寵[光]華之旦。君幼標奇拔，夙藴端莊。掩忠孝於身基，緼詩書於藝府。起家文林郎，朝寄以扃禁務殷，前守叨曠。爰奉　明[詔]，擢授潼關令，又除右八監丞。襟帶委深，騶閑任重。遁秦鷄唱，□徒有惑於周關；出漢龍姿，嗜欲稱難於夏御。自非風鑒閑遠，識度深詳，何以茂是嘉聲，剋諧令績。方榮式玉，遽夢懷珠。太山頽厚夜之峰，德星秘昇遐之彩。嗚呼哀哉！春秋五十有五，以上元[三]年五月廿六日卒於故第。夫人李氏，姿華盛緒，作合哲人。訓子以麗三遷，循儀而光四德。而風霜未厲，蘭蕙先秋。遽動歌盆，俄悲匣扇。先以咸亨四年五月一日卒於私第。粤以上元三年歲次景子七月丁卯朔七日癸酉合葬於伊洛鄉之原，禮也。哀子元軌等蹈裂彼蒼，纏號伊蔚。痛芳音之易寂，泣陵谷之逾遷。敬勒松扃，式昭不朽。其詞曰：

神丘鬱鬱，德水湯湯。基崇峙峻，源泌流長。匡周佐漢，佩紫懷黃。曰祖曰考，爲龍爲光。其一。玉秀而貞，珠孕而明。逸氣孤聳，英姿挺生。智妙神構，體物無形。躡雲高引，搏風上征。其二。材雄不代，功參命服。陳力鷄門，宣勤龍僕。道冠能賢，聲含尹卜。浮舟震澤，[俄][促]□禄。其三。千月靡期，九原長暮。嗟乎二美，奄□雙度。隧阻陽烏，□懸霄兔。敬刊□石，式光泉路。其四。

○二一二　大唐故明威將軍行右威衛郎將上柱國廣陽縣開國子劉公（才）墓誌銘

上元三年（六七六）十月十五日葬。

誌文三十二行，滿行三十三字。正書。誌長、寬均七十三厘米。

誌蓋篆書：明威將軍劉君墓誌銘

大唐故明威將軍行右威衛郎將上柱國廣陽縣開國子劉公墓誌銘并序

原夫日月麗天，韓彭降星象之氣；江山帶地，良平稟川嶽之靈。是知謇諤廊廟之臣，英雄社稷之器，亦何代無其人哉。君諱才，洛州河南人也。
昔丹陵啓構，豢龍紬則大之基；白水登庸，斷蛇創承天之業。亦有德標三嘏，編譽言事之書；道備九流，傳芳載筆之史。雖踐極居中之聖，
與氣運而俱遷；如龍擬驥之賢，歷今古而無泯。祖彬，父綱，并脫略人榮，具循天爵，安排處順，晦迹陸沉。君幼稟縱橫，長而雄杰。常山
滋水之術，得自中襟；取睽翦翼之能，無資外習。逮乎裹糧占募，負劍從戎，氣壯三軍，謀成中幄。遂得策名五校，警衛　宸樞；列職八屯，
閑邪
天府。至顯慶三年，　詔授游擊將軍、左衛顯國府果毅。官非隨牒，特降　天波。雖位屈元戎，實道光中捍。將搏九萬，必因
羊角之風；欲步三臺，須階鴻漸之岸。總章二年，屬黏蟬背誕，負險青丘；蓋馬不庭，憑深滄海。中權以律，奉戡亂之規；上將師貞，受除
殘之策。君以能高七萃，位長千夫。請後勁於狼河，願先鳴於鳥隧。搴鼊橋之駭浪，導以朝宗；斬玄兔於長置，遽登軍俎。斷布勵摧凶之勇，
人百其誠；蒙輪申殄寇之威，士一其志。梟元斬馘，爲山高度雁之峰；血野丹川，成海深抃鼇之壑。漢臣言伐，遠愧度遼之名；魏將論功，
遥慚出塞之號。既而剋平王險，飲至神京。疏爵窮五等之高，疇庸極八命之重。君以勞謙自牧，讓以得之。績簡　帝心，榮因　天旨。
有
詔授明威將軍、行右威衛郎將。至咸亨二年正月，　詔封廣陽縣開國子，食邑四百户。是知官由能進，爵以德昇。開國均礪嶽之榮，
食邑埒苴茅之貴。頃以風夷稔惡，日子朋凶。航水之賷無歸，驟山之賝每闕。以咸亨三年奉　敕鷄林道總管。至上元元年五月十一日遘疾彌留，
終於海甸。方期剋翦凶醜，下申忠勇之心；吞滅逋誅，上答　鴻私之惠。不謂殲良奄及，异生入之班超；與善無徵，類凶歸之溫序。嗚呼哀哉，
嗚呼哀哉！即以上元三年歲次景子十月乙未朔十五日己酉葬於洛陽縣北邙山之清風鄉界，禮也。南則維嵩極天，詩稱降神之嶽；北則滎河括地，
書曰涌圖之川。粟嶺峙其東，金谷濱其右。占墳白鶴，問兆青烏。鬱鬱佳城，此焉攸吉。君義勇忠概，已著於生前；盛德鴻勛，方垂於没後。
有子左金吾衛引駕隊正神裔崩心陟岵，長違膝下之恩；泣血趨庭，永絶聞詩之誨。將恐鯨池或變，奠酹無歸；鮒谷有遷，餘芳不嗣。乃爲銘曰：
就日丹陵，聚星豐谷。榮光晨映，素靈夜哭。神眷既渝，人心改卜。丕承大寶，允膺天禄。其一。雄圖雖謝，綿慶不移。象賢代及，玉散
宗支。人倫師友，邦國羽儀。匪天攸縱，斯焉取斯。其二。惟君載德，稟精辰象。頻摧月陳，屢垂天獎。絶塞揎戈，航溟頓綱。殲良奄及，斯
人曷仰。其三。昔承　綸涣，玉節宣威。今還　帝里，素旐空飛。雲愁鳥陳，日黯龍旂。馬革既返，魂兮可歸。其四。龜謀習吉，馬鬣成墳。
簫哀朱鷺，曲慘玄雲。殯宫晨祖，曉色朝分。丹旐引路，大樹將軍。其五。塗津曲洛，路指佳城。迥瞻松磴，還疑柳營。陵谷遷毀，朝市虚盈。
惟餘介石，不朽英聲。其六。

〇二三　大唐相王府主簿許君（杲）故妻郝氏（默）墓誌之銘

調露元年（六七九）六月二十五日葬。

誌文二十五行，滿行二十五字。正書。誌長、寬均四十七厘米。

范履冰撰。

墓誌原石藏山東桓臺拿雲美術博物館。

大唐相王府主簿許君故妻郝氏墓誌之銘并序

左史范履冰製

夫人諱默，字静思，安陸人也。地帶瓊岩，囿雕虹之美氣；川通珠浦，孕明月之仙暉。秀境發其英靈，淑德由其感降。曾祖貴，皇朝滁復二州刺史、甑山公。祖處俊，見任侍中、甑山公。并廊廟標材，宗彝韞器。或臨千城而緯俗，道洽循風；或登八舍以經邦，功參　神化。父北叟，任符璽郎、典設郎。宰門令胤，公才懿質。奉　瑶璽於　宸闈，趨鏤牓於春禁。夫人延芳蘭壼，絢景梅梁。著柔明於繡褓之辰，表淑慎於香纓之序。雪驚初柳，逸韵光於謝庭；露轉輕芝，芳翰韜於衛室。及于歸戒典，迨吉登期。許君即故中書令、特進、高陽公敬宗之第七子也。望高鼎胄，兆叶金夫。契田鳳而流鏘，咏齊魴而成匹。月懸妝鏡，始對祥鸞之儀；風清綺弦，方合雙鴛之調。而春暉啓旦，霜飛桃李之蹊；逝流驚夕，水閱芙蓉之沼。以調露元年六月十九日終於温柔里第，春秋一十有七。惟夫人韶令開儀，幽閑成德。十年就傅，媛則備於金閨；百兩從人，柔風藹於彤管。鑒鏡圖史，瑶編代玉匣之暉；組織仁義，縹牒當鴛紋之彩。齊眉致禮，道有穆於虔恭；啓足凝哀，言不忘於孝友。而風驚銀燭，無復待保之期；露湛瓊杯，莫驗延齡之術。嗚呼哀哉！即以其月廿五日葬於鼎門外之南原。夫高陽郡許杲，痛泉臺之行掩，嗟月簟之長空。恐迴薄不居，高深或貿。敬刊幽石，式誌貞墳。其詞曰：

玉雲披岫，珠月涵川。祥暉孕祉，秀質儀仙。蘭芬比馥，蕣影齊妍。德光環璲，藝總紘綖。亦既有行，言歸懿匹。體備柔婉，心符貞吉。合美鸞鏡，和聲鳳瑟。道叶宜家，慶均榮室。時侵夏燧，序應秋河。風催少女，魄散初娥。一隨遷窆，非復凌波。機殘錦字，縷絶瓊梭。北背脩芒，斜臨清洛。委鬱飛旐，凄清哀鐸。露晞珠碎，霞凋綺落。萬古寂寥，九泉冥漠。

調露元年太歲己卯六月己酉朔廿五日癸酉

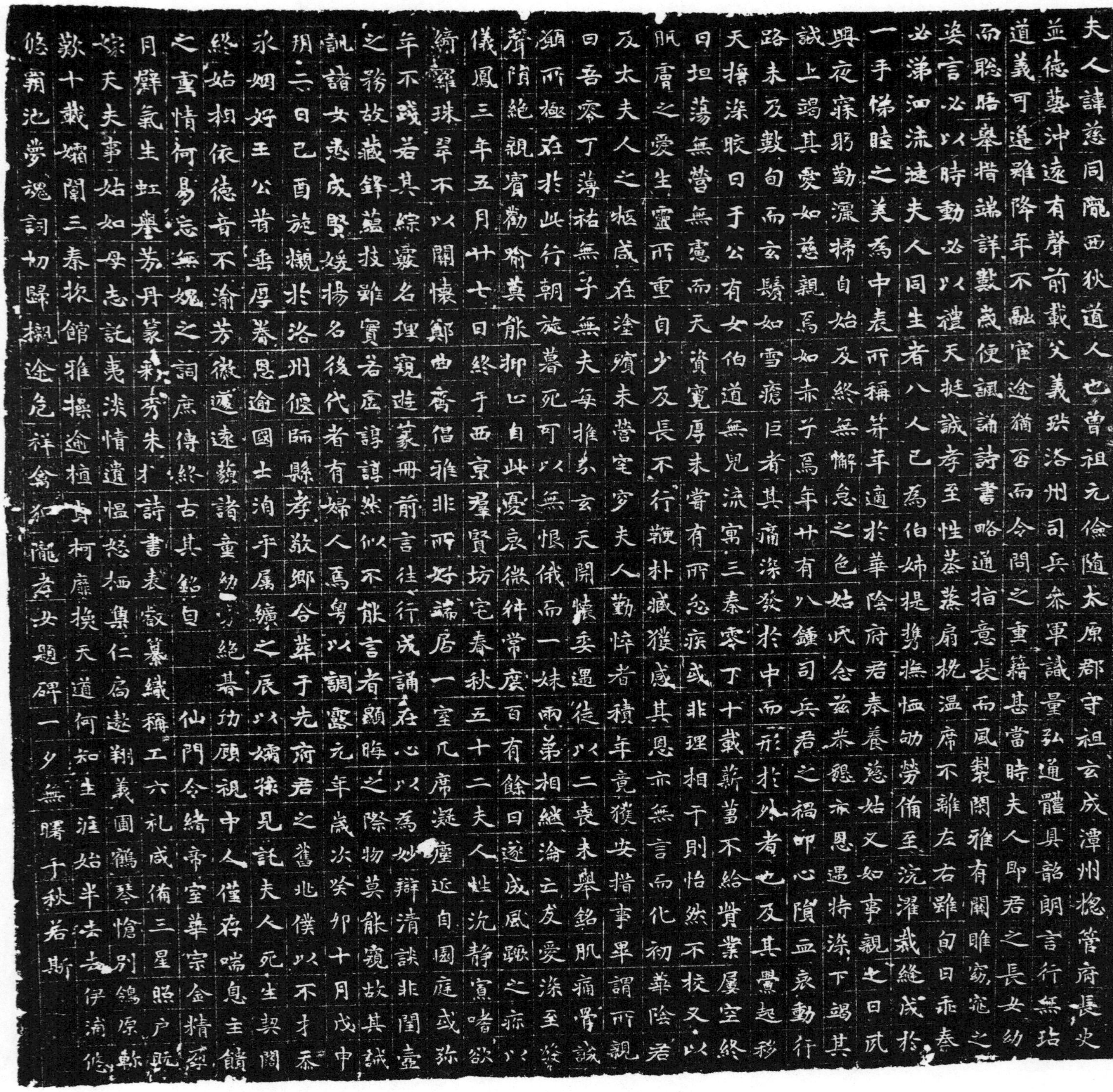

夫人諱慈同隴西狄道人也曾祖元儉隨太原郡守祖玄成潭州摠管府長史
並德藝沖遠有聲前載父義琰洛州司兵參軍識量弘通體具韶朗言行無玷
道義可遵雖降年不融宦途猶否而令問之重籍甚當時夫人即君之長女幼
而聰晤舉措端詳數歲便諷誦詩書略通指意長而風槩閑雅有關睢窈窕之
姿言必以時動必以禮天挺誠孝至性蒸蒸扇枕温席不離左右雖白日乖春
必涕泗流漣夫人同生者八人已爲伯姊提攜撫恤劬勞備至洗濯裁縫成於
一手悌睦之美爲中表所稱笄年適於華陰府君奉養慈姑又如事親之日夙
興夜寐躬勤溉滌自始及終無懈怠之色姑氏念茲恭穆亦恩遇特深下竭其
誠上竭其愛如慈親焉如赤子焉年廿有八鍾司兵君之禍叩心隕血哀動行
路未及數旬而玄鬢如雪瘠巨者其痛深發於中而形於外者也及其釁起移
天擗深睒日于公有女伯道無兒流寓三秦零丁十載薪菓不給貲業屢空終
日坦蕩無營無慮而天資寬厚未嘗有所忿疾或非理相干則怡然不校又以
肌膚之愛生靈所重自少及長不行鞭朴臧獲感其恩亦無言而化初華陰君
及太夫人之柩咸在塗殯未營窆穸夫人勤悴者積年竟獲安措事畢謂所親
曰吾零丁薄祐無子無夫每推玄天閑愫妥還從以二喪未舉銘肌痛骨誠
願所極在於此行朝旋暮死可以無恨俄而一妹兩弟相繼淪亡友愛深至發
於隋陏絕親賓勸喻莫能抑止自此憂哀微弁常度百有餘日遂成風疾之亦以
綺羅珠翠不以關懷鄭曲齊倡雅非所好端居一室几席凝塵延自閨庭或欲
儀鳳三年五月廿七日終于西京群賢坊宅春秋五十二夫人性沈静寡嗜欲
年不踐若其綜覈名理窺涉藝典前言往行成誦在心以爲妙辯清談非閨壼
之務故藏鋒蘊技雖賓若虛謙然似不能言者顧晦之際物莫能窺故其誠
訓諸女悉成賢媛揚名後代者有婦人焉粵以調露元年歲次癸卯十月戊申
朔二日己酉旋櫬於洛州偃師縣孝敬鄉合葬于先府君之舊兆僕以不才忝
承姻好王公昔垂厚眷恩逾國士洎乎屬纊之辰以孀孫見託夫人死生契闊
終始相依德音不渝芳徽遽遠藐諸童幼絕碁助顧視中人僅存喘息主饋
之雲情何易忘無媿之詞庶傳不古其銘曰 仙門令緒帝室華宗金精篤
月辯氣生虹鑾芳丹篆彩秀朱才詩書表敬纂織稱工六礼咸備三星照户既
嫁天夫事姑如母志託冤淡情遺慍怒栖集仁居慈翔義圃鶴琴愴別鴛原軼
歎十載孀闈三秦旅館雖操逾植貞柯靡換天道何知生涯始半法去伊浦悠
悠蒿池夢魂詞切歸櫬途危祥翁郊隴君父題碑一夕無曙千秋若斯

〇一四　李慈同墓誌

調露元年（六七九）十月二日葬。

誌文三十行，滿行三十字。正書。誌長、寬均七十四厘米。

夫人諱慈同，隴西狄道人也。曾祖元儉，隋太原郡守。祖玄成，潭州總管府長史。并德藝冲遠，有聲前載。父義珙，洛州司兵參軍。識量弘通，體具韶朗。言行無玷，道義可遵。雖降年不融，宦途猶否。而令問之重，籍甚當時。夫人即君之長女，幼而聰晤，舉措端詳。數歲便諷誦詩書，略通指意。長而風製閑雅，有關雎窈窕之姿。言必以時，動必以禮。天挺誠孝，至性蒸蒸。扇枕温席，不離左右。雖旬日乖奉，必涕泗流漣。夫人同生者八人，己爲伯姊。提携撫恤，劬勞備至。浣濯裁縫，成於一手。悌睦之美，爲中表所稱。笄年適於華陰府君，奉養慈姑，又如事親之日，夙興夜寐，躬勤灑掃。自始及終，無懈怠之色。姑氏念兹恭懇，亦恩遇特深。下竭其誠，上竭其愛。如慈親焉，如赤子焉。年廿有八，鍾司兵君之禍，叩心隕血，哀動行路。未及數旬而玄鬢如雪，瘡巨者其痛深發於中而形於外者也。及其釁起移天，誓深皎日。于公有女，伯道無兒。流寓三秦，零丁十載。薪蒭不給，貲業屢空。終日坦蕩，無營無慮。而天資寬厚，未嘗有所忿疾。或非理相干，則怡然不校。又以肌膚之愛，生靈所重。自少及長，不行鞭朴。臧獲感其恩，亦無言而化。初華陰君及太夫人之柩咸在塗殯，未營窀穸。夫人勤悴者積年，竟獲安措。事畢，謂所親曰：『吾零丁薄祐，無子無夫。每推分玄天，開懷委遇。徒以二喪未舉，銘肌痛骨。誠願所極，在於此行。朝旋暮死，可以無恨。』俄而一妹兩弟相繼淪亡。友愛深至，發聲隕絕。親賓勸喻，莫能抑止。自此憂哀，微舛常度，百有餘日，遂成風蹶之疹。以儀鳳三年五月廿七日終於西京群賢坊宅，春秋五十二。夫人性沉静，寡嗜欲。綺羅珠翠不以關懷，鄭曲齊倡雅非所好。端居一室，几席凝塵。近自園庭，或彌年不踐。若其綜覈名理，窺遊篆册，前言往行，成誦在心。以爲妙辯清談，非閨壼之務，故藏鋒藴技，雖實若虛，諄諄然似不能言者。顯晦之際，物莫能窺。故其誡訓諸女，悉成賢媛。揚名後代者，有婦人焉。粤以調露元年歲次癸卯十月戊申朔二日己酉旋櫬於洛州偃師縣孝敬鄉合葬於先府君之舊兆。僕以不才，忝承姻好。王公昔垂厚眷，恩逾國士。洎乎屬纊之辰，以孀孩見托。夫人死生契闊，終始相依。德音不渝，芳徽遽遠。藐諸童幼，旁絕期功。顧視中人，僅存喘息。主饋之重，情何易忘。無愧之詞，庶傳終古。其銘曰：

仙門令緒，帝室華宗。金精孕月，璧氣生虹。譽芳丹篆，彩秀朱□。詩書表叡，纂織稱工。六禮咸備，三星照户。既嫁天夫，事姑如母。志托夷淡，情遺愠怒。栖集仁扃，遨翔義圃。鶴琴愴别，鴒原軫嘆。十載孀闈，三秦旅館。雅操逾植，貞柯靡换。天道何知，生涯始半。去去伊浦，悠悠霸池。夢魂詞切，歸櫬途危。祥禽囬隴，孝女題碑。一夕無曙，千秋若斯。

劉君
墓誌

○二五　大唐故吉州司馬劉府君（景宗）墓誌銘

調露元年（六七九）十月十四日葬。

誌文三十行，滿行三十字。正書。誌長、寬均六十七厘米。

誌蓋篆書：劉君墓誌

大唐故吉州司馬劉府君墓誌銘并序

君諱景宗，字萬基，彭城安上人也。夫以咸陽失馭，浮碭山之瑞雲；洛邑遷都，發春陵之佳氣。岱宗隱隱，子孫承盤石之基；太史滔滔，英彦接維城之緒。俊賢無替，軒冕繼及。曾祖慧騫，梁江州刺史、假節、威猛將軍、寧都縣侯，謚曰烈。祖嵩，上柱國、南康郡公、涇州刺史，謚曰壯。父興紹，豳州刺史，襲封南康郡公，河間、馬邑太守。并叠矩重規，依仁遊藝。鄧攸吴郡，遺惠動於歌謡；郭伋并州，仁風結於童孺。君資河岳之氣，降星辰之精。瓊林五色，玉臺千里。楊烏天縱，居綺歲而參玄；黄琬生知，在髫年而對月。石室香芸之籍，竹林繁露之書。莫不雅洞心靈，遂窮枝葉。苞五車而流美，掩三冬而取俊。於是詞人捧袂，望芝室而欽風；士子連鏖[一]，指桃蹊而競踐。始以詩書詣闕，言追賈誼之風；俄而文學遊梁，復繼馬卿之躅。起家燕王府參軍事。長裾甫曳，行振步於鄒枚；托乘來遊，獨高視於劉阮。俄遷資州司倉參軍、荆州大都督府兵曹參軍。江山杳杳，井邑跨於巴中；桑柘蒼蒼，風俗基於郢邑。用使一匡佳政，再□名邦。千里肅以風清，百城歙其烟靡。又除奉議郎、行淄州淄川縣令。又除婺州龍丘縣令。四履遺墟，三吴舊國，盡瑯臺而作固，抗金華而設險。自君戾止，仁化洽於鄰郊；載伫勝殘，惠政成於期月。神明伫德，俄馴王氏之鸞；令長非材，遽騁龐公之驥。以勲加護軍，遷行吉州司馬。五嶺南通，三江北枕。經塗西亘，雲夢接於衡陽；製邑東臨，鸞崗通於鶴嶺。君毗之以上德，贊之以中和。纔登半刺之榮，遂肅題輿之望。方冀鯤鬐鵬翮，從北海而指南溟；玉樹金芝，耀秋風而動春日。豈謂生涯逼迫，人道推移。桓君山之時命溘焉，嵇叔夜之烟霞已矣。以儀鳳二年六月八日終於官舍，春秋七十有二。以調露元年十月十四日葬於洛州洛陽縣平陰鄉北芒原，禮也。惟君夙傳名德，雅杖風規。洽通理而全真，體謙光而自牧。雖復道兼瑚璉，俯州郡而無疑；地籍公侯，處光塵而獨得。斯故黄金比諾，白珪無玷。事歸言行，理究樞機者焉。子[二]等立身行道，追遠慎終。控地捫天，恐家聲之莫嗣；雕金刻石，紀門德於終古。庶傳不朽，乃作銘云：

汾陽望日，碭岫浮雲。乘時御宇，受命爲君。文昭武穆，葉散枝分。驊騮叠影，鵷鷺爲群。惟祖惟考，立言立德。惠浹藩維，道形邦國。君實清素，夙資玄默。行出人表，言成士則。義精學府，理絢詞場。簪裾仕漢，文雅遊梁。效官庸蜀，隨牒沅湘。化鷹譽遠，展驥名揚。空期輔德，已嘆殲良。逝者如斯，魂兮焉適。卜其宅兆，言從窀穸。隴月霄懸，山雲曉積。式旌懿範，寄諸陰石。

［一］『鏖』應爲『鑣』之誤。

［二］此處空一格未刻字。

○二六　唐故義旗行軍騎曹郭府君（林）墓誌銘

調露元年（六七九）十二月十六日葬。

誌文二十二行，滿行二十三字。正書。誌長、寬均四十五點五厘米。

唐故義旗行軍騎曹郭府君墓誌銘

君諱林，字穎秀，河東□人。原夫遠緒開基，號惟周宰；洪源天□，既隗即燕師。洎乎□□承家，譽流金穴之寵，餘□□美，勳光竹之仁。是知派遠靈□，芳徽必紹。基隆抵固，茂範猶傳。曾祖高，地襲膏粱，望苞軒冕。清虚素任，淡泊居神。乃養素衡門，栖遲丘壑。祖玉，器宇淹遒，識量清遠。機神警□，□鑒疏通。追踐遺風，閑居自守。父哲，隋□州司法參軍事。植性端平，布懷剛直。辯彰刑典，式叙彝倫。公天縱英姿，□□文武。五才克舉，七德攸宣。粹氣均於太清，精明叶於韶景。開家建國，□業□□。氛蕩祲之功，繼十□而同塵，侔三杰而聯軌。屬隋運淪亡，人神□□。武皇帝龍興晋外，大誓汾隅。以公三略有聞，六奇標譽。遂得□□擢用爲行軍騎曹。俱嶧桐抽幹，咸池之響可希；荆梓敷榮，大夏之材有□。□乎上天不憖，殲我哲人。同孔嘆於摧梁，等陸悲於閲水。以麟德二年十一月卅日□於洛州，春秋七十二。粤以大唐調露元年歲次己卯十二月[一]朔十六日與夫人□氏安厝於洛州伊闕縣南大埠山之原，禮也。嗣子玄悉等仁慈亮直，孝□温恭。□風樹之莫追，哀昊天之罔極。念桑田之變革，懼陵谷之遷移。□叙芳猷，式鎸玄石。庶昭不，乃爲銘曰：

漢渚潛輝，荆岩蓄潤。譬諸□□，幽□響振。在人標杰，惟邦實俊。處温無緇，雖磨不磷。挺生□□，踵武含章。韶年鳳彩，學歲龍光。忠爲令德，孝著游方。鑒□□□，響逸珩璜。時偶□飛，聖皇騰躍。穎管文律，參謀□略。量□□□，□□□□。德標衆譽，器光天爵。嗚呼！上帝□□，□□□方。□□四□，俄遷九泉。□寒栖霧，松虚泊烟。佳城□□，□□何年？

[一] 此處空一格未刻字。

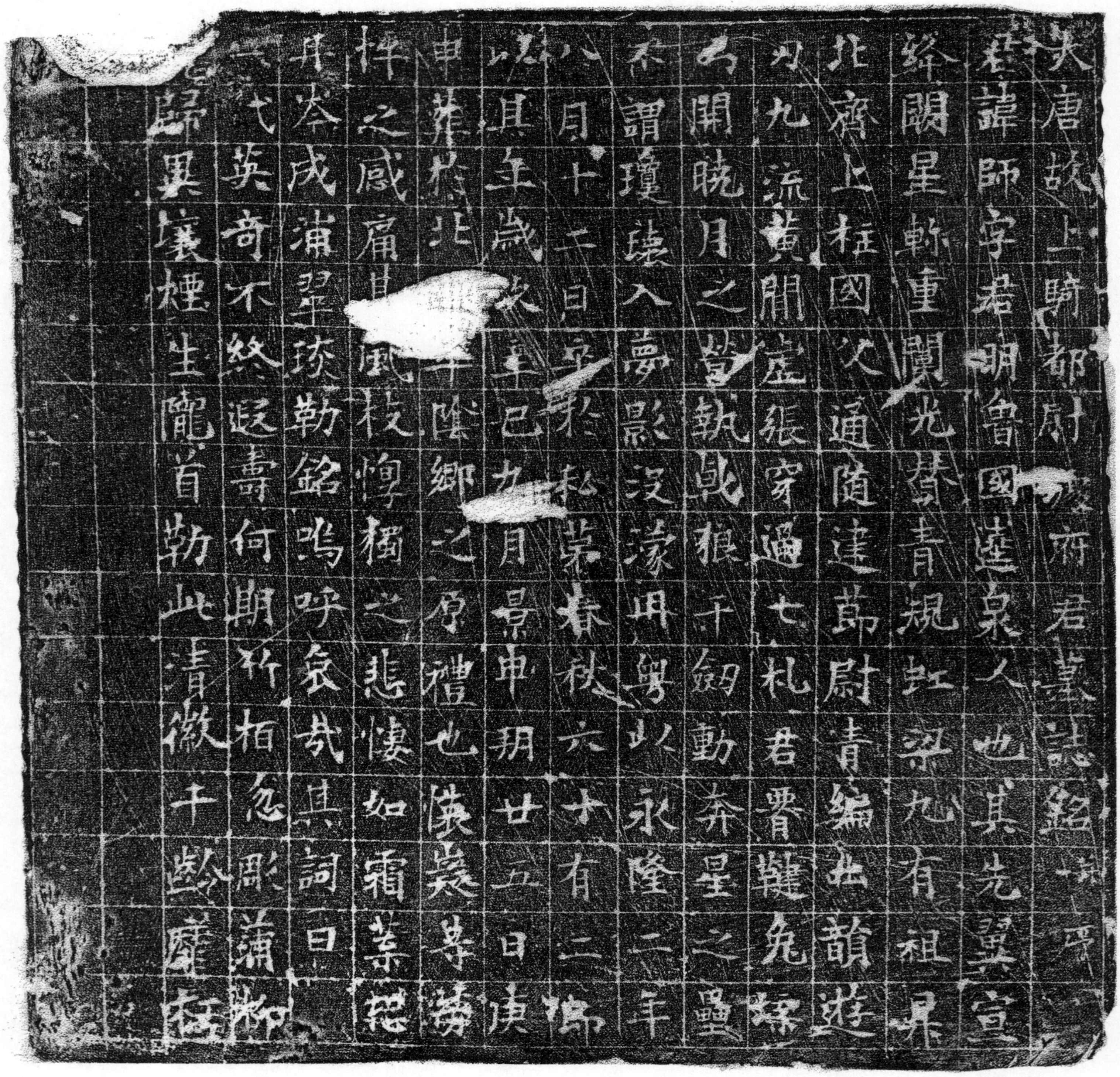

〇二七　大唐故上騎都尉璩府君（師）墓誌銘

永隆二年（六八一）九月二十五日葬。

誌文十四行，滿行十六字。正書。誌長、寬均三十八厘米。

大唐故上騎都尉璩府君墓誌銘并序

君諱師，字君明，魯國逵泉人也。其先翼宣絳闕，星軫重闈；光贊青規，虹梁九有。祖昇，北齊上柱國。父通，隋建節尉。青編出韵，游刃九流；黃間虛張，穿過七札。君腰鞬兔堞，弓開曉月之營；執戟狼干，劍動奔星之壘。不謂瓊瓌入夢，影没濛舟。粤以永隆二年八月十二日卒於私第，春秋六十有二。即以其年歲次辛巳九月景申朔廿五日庚申葬於北□罡陰鄉之原，禮也。懷嶷等勞悴之感，痛其風枝；煢獨之悲，凄如霜葉。恐丹岑成浦，翠琰勒銘。嗚呼哀哉！其詞曰：

一代英奇，不終遐壽。何期竹柏，忽雕蒲柳。□歸异壤，烟生隴首。勒此清徽，千齡靡朽。

〇二八　大唐故太子中舍人兼檢校尚書刑部侍郎李府君（睿）墓誌銘

永淳元年（六八二）七月十五日葬。

誌文三十一行，滿行三十一字。正書。誌長、寬均七十二厘米。

誌蓋正書：大唐故李府君墓誌銘

大唐故
李府君
墓誌銘

大唐故太子中舍人兼檢校尚書刑部侍郎李府君墓誌銘并序

君諱睿，字範丘，渤海蓨人也。其先隴西成紀人，漢將軍廣之後。十三代祖恬，後漢末拜渤海太守，封蓨侯，因爲渤海之著族。若夫白雲錫瑞，肇類馬而爲基；紫氣摛祥，表猶龍而發系。霸陵故將，封侯之運終傳；渤海新邦，開國之榮始著。蓮冠叠映，弈葉於藻繪之晨；花綬重暉，入蕊於光華之旦。家聲不已，人望攸歸，載在綿書，羌難縷説。　曾祖潔，北齊襄城王記室參軍、員外散騎侍郎、羽林監司徒右長史。　祖茂，隋開皇中，本州貢秀才不就。　父儒懿，　皇朝雍州渭南縣令、尚書職方郎中、魯王府司馬兼兖州長史。代襲簪裾，門資貞素。駢柯叠穎，鸞鳳由其栖托；寶派昌源，珠璣所以潛閟。君聿承積慶，載稟淑靈。蘭茲九畹，遽吐芬芳之氣；驥表三封，先攄滅没之影。年甫髫丱，宛若成人，心游道德，卓然异衆。起家爲太學生，資胄伐也。厲精槐市，雅叶子襟之咏；擢影桂林，俄振賓庭之藻。以進士入貢，射策甲科，除東宫左宗衛倉曹參軍事，轉左衛倉曹參軍事，除雍州長安縣尉。京縣寀僚，惟人是擇，選曹銓鑒，擢授斯在。繩違變俠窟之風，理劇處神州之最。秩滿，授揚州大都督府户曹參軍事。邗溝贊務，六條均坐嘯之娱；禮閣求材，八座伫含香之彥。

敕授中臺司禋員外郎，轉司封、司戎二員外郎，又轉尚書兵部員外郎，尋除守司勛郎中。詳審六宗，申明五等，發揮兵要，隱括戎章。列曹所以推先，庶事由其咸理。俄轉右司郎中，譽洽南宫，荐荷題楹之目；寄隆西掖，載紆司綍之榮。擢拜中書舍人，鳳池承　渥，既馳聲於美材；龍扉俟正，遽參迹於端士。轉太子中舍人，尋兼檢校尚書左丞。管轄星臺，楷模天府，宅樞機而有序，提綱領而不紊。尋檢校刑部侍郎，坐公事左貶，授吉州長史。以永隆二年六月三日遘疹終於官舍，春秋六十有二。粤以永淳元年歲次壬午七月壬辰朔十五日景午遷窆於洛州緱氏山之原，禮也。惟君幼而岐嶷，長而甄正，葺信義爲藩籬，基静默爲城府。寛以應物，不形喜愠之容；度以服人，莫測淺深之量。風識閑敏，志尚貞確，剗迹附會之途，希踪忠直之路。雅好文史，尤明政術，故能賓薦而履清階，揚歷而騰高響。令望歸於百辟，香名溢於二宫。重以廉慎持身，儉約貽誡，罕聞私室言財産，期以公清遺子孫。斯所謂厭厭良人，秩秩德音者矣。有子前號州司兵參軍事詹，美行夙昭，孝情冥至。吴江萬里，奉靈櫬而言旋；洛渚三秋，闢脩埏而遂禮。式刊峻軌，永志幽扃。其銘曰：

逝水難駐，徂輝易侵。生涯飄忽，人事浮沉。嗟我上士，先歸太陰。門資禮義，家擅衣簪。吐芳蘭菊，挺潤球琳。肅肅風操，洋洋德音。策名委質，珮玉鏘金。儲禁一踐，仙臺七臨。榮枯倏换，倚伏相尋。甫間周楚，俄分古今。龍津委劍，鳳匣亡琴。奠開幽室，隧拒曾岑。悲鐸霄警，哀笳曙吟。珪璋永謝，松檟方深。

〇二九　唐故貝州歷亭縣令王府君（正惠）墓誌銘

永淳元年（六八二）十月二十六日葬。

誌文三十五行，滿行三十八字。正書兼行意。誌長七十六厘米、寬七十四厘米。

薛稷撰。

唐故貝州歷亭縣令王府君墓誌銘并序

君諱正惠，字伏恩，北海劇人。昔者星虹瑞聖，風雷紀德。不圖爲樂，孔父思虞帝之勛；莫之與京，陳侯踐有嬀之祚。雖復兩階干戚，已謝蒼梧之神；而七政機衡，猶識紫微之序。秦中書侍郎、尚書左丞、侍中、尚書左僕射領吏部尚書、輔國將軍、清河侯猛，即君之八代也。宋朝直筆，方盛業於武侯；魏室主臣，計元勛於仲父。

高祖嶷，魏散騎常侍、右軍將軍、東平侯、使持節、鎮西將軍，改封華山公。曾祖雲，齊尚書祠部郎中、中書舍人、光禄卿、驍騎將軍、贈南兖州刺史。并神情簡逸，理懷貞素。運龍鈐而總務，武節光時；按熊軾而宣風，仁聲振俗。祖皓，齊員外散騎侍郎、太子舍人、散騎常侍，聘陳使主。晋省遊於紈綺，高閣連雲；吴宫限於江漢，長波激日。款銅扉而侍筆，詞掩金箱；臨寶壇而專對，言敷瑞節。父弘寂，皇朝通議大夫、散騎常侍、尚食奉御。珥華蟬而肅風露，地惟清切；侍珍御而韞鹽梅，人推簡貴。君靈和毓粹，休明輔德。仁義由己，孝友因心。精鑒重於山金，貞暉朗於嵇玉。稽岑箭竹，激澄陂之遠量；太山桂樹，聳明月之高懷。解褐越州都督府參軍，轉綿州神泉、絳州夏縣二縣丞。暮雨朝雲，月峽控三迴之水；吸風飲露，星墟横四子之山。瞻楚塞而南遊，望囧郊而西涉。有東方之達識，且事安卑；無叔則之深知，終悲調下。咸亨三年，遷貝州歷亭縣令。道盛化鳩，德深馴雉。洛陽桴鼓，畏神明而自息；江源伏臘，感仁恩而遽返。類公琰之沉醉，方安社稷；殊輔之之節酒，已聞威惠。載懷時暮，秩滿言歸，挂彭澤之冠，留壽春之犢。小黄官屬，上書盈道；中牟掾史，垂泣交衢。既而鏟迹閑居，栖蹤别業。青谿泉石，得自園林；白社賓朋，忘唯物我。蓮開夏水，三伏多陶暑之筵；菊滿秋潭，九日盛重陽之賞。將頤上善，行哥大耋。星囬日薄，非氣運之能留；福至禍來，豈彭聃之可慕。開耀元年九月十八日遇患終於洛州鞏縣山第，春秋七十四。嗚呼哀哉！夫人姓薛氏，河東汾陰人。曾祖魏銀青光禄大夫、中書侍郎、汾陰侯通。祖隋銀青光禄大夫、內[一]吏部二侍郎、陵邛番襄四州諸軍事、四州刺史、襄州總管道衡。并運平元氣，置風力於錙銖；彌綸大寶，列伊周於季孟。騎龍上月，臺庭之夙老；吐鳳凌雲，翰林之先覺。考仁寶，秦王府庫真，早亡。克荷先疇，雅有文義。今之中書令[二]又夫人之從兄也。夫人道煇彤管，門緝紫機，貞芳絶於筠桂，華英總於莜菊。天才地表，淑問□柔徽，丕顯之光，亦允光矣。庶憑仁壽，宜享錫年。自南之風，度牖而無歸；在東之日，過山兮不返。□春秋五十有五，以儀鳳二年五月廿日遘疾彌留，終於歷亭官舍。粤以永淳元年歲次壬午十月庚申朔廿六日乙酉同厝於偃師縣之龍池鄉北邙山之平原，禮也。子克讓、女蕭氏等，鄉分井里，挺玉氣於荆山；家對洛津，握珠華於漢水。奉門風之九德，靡訴穹旻；憑閫教於七篇，何追厚壤。規模阡表，崩號霜露。烏程之七墳開隧，未述哀勤；襄陽之三女爲樓，慚旌孝思。地從神道，人登仙籙。郭林宗之歿代，良不愧詞；潘安仁之爲猶子，方能誄德。思文前烈，稷[三]亦何人。敢墜南音，爰抽北里。其銘曰：

粤若稽古，在帝重華。克明於德，克乂於家。天有奚仲，是司帝車。綿綿厥緒，亦孔之遐。言歸好合，實應柔嘉。顯顯君子，振振麟趾。率義之方，居仁之里。學山天峻，情標霞起。爰從參事，來遊佐職。黄綬昇班，朱絲舉直。泛乎無已，灑然陳力。載好其音，不濡其翼。過庭帶劍，宰邑彈琴。化逾王阜，德盛崔林。童兒禮讓，豎子仁心。移桑景昃，落木年侵。庭列芳草，檐栖瑞禽。方怡醖玉，庶就煎金。奄遵長夜，俄歸太陰。榮門有慶，誕惟柔令。瑶華碧葉，星垂月映。鳳彩亡琴，鸞儀别鏡。連崗卜宅，巨室寧神。北臨邙坂，南馳洛津。虞筵既撤，魯幕空陳。桐闇罷曉，柳御辭春。送過千乘，悲逾百身。固無其欲，何嗟後人。

永淳元年歲次壬午十月庚申朔廿六日乙酉

[一] 此處脱漏『史』字。

[二] 中書令即薛元超。據兩《唐書·高宗紀》，永隆二年（六八一）閏七月，拜中書令。永淳二年（六八三）七月罷。

[三] 此處『稷』，根據所引郭泰、潘岳典故，應爲墓誌撰文者。其人當爲薛氏及薛道衡之侄薛稷。

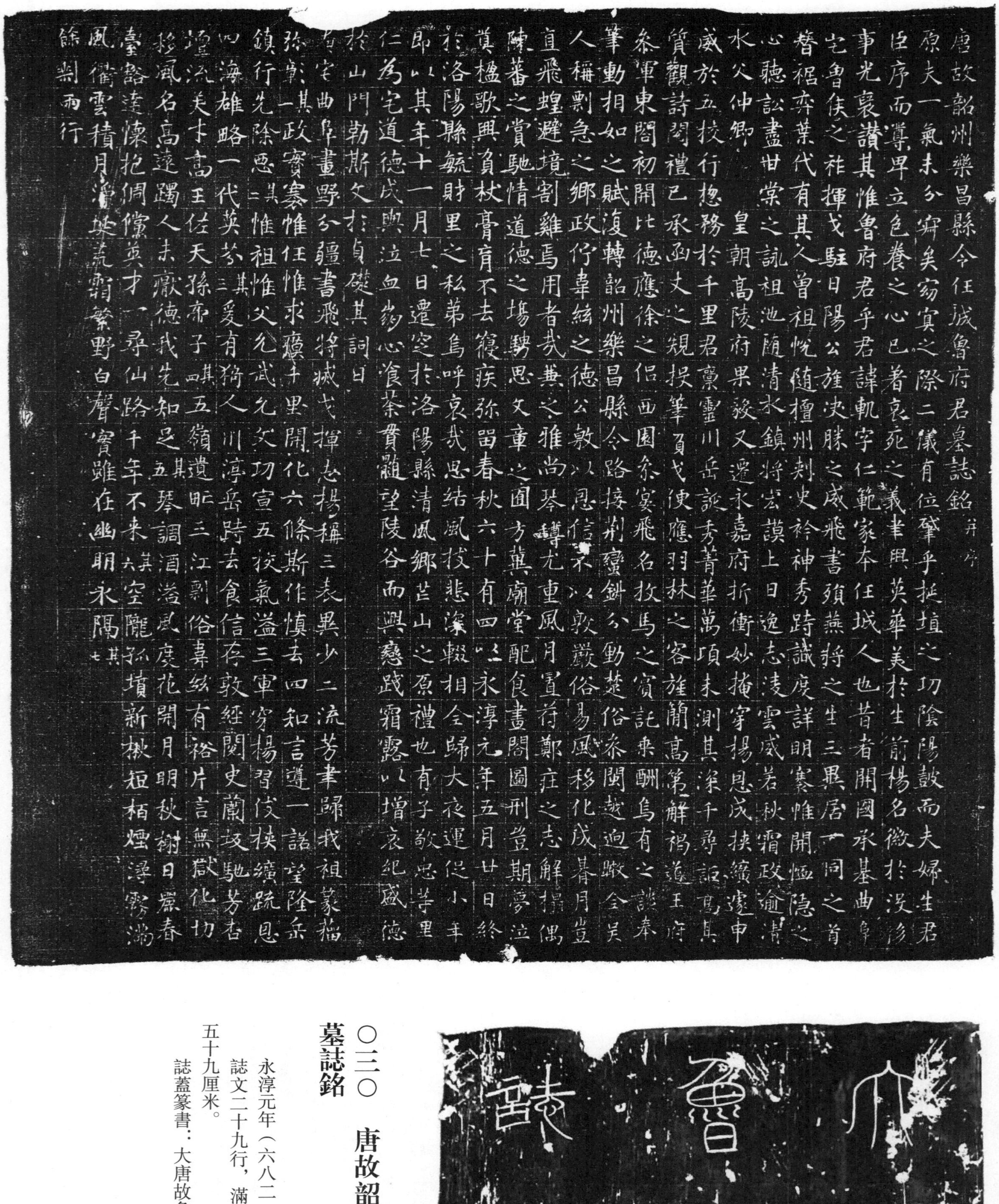

大唐故
魯君墓
誌之銘

〇三〇　唐故韶州樂昌縣令任城魯府君（軌）墓誌銘

永淳元年（六八二）十一月七日葬。

誌文二十九行，滿行三十字。正書。誌長五十九點五厘米，寬五十九厘米。

誌蓋篆書：大唐故魯君墓誌之銘

唐故韶州樂昌縣令任城魯府君墓誌銘并序

原夫一氣未分，寂矣窈冥之際；二儀有位，肇乎挺埴之功。陰陽鼓而夫婦生，君臣序而尊卑立。色養之心已著，哀死之義聿興。英華美於生前，揚名徽於没後。事光褒贊，其惟魯府君乎？君諱軌，字仁範，家本任城人也。昔者開國承基，曲阜宅魯侯之祚；揮戈駐日，陽公旌決勝之威。飛書殞燕將之生，三异居一同之首。簪裾弈葉，代有其人。曾祖悦，隋檀州刺史。衿神秀跱，識度詳明，褰帷開恤隱之心，聽訟盡甘棠之咏。祖池，隋清水鎮將。宏謨上日，逸志凌雲，威若秋霜，政逾清水。父仲卿，皇朝高陵府果毅，又遷永嘉府折衝。妙掩穿楊，恩成挾纊。遽申威於五校，行總務於千里。君禀靈川岳，誕秀菁華，萬頃未測其深，千尋詎高其質。覩詩閲禮，已承函丈之規；投筆負戈，便應羽林之客。旌簡高第，解褐道王府參軍。東閣初開，比德應徐之侣；西園參宴，飛名枚馬之賓。托乘酬烏有之談，奉筆動相如之賦。復轉韶州樂昌縣令。路接荆蠻，斜分勵楚，俗參閩越，迴瞰全吴。人稱剽急之鄉，政仁韋弦之德。公敷以恩信，不以敦嚴，俗易風移，化成期月。豈直飛蝗避境，割鷄焉用者哉？兼之雅尚琴罇，尤重風月，置符鄭莊之志，解榻偶陳蕃之賞。馳情道德之場，騁思文章之囿。方冀廟堂配食，畫閣圖刑，豈期夢泣奠楹，歌興負杖。膏肓不去，寢疾彌留。春秋六十有四，以永淳元年五月廿日終於洛陽縣毓財里之私第。烏呼哀哉！思結風枝，悲深輟相。全歸大夜，運促小年。即以其年十一月七日遷窆於洛陽縣清風鄉芒山之原，禮也。有子敬忠等，里仁爲宅，道德成輿。泣血崩心，餐荼貫髓。望陵谷而興戀，踐霜露以增哀。紀盛德於山門，勒斯文於貞礎。其詞曰：

奄宅曲阜，畫野分疆。書飛將滅，戈揮志揚。稱三表异，少二流芳。聿歸我祖，篆籀彌彰。其一。政實褰帷，任惟求瘼。千里開化，六條斯作。慎去四知，言遵一諾。望隆岳鎮，行先除惡。其二。惟祖惟父，允武允文。功宣五校，氣溢三軍。穿楊習伎，挾纊疏恩。四海雄略，一代英芬。其三。爰有猗人，川渟岳跱。去食信存，敦經閲史。蘭坂馳芳，杏壇流美。才高王佐，天孫帝子。其四。五嶺遺甿，三江剽俗。韋弦有裕，片言無獄。化切移風，名高遠躅。人未厭德，我先知足。其五。琴調酒溢，風度花開。月明秋榭，日麗春臺。豁達懷抱，倜儻英才。一尋仙路，千年不來。其六。空隴孤墳，新楸短柏。烟潯霧滿，風衢雲積。月净埏荒，霜繁野白。聲實雖在，幽明永隔。其七。

唐故都水監主薄劉君墓誌銘并序
君諱隱之字思靜南陽涅陽人也若華分秀開茂葉於前基天
漢跡源委餘波於後胤彤雲紫氣雖歇滅於千齡素履黃中濅
聲明於一代曾祖貞周使持節車騎大將軍儀同三司[illegible]銀青
光祿大夫石臺郡太守華堂縣子祖建隨右勳衛父孝孫
皇朝秦府學士吳王友太子洗馬君即洗馬之第七子也門承
積慶地是膏腴澄止水於清襟架巖山於邃宇夙擅無雙之譽
早標體二之才孝友得於自然溫克不由外獎洎乎青衿就學
白日明心掇五際之英規涵六義之芳潤清詞暫吐風雲起於
筆端逸韻纔飛珠玉生於紙上由是清徽雅調流譽於上京[illegible]
馥蘭薰馳芳於中邑釋褐授左千牛府兵曹參軍秩滿除都水
監主薄星迴日薄銅壺之漏不傳却死還年金竈之丹虛設上
元二年正月廿三日寢疾終於萬年縣勝業坊之私第春秋卌
有八夫人榮陽鄭氏 皇朝禮部郎中仁軌之女閑明[illegible]
性貞慧居心主饋之禮克脩執笄之儀逾謹鏡掩鸞光初悲一
閒匣劍龍影終恨雙沉春秋三十以咸亨二年[illegible]月十六日終
於洛州之私第以永淳元年歲次壬午十一月庚寅朔七日[illegible]
申合葬於北邙山清風鄉禮也有子莊痛結終天哀纏厚地敬
刊貞範永誌幽扃其銘曰
分虵茂緒擾龍餘慶載德無虧寵章逾盛丹穴凝姿青田賦象
琢玉成器撞鍾振響景華西落風曈北闇結桂邀賞沉蘭引酌
思動雲飛豪驚霧落東川易促西景俄終駟馬行而赴龍雙旐
颺而翻空鏤徽音於貞石播遺範於無窮

○三一 唐故都水監主簿劉君（隱之）墓誌銘

永淳元年（六八二）十一月七日葬。

誌文二十三行，滿行二十四字。正書。誌長、寬均五十點五厘米。

誌蓋篆書：大唐故劉府君墓誌銘

大唐故
劉府君
墓誌銘

唐故都水監主簿劉君墓誌銘并序

君諱隱之，字思静，南陽涅陽人也。若華分秀，開茂葉於前基；天漢疏源，委餘波於後胤。彤雲紫氣，雖歇滅於千齡；素履黄中，復聲明於一代。曾祖貞，周使持節、車騎大將軍、儀同三司、右銀青光禄大夫、石臺群［一］太守、華堂縣子。祖建，隋右勛衛。父孝孫，　皇朝秦府學士、吴王友、太子洗馬。君即洗馬之第七子也。門承積慶，地是膏腴。澄止水於清襟，架斷山於邃宇。夙擅無雙之譽，早標體二之才。孝友得於自然，温克不由外獎。洎乎青衿就學，白日明心，掇五際之英規，涵六義之芳潤。清詞暫吐，風雲起於毫端；逸韵纔飛，珠玉生於紙上。由是清徽雅調，流譽於上京；蕙馥蘭薰，馳芳於中邑。釋褐授左千牛府兵曹參軍。秩滿，除都水監主簿。星迴日薄，銅壺之漏不停；却死還年，金竈之丹虚設。上元二年正月廿三日寢疾，終於萬年縣勝業坊之私第，春秋卅有八。夫人滎陽鄭氏，　皇朝禮部郎中仁軌之女。閑明率性，貞慧居心，主饋之禮克脩，執笄之儀逾謹。鏡掩鸞光，初悲一間；匣雕龍影，終恨雙沉。春秋三十，以咸亨二年六月十六日終於洛州之私第，以永淳元年歲次壬午十一月庚寅朔七日景申合祔於北邙山清風鄉，禮也。有子莊，痛結終天，哀纏厚地。敬刊貞範，永誌幽扃。其銘曰：

分蛇茂緒，擾龍餘慶。載德無虧，寵章逾盛。丹穴凝姿，青田賦象。琢玉成器，撞鍾振響。景華西第，風喧北閣。結桂邀賞，沉蘭引酌。思動雲飛，豪驚霧落。東川易促，西景俄終。駟馬行而赴隴，雙旒颺而翻空。鏤徽音於貞石，播遺範於無窮。

［一］『群』應爲『郡』之誤。

〇三二一　唐故上輕車都尉平州茂鄉戍主穆君（念）之銘

文明元年（六八四）七月十七日葬。

誌文二十二行，滿行二十二字。正書。誌長四十五點五厘米、寬四十三點五厘米。

誌蓋篆書：穆君之銘

墓誌原石藏洛陽龍門博物館。

穆君
之銘

唐故上輕車都尉平州茂鄉戍主穆君之銘并序

君諱念，字懲，河南郡宜都王之後也。道高藩邸，大夫光置醴之尊；壤裂河山，上將受開封之貴。餘慶不絶，芳猷遂遠。曾祖欽，齊汴州録事參軍事。總録是司，衆曹無擁。祖幹，隋濟州盧縣令。父陁，　皇朝夷州都上縣令。并撫俗無勞，御人有術。齊風載穆，候祥鸞而表化；夷歌動韵，叶馴雉而和鳴。君年始弱冠，爰標壯節。雄心獨奮，丈夫之武略從横；勇氣孤標，少年之聲華籍甚。譽流都尉，首冠勳庸。秩亞戍□，榮班致果。起家蒙授上輕車都尉、致果副尉、行平州茂鄉戍主。西接薊門，見從軍於燕路；東躔遼隧，聞殄寇於韓郊。雖作戍邊垂，情勤□表，而　王庭務切，惟材是任。調露二年奉　敕追入殿中長上。楚弓纍發，引滿成百中之巧；宛駒未騁，顧盼生千里之姿。方冀壯心難□，庶揚名於永日；嗟乎浮生易促，奄歸魂於厚夜。以文明元年七月一日終於私第，春秋五十。即以其年歲次甲申七月庚戌朔十七日景寅葬於北邙平陰鄉之禮也。乃爲銘曰：

大夫毓祉，將軍錫履。道貴漢藩，榮高魏仕。珪組暉映，山河表裏。譽滿家牒，芳傳國史。其一。家風載穆，祖德爰歸。職忝州壤，位列邦畿。化行晨飲，德懋朝暈。克嗣於後，嘉聲不微。其二。惟君載誕，齠年發譽。壯氣多決，雄心少慮。勳列戎班，榮參武署。隙駟無返，藏舟忽去。其三。帳奠於野，親賓泪下。山依舊峰，地起新封。露團宿草，風急寒松。千秋萬歲，何去何從。其四。

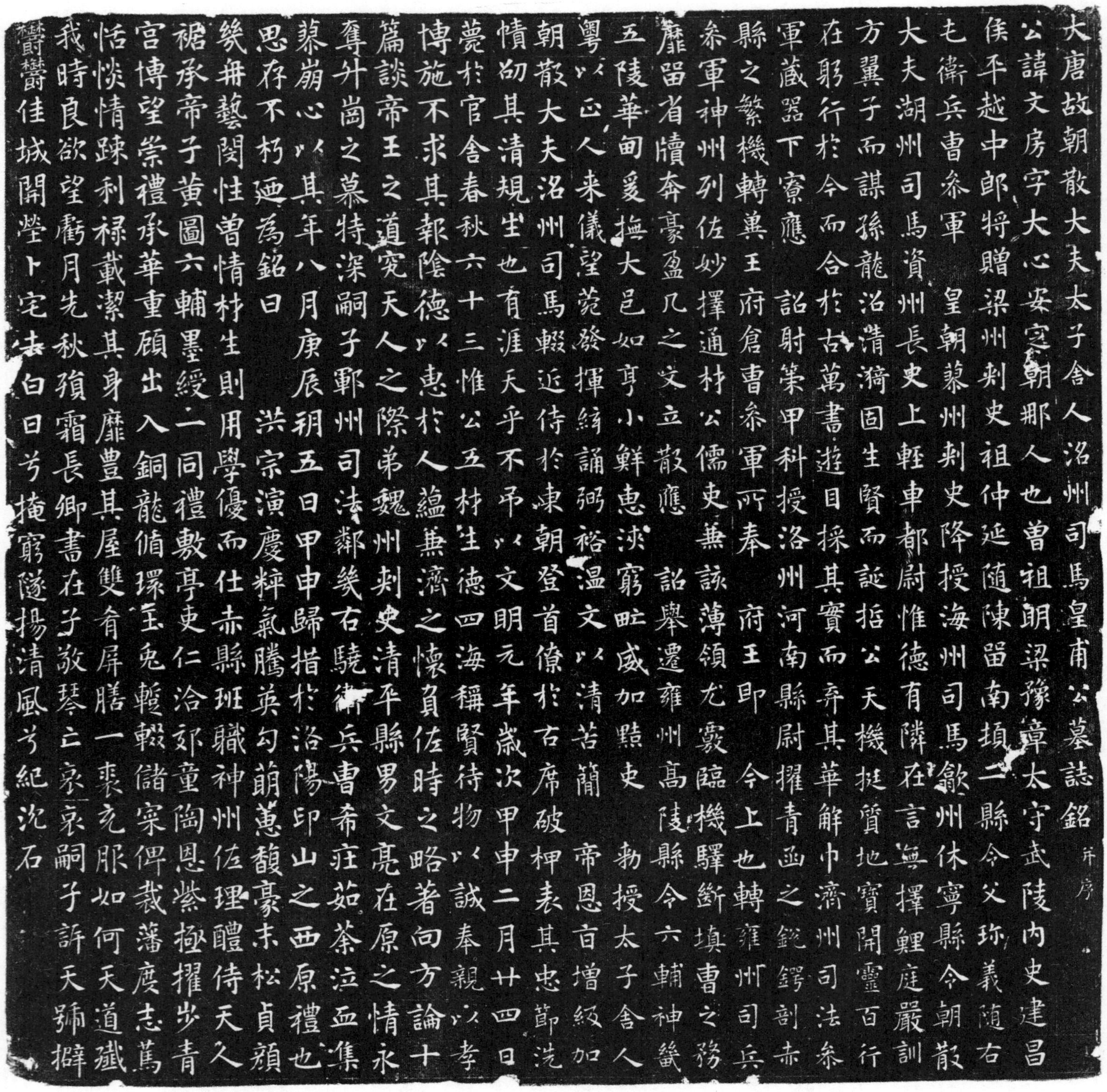

大唐故朝
散大夫洛
州司馬皇
甫公墓誌

〇三三 大唐故朝散大夫太子舍人洛州司馬皇甫公（文房）墓誌銘

文明元年（六八四）八月五日葬。

誌文二十七行，滿行二十七字。正書。誌長、寬均五十七厘米。

誌蓋篆書：大唐故朝散大夫洛州司馬皇甫公墓誌

大唐故朝散大夫太子舍人洛州司馬皇甫公墓誌銘并序

公諱文房，字大心，安定朝那人也。曾祖明，梁豫章太守、武陵内史、建昌侯、平越中郎將，贈梁州刺史。祖仲延，隋陳留、南頓二縣令。父珍義，隋右屯衛兵曹參軍，　皇朝蓼州刺史，降授海州司馬、歙州休寧縣令、朝散大夫、湖州司馬、資州長史、上輕車都尉。惟德有鄰，在言無擇。鯉庭嚴訓，方翼子而謀孫；龍沼清漪，固生賢而誕哲。公天機挺質，地寶開靈。百行在躬，行於今而合於古；萬書游目，采其實而弃其華。解巾濟州司法參軍，藏器下寮。應　詔射策甲科，授洛州河南縣尉。擢青函之鋭鍔，剖赤縣之繁機。轉冀王府倉曹參軍，所奉　府王即　今上也。轉雍州司兵參軍。神州列佐，妙擇通材。公儒吏兼該，薄領尤核。臨機驛斷，填曹之務靡留；省牘奔豪，盈几之文立散。應　詔舉，遷雍州高陵縣令。六輔神畿，五陵華甸。爰撫大邑，如亨小鮮。惠浹窮町，威加黠吏。敕授太子舍人。粤以正人，來儀望苑，發揮弦誦，弼裕温文。以清苦簡　帝恩旨，增級加朝散大夫、洛州司馬。輟近侍於東朝，登首僚於右席。破柙表其忠節，洗幘劭其清規。生也有涯，天乎不吊，以文明元年歲次甲申二月廿四日薨於官舍，春秋六十三。惟公五材生德，四海稱賢，待物以誠，奉親以孝。博施不求其報，陰德以惠於人。蘊兼濟之懷，負佐時之略。著《向方論》十篇，談帝王之道，究天人之際。弟魏州刺史、清平縣男文亮，在原之情永奪，升崗之慕特深。嗣子鄭州司法鄰幾、右驍衛兵曹希莊，茹荼泣血，集蓼崩心。以其年八月庚辰朔五日甲申歸措於洛陽邙山之西原，禮也。思存不朽，迺爲銘曰：

洪宗演慶，粹氣騰英。勾萌蕙馥，豪末松貞。顔幾冉藝，閔性曾情。材生則用，學優而仕。赤縣班職，神州佐理。醴侍天人，裾承帝子。黄圖六輔，墨綬一同。禮敷亭吏，仁洽郊童。陶恩紫極，擢步青宫。博望崇禮，承華重顧。出入銅龍，循環玉兔。暫輟儲寀，俾裁藩度。志篤恬惔，情疏利禄。載潔其身，靡豐其屋。雙肴屏膳，一裘充服。如何天道，殲我時良。欲望虧月，先秋殞霜。長卿書在，子敬琴亡。哀哀嗣子，訴天號擗。鬱鬱佳城，開塋卜宅。去白日兮掩窮隧，揚清風兮紀沉石。

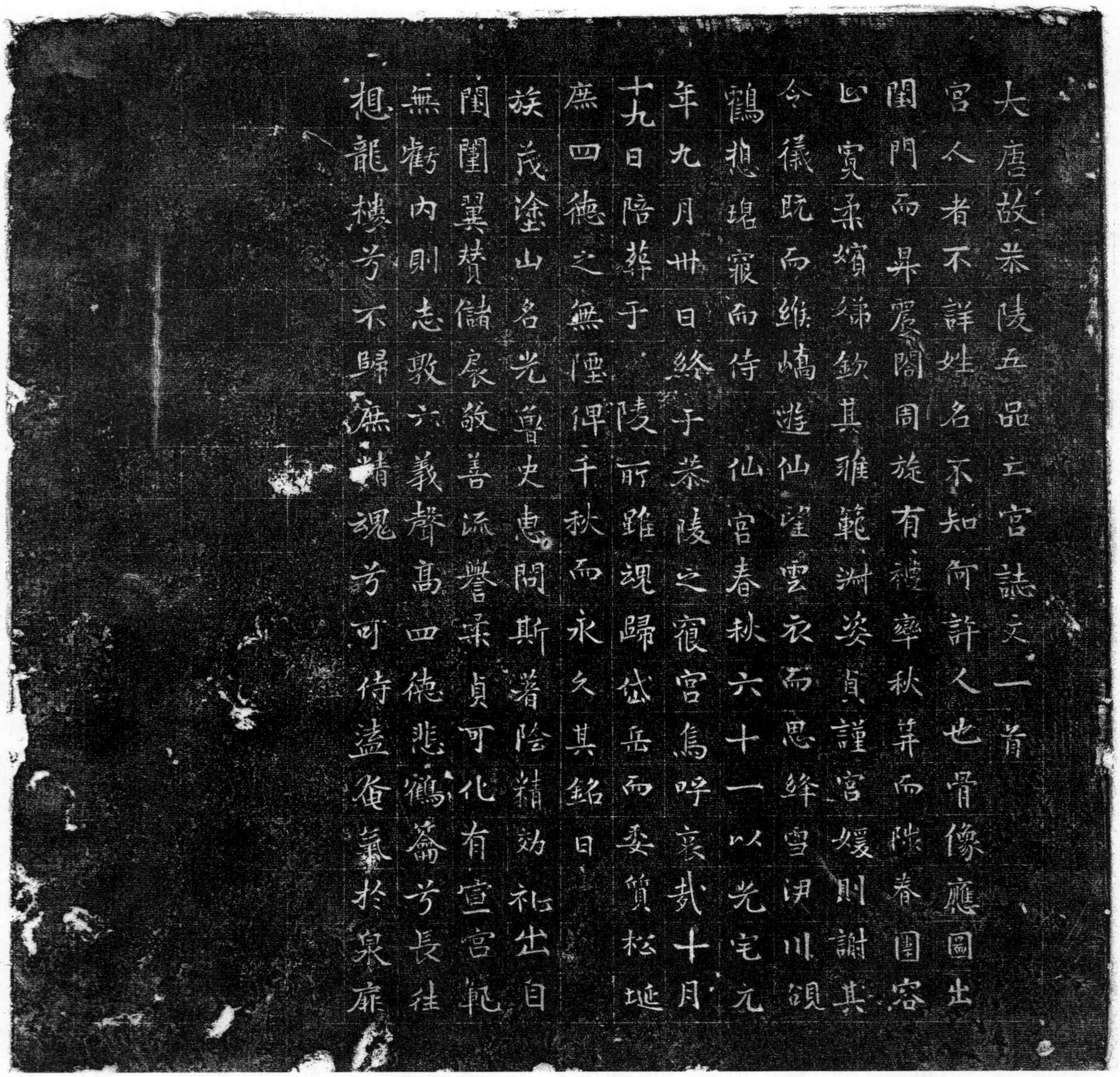

大唐故恭陵五品亡宮誌文一首
宮人者不詳姓名不知何許人也骨像應圖出
閨門而昇震閤周旋有禮率秋菲而陟春園容
止寬柔嬪㛑欽其雅範淑姿貞謹宮媛則謝其
令儀既而維嶠遊仙望雲衣而思絳雪伊川覩
鶴想琨寢而侍仙宮春秋六十一以光宅元
年九月卅日終于恭陵之寢宮嗚呼哀哉十月
十九日陪葬于陵所雖魂歸岱岳而委質松埏
庶四德之無湮俾千秋而永久其銘曰
族茂塗山名光曾史惠問斯著陰精効祉出自
閨闈翼賛儲宸敬善流譽柔貞可化有宣宮軓
無虧內則志敦六義聲高四德悲鶴籥兮長往
想龍樓兮不歸庶精魂兮可侍遠奄氣於泉扉

〇三四　大唐故恭陵五品亡宮誌文一首

光宅元年（六八四）十月十九日葬。

誌文十三行，滿行十八字。正書。誌長四十三厘米、寬四十厘米。

誌蓋正書：唐故亡宮墓誌之銘

唐故亡
宮墓
誌之銘

大唐故恭陵五品亡宫誌文一首

宫人者，不詳姓名，不知何許人也。骨像應圖，出閨門而昇震閣；周旋有禮，率秋笄而陟春闈。容止寬柔，嬪娣欽其雅範；淑姿貞謹，宫媛則謝其令儀。既而緱嶠游仙，望雲衣而思絳雪；伊川覘鶴，想碧寢而侍　仙宫。春秋六十一，以光宅元年九月卅日終於恭陵之寢宫。烏呼哀哉！十月十九日陪葬於　陵所。雖魂歸岱岳，而委質松埏。庶四德之無堙，俾千秋而永久。其銘曰：

族茂塗山，名光魯史。惠問斯著，陰精效禮。出自閨闈，翼贊儲扆。敬善流譽，柔貞可化。有宣宫範，無虧内則。志敦六義，聲高四德。悲鶴籥兮長往，想龍樓兮不歸。庶精魂兮可待，溘奄氣於泉扉。

〇三五　唐故湖州司馬輕車都尉盧府君（承禮）墓誌銘

垂拱三年（六八七）十月六日葬。

誌文三十一行，滿行三十一字。正書。誌長、寬均八十三厘米。

王紹宗撰。

唐故湖州司馬輕車都尉盧府君墓誌銘并序

太子文學琅耶王紹宗撰

公諱承禮，字子敬，范陽涿人也。漢侍中植十三代孫。原夫姬佐疏封，齊卿啓邑。子虚出使，過詫於青丘；先生遠遊，汨徂於玄闕。八王异姓，獨見太尉之功；四海大儒，自有尚書之望。英靈允集，地胄攸歸。稽諸史傳，可得聞矣。曾祖道亮，魏歷無象，養正丘園。公車三辟不就，時號徵君。道超方外，迹寄人間。北門之刺不興，西山之操逾邈。祖思道，齊給事黄門侍郎。山東擅英，冀北稱駿。縟錦披於潘岳，裳帷闢於賈琮。所謂物之司方，文之雄伯。父赤松，　皇朝太子率更令、上柱國、范陽郡公。勛懋昭陽，爵疇壯武。對春葩於仙禁，舉夜燭於賓筵。想楚國之先賢，知魯人之有後。公積慶憑祉，資靈誕秀，孝貫天經，仁彰性道。故以趨庭漸訓，荷戟參玄。實稟賦於大成，將效學於過半。貞觀八載，有詔明揚，爰擢甲科，允兹上賞，補朝散郎。頃之，授并州大都督府户曹參軍。京陵隩壤，晋野名區。載伫吏能，克宣智效。瞻言梁竦，尚阻遷鶯；跂彼魯恭，旋聞狎雉。十五年，　詔舉授兖州任城縣令。道尚廉平，政孚簡惠。河陽公館，甫列長筵；彭澤私門，先驚静樹。無何，遭内憂去職。沉痛茹戚，泣血焦心。執親之喪，君子以爲難也。復常，轉汴州尉氏令。秩滿，歷同州蒲城、益州蜀縣、雍州新豐。以公事免，左遷合州石鏡令，又徙常州義興令。還顧大梁，蓬池草偃；旁通左輔，蓮勺風移。負弩叱馭之鄉，操刀混鷄之邑。渝俗清□期月，震澤警於聞雷。德被殊鄰，聲優簡在。尋加朝散大夫，酬其庸也。卓茂有三臺之用，已聽飛蝗；龐元非百里之才，爰從展驥。粤以垂拱元年　詔除湖州司馬。公名高半刺，譽隆三轉。糾猛以寬，繩違以正。故能揚清江外，屏惡垣東。人知所識之謡，時有不空之咏。方期緱山聳駕，追化鶴於南康；而霅水閲流，摧縱鱗於東海。垂拱二年十一月廿九日遘疾終於官舍，春秋七十有八。嗚呼！小年俄盡，大夜無期。空纏罷市之悲，幾屑成蹊之泣。夫人隴西李氏，陵川令君之第七女也。代襲貂璫，家傳龜鏡。六行斯順，四德無褰。光映閨庭，昭賁圖史。人歸厚穸，初隔鳳凰之樓；龍没延津，竟合蓮花之劍。以今三年十月六日祔葬於洛城東北邙山之陽，制也。凡器徒歆，沙床永閟。夷齊北望，應傷杜預之魂；京洛南瞻，尚切蘇韶之夢。异室偕老，何其爽歟。有子曰瓛、曰瓘等因心罔極，哀送如疑。踐露霑濡，攀松斷絶。以爲揚名渠閣，或沫將來；勒美泉扃，庶傳終古。其銘曰：

九垓絶漠，四履營丘。尚父東啓，先生北遊。其後必大，其庸乃疇。承家克隆，象賢間出。是稱英妙，允兹文質。曄曄庭芝，蒸蒸懷橘。揚歷伫用，筵賓趨仕。荐屈牛刀，孤飛鶴履。方踐槐棘，忽嗟辰巳。鞏洛掩涕，夷齊相對。青石徒刊，玄穹匪悔。立言不朽，懔懔千載。

○三六　大唐故博州刺史韋府君（師）墓誌銘

垂拱四年（六八八）正月十三日葬。

誌文三十三行，滿行三十三字。正書。誌長、寬均七十三厘米。

誌蓋篆書：大唐故博州刺史京兆韋府君墓誌之銘

大唐故博
州刺史京
兆韋府君
墓誌之銘

大唐故博州刺史韋府君墓誌銘并序

公諱師，字玄模，京兆杜陵人也。昔北宫因地，從之以命氏；左史當官，承之以得姓。然則代功官族，必復翼商之宗；祖德家風，繼絶扶陽之業。詳諸載筆，食德遠焉。曾祖昶，魏秦州刺史。振翮鵷條，剖符駉野。隴頭羌笛，聽千里而無聲；關下胡笳，欣十城而罷思。祖獻雅，洛州刺史。静玉鷄之遊俠，肅銅駝之輕轡。十族仰風儀，八柱瞻清範。父峻，周任千牛、通事舍人、侍御史、御史中丞、司隸刺史。狀秀嶽之姿，應翹車之禮。入金門而待詔，出柏臺以絶席。忽焉在後，仰之又高。公以家示彤弓，代傳朱黻，故有筆削吴史，書紀魏銘。襲舊治而自成，見前堂而更負。以凌雲之幹，生之於七日；以激海之學，函之於一丈。在虞不用，占漢未行。同於出門，俯從時薦。隋大業年，起家齊王府典籤。屬日薄星迴，空勤於傅楚；天移地轉，莫效於遊梁。乃杖劍而渡河，遂醜夏而歸亳。　皇朝武德三年，授益州新都縣令。并乘驥子，皆順清風；俱服魚父，争歸禮化。四年，因入朝奏事，　天恩顧及，遷度支郎中。五年，遷倉部郎中。雖天地開儀，運盤古之九變；山川湧氣，役巨靈之一掌。而日用歲扐，實資平糴之功；益寡哀多，佇以均輸之筭。文武不匱，中外有支，公之克濟也。其年仍兼益州行臺左丞之務。相如激難之地，唐蒙發調之所，人歸德望，事總樞衡。玉壘雲披，銅梁霧歇。貞觀四年，授洛州都督府司馬兼知留守。帝城清禁，神嶽隩區，特以腹心，親承委寄。中使存問，上路相望。十年，除虢王府司馬兼虢州别駕。十一年，授漢王府長史兼檢校梁州都督府長史。湯湯流漢，浩浩長河，珠皋共嶓冢相輝，貝闕與虢城分映。珮崇蘭於碣館，蔭若木於藩房。奉以春臺，成之秋實。十二年，授洋州刺史。十三年，授博州刺史。山南隱嶙，扇千里之仁風；河北深沉，沐六條之德化。故使童子控竹，囚人齧指。在即生祠，没有遺愛。貞觀十五年三月十五日薨於洛州温柔坊之私第，春秋七十有六。其年殯於午橋之南。雙雁低徊，來遵季卿之蓋；二鹿馴遶，未移巨君之轅。神之聽之，式穀斯在。長男崇禮，洛州録事參軍，上元年卒；第二男知道，户部侍郎、雍洛二州長史、懷州刺史，垂拱三年薨；第三男崇操，通事舍人，儀鳳二年奉使吐蕃未還。并羽儀文範，人物宗匠。林呈三實，田虚十畝。空思靡樹，未及歸周。孤孫等以前代德音，尚留碑頌；先人令問，猶傳群邸。收舊櫬於南川，撫新題於北阜。望白鶴之起伏，得青烏之景候。粤以垂拱四年正月十三日與夫人蔣氏合葬於河南縣崇邙之山也。鄭康成之門下，争來會葬；胡伯始[二]之故人，悉皆成經。操筆修誄，負石刊銘。庶德水以聞鍾，知鄴城而有劍。乃爲銘曰：

猗歟烈緒，翼乎大商。彤弓示德，朱黻呈章。家傳丞相，代有惟良。惟嶽降神，邦之君子。鴻吟九萬，驥嘶千里。香飛禮閣，名留國史。陽關路險，夜郎未來。總機月峽，飛喻琴臺。眉山霧斂，石鏡雲開。大都隱映，非賢不托。　帝曰爾諧，下車清洛。珮經已就，探丸靡作。建旟刺舉，露冕專城。懸魚臥化，弃犢歸征。庭迴許月，坐對陳星。九天不憖，雙劍長往。朱弦罷□，繐帳何仰。蟻幕南遷，魚軒北上。隴雲四合，松風千丈。空掩談鷄之窗，猶聞吊鶴之響。

[二] 此處原爲『起』，後改刻爲『始』。

○三七　唐故朝散大夫太子舍人洛州司馬皇甫公（文房）夫人河東縣君裴氏墓誌銘

垂拱四年（六八八）十月二十四日葬。

誌文三十一行，滿行三十一字。正書。誌長、寬均五十九厘米。

誌蓋篆書：唐故洛州司馬皇甫公夫人河東縣君裴氏墓誌銘

唐故朝散大夫太子舍人洛州司馬皇甫公[一]夫人河東縣君裴氏墓誌銘并序

緬尋石記，詳披金冊。考龜書於泛洛，正家之位以凝；稽孺筮於巢姜，於飛之兆斯穆。其有望高右族，業茂中閨。峻範内嚴，卒成文伯之德；深猷外暢，終踐安仁之居。蔚從子之高文，清暉自遠；挹卜鄰之美訓，丹心介立者，見之於河東縣君焉。夫人河東聞喜人也，曾祖融，周益州大都督府長史、聞喜哀貞公。祖孝瑜，周絳州刺史、聞喜公。父寂，皇朝尚書左右僕射、司空、魏國公。以公事免，贈工部尚書、河東郡公。兄律師，皇朝駙馬都尉、汴州刺史、河東郡公，尚臨海公主。原夫唐虞稽古，掌山澤而濬昌源；汧渭命官，錫車服而光寵授。彼汾一曲，長河千里。魏睢鼎鼐，寶氣屬於烟潯；霍山珠玉，奇暉動於泉藪。人稱領袖，家風襲於地靈；門擅清通，藻鏡懸於天下。錦城延亘，絳邑斜臨。展騏驥而康歌，捲幨帷而廣視。昇簪清覽，月試於冬官；肅事紫闈，景滅於秋駕。奄三河而作牧，主第兼榮；乘八坐以馳芬，臺庭獨峻。固以頡頏風力，蹴蹈夔龍，總六郡之良家，漏十卿之茂族矣。夫人資靈景胄，挺秀豪宗，寫長虹之昇彩，鬱高雲之美氣。拂髦從教，佩燧承顔，孝敬基於自然，婉順得於天性。暨夫乘龍作儷，奠雁言歸，清規扇於二門，淑問光於九族。率由保傅，金翠不足動其懷；被服詩禮，澣濯於是旌其操。風檢無替，言容有適。縱青障之良談，韞絳紗之秀辯。窺垣奥識，叶山公之令名；舉案冲機，贊梁生之遠志。大夫夙懷江海，早貞山壑，撫芝畦而遥集，轥松門而駿上者有年載焉。夫人始安王霸之妻，終悦胥臣之舉，屈申由是隨其運，榮辱必也澹其情。至於斷織申規，折葼弘訓，闔門蹈禮，廣被延英。固以業峻準繩，事光圖史；用能望融庭玉，慶集黌金。鬱爲道德之門，芬若芝蘭之室。宜其永膺多福，克邁遐齡，享石窌之崇封，祚金社之悠慶。自天爽祐，履信徒言。凱風之感載深，寒泉之思旋及。以大唐垂拱三年從第十子雍州好時縣丞之任，終於長安永嘉里之私第，春秋六十有六。粤以四年十月廿四日合葬於河南縣北邙山金谷原司馬府君之塋，禮也。有子鄰幾、知常、希莊等，孝道光備，至性淳深，痛結匪莪，哀纏如剡。式荃昇節，見托爲銘。其詞曰：

神農茂緒，伯翳昌源。城標昇闕，地啓龍門。鬱然冠蓋，紛若旌軒。清通翼子，領袖謀孫。其一。蜀塞南通，汾隅東撫。尚主榮國，承家開府。清覽遞昇，朱驂叠武。弈弈貞範，峩峩德宇。其二。蘭儀載誕，李質斯穠。率由詩禮，式是言容。於飛集鳳，作儷垂龍。窺垣展識，舉案貽恭。其三。澣濯斯飭，肅雍是顧。玉佩嚴朝，銀膏誡暮。斷織無侶，闔門有素。廣被流規，擇鄰昭度。其四。芝蘭吐馥，珠玉飛名。談經未已，作賦旋征。方期永日，遽落高星。聯翩歸軫，委鬱還旌。其五。負洛疏塋，環伊徙轍。引朔吹於寒渚，起霜氛於暮屺。悲蕭將吊鶴共喧，楚挽與驚鳧俱咽。彼千秋與萬代，識芳規與貞烈。其六。

[一] 皇甫公即皇甫文房，參見本書〇三三《大唐故朝散大夫太子舍人洛州司馬皇甫公（文房）墓誌銘》。

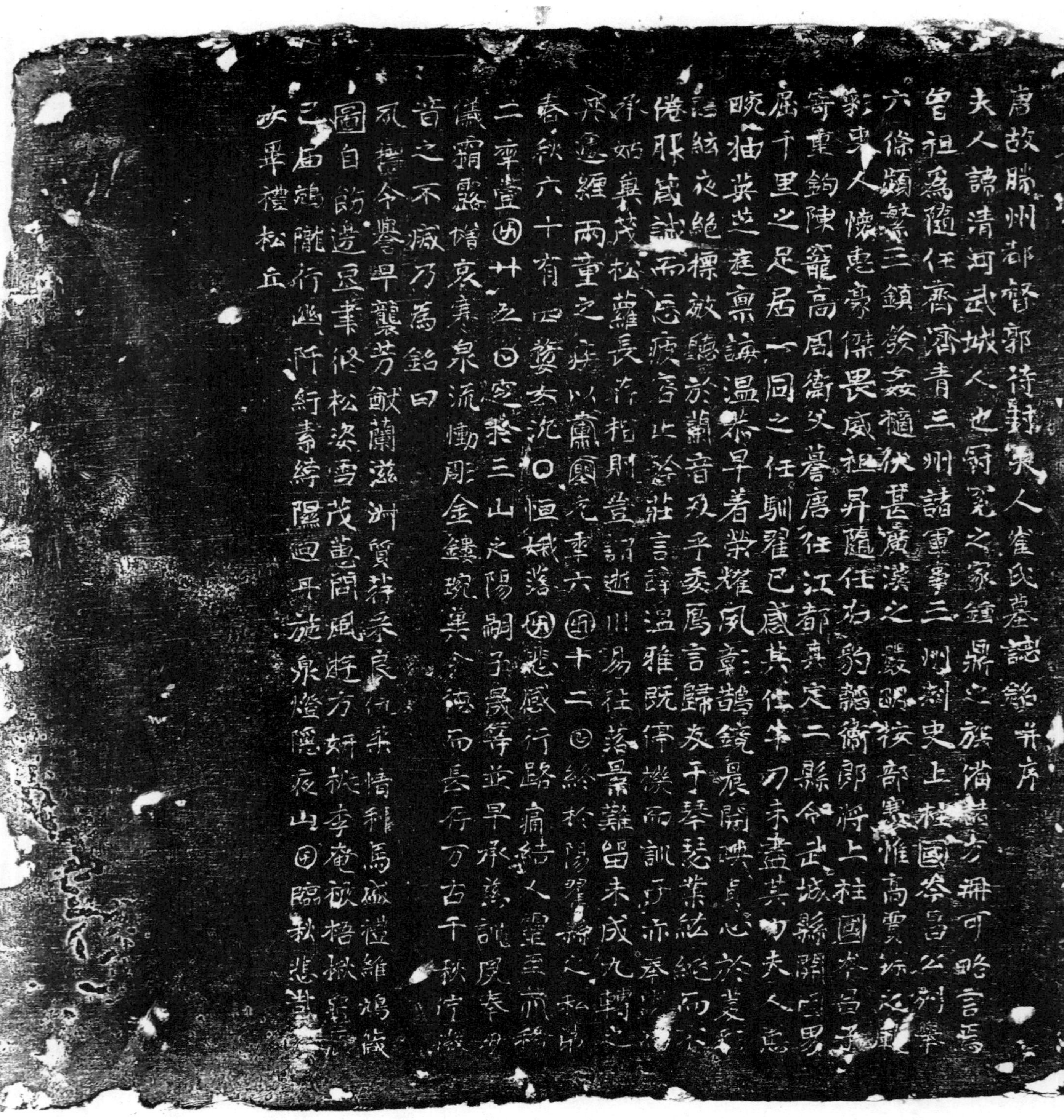

〇二八　唐故勝州都督郭待封夫人崔氏墓誌銘

天授二年（六九一）一月二十五日葬。

誌文二十行，滿行二十五字。正書。誌長、寬均四十五厘米。

唐故勝州都督郭待封夫人崔氏墓誌銘并序

夫人諱，清河武城人也。冠冕之家，鍾鼎之族。備諸方册，可略言焉。曾祖爲，隋任齊濟青三州諸軍事、三州刺史、上柱國、岑昌公。列舉六條，頻繁三鎮。發奸擿伏，甚廣漢之嚴明；按部褰帷，高賈琮之風彩。吏人懷惠，豪杰畏威。祖昇，隋任右豹韜衛郎將、上柱國、岑昌子。寄重鈎陳，寵高周衛。父譽，唐任江都真定二縣令、武城縣開國男。屈千里之足，居一同之任。馴翟已感其仁，牛刀未盡其力。夫人惠畹抽英，芝庭稟誨。温恭早著，榮耀夙彰。鵲鏡晨開，映貞心於菱彩；鵾弦夜絶，標敏聽於蘭音。及乎委雁言歸，友於琴瑟。業紘綖而不倦，服箴誡而忘疲。容止矜莊，言辭温雅。既停機而訓子，亦奉盥而承姑。冀茂松蘿，長存楷則。豈謂逝川易往，落景難留。未成九轉之丹，遽纏兩童之疾。以載初元年六月十二日終於陽翟縣之私第，春秋六十有四。婺女沉星，恒娥落月。悲感行路，痛結人靈。至天授二年壹月廿五日窆於三山之陽。嗣子晟等，并早承慈訓，夙奉母儀。霜露增哀，寒泉流慟。雕金鏤琬，冀令德而長存；萬古千秋，伫徽音之不滅。乃爲銘曰：

夙標令譽，早襲芳猷。蘭滋淑質，荇采良仇。柔情利馬，盛禮維鳩。箴圖自飭，籩豆聿修。松姿雪茂，蕙問風游。方妍桃李，奄被梧楸。龜辰已届，鵷隴行幽。阡紆素綍，隰迥丹施。泉燈隱夜，山月臨秋。悲哉二女，畢禮松丘。

〇三九　唐故始州黃安縣令弘農楊君（行表）墓誌銘

天授二年（六九一）二月十八日葬。

誌文三十一行，滿行三十二字。正書。誌長、寬均六十四厘米。張敬之撰。

誌蓋篆書：大周故楊府君墓誌銘

唐故始州黃安縣令弘農楊君墓誌銘并序

司勛郎中張敬之撰

君諱行表，字孝，弘農人也。自命稷疏源，分周啓冑，彤雲資赤泉之業，黃星仁太守之功。乘朱輪者十人，踐臺階者四世。芝蘭交映，金玉相暉。象賢遞襲，風流靡墜。曾祖順，後魏尚書左僕射、太尉。昴宿騰精，臺階毓慶，道高舟楫，寄重鹽梅。祖涉，後魏尚書左丞，齊陽城郡太守。任隆司轄，譽洽褰帷。父嶷，齊秀才甲第，秘書省定書，隋協律郎、沁州銅鞮令、吕州司馬。典校揚蕤，題輿騁價。君則司馬府君之元子也。冲和誕粹，靈液凝精。電警銛鋒，雲騰駿足。言寡趣博，體温神亮。幼敏光於對日，逸辯彰於説詩。刷鸞鳳之羽毛，耀珪璧之符彩。年始志學，調爲大學生，於時有隋大業之七年也。道冠環林，聲高槐市。方延拾紫，遂膺賓王。射策甲科，除東原州司功從事。始憑漸陸，將效摶摇。祲動牽羊，灾成伏鼈。漢東紊紀，參墟受命。鼎因革夏，秩乃遷商。貞觀四年，除雍州好畤尉，轉高陵尉。以文儒之資，申刀筆之用。目觀詞訟，手答箋書。機鑒有餘，覽聽無擁。尋遷長安尉，右戚連甍，探丸比迹。地分三輔，人備五方。喧諍填階，案牘盈几。君暫揮子墨，聊啓翰林，風振詞端，霜横字抄。黃沙罷鞫，積茂草於虚庭；丹筆栖豪，擁清塵於纍牘。俄授始州黃安令。遥分玉壘，斜枕銅梁。山鄰藴碧之岩，水接沉犀之浦。甫聞嘉政，未及下車。齊禮之化已流，連群之俗俄徙。女床歌鳥，鳴舞於芳墀；伊洛名翬，馴翔於緑野。貞觀廿一年，　敕授茂州道行軍司馬。參上將之兵鈐，贊中軍之戎幕。屢獻前茅之捷，頻匡後拒之勛。方謂金策晨歸，載馳聲於蟬冕；豈圖玉棺夕降，遽淪暉於梟舄。以其年七月廿三日終於軍所，春秋六十有二。惟君早彰風範，夙標名節。踐義依仁，基忠履孝。清風朗月，每留連於勝友；登山臨水，幾怊悵於遒文。逸氣雲騰，清詞海富。既挺太丘之譽，還操武城之曲。况復得喪齊指，榮枯同致。不驚於寵辱，坐亡於物我。古之達者，何以加焉！夫人天水趙氏，觀州刺史榮之孫，邢州司功德厚之第三女也。承規梁室，禀訓斑闈。婉順居心，柔閑植性。言容成範，令淑著於三從；骨像應圖，端莊聞於二族。及琴悲寡鶴，鏡舞孤鸞。徙家流育撫之方，斷緯勖温嚴之旨。故得箕裘允習，堂構克隆。謝玉光庭，韋珠曜握。遷新遽往，閲川俄逝。溘嗟朝露，空傷夜臺。以上元三年十月廿日終於洛陽私第，春秋七十二。粤以　大周天授二年二月十八日同窆於永昌瓜子之南原。嗚呼哀哉！始歌梁壞，旋悲石折。散靈魄於天潯，紀貞猷於地屺。乃爲銘曰：

瀰瀰曾源，遥遥峻趾。基隆七葉，聲高十紀。羽儀交映，通賢世祀。吐潤荆岩，流暉漢涘。降彼冲粹，挺此生知。埋蛇藴德，嗟鶴標奇。騰英槐市，飛芳璧池。哲人樂道，君子鳴撝。拾紫成業，紆青演慶。縱察懲違，奔豪止競。義光齊禮，譽高從政。既悦劉君，還歌卓令。東川遽閲，西景行侵。孤鸞始恨，兩劍終沉。隴幽春少，地古松深。空餘園囿，永播徽音。

〇四〇　崔君（寶）墓誌之銘

天授三年（六九二）正月十八日葬。
誌文十八行，滿行字數不等。正書。誌長、寬均三十點五厘米。
誌蓋篆書：崔君墓誌之銘

公諱賔，神都陽翟人也。承帝嚳之苗胄，太公之胤緒。清河崔嘉之後，討尋玄古，胎抱崔文，咸曰休哉，以嘉爲字。原夫剪茅開社，營丘疏四履之基；紆綬居榮，崔邑啓縉紳之族。詳諸史籍，可略言焉。曾祖實，遁迹無悶，游然不貸之園；探賾文宗，居心物外之表。祖舉，高尚處士，志好丘岩，性慕烟霞，企黄老之高蹈。公弱齡耽翫，蘘俊友以□歡；好爵不縻，自得丘園之志。豈意不憖昊天，先從沉景。夫人邢氏，居崔門而譽美，處萇室而標奇。莫齊偕老，俱呈鶴變之游；促此芳姿，奄作陽晞之露。以天授三年正月十八日葬於村東南三里之平原，禮也。左鄰勝地，龍池之沼依焉；西眺羽山，槃荇之蹤猶在。北臨孤溜，鼓驚□以派分；南眺封山，峙巍巍以峨峨。嗣子盛德，茹立纏哀，蓼莪興感。女官法相，居鳳樓而流血，留鶴馭而深悲。同塵於怛化之塗，因心動昊天之感。將啓青烏之兆，敢奉黄腸之儀。恐桑田之或變，勒翠琰而裁規。乃爲銘曰：

舄弈清胄，蟬聯茂族。列祖鏘金，纍宗鳴玉。粤於今代，遂輕軒蓋。白社居閑，清溪自晦。奄從九原，俄驚代鬼。草滋荒隧，風勁松門。月輪霄净，雲悲晝昏。勒貞文於瑞琰，庶千載而恒存。

〇四一　大周故陳府君（範）墓誌銘

長壽三年（六九四）一月二十五日葬。

誌文二十五行，滿行二十六字。正書。誌長、寬均四十四厘米。

大周故陳府君墓誌銘并序

君諱範，字仲軌，潁川許昌人也。晋永嘉喪亂，十四代祖達隨司馬元王渡江爲中宗丞相掾、太子洗馬、長城縣令。先人因居長城。隋氏平陳，後考以梁陳衣冠子弟遷入隋，因居河南郡，故於今家於鞏洛焉。晋末以景族南遷，陳平以衣冠北徙。往來見寶，其在兹乎！高祖法真，梁通直散騎常侍、太子中庶子。曾祖横，梁宣城王府司馬、給事黄門侍郎。祖慧尚，梁禪陳後，從祖武皇帝以宗室子弟封江陰縣侯、鄱陽王記室、尚書儀曹郎、譙郡太守。麟臺螭鈕之署，清望實隆；鶴關猿岫之賓，簪裾斯顯。考宗，梁陳衣冠，後還入隋。隋授衣冠於謁者臺員外郎，隨班例也。賁帛牽絲，邈居嘉命，遷虞事圜，直踐崇闈。君餘慶既隆，英靈載誕。毀譽斯絶，自叶於周銘；喜愠不形，無慚於楚相。以孝友而爲政，資道德以彌尊。至若天雄地雌，見陰陽之向背；三門五將，識遁甲之孤虚。去龍朔二年，特以良家子徵赴寇境，勳用居最，擢授護軍。道在斯尊，位非配德。方將俯游瓊署，高步瑤都。豈謂山頹太室之岩，水閲小平之浦。粤以唐永隆元年十一月廿三日遘疾終於神都積德里第，春秋六十有二。權殯於洛城東北。爰以　大周長壽三年歲次甲午壹月乙酉朔廿五日己酉改窆，與故夫人李氏合葬於鞏縣滑臺鄉邙山之陽，禮也。平生嘉偶，共諧丹鳳之聲；冥寞同歸，永閟青烏之兆。嗣子揚州功曹璲[illegible]將恐炎凉易積，陵谷斯變。勒琬琰而披文，紀聲猷而永擅。其詞曰：

靈源沃日，寶派浮天。自虞歷晋，繼代象賢。永嘉鹿走，典午龍遷。金門石室，握素懷鉛。梁陳盛矣，衣冠在焉。漢東斯定，河南是編。琳琅杞梓，弈葉蟬聯。居閑室白，理勝詞玄。因心有裕，率性無褰。竟遺軒冕，長狎林泉。西景罕駐，東波不旋。昔時風月，舊里山川。池臺尚在，賞樂何□。山空積霧，樹短無烟。盛德不泯，投筆潸然。

周故陳君夫人趙郡李氏墓誌銘并序
夫人諱字趙郡人也曾構鬱盤洪源汲溢靈僊擅於龍德
貞慶發於龜文鍾鼎易代而聯徽荊隋異時而間出衣冠
禮樂家諱存焉曾祖澄北齊陽平郡守高邑縣公祖諒隨
下邳郡淮陽縣長丹襜剖符惠化溢於還珠墨綬調絃芳
猷著於馴翟考鏡玄唐刑部郎中右司郎中容書二州刺
史大理少卿刑部侍郎寄深求瘼任重恤刑宣條列棘之
榮班含香握蘭之茂寵夫人寔昭餘慶肅誕柔儀爰自笄
年執于君子如賓舉按禮高於婦容翦髮斷機慈深於母
訓加以妙體真如虔歸淨域手持口誦開寶軸以忘疲聲
磬焚香礼金容而不倦所冀三靈是祐偶蓋松而不凋豈
期千日易流隨箭川而長逝奄以大周長壽二年
二月廿日寢疾終于淮海蕪城之官第春秋七十有三嗚
呼哀哉粤以三年歲次甲午壹月乙酉朔廿五日己酉与
故潁川陳府君合葬于洛州翠縣滑臺鄉邙山之陽禮也
龍泉出匣終契雙沉馬鬣成墳竟歸同穴崗巒重疊嵒霧
積而難披松檟蕭森悲風驚而屢斷嗣子揚州大都督府
功曹參軍事璲等並至性過人積毀逾禮潺湲枯柏之淚
摧絶茹荼之心爰命庸菲式題銘誌其文曰
日逝川斯激藏舟靡固還流促晷俄從大暮總帳牽移高崇
日故心切荼慕悲纏霜露崇邛之曲清洛之陽飛旌望遠
顧馬嘶長風悲積樹霧嶸連崗勒貞珉兮不朽齊厚坐兮
無疆

〇四二　周故陳君（範）夫人趙郡李氏墓誌銘

長壽三年（六九四）一月二十五日葬。

誌文二十三行，滿行二十二字。正書。誌長、寬均四十六厘米。

周故陳君夫人趙郡李氏墓誌銘并序

夫人諱字，趙郡人也。曾構鬱盤，洪源沃盪。靈仙擅於龍德，貞慶發於龜文。鍾鼎易代而聯徽，荆隋异時而間出。衣冠禮樂，家諜存焉。曾祖澄，北齊陽平郡守，高邑縣公。祖諒，隋下邳郡淮陽縣長。丹襘剖箭，惠化溢於還珠；墨綬調弦，芳猷著於馴翟。考鏡玄，唐刑部郎中、右司郎中、密曹二州刺史、大理少卿、刑部侍郎。寄深求瘼，任重恤刑。宣條列棘之榮班，含香握蘭之茂寵。夫人寔昭餘慶，載誕柔儀。爰自笄年，仇於君子。如賓舉案，禮高於婦容；翦髮斷機，慈深於母訓。加以妙體真如，虔歸浄域。手持口誦，開寶軸以忘疲；擊磬焚香，禮金容而不倦。所冀三靈是祐，偶蓋松而不凋；豈期千月易流，隨箭川而長逝。奄以

大周長壽二年二月廿日寢疾終於淮海蕪城之官第，春秋七十有三。嗚呼哀哉！粤以三年歲次甲午壹月乙酉朔廿五日己酉與故潁川陳府君合葬於洛州鞏縣滑臺鄉邙山之陽，禮也。龍泉出匣，終契雙沉；馬鬣成墳，竟邀同穴。崗巒重叠，苦霧積而難披；松檟蕭森，悲風驚而屢斷。嗣子揚州大都督府功曹參軍事璲等，并至性過人，積毁逾禮。潺湲枯柏之泪，摧絶茹荼之心。爰命庸菲，式題銘誌，其文曰：

逝川斯激，藏舟靡固。遽流促晷，俄從大暮。繐帳年移，高堂日故。心切荼蓼，悲纏霜露。崇邙之曲，清洛之陽。飛旌望遠，顧馬嘶長。風悲積樹，霧苦連崗。勒貞珉兮不朽，齊厚地兮無疆。

〇四三　唐故絳州夏縣令李君（知本）墓誌銘

證聖元年（六九五）臘月十一日葬。

誌文二十九行，滿行二十九字。正書。誌長、寬均五十六厘米。

墓誌原石藏山東桓臺拿雲美術博物館。

唐故絳州夏縣令李君墓誌銘并序

帝高陽之苗裔，皇有熊之餘烈。秋典白雲，如馬濟唐虞之政；春臺紫氣，猶龍得天地之根。秦王威震寰中，武安折虎狼之勢；韓信名聞天下，左車決劉項之權。莫之與京，有自來矣。君諱知本，字辯源，其先趙郡人也。仕齊，因家於鄴，今爲相州滏陽縣人焉。曾祖敬義，齊散騎常侍、銀青光禄大夫、殷州刺史，襲爵鉅鹿公。入則蒼玉升朝，出則朱旗按部。西郊雲起，人思百里之車；南郡風行，制賜三公之服。祖仲通，齊少府卿、通直散騎常侍、陽平郡太守。高閣連雲，卿士惟月。漢廷憂甚，無易寇恂；楚地尤難，帝諮汲黯。父孝端，齊開府參軍事，隋河南縣正、懷州司法參軍事、洛州司兵參軍事。天降喪亂，地遷陵谷。徒勞人耳，吾已矣夫！并玄圃積玉，無非夜光；赤水遺珠，由來明月。風概凝邈，器宇沉曠。學優而仕，俊乂在官。君岐嶷有聲，夙振符彩。孝悌之至，通於神明。幼孤，七歲讀《孝經》，至卷終，奉書而泣，因與弟知隱相撫，號慟久之。由是子孫逮事卒章，并不之受。九歲，太夫人命與弟知隱弈棋，君作而曰：此中各有争心，不可與知隱爲也。聞者莫不嘆息。蓼莪之什，昔嘗廢於生徒；瓜葛之嫌，今禮逾於父子。屬隋人崩角，群盗鋸牙。六合風揺，四海雲擾。君與弟知隱死亡與鄰，色養不匱。黄巾避境，且拜鄭公；赤眉弛兵，不犯姜里。及熊耳積甲，龍飛在天。甫就易農，不擇而仕。解褐黎州録事參軍，遷雍州司法參軍事、華州華陰縣令。丁内憂，毁殆傷生，性纔不滅。服闋，除并州晋陽縣令、絳州夏縣令。鵬搶於枋，鷃集苞栩。中都稱宣尼將聖，灌壇謂尚父垂仁。豈徒止蝗銷螟，舞鸞馴雉而已。君干越至寶，韞匱藏諸。浮海乘桴，日中不彗；藏山於澤，夜半而趨。以永徽六年六月三日終於官舍，春秋六十有四。夫人范陽盧氏，齊太子舍人之道之女也。閨中挺秀，林下生風。婦德冠時，母儀蓋世。以永淳元年十月一日終於鄭州管城縣令之官舍，春秋八十有四。粤以　大周證聖元年歲次乙未臘月庚戌朔十一日庚申葬於邙山之陽，禮也。子前襄州襄陽縣令昶，朝散大夫、檢校文昌度支郎中愻。南陔日遠，北郭風悲。泣血同墳，兹焉合祔。式遵聚沙之令，欽奉刻石之旨。銘曰：

常山之南，漳水之北。纓紱鼎盛，聖賢鍾德。粤有達人，生此王國。孝友冥至，風徽允塞。遑遑鳳集，肅肅鷃羽。道屈於命，仁而不輔。秦聲趙瑟，世規人矩。於嗟天地之鑪，空嘆塵埃之聚。

〇四四　大周故司衛少卿張君（遠助）墓誌銘

神功元年（六九七）十月二十一日葬。

誌文三十二行，滿行三十二字。正書兼行意。誌長、寬均五十八厘米。

大周故司衛少卿張君墓誌銘并序

公諱遠助，字守謙，趙郡中山人也。昔西漢貴遊，東都才彦。有兩京之詞賦，兼七葉之貂蟬。豈唯受略汜橋，題銘劍棧。嗣嘉聲於孝友，傳雅譽於縱横者哉。祖彪，隋武邑太守。道符翔鳳，如臨黄霸之郊；政洽仙鳧，似入宗均之境。父處一，操履高尚，志懷貞隱。游吉祥於虚白，安衆妙於重玄。唐初徵爲陝州陝縣丞，遷定州鼓城令。以公事去官。時幽州都督、廬江王[一]雅相欽屬，引君爲友，隨往幽州。王薨，遂栖遁不仕。公資靈岳瀆，稟氣星辰。識量清明，風儀磊落。敏而好古，留連於翰墨之場；文而有禮，栖遲於名教之域。永徽四年，鄉貢明經，解褐璧州廣納縣尉。豫樟七歲，籠雲之枝幹可知；大鵬六月，摩天之羽翼將矯。雖未申巨量，且屈用於涵牛；而已剖盤根，伫收功於利器。唐大帝東封岱岳，廣引賢良。公應藏器下僚舉，射策高第，授相州臨河縣主簿，遷朔州善陽縣令，尋加朝散大夫，改授隰州蒲縣令，又改授趙州平棘縣令。頻紆銅墨，屢展弦歌。旦入桑郊，幾馴飛翟；晚臨漁浦，每舍纖喁。豈直孔夫子之中都，空無路拾；巫馬期之單父，徒勖星歸。又以清白莅職，應明堂大禮舉，授京苑總監副監，遷神都苑總監兼知營繕監事，又爲明堂大使。繚垣清籞，總統離宫。揆景度筵，聿開崇構。菖苗映浦，奉黛耜而籍　天田；松桷臨雲，闢青陽而敷　帝宸。

大周萬歲登封元年，鑾輿發駕，有事嵩岳。萬騎千乘，指鶴岩而東上；聲明文物，歷龜川而左旋。公扈從　神游，方陪檢玉，倏纏夢豎，奄嘆摧梁。以其年臘月二日薨於武臨縣之西境，時年六十六。　駕達神岳，所司以聞。　天子方食去案，動容驚息，馳命送藥，已無所救。乃致襚衣一襲，追贈司衛少卿。孔宣父之云亡，魯君悲其不憖；隨武子之長逝，晉卿思其與歸。豈若　丹宸垂哀，　紫宸流悼。　天慈必降，錫妙藥於西山；　皇澤載濡，寵泉塗於　北極。瞻言在昔，其誰與疇。夫人渤海吴氏，籍慶高門，承規茂族。兆開隨鳳，雖早合於琴聲；禮穆乘龍，忽同歸於劍匣。以神功元年歲次丁酉拾月甲子朔貳拾壹日甲申合葬於合宫縣平樂鄉之原，禮也。長子前魏王府典籤義府，次子邢州龍崗縣丞義元，天官常選義方、義賓等，宦成朝野，名動縉紳。始警慮於風枝，卒纏哀於霜露。良恐今來古往，化城郭於遼川；岸徙山移，變波潮於海水。思必存於盛烈，敢籍響於貞珉。其銘曰：

岩岩峻構，森森長瀾。儀則説楚，良惟相韓。兩京詞賦，七葉衣冠。軒冕無絶，勛庸不刊。武邑道弘，鼓城恩博。化光製錦，惠深求瘼。禎鳳聿歸，灾蝗不作。積德誰嗣，英賢攸托。降生邦彦，時惟哲人。貞廉著節，孝友基身。識兼學古，才綜知新。孰光　聖代，允屬良臣。三撫屬城，馴翬有托。再司君圃，班文是樂。總章斯逮，□臺爰度。誰尹共工，其惟汝作。　我皇展采，告禪嵩丘。六龍警策，八翼宣遊。方□扈從，倏嘆浮休。物情哀軫，宸襟悼流。洛水之陽，芒山之曲。去挽栖楚，孤魂斷續。共嘆焚芝，俱傷埋玉。鏤懿德於貞琰，庶不遷於陵谷。

〔一〕廬江王即李瑗，參《舊唐書》卷六〇《廬江王瑗傳》。

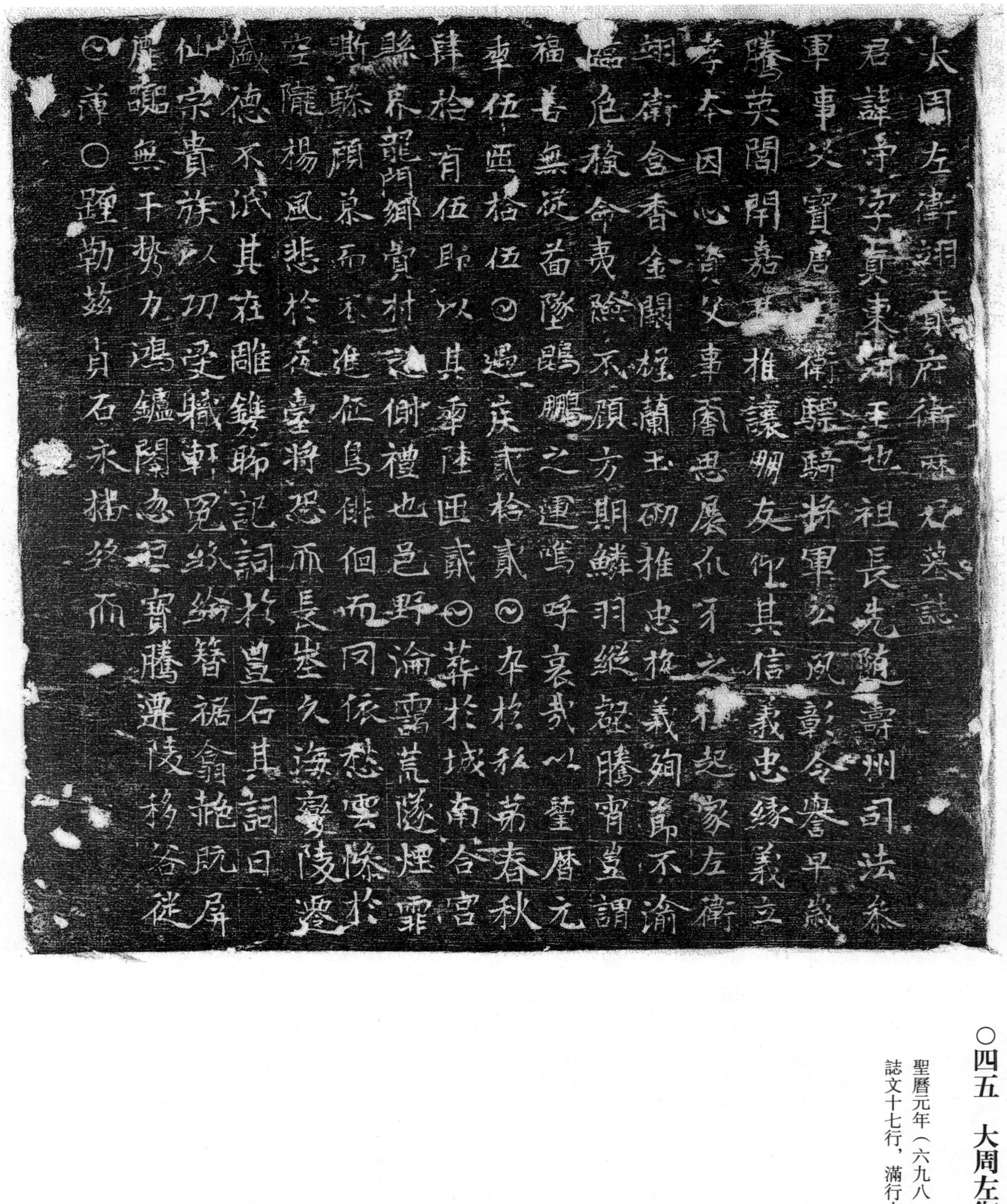

〇四五　大周左衛翊貳府衛麻君（守）墓誌

聖曆元年（六九八）六月二日葬。
誌文十七行，滿行十八字。正書。誌長、寬均三十四厘米。

大周左衛翊貳府衛麻君墓誌

君諱守，字貞，東河人也。祖長先，隋壽州司法參軍事。父寶，唐右衛驃騎將軍。公夙彰令譽，早歲騰英。閭閈嘉其推讓，朋友仰其信義。忠緣義立，孝本因心。資父事君，思展爪牙之□。起家左衛翊衛。含香金闕，握蘭玉砌。推忠抗義，殉節不渝。臨危授命，夷險不顧。方期鱗羽，縱壑騰宵，豈謂福善無從，圖墜鵾鵬之運。嗚呼哀哉！以聖曆元年伍月拾伍日遇疾，貳拾貳日卒於私第，春秋肆拾有伍。即以其年陸月貳日葬於城南合宮縣界龍門鄉費村之側，禮也。邑野淪靄，荒隧烟霏。嘶驂顧慕而不進，征鳥徘徊而罔依。愁雲慘於空隴，揚風悲於夜臺。將恐天長地久，海變陵遷。盛德不泯，其在雕鐫，聊記詞於豐石。其詞曰：

仙宗貴族，以功受職。軒冕紛綸，簪裾翕艴。既屏塵囂，無干勢力。

鴻鑪闔忽，巨寶騰遷。陵移谷徙，日薄星躔。勒茲貞石，永播終天。

○四六　大周文昌比部員外郎孫公妻京兆韋夫人墓誌

聖曆三年（七〇〇）臘月十日葬。

誌文二十行，滿行二十一字。正書。誌長、寬均三十九厘米。

大周文昌比部員外郎孫公妻京兆韋夫人墓誌

夫人諱某，京兆杜陵人也。周侍中、洛州刺史、贈□□□莊公法保之玄孫，隋車騎將軍、硤州刺史、高陽公康之曾孫，唐韓府典軍德軌之孫，唐右武威衛長史思貞之第二女也。自夏殷命氏，周漢開基，一門二相，公侯必復。祖德家聲，鬱炳彌遠。夫人體柔成性，服訓基身。令圖淑質，本乎天授。孝道閨風，非因外獎。功容無忝於六行，教誡必由於七章。齒及笄年，歸於太原孫氏。自和鳴作儷，主饋承宗。家室攸宜，瑟琴爰比。閱詩禮而無怠，事尊卑而有序。載復韋母之風，允叶姜妻之德。歡洽娣姒，情勤紡績。閨門之內，肅如穆如。閫則是脩，柔儀克茂。降年不永，生涯何促。以聖曆三年正月廿二日寢疾終於神都顯教里，春秋卌有五。嗚呼哀哉！内外悲號，親姻哀慟。聲感行路，悲纏閈里。即以其年臘月辛巳朔十日庚寅葬於合宫縣之龍門鄉，禮也。九泉一閟，孤魂長往。骨肉斷而心摧，生死分而氣絶。伏抽哀思，敬述銘云：

殷曰豕子夏稱龍，世爲官族慶所鍾。肅肅我祖崇厥封，降生□質光禮容，作嬪君子敦睦邕。享年不永遘其凶，忽逝東岱掩西春。稽之宅兆吉日從，丹旐委鬱俵青松。一閟窮泉復幾重，骨肉心酸泪溶溶。

聖曆三年臘月十日

〇四七　大周左監門衛將軍上柱國陳郡開國公殷府君（平）墓誌銘

聖曆三年（七〇〇）一月十一日葬。

誌文二十七行，滿行二十七字。正書。誌長、寬均六十八厘米。

大周左監門衛將軍上柱國陳郡開國公殷府君墓誌銘

府君諱平，字道衡，陳郡人也。旅宦隋朝，即居靈武；建功 周室，便宅永昌，今爲縣人焉。自玉筐誕聖，金鈎膺曆。商郊五亳，龜鼎攸存；秦庭八守，□槽成列。居相圮耿，咸滋帝王之族；凌江涉河，各擅山川之氣。曾祖猛，陳宣城令。 祖遠，隋靈府長史。 父通路， 大周贈宣州刺史。汝水龍泉，時欽异骨；丹山鳳穴，是生仙翰。惟 公懷仁抱義，自然五色；浮雲籲漢，家之千里。顯慶之際，應舉赴京。屬大將軍蘇定方出征西域，喟然歎曰：『大丈夫當躍馬肉食，焉能事儒業乎』。遂投筆從戎，總管深加器重。龍庭絶迹，非無汗馬之勞；鵜頜初飛，即有封侯之望。凱旋飲至，賞物七百段，授寧静府果毅、上柱國。乾封年，破遼東，授白石府折衝。永淳年，充中軍子總管，大破單于，授右武衛郎將。又充單于道討擊副使，獲大首領阿波啜等卌餘人，俘馘萬計。授右監門中郎將，錫爵陳郡公，食邑□千户。光宅之後，頻殄西蕃，授右監門衛將軍、積石軍經略大使、檢校廓州刺史，兼知營田事。建鳥隼之旗，伏熊羆之軾。挂瑚弓於月窟，倚長劍於天外。尋授左監門衛將軍、河源軍大使。勇邁武賢，策超安國。久勞金革，思還王門。請歸宿衛， 恩敕允許。屬荒隅不静， 帝思惟舊。頻奉 優敕，充清邊軍大使，以疾不赴。既而淮王鑄鼎，空説仙丹；洛邑多風，行侵大樹。聖曆二年六月十四日遘疾薨於道訓里之私第，春秋七十有一。百戰獲全，名高畢萬；七尺無損，事美子輿。以聖曆三年歲次庚子一月辛亥朔十一日辛酉與夫人河内郡夫人苟氏，合葬於城東北七里之山原，禮也。九原可作，宜封隨會之墳；三千有期，不泯騰嬰之室。敬憑鐫勒，乃述銘云：

瑶臺玉筐，生我玄王。金精水運，實啓宗商。前八後五，克類克昌。遊吴適魏，爲龍爲光。寔生令德，含孕珪璋。鳳雛龍翰，玉質金相。爲國之柱，爲軍之將。影畫天閣，名書太常。蟬聯茅土，赫弈金章。錫啓開國，衣錦還鄉。妖生月犯，釁起星芒。行嗟水閲，坐恨山藏。悲生 旒扆，痛結康莊。青龍倚伏，白鶴低昂。鳴驂顧慕，哀挽悽凉。風雲若在，蘭桂恒芳。

〇四八　大周故彭城劉府君（叡）墓誌

聖曆三年（七〇〇）一月二十二日葬。

誌文二十一行，滿行二十三字。正書兼行意。誌長、寬均四十九厘米。

誌蓋篆書：劉君墓誌

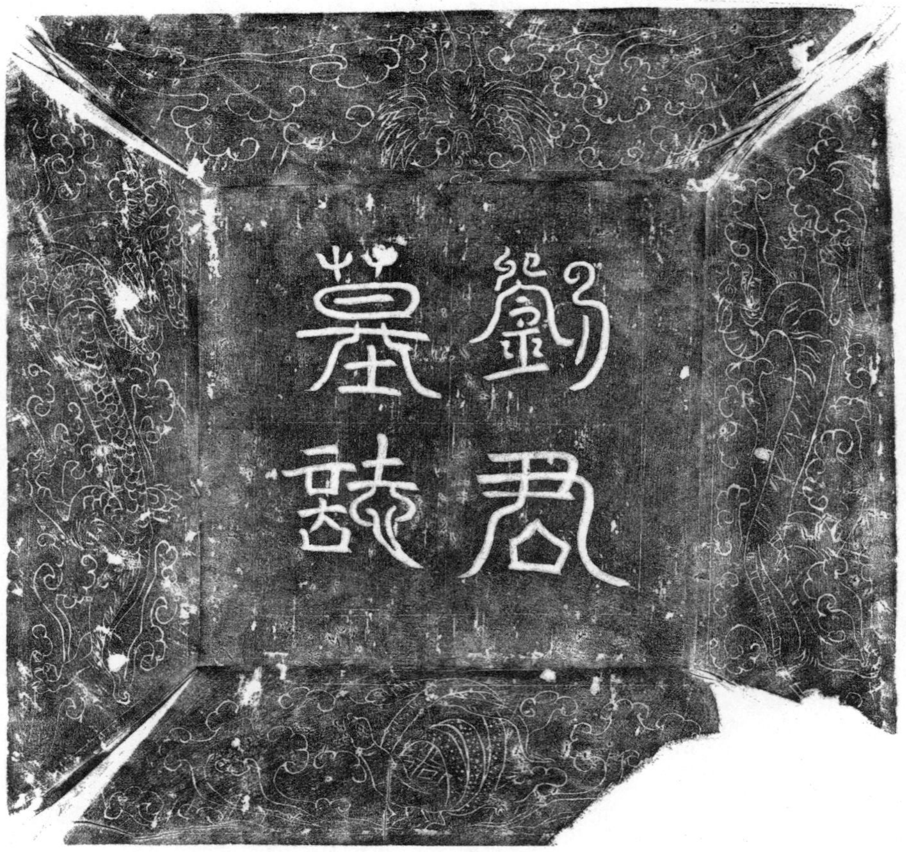
劉君墓誌

大周故彭城劉府君墓誌并序

君諱叡，字安，彭城人也。遠葉因官，徙居壽安，今遂爲縣人焉。然劉氏之先，蓋云著矣。遠則豢龍上古，近則光武中興。洎乎聖代，衣冠繼踵。高祖光，齊歷任衡州長史。淳懿獨遠，含光挺秀。行爲人範，衆議攸歸。祖，周任歙州司馬。幹時良具，出俗名德。其文也，與長卿而方駕；其用也，屈仲起於題軒。父舉，隋任茂州文山縣令。弱冠穎儁，强學多聞。屈涵牛之量，莅割鷄之務。府君名父之子，名祖之孫。不屈其節，高尚其志。博達多矣，沉淪久之。晚年擢第，爲朝議郎。罕言者命，所存者道。封己復禮，[一]居待終。春秋七十有四，以聖曆三年臘月十五日卒於神蔭里之私第。天乎哀哉，天乎哀哉。皇穹神察，哲人是恃。如何靈祇，殲我吉士。夫人趙郡李氏，以光宅元年正月廿四日遇終於内寢，春秋五十有六。今卜葬於壽安縣内都鄉訪山東南之平原也，禮也。親賓刮骨，遠近痛心。仲尼之太山遂頹，元凱之深谷行徙。乃爲銘誌，以旌幽漠。其詞曰：

赫赫兩漢，光光二祖。發輝皇王，潤色今古。翼子謨孫，枝分葉繁。人富其德，代高其門。降生淑令，温良恭敬。昭穆有暉，籍甚無競。惟祖惟父，既文既武。位不充量，忠己克茂。如何彼蒼，降斯不臧。超忽東岱，寂寥北邙。懿親圝心，孤嗣泣血。吊鶴迴顧，嘶驂斷絕。風雲悽憤，行路悲哀。勒石幽隧，古往今來。

聖曆三年歲次庚子一月辛亥朔廿二日壬申

[一] 此處似有闕字。

○四九　大周南陽郡清河公張君（惟直）墓誌銘

久視元年（七〇〇）十月五日葬。
誌文二十一行，滿行二十一字。正書。誌長、寬均五十一厘米。
藺元琛書。

大周南陽郡清河公張君墓誌銘

君諱惟直，字朗子，南陽郡人也。祖亥寬，隋任洛口城都督，後任唐州刺史、上柱國。因今爲洛州洛陽縣人焉。父孝卿，唐朝任王城折衝、上護軍。君往擊遼東，效誠柱國。崇斯慶賀，蒙授榮官。以 大周聖曆元年五月九日亡。岐嶷夙彰，英才天挺。含豪體物，則氣逸雲高；握管緣情，則詞繁錦縟。足使張衡慚其艷發，公超愧其才能。至於三府交徵，四科連辟。丘園養性，將寒松而共貞；志慕歸田，與秋霜而并潔。豈謂日輪難駐，桐露易晞。辰巳之夢忽悲，壞木之歌奄唱。夫人李氏，隴西人也。以久視元年七月一日卒於私第。夫人體含貞順，性叶柔明。表四德於中闈，習三從於内則。仙娥練影，拊月鏡而千嬌；婺女神姿，動霜縑於百匹。何期長松偃翠，兩鶴俱亡；寶劍淪輝，雙龍并歿。以其年十月五日合窆於成周之西三里之禮也。山虚日慘，野曠雲愁。松風動而天地昏，薤露歌而水泉咽。式精故事，而爲誌云：

乾坤變化，歲月遷流。朝霜殞木，夜壑藏舟。風□俱慘，天雲共愁。千年古迹，百代山丘。□□魏魏，曠曠遊遊。人生已往，奚得淹留。紅顔掩翳，黄壤爲仇。永年長逝，何樂何憂。

其銘書太州下邽縣前麟臺書手藺元琛

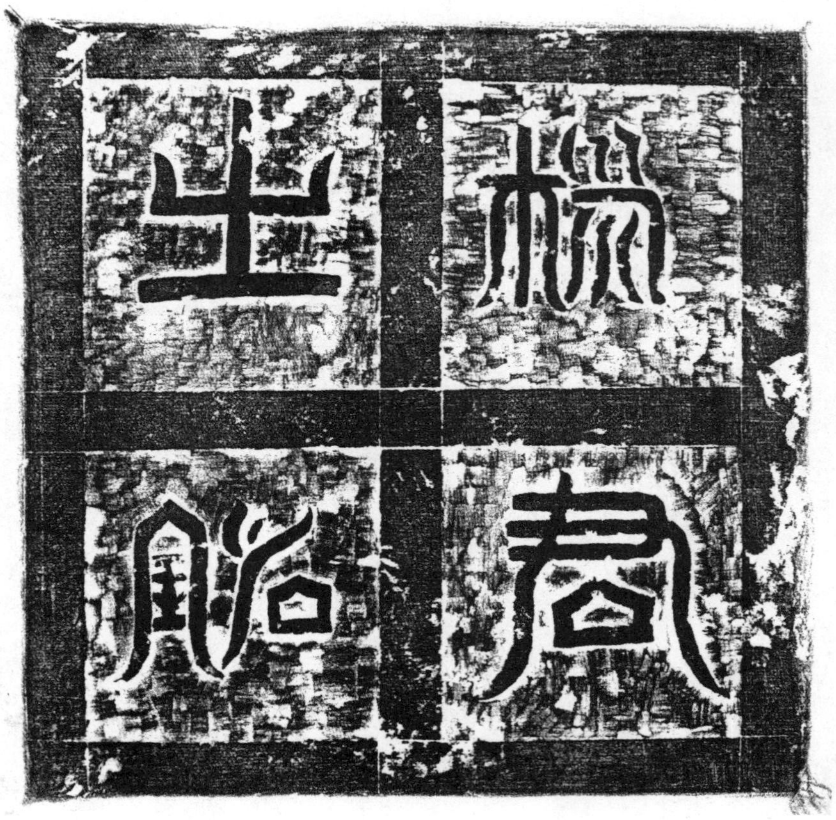
楊君之銘

〇五〇　大周故處士楊君（亮）墓誌銘

久視元年（七〇〇）十月五日葬。

誌文二十二行，滿行二十二字。正書。誌長三十六厘米、寬三十五厘米。

誌蓋篆書：楊君之銘

大周故處士楊君墓誌銘并序

君諱亮，字光乘，弘農華陰人也。若夫美陽寶鼎，騰茂色於遐年；栒邑琱戈，藹芳塵於後裔。遂使按銘器，被籙圖，何不异七葉五公之貴，何載不奇，經文緯武之相。祖仵，隋滄州刺史。神姿委邁，玄識博達。廉通在務，播芳懿於滄淇；素德明謙，扇清風於碧海。父儀，唐江都縣令。行高人則，譽表時宗。吐鳳縟其申章，乳雉光其布政。藴風雲之逸氣，百城仰其高明；韜粹德之仁規，一同挹其雅素。惟君學勵三冬，道窮十哲。嘉道傲爵禄之榮名。屬露冕加招，題輿重振如弃屣。守孝唯恭，籥毛義之逸性。由是樂天無悶，縱琴酒以自娛；知命有年，嘯池臺之洽侶。豈謂成均學府，思降鱣而未□；岱岳營魂，遇巢鶱而不返。以久視元年七月廿二日終□鞏□，圉秋五十九。夫人賈氏，月甸垂芬，星津降祉。蘭□獨鶴，□失偶於雲霄；匣碎雙龍，喜今同於泉路。以久視元年歲次庚子十月乙巳朔五日己酉同祔鞏縣西□八里之原陵，禮也。嗣鳳子，陟荒岵以長號，哀纏隴柏；□□雷而永慕，思結匪莪。懼陵谷之將遷，勒雕珸而冀永。嗚呼哀哉！乃爲銘曰：

仙峰概日，德侔紀地。藴怪懷靈，摛華懿家。風筠美聲，麈□嗣　顯。孝延祉挺，弃選丹穴。乘霓璧池，寫電横經。義涌□，毫辭蒨。言慎白珪，智深黄絹。夫人賈氏，配君子。容德雙操，言功共美。昔同蘭室，今游蒿里。

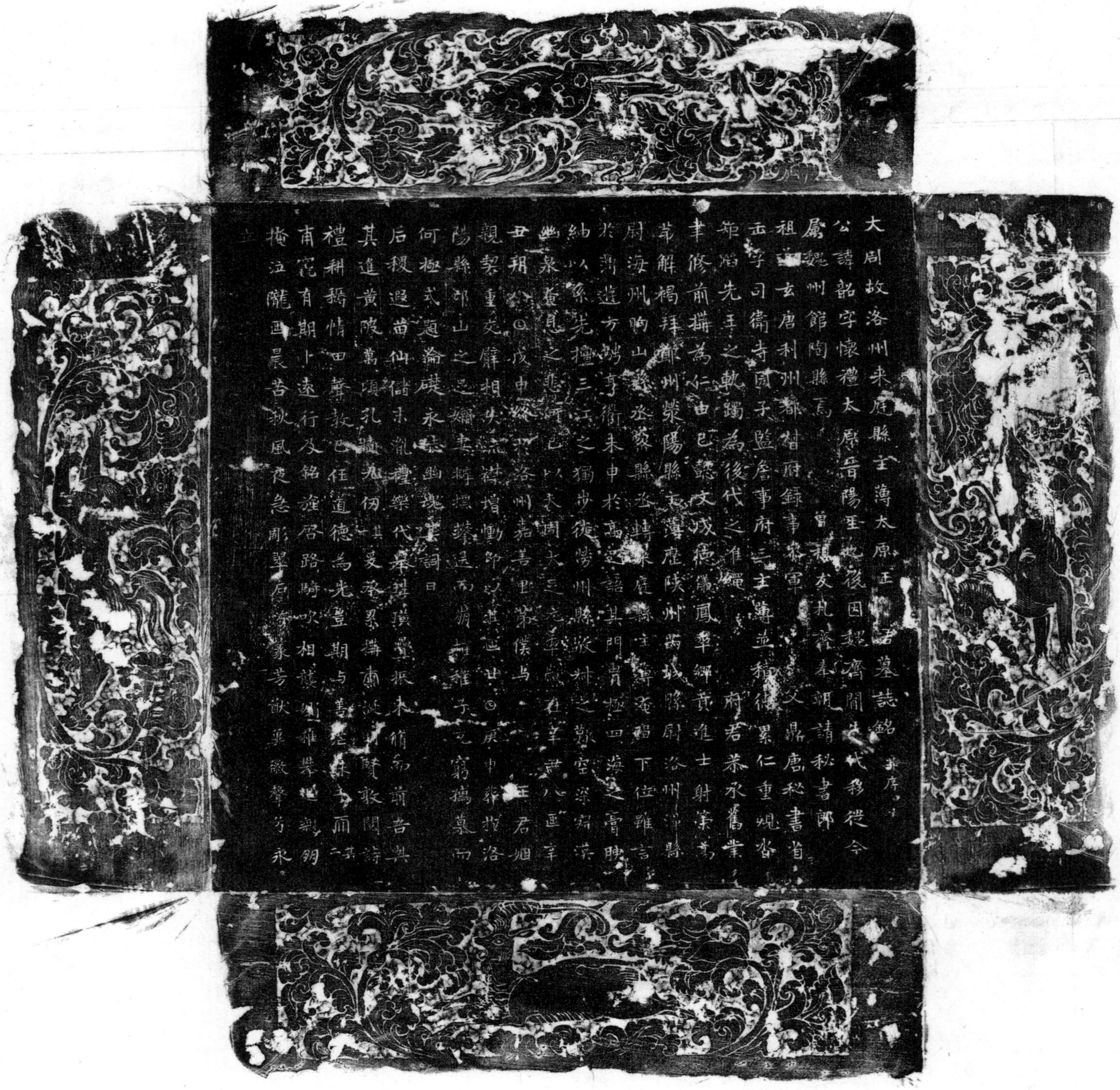

大周故
王府君
墓誌銘

〇五一　大周故洛州來庭縣主簿太原王府君（韶）墓誌銘

大足元年（七〇一）八月二十日葬。

誌文二十二行，滿行二十二字。正書。誌長、寬均四十七厘米。

誌蓋篆書：大周故王府君墓誌銘

大周故洛州來庭縣主簿太原王府君墓誌銘并序

公諱韶，字懷禮，太原晉陽人也。後因魏齊間，先代移徙，今屬魏州館陶縣焉。曾祖友札，齊奉朝請、秘書郎。　祖道玄，唐利州都督府録事參軍。　父鼎，唐秘書省正字、司衛寺國子監詹事府三主簿。并積德纍仁，重規沓矩。蹈先王之軌躅，爲後代之準繩。　府君恭承舊業，聿修前構。爲仁由己，懿文成德。儀鳳年，鄉貢進士射策高第，解褐拜鄭州滎陽縣主簿，歷陝州芮城縣尉、洛州温縣尉、海州朐山縣丞、密縣丞，轉來庭縣主簿。淹留下位，雖言於薄遊；方騁亨衢，未申於高足。語其門冑，極四海之膏腴；紬以系先，擅三江之獨步。徒勞州縣，敬叔之嘆空深；寂漠幽泉，奄息之悲何已。以大周大足元年歲在辛丑八月辛丑朔八日戊申終於洛州嘉善里第。僕與　王君姻親契重，交臂相失，流襟增慟。即以其月廿日庚申葬於洛陽縣邙山之足。孀妻擗摽，攀送而崩摧；稚子充窮，孺慕而何極。式題淪礎，永誌幽魂。其詞曰：

后稷遐苗，仙儲末胤。禮樂代舉，珪璜疊振。束脩而前，吾與其進。黄陂萬頃，孔墻九仞。其一。爰承纍構，載誕明賢。敦閲詩禮，耕耨情田。聲教已任，道德爲先。豈期與善，茫昧於天。其二。甫窆有期，卜遠行及。銘旌啓路，騎吹相襲。孀稚攀追，親朋掩泣。隴月晨苦，秋風夜急。雕翠石兮篆芳猷，冀徽聲兮永立。

大周故王府君墓誌銘

〇五二一　大周故上柱國太原王府君（冲）墓誌銘

長安二年（七〇二）五月五日葬。

誌文二十行，滿行二十字。正書。誌長、寬均四十二厘米。

誌蓋篆書：大周故王府君墓誌銘

大周故上柱國太原王府君墓誌銘并序

君諱冲，字神智，滎陽新鄭人也。昔者周儲控鶴，訪道緱山；葉令乘凫，朝宗魏闕。瑶林瓊樹，枝葉茂於當時；點漆凝脂，子孫昌於後代。盛德不泯者，則我王君乎！祖湛，父貴。并器宇凝深，冰神鑒澈。識洞今古，望隆家國。屬東夷作梗，北狄挺妖。引彼蛇矛，挺兹猨臂。亂麻之屍已積，漂杵之血旋流。風塵自此而清，烽候因而永息。兵戈既偃，王朔皆同。謀臣揚獻凱之歌，　天子降策勛之　制。授公上柱國，旌茂功也。公事家惟孝，事　主惟忠。韜鈐之略已申，温清之儀斯沮。親奉甘脆，不求名宦。嗟乎！落景將頹，指西崦而莫駐；逝川長囝，赴東溟而不歸。奄迫小年，永居長夜。以長安元年歲次辛丑十二月己亥朔十一日己酉遘疾終於仁風里，春秋六十有五。以長安二年歲次壬寅囸月己巳朔五日癸酉葬於邙山，禮也。崗巒隱隱，將開却月之形；松檟森森，漸圖捎雲之勢。爰憑琬琰，敢述徽猷。其詞曰：

肇自開闢，爰及犧軒。史籍所載，冠冕攸繁。文包吐鳳，武擅啼猨。搴旗瀚海，斬馘遼源。其一。輔德何爽，與善徒聞。龜謀啓繇，馬鬣成墳。□年人事，一代功勛。縱陵移與谷變，尚菊烈而蘭薰。其二。

大周故徐君墓誌之銘

〇五三　唐故壯武將軍高平徐府君（慈政）墓誌銘

長安二年（七〇二）五月七日葬。

誌文三十四行，滿行三十四字。正書。誌長、寬均七十四厘米。

誌蓋篆書：大周故徐君墓誌之銘

唐故壯武將軍高平徐府君墓誌銘并序

嗚呼，唐壯武將軍高平徐公、夫人司馬氏河内郡君，以大周長安二年龍集壬寅五月丁卯朔七日癸酉合葬於河南龍門之清河原，禮也。天道性命，蓋不可得而言歟。君諱慈政，字子憲，其先高平人也。曾祖寔，後魏殿中尚書、光禄勛。祖遠，北齊西兖州刺史、衛尉卿、工部尚書、特進、新陽郡王。父景榮，隋奉車都尉、内書舍人、萁州刺史、新陽郡公。公幼而能言，弱不好弄。大業中，補國子生，舉高第。屬蒼生無辜，神忌隋滿。皇天睠命，唐祖龍興。公糺合宗門，款闕先謁。入秦定霸，公有效焉。貞觀中，議和單于，命公出使，執信探猛虎之口，揚威斷凶奴之臂。納侍子，利邊人，公之力也。公年甫九歲，丁新陽府君憂。十日絶漿，三年泣血。賴母□氏勸育，殆全其生。及太夫人羸恙在堂，公解印歸侍。甘鮮以適味，顔色以養心。動静有乖，嘗痾而候。曾恍忽如，夢見新陽府君曰：『汝母壽命合盡，汝之至孝，上感神明，更延五歲，勿復憂也。』太夫人年登九十，如其夢焉。既憂，廬於墓田，衆鳥號集。至於家蔬庭菓，皆手植以養。親没之後，咸悴朽焉。公九族日親，四從同爨。居無异食，出則易衣。固夫射策甲科，文學也；款闕候　聖，識時也；請纓繫虜，忠勇也；嘗痾候疾，至孝也；致夢延齡，通神也；衆鳥號鳴，异感也；四從同炊，義友也。初，　唐高祖之入關也，拜公通議大夫。及儲闈之選僚侍，拜公太子右千牛，轉尚輦直長，又遷右率郎將。再歷東朝，官廢而黜，其非命乎！公奉使安邊也，當受魏絳和戎之樂，而起授匡道府果毅都尉，其非命乎！　唐太宗嘗與近臣夜宴，嘆無經世偉才共理天下。梁國公房玄齡早相器重，承　旨薦言。　太宗意其前宫近侍，賞待之而不能用，其非命乎！公知時命不偶，抗疏請骸骨。以壯武將軍從懸車之禮。嗟乎！功業足以濟時，忠孝足以革物。位不移於執戟，終連蹇於當年。悲夫！公常持《法花經》，預知亡日。先自沐浴，命板輿詣寺塔，未及下足，儼然坐終。以麟德二年十月廿六日啓首於萬年縣大寧里第，春秋七十有七。探幽文藝，養浩丘樊。雅重方書，尤好述作，其表疏箴諫及雜文筆，并命削稿。唯撰《門誥》十二篇藏於家。遺誡薄葬，壙中置《孝經》一卷，祭用蘋菓、玄酒，餘無他。夫人晋琅耶王六代孫。祖景業，宇文朝虞部。父寬，隋尚書司勛侍郎，唐陝州總管。夫人敬事舅姑，恭承君子。佩帨無替，琴瑟斯調。鞠養孤惸，諧和戚族。閨闈流譽，中外歸仁。可謂母德母師，有才有行者矣。息麟臺少監、澤州刺史太玄，卜考兹塋，慎終斯厚。北瞻天室，東接仁祠。鷲巖之香，遠聞十里；魚山之梵，下徹三泉。順先君遊道之心，成孝乎福資之願。式旌遺範，敬述銘云：

顯允烈祖，纂聖紹仁。曰祗與敬，生甫及申。衣冠舃弈，禮樂嶙峋。其始必復，惟君是振。其一。猗歟將軍，以道開府。惟忠惟孝，允文允武。蒼生之師，法門之矩。彼天不憖，善亡於輔。其二。蓂楹誌夢，梁木窮歌。徹縣感絶，罷市悲多。西傾落景，東逝驚波。哀哀罔極，空傷蓼莪。其三。情爲禮驅，哀由事迫。怨彼龜筮，仇兹卜宅。野曠泉幽，雲深隴白。翻翻丹旐，遥遵拱柏。其四。沉沉萬古，寂寂千秋。儀形幽隱，問望周流。松聲永思，雲色長愁。扣天何及，唯瞻一丘。其五。合相冲玄，歸真靈秘。顧慕逾寂，哀哉遐弃。窅翳玉虚，青冥金地。聞法花而踴出，復何時其錫類。其六。

〇五四　大周故處士周君（義）墓誌銘

長安二年（七〇二）五月十八日葬。
誌文十六行，滿行十六字。正書。誌高三十七厘米、寬三十六厘米。
誌蓋篆書：周君之銘

大周故處士周君墓誌銘并序

君諱義，字方，汝南郡人也。惟穆穆標儀，邕邕朗哲。性好琴酒，志尚交遊。爲五郡之楷模，作三州之領袖。不謂靈椿促壽，雜朝菌之同雕；拉柏侵年，將槿花之并落。夫人李氏，隴上花苗，賴鄉枝葉。當熊壯志，爲四德之母儀；辭輦廉貞，絢七儀之箴誡。豈期霜雕玉樹，風勁金柯。未經一周，俱摧百歲。粤以長安二年五月十八日合葬於翬南宅兆，吉也。其地北邇故城，南連山水。榯楊隧側，疏肅肅之清風；植柏塋前，映暉暉之白日。嗚呼哀哉，不期然矣。乃爲銘曰：

卜邇故城，地連山水。草抽鬱蓊，泉生靃靡。白鶴警叫，青烏兆祉。與萬代兮永長辭，共千秋兮阻生死。

二　五　十八［一］

［一］三個數字當爲葬日之省寫。

大周故
郭府君
之墓誌

○五五　唐故處士郭君（欽）墓誌銘

長安二年（七〇二）八月七日葬。

誌文二十四行，滿行二十五字。正書。誌長、寬均四十厘米。

誌蓋篆書：大周故郭府君之墓誌

唐故處士郭君墓誌銘并序

君諱欽，字行感，太原人也。昔周邦分族，初開得姓之基；虢土疏疆，始啓承家之業。李河南以簡通賓客，暫預仙舟；桓内史以品藻人倫，方交勝友。祖仁，魏中軍兵曹參軍事。年當命代，氣蘊中和。父義，唐高尚不仕，辟召不就。雲扶賢人，星開處士。君玉山精氣，瓊林光彩。侯泰初明月入懷，王夷甫清風出俗。其事親也孝，其奉國也忠。接鄰族以和，與朋友囧信。永徽二年，以門調補國子監四門生。其後以疾不仕。鄉閭稱善，自有少游之談；州縣徒勞，遂從叔敬之嘆。優遊黨里，嘯歌自娱。既而生以栖塵，運同晞露。以龍朔元年十二月四日寢疾終於思順里第。夫人洛陽丁氏，祖夔，父信。星月降生，閨房挺秀。言其女訓，則持銀燭以夜防；論其婦容，則佩金燧以晨謁。越以長安二年歲次壬寅八月景申朔七日壬寅遷祔於洛州合宫縣北邙原　先人之舊塋，禮也。杳杳川原，將移舊燧；蒼蒼碑闕，即祔　先塋。雲遶泉臺，起蒼茫之愁色；風生隴樹，動蕭瑟之悲聲。有一子敬荇，前任江州尋陽縣尉。立身行道，揚名顯親。規扇匣而崩心，奉書楹而瀝血。嗟四遊之不駐，痛雙魂之未安。是用遵周公合葬之儀，取齊侯同寢之禮。猶慮青青松柏，無禁樵蘇；隱隱墳塋，有移陵谷。所以雕金刻石，題盛範於三泉；地久天長，播貞猷於萬古。其詞曰：

興周命氏，封虢開疆。貴有金穴，術有青囊。弈弈鍾鼎，赫赫軒裳。代生賢俊，時有貞良。其一。顯允猗生，於鑠君子。鳳凰五色，騏驥千里。出忠入孝，先人後己。不惠不夷，樂山樂水。其二。人代須臾，生涯倏忽。蒼蒼松檟，巖巖碑闕。隴户栖烟，泉臺思月。儻蓬萊之有改，幸蘭菊之無歇。其三。

長安二年歲次壬寅越八月景申朔七日

○五六　大周故宣德郎行洛州武安縣丞張君（廓）墓

長安三年（七〇三）二月二十八日葬。誌文二十七行，滿行二十六字。正書。誌長、寬均五十二厘米。張元昚撰。

大周故宣德郎行洛州武安縣丞張君墓

君諱廓，字玄廓，河南洛陽人也。承博望之英靈，衮司空之氣色。軒蓋炯晃，名聲璀粲。本枝所以增茂，世祀於焉克昌。冠冕相暉，賢才接武。祖道，隋任青州司馬。斜控岱山之峻，傍連少海之源。俗阜之謡，邁廉公之五袴；家殷之頌，盛張君之兩岐。父相，唐任利州録事參軍。鳴岐接野，飲渭分區。來晚興歌，題輿發頌。君操履端肅，禮樂□□。懸髮忘朝，下帷不懈。遊蘭得性，摶鵾吹以超驤；擢桂祈榮，仰龍門而迥陟。年廿有二，孝廉及第，授文林郎。從容井邑，放曠園庭。張子歸田，琴書自玩；石崇思引，魚鳥爲驩。番秩既終，伫遷從政。改授綿州萬安縣尉、襄州率道縣主簿、齊州歷城縣主簿、洛州武安縣丞。并馳芳百里，贊美一同。亨鮮開善政之方，馴翟播懷仁之譽。鑒西門於鄴縣，未足連鑣；想潘岳於河陽，纔堪接駕。暨乎邯鄲代至，解印方歸。三老上書，惜焦延之去職；百姓垂泣，願曹褒之更還。吏人拜謁，不絶而已然。既而溘爾朝露，清潤之彩易晞；飄然風燭，高明之暉遽掩。以久視元年七月一日終於武安縣，禮也。春秋七十六，權窆於崇禮鄉之原。夫人朱氏，六行克脩，四德無闕。松筠守節，琴瑟相依。然福善無徵，輔仁莫驗。以上元三年八月廿一日卒於齊州歷城縣，禮也。春秋卌一，殯於北邙之原。頃以墳塋未就，松檟猶疏。瑞鳥之功，尚虧於一簣；崩心之望，更積於三年。歲序將淹，未申成慇。今卜遷形勝，宅措神儀。靈輀曳鐸於荒郊，玄帳垂旌於埏隧。以長安三年二月廿八日合葬於北邙山原。嗣子元璩等并承長者之餘論，蹈仁義之德音。攀擗踴之難追，毁屠裂而何據？終天永隔，叩地無從。托琬琰以圖芳，庶流徽之不朽。其詞曰：

三材肇分，四時變氣。爰有禮樂，備諸文記。經緯國序，牧宰司方。旌求杞梓，挺訪琳琅。夫君雅調，妙合宫商。門傳盛德，世葉馳芳。牽絲墨綬，耀彩銅章。亨鮮播美，製錦循良。歲序方積，時來有侵。佳城未啓，卜宅猶沉。今移勝地，改措靈衾。送終盡禮，追傷痛心。萬年千祀，芳流德音。庶有祠於青骨，永傳響於丹襟。

長安三年二月廿八日孫元昚撰

○五七　大周故蒲州録事參軍陳府君（壽義）墓誌銘

長安三年（七〇三）五月六日葬。

誌文二十七行，滿行二十七字。正書。誌長、寬均五十四厘米。

大周故蒲州録事參軍陳府君墓誌銘并序

公諱壽義，字文成，潁川許昌人也。嬀水浮天，姚墟闢地。祥開赤伏則武契銜珠，瑞表黃星則文該掞藻。人間揖義，仲舉最於三君；海内知名，子鱗高於八友。豈直二千石之廣漢，國重風行；五百年之潁川，家傳星集而已。曾祖瑱，陳高宗孝宣皇帝。祖叔寶，陳皇帝，隋大將軍，封長城公。道括乾樞，功融廟筭。握珠鏡而清舜海，彈壓山川；探玉帳而廓夷陬，旌旗日月。父蕃，陳吳郡王，食邑二千户。唐中散大夫、忠州諸軍事、檢校忠州刺史。金璽嶒榮，珪符錫寵。詞驚蘋浦，時談宋玉之風；化浹桂林，不待孔宣之月。公年甫十七，大學生明經及第。德行顔淵，坐看拾芥；文學子夏，忽覺著鞭。年廿一舒王府參軍。阮嗣宗之達人，初歸黃閣；王子猷之度量，始就絳冠。廿六右屯衛鎧曹，卅三左驍衛倉曹。太公六韜，兵則斯重；箕子八政，食乃非輕。卅八蒲州録事參軍。直朱繩而擿伏，豪右歸心；肅霜典而襟奸，寮佐側目。不圖灾生賦鳥，禍起頌鷄，未終管輅之年，旋愴鄭玄之夢。卌二卒於蒲州之官舍。夫人魏氏，鉅鹿曲陽人也。曾祖敷，後魏封鉅鹿縣侯、太中大夫、五城郡守，周左光禄大夫、儀同三司、車騎驃騎二大將軍，隋上儀同大將軍、汾州諸軍事、汾州刺史。祖元愷，儀同，襲封鉅鹿縣公。父志玄，唐左衛倉曹、右武衛兵曹、尚方監丞。魏尚書朗之苗，簪紱交映；晉上卿絳之胄，冠蓋騈陰。夫人德重潘輿，鑒深稽牖。延平水下，銜牛之劍兩沉；滕室泉中，栖鴛之隧雙啓。即以長安三年五月六日合葬於洛州合宫縣伊汭鄉龍門之西山，禮也。日下白雲之地，天中黑王之墟。老子五千，郭長朔之卜地；孝經十八，皇甫謐之歸墳。猶恐谷徙山移，不辯黃瓊之墓；天長地久，恒思吳達之銘。式列清芬，敢爲銘曰：

緑錯啓運，嬀汭降祥。青雲效祉，姬祚疏疆。允資秀發，實寄賢良。器隆皇極，代傳金璽。海内人天，林中杞梓。垂拱一德，建旗千里。惟公穎拔，岐嶷自然。始聞拾芥，即喜著鞭。未從夢日，俄召歸天。霜松落□，玉樹埋泉。德鑒稽牖，賢清孟室。户暗蘭儀，臺幽蕙質。晝月不曉，圖山習吉。庶金字而長存，與天壤而斯畢。

長安三年歲次癸卯五月辛卯朔六日景申

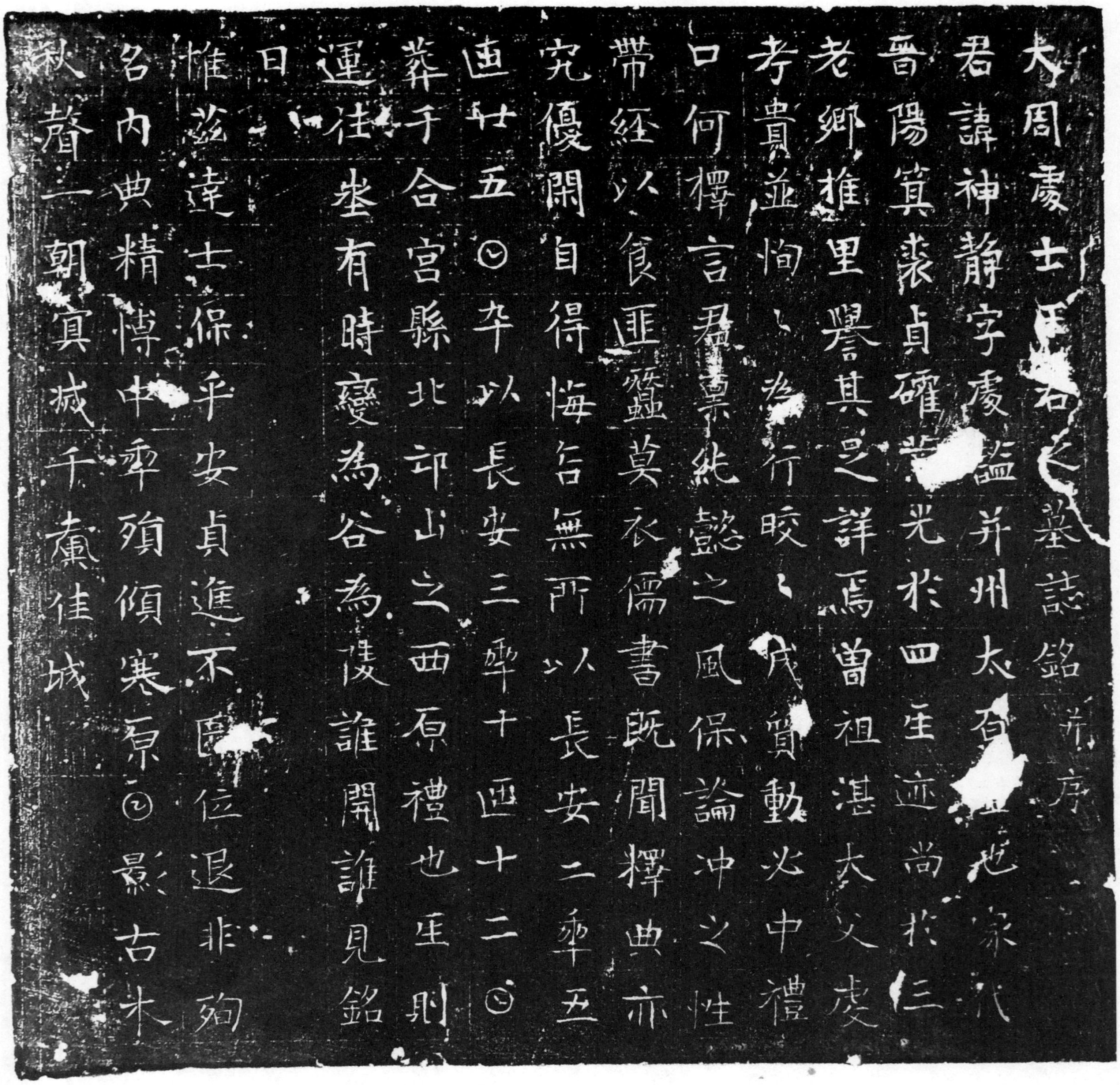

〇五八　大周處士王君（神靜）之墓誌銘

長安三年（七〇三）十月十二日葬。

誌文十五行，滿行十五字。正書。誌長、寬均三十八厘米。

大周處士王君之墓誌銘并序

君諱神静，字處謐，并州太原囚也。家代晉陽，箕裘貞確。囊光於四人，迹尚於三老。鄉推里譽，其足詳焉！曾祖湛，大父虔，考貴，并恂恂爲行，皎皎成質。動必中禮，口何擇言。君禀純懿之風，保論冲之性。帶經以食，匪蠶莫衣。儒書既聞，釋典亦究。優閑自得，悔咎無所。以長安二年五月廿五日卒，以長安三年十月十二日葬於合宫縣北邙山之西原，禮也。人則運往，地有時變。爲谷爲陵，誰開誰見。銘曰：

惟茲達士，保乎安貞。進不□位，退非殉名。内典精博，中年殞傾。寒原日影，古木秋聲。一朝冥滅，千載佳城。

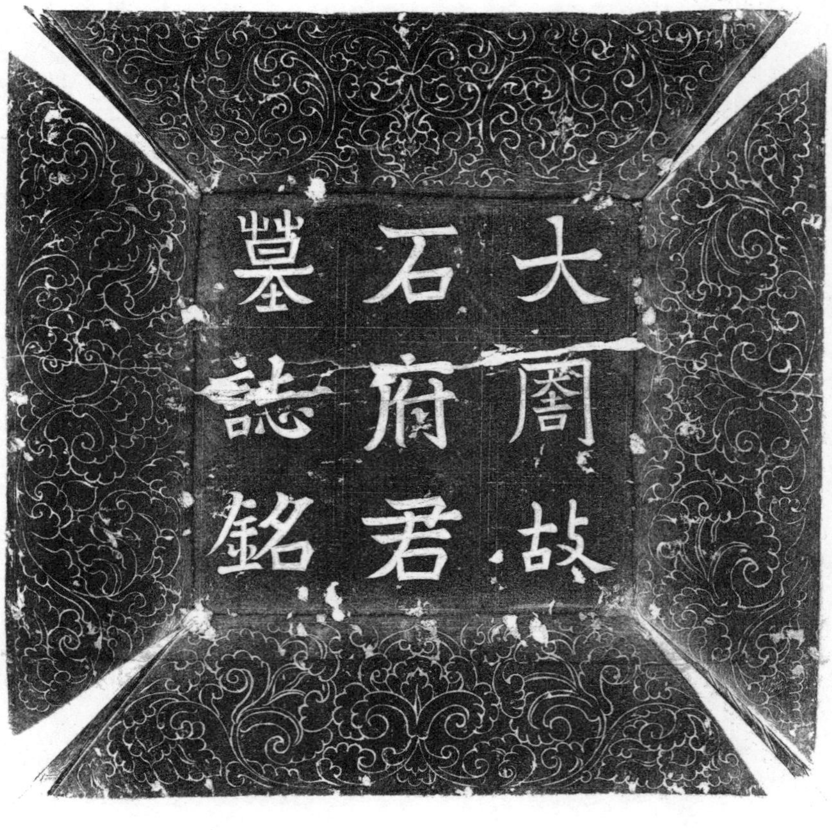
大周故
石府君
墓誌銘

○五九　大周故石府君（師）墓誌銘

長安三年（七〇三）十月十五日葬。
誌文二十二行，滿行二十三字。正書。誌長、寬均五十六厘米。
誌蓋正書：大周故石府君墓誌銘

大周故石府君墓誌銘并序

公諱師，字德禕，樂陵人也。因官徙焉，自河徂洛，卜居金谷□前；族茂餘芳，迹列銅駞之後。曾祖紹，隋徐州司馬。德高位下，聲振海沂。坐笑以之無爲，半刺申其器用。祖責，隋任許州襄城縣令。翔鸞集境，知百里之能仁；桑下馴翬，表三异之奇迹。父孝才，隋任伊闕縣丞。隋末亂離，生人塗炭，苟存於擾攘之代，厠迹於戎旅之間。屈志下寮，毗風邑宰。盤根知其利器，堆案表其仁明。公幼挺珪璋，長而奇嶷。目所近見，必著於懷；耳之遠聞，必誦於口。銀鈎獨浪，狀宛轉於迴鸞；垂露未舒，遊龍籍其軒翥。識膏蘭之已滅，戢身於木雁之間；知止足之盈虚，屈□於府寮之下。唐任蓬州參軍，轉任周陽府兵曹，又任善訓。□白居職，文武當官不墜；顯其芳猶，翁歸愧其技用。兩楹負□，二豎生灾。豈謂積善無徵，俄從物化。春秋七十有二，以如意元年六月廿二日終於善訓府之廨。嗣子楚珪，痛切心靈，悲纏罔髓。夫人向，河内人也。幽蘭植性，柔順居懷。四德幼聞，百行兼著。年六十三，以長壽二年五月十二日終於私第。以長安三年十月十五日合葬於萬公山之陽原，禮也。恐陵谷遷貿，山川易途。勒兹不朽，以紀芳猶。其詞曰：

惟祖惟父，代振英聲。列職清白，動合物情，其一。萬石周慎，百里來歸。奇芳盛列，没有餘輝，其二。夫貴妻尊，德隆閨幄。籍甚二門，貞規遠邈，其三。靈轜已戒，飛旐晨揚。悲□弃秫，行路悽傷。

長安三年歲次癸卯十月己未朔十五日癸酉

唐故朝
散大夫
行曹州
濟陰縣
令裴君
誌

〇六〇 唐故朝散大夫行曹州濟陰縣令裴府君（敬道）墓誌銘

長安三年（七〇三）十月十五日葬。

誌文三十三行，滿行三十二字。正書。誌長、寬均七十厘米。宋璟撰。

誌蓋篆書：唐故朝散大夫行曹州濟陰縣令裴君誌

唐故朝散大夫行曹州濟陰縣令裴府君墓誌銘并序

天官員外郎廣平宋璟撰

公諱敬道，字敬道，河東聞喜人也。伯益顓頊之孫，非子秦皇之祖。分封食菜，或胙土以居郌；改邑從衣，爰正名而建氏。在晋魏而尤顯，歷齊陳而轉盛。簪裾聚族，世號良家；忠孝隨時，門多君子。曾祖纂，西魏晋州刺史，又除本屬絳州刺史。入周宇文朝，授太載、淅州諸軍事、淅州刺史、敷西郡開國公，宏材逸氣，輝映當朝。祖秀，隋雍州廣陽縣令、濛陽弘農二郡丞，雅量崇標，抑揚前烈。父則，唐監察御史、雍州司倉參軍、朝散大夫、行雍州始平縣令。憲局雄要，皇州殷劇。峻節整而閣署清，英規陳而郡邑理。霜臺彈射之府，必嗣良弓；陸海珍异之區，當生美玉。公膏腴籍地，川嶽資靈。岐嶷有成，鋒芒無敵。周旋動静，萬里懸同於古人；廣博精微，三冬自足於時用。學優材備，振羽飛聲。以貞觀八年應詔舉，對策高第，授承務郎，選授綿州參軍。尋又應 詔，復登甲科，授魏王府參軍。釁發恒中，百鍊益剛。卿事來參，再揚休命。王門入仕，特奉明恩。屬府廢，授棣州司法參軍。齊人多詐，獄官難適，利器所臨，盤根自解。丁始平府君憂去職，七日絶漿，幾乎滅性；三年泣血，俯以從期。服闋，授左領軍倉曹參軍，轉豫州新息縣令。思慮不稽，佳兵由其足食；神明可畏，黠吏於是歸農。虎旅自嚴，牛刀方鋭。丁太夫人憂去職，哀逾竭氣，毀殆傷生。因心而苦梟不離，廹禮而槐檀遽改。服闋，授利州岐坪縣令，歷定州安平、潞州屯留等縣令，所在必化，於今見稱。轉冀州武邑縣令，惠愛所感，禎祥畢至。豈唯狎雉迎車，更有儀鳳降邑。朝聽充溢， 勑書褒异。轉曹州濟陰縣令，尋加朝散大夫。八徙一進，僅登朱紱之榮；三傾五城，終屈銅章之位。賢哉不達，命也如何。以垂拱四年八月廿九日終於濟陰縣，時年七十七。輟杵罷歌，禮行於鄉黨；執紼操誄，義動於賓朋。以大周長安三年歲次癸卯十月己未朔十五日癸酉葬於洛陽萬安山之原，禮也。夫人滎陽鄭氏，温如琬琰，馥若荃蓀。賢明乃曠古少雙，門閥爲當今第一。配德斯允，宜家有融。自龍影偏沉，鸞光獨吊。恒結未亡之恨，預定終焉之儀。鄙公旦之非古，嘉女英之不合。深譏共穴，屢有微言。别起孤墳，終從理命。以證聖元年三月廿九日終，先葬於此原之右，去大塋有數步，蓋從古也。嗣子友直，見任文昌右司員外郎。性極曾閔，行高丁郭。年深積哀，秩顯增慕。惟家不造，方痛於終天；卜宅祈安，冀申於負土。銘曰：

德水一曲，仙巖萬重。山河肸蠁，冠冕從容。在魏在晋，爲光爲龍。重規叠矩，繼武連蹤。夫君迺襲，具美攸鍾。一枝芬桂，千丈喬松。謁帝高舉，參卿以庸。决曹振穎，領衛馳鋒。大宫大邑，惟茂惟恭。豫州畿甸，蜀路岷邛。常山勝境，潞國崇墉。冀中列郡，曹南要衝。仁風所歷，弊俗其雍。屢徙不進，多材未逢。行歸北斗，可嘆西舂。不孤其德，有配惟禯。組紃爲務，蘋蘩是供。皁螽趯趯，鳴鳳噰噰。遽悲隻劍，終摧半峰。龍門舊兆，馬鬣新封。黛柏分蒔，蒼梧不□。幽山寂寂，逝水溶溶。日來月往，烟荒霧濃。獨有貞石，聯徽景鐘。

○六一　大周洛州陸渾縣故清河張府君（剛）誌銘

長安三年（七○三）十二月三十日卒。

誌文二十六行，滿行二十五字。正書。誌長、寬均四十五厘米。

墓誌原石藏山東桓臺拿雲美術博物館。

大周洛州陸渾縣故清河張府君誌銘并序

君諱剛，字智習，清河人也。其先奮杰標奇，光帝師於漢室；弘文博物，盛王業於晉朝。所以列峙逾高，派流彌遠，紛綸郁馥，難得詳焉。屬以隋季分崩，人流失業。大唐啓運，率土乂安。禮樂被於寰瀛，仁風扇於區宇。公雖逢道泰，而幼喪所天，正當懷橘之年，翻遭茹毒之痛。孝乎惟孝，洞徹乎明神；毀之又毀，恐傷於滅性。於是抑而從禮，偷存朝夕。去喪之後，恒帶慼容。慎終追遠，備於公矣。偏孤事母，常以孝聞。無虧侍膳之心，不闕問安之禮。嗟乎！風枝不静，隙駟難停。未窮至孝之心，俄遭厚地之陷。四支分裂，五内崩摧。永慕長號，悲纏骨髓。入林則笋抽冬節，臨池則魚躍冰鱗。至誠感神，信有徵矣。公年逾耳順，齊體又亡。星珠則婺女滅輝，月鏡則恒娥落彩。繐帷雖徹，高堂半空。子率孝心，情求繼母；父存義行，不願後婚。一門之中，孝義雙立。公又翥想祇園，虔心净域。迴見生之資物，求未來之因果。所娉之直，略計百千。鑄像寫經，應時而就。公之念誦，不捨晨昏。口讀手繩，無時暫倦。悲哉！求仙東海，不遇三山；念想西方，遂逢千佛。弃筏而登彼岸，捨生而渡愛河。律逐年窮，人隨歲盡。以長安三年十二月卅日卒於私第，春秋七十有五。即以[一]於北邙之平原，禮也。南瞻瀍洛，洗滌妖氛；北枕邙山，吐吸雲霧。卜兹勝地，宅兆惟良。嗣子濟、嫡孫景咸受遺言，同首屬纊。號天擗地，皆有隨殞之心；絶而復蘇，無復生涯之意。以爲桑田變易，陵谷遷移。遂紀芳猷，鐫於翠琰。其銘曰：

赫赫炎漢，我祖爲師。巍巍大晉，我祖輔之。有典有則，知微知機。逮乎齊宋，爰及周隋。衣冠遞襲，蟬冕相輝。其一。

天生逸氣，挺秀於公。志求恬寂，不離塵蒙。以玄爲上，以道爲宗。心遊物外，身處寰中。識非爲是，知有□□。閲川易往，石火難留。一辭人事，千載長休。四時迴復，六氣環周。陵移谷徙，倏變沉浮。銘於翠琰，永播芳猷。其二。

[一] 此處空十六字未刻。

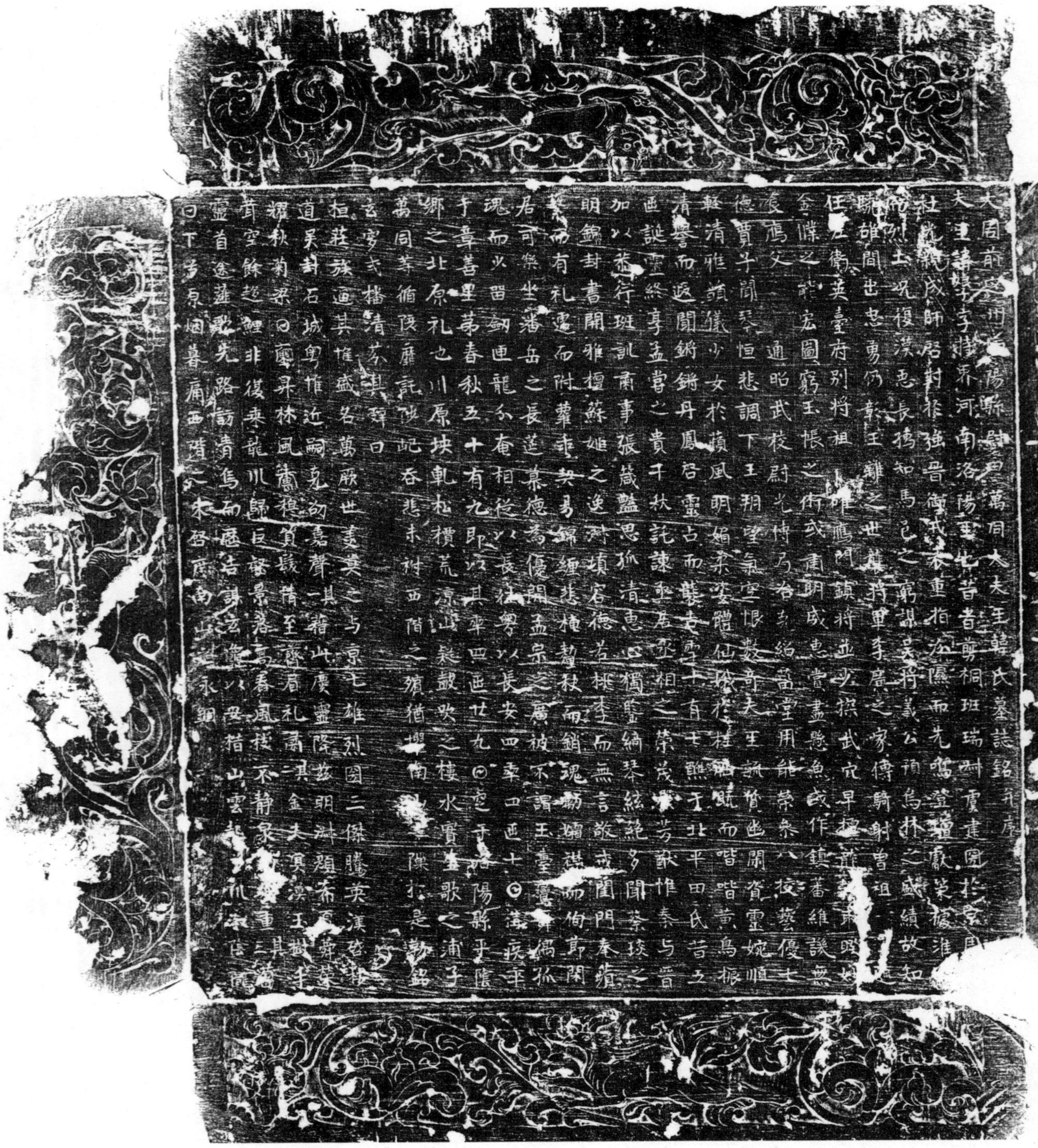

○六二　大周前定州恒陽縣尉田萬同太夫人韓氏（娘子）墓誌銘

長安四年（七〇四）四月二十九日葬。

誌文二十七行，滿行二十七字。正書。誌長、寬均五十三厘米。

誌蓋篆書：大周故韓夫人墓誌銘

大周故
韓夫人
墓誌銘

大周前定州恒陽縣尉田萬同太夫人韓氏墓誌銘并序

夫人諱娘子，字持界，河南洛陽人也。昔者剪桐班瑞，叔虞建國於宗周；□社光親，成師啓封於强晉。御戎表重，指汾隰而先鳴；登壇獻策，據淮□而烈土。況復漢臣長孺，知馬邑之窮謀；吴將義公，預烏林之盛績。故知驍雄間出，忠勇仍彰，王離之世襲將軍，李廣之家傳騎射。曾祖　　[一]，隋任左衛英臺府别將。祖　確，雁門鎮將。并少探武穴，早擅龍韜，取睽妙金僕之能，宏圖窮玉帳之術。或肅明威惠，賞盡懸魚；或作鎮蕃維，譏無食雁。父　通，昭武校尉。光傳弓冶，克紹菑堂，用能榮參八校，藝優七德。賈子聞琴，恒悲調下；王朔望氣，空恨數奇。夫人毓質幽閑，資靈婉順。輕清雅韻，儀少女於蘋風；明娟柔姿，體仙娥於桂□。既而喈喈黄鳥，振清響而遐聞；鏘鏘丹鳳，啓靈占而襲吉。年十有七，醮於北平田氏。昔五月誕靈，終享孟嘗之貴；千秋托諫，亟居丞相之榮。茂族芳猷，惟秦與晉。加以恭行班訓，肅事張箴，艷思孤清，惠心獨鑒。綺琴弦絶，多聞蔡琰之明；錦封書開，雅擅蘇姬之逸。淑慎容德，若桃李而無言；敬戒閨門，奉蘋蘩而有禮。遽而附蘿乖契，易錦纏悲，掩鼇柍而銷魂，勵孀襟而侚節。閑居可樂，坐潘岳之長筵；慕德爲優，開孟宗之廣被。不謂玉臺鸞舞，偶孤魂而少留；劍匣龍分，奄相從以長往。粤以長安四年四月十日構疾卒於章善里第，春秋五十有九。即以其年四月廿九日窆於洛陽縣平陰鄉之北原，禮也。川原坱軋，松檟荒凉，山疑鼓吹之樓，水實笙歌之浦。子萬同等循陔靡托，陟屺吞悲，未袝西階之殯，猶懼南山之隙。於是勒銘玄穸，式播清芬。其辭曰：

桓莊族逼，其惟盛名。萬厥世美，莫之與京。七雄烈國，三杰騰英。漢啓樓道，吴封石城。粤惟近嗣，克劭嘉聲。其一。藉此慶靈，降茲明淑。顔希夏蕣，榮耀秋菊。梁日初昇，林風載穆。貿髪情至，齊眉禮肅。其二。金夫冥漠，玉樹手茸。空餘趨鯉，非復乘龍。川歸巨壑，景落高舂。風枝不静，泉□□重。其三。蒭靈首途，薤歌先路。訪青烏而歷吉，謀玄龜以安措。山雲起兮川淑陰，隴日下兮原烟暮。痛西階之未啓，庶南山之永錮。

[一] 此處空二格未刻字。

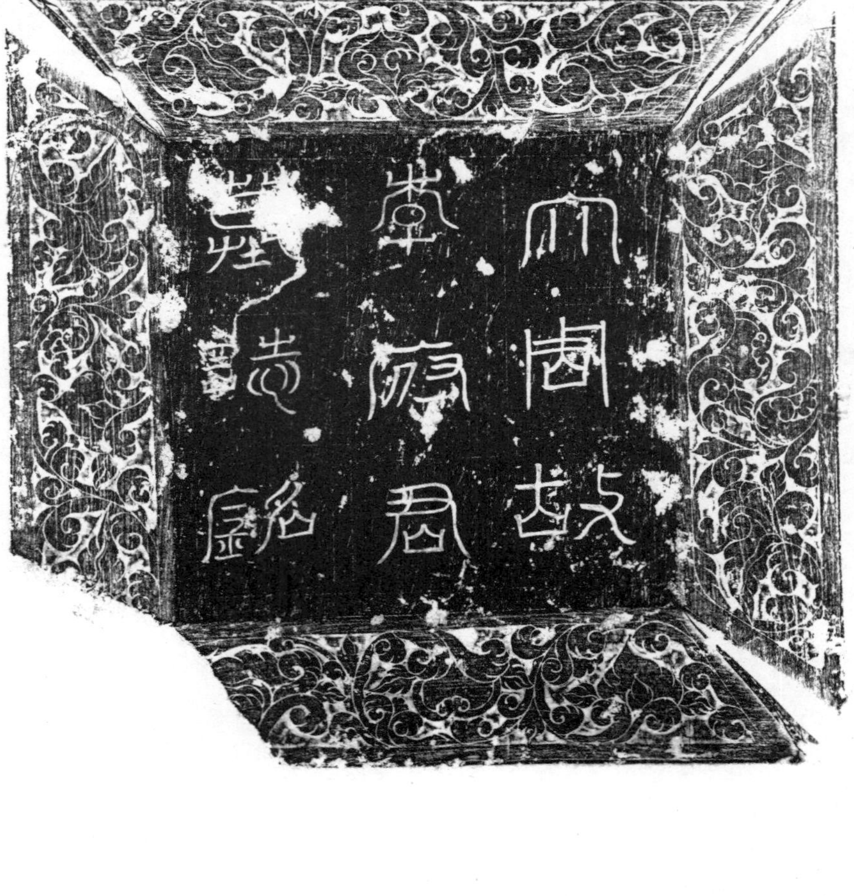
大周故
李府君
墓誌銘

○六三　大周故宋州虞城縣令護軍公士隴西李府君（思節）墓誌銘

長安四年（七〇四）十一月二十四日葬。

誌文二十五行，滿行二十四字。正書。誌長、寬均四十五厘米。

誌蓋篆書：大周故李府君墓誌銘

大周故宋州虞城縣令護軍公士隴西李府君墓誌銘并序

公諱思節，隴西狄道人也。夫曾構雲平，長源海闊。漢將軍之勇决，壯氣冠時；周柱史之清虚，玄風被物。至若丘墟事業，據凉土之英藩；磊硌庭衢，壓隴關之峻坂。稽在今之雅望，地即難逾；考自遠之名宗，我仍高視。曾祖伏陁，齊龍驤將軍。祖仲恭，隋本州大中正。挺奇才而演筭，謀合韜鈐；緝美政而提綱，譽流桑梓。父玄則，唐雍州醴泉縣令。名優近縣，顧銅墨而生光；慶洽前庭，撫芝蘭而有慰。公則醴泉府君第二子也。泉量幽深，野情疏朗。江湖嘯咏，輕俗累而多虞；州縣頻繁，迫時須而不暇。解褐商州參軍、湖州安吉縣尉、邢州柏仁縣尉、并州太谷縣主簿、鼎州醴泉縣丞、宋州虞城縣令。發揮毗贊，化動閭閻。簡易宣揚，風行邑里。惟才是屬，方擢位於三臺；與善無徵，奄淪名於九地。嗚呼哀哉！以長安四年甲辰三月四日遘疾，終於虞城縣官舍，春秋七十有六。其年十一月癸未朔廿四日丙午還殯於洛州偃師縣東官道北鳳亭原，禮也！夫人范陽盧氏，高門隱地，胄緒彰儒貴之餘；嫡室崇天，笄年囬囨鳴之偶。增暉雅道，將百兩而同遊；溘盡生涯，與雌雄而共没。□年月日祔殯於虞城府君之室。馬嘶無及，徒仰新塋；龜兆未從，且安權寢。亳城斜枕，遠近山川；鞏樹前臨，因來烟霧。懷珠重價，靡歇聲塵。刻石端詞，以光徽烈云爾：

建社疏祊，開凉輔魏。珪璋遞發，簪紱殊貴。我積宏圖，地餘英氣。仕之欽仁，君之稱謂。其一。雅情寥亮，幽旨風暢。逸藻紛綸，高才日新。貳邦尤最，導物逾淳。未昇臺輔，俄休哲人。其二。范陽族美，成紀姻切。兆即鳳諧，匣思龍結。緬惟晝晛，深固筠節。遽枉聯衾，匓淪共穴。其三。昔年池臺，今聚塵埃。奠桂徒爾，遊蒿詎迴。亳城烟積，鞏樹風來。太息泉户，如何不開。其四。

〇六四　大周故中大夫行苑總監上柱國南陽縣開國男樊府君（恭）之墓誌銘

武周時期葬。

誌文二十八行，滿行二十八字。正書。誌長、寬均五十一厘米。

大周故中大夫行苑總監上柱國南陽縣開國男樊府君之墓誌銘并序

夫黃河清而聖人生，群龍見而聖人用。故帝軒陟位，七輔弘風俗之規；后唐應籙，四岳掌春秋之事。若作酒醴，爾惟麴蘖。君臣道合，其在兹乎！引而申之，其樊府君見之矣。君諱恭，字玄則，南陽西鄂人也。自中丘誕德，封樊開命氏之基；懸象降精，翼漢啓□家之祚。十八代祖重，漢光武之元舅也。居於南陽湖陽縣。十二代祖翊，啓别業於西鄂，故君爲南陽西鄂人焉。曾祖德，周四山王、三鵶大酋長。州閭欽伏，遠近推謝。魁梧白水之前，豪右紫山之曲。祖静，夙尚清曠，早敦泉石。雅愛琴酒，博覽丘墳。隋太學生，不就舉而歸第，得授□□□右武衛將軍守武□城。屬隋亡道鏡，唐建義旗。知神祇之輔德，抗章表而歸化。遥授淯州泗水縣令。光生畫錦，譽闡鳴弦。時苗謝留犢之清，魯仲媿將雛之狎。君必生斯應，餘慶所鍾。稟河嶽之純精，發虹霓之爽氣。鳳毛五色，驥足千里。事惟敏，行惟篤，務於忠，盡於國。□□殷璉之器，秋竹寒松之潔。時屬白門尚梗，朱旗有問。從將軍楊胄□□□域以殊功。别 敕授宣德郎、行京舊宅監丞。君稟性聰察，遊心機□，□□遺筭，動合成規。奉□□□□□，克期而就。東西徑復，上會天□。□□□凉，□諧時序。俄丁父艱，起服授東都苑東面監，造上陽、望春、黃女[一]、□□、冷泉[二]、青城、山池等宮。秩滿， 天子以君恭勤著稱，營構□宜，重□□□令造金闕宮一所。考滿，丁母憂。有 敕曰：志力强果，幹藝優洽。纍居□□，績用可稱。遷掌戎麾，名實斯允。起服授昭武校尉、左領軍衛普濟府左果毅都尉，仍令長上。忠孝不并弃，苦葅而就命。宮闕□資，綿歲月而陳力。於九城宮緝叢莊宮九乾門造白蓮花、栖鸞等亭□。農尚及時，田嘉匪懈。 天子以君恪勤有素，敬授無虧。東都令替司農卿韋機，西京又替殿中丞裴匪舒檢校營田事，并繕理重光、洛城、□桂、萬全等宮，遷游擊將軍。忽屬黃離失道，青宮構逆。危機密發，正法時行。再三推勘，罕能歸實。 天子以君洞曉法理，深識事權。蹔令按察，備詳根本。擢授寧遠將軍，賜馬兩匹。永淳之歲，將封中嶽。君於嶽下造奉天宮成之，不日遷右驍衛□□、檢校京總監。乃屬 高宗晏駕，橋山即禮。君進悼成疾，攀望如疑。□□遺□，賜爵南陽縣開國男，食邑三百户。尋沐嗣聖， 恩遷明威將軍□□⧄[三]。

[一]『黃』字殘存一半，據《河南志》，此處當爲黃女宮。

[二]據《河南志》，此處當爲冷泉宮。

[三]誌文内容不全，後半部分未見。

〇六五　唐故招武校尉徐君（師）墓誌銘

神龍元年（七〇五）二月十日葬。

誌文十七行，滿行十八字。正書。誌長、寬均四十五厘米。

唐故招武校尉徐君墓誌銘并序

君諱師，陳留人也。周文王之遠系，渤海公之靈苗。史傳詳焉，可略言矣。祖珪，隋滄州刺史。父願，隋支江令。并警清風於一坐，懸明月於十城。桑雉著其謳謠，囫馬存其忠信。君稟氣神生，資靈天縱。抑揚里閈，慷慨鄉閭。屈雄劍於龍泉，栖枳棘之卑秩。豈圖中宵墜羽，旭旦收光。以神龍元年正月四日終於家。嗚呼哀哉！悲感行路，悼深氓俗。豈只舂人罷相，桑女停機而已哉。粤以其年二月十日遵奉遺言與夫人崔氏合葬畢圭鄉之原，禮也。爾其山河四望，邑居千里，王子吹笙之浦，周公卜宅之郊。嗣子等陟岵銜酸，捧楹增泣。恐桑生鼇海，迷歲月於麻姑；灰孕鯨池，因炎涼於方朔。方刊翠石，用作銘云：

忽悠造化，寂寂玄扃。天馳鶴板，地啓神銘。薤露□白，松烟帶青。長標鳳藻，永播牛亭。其一。

神龍元年歲次癸巳二月辛亥朔十日庚申

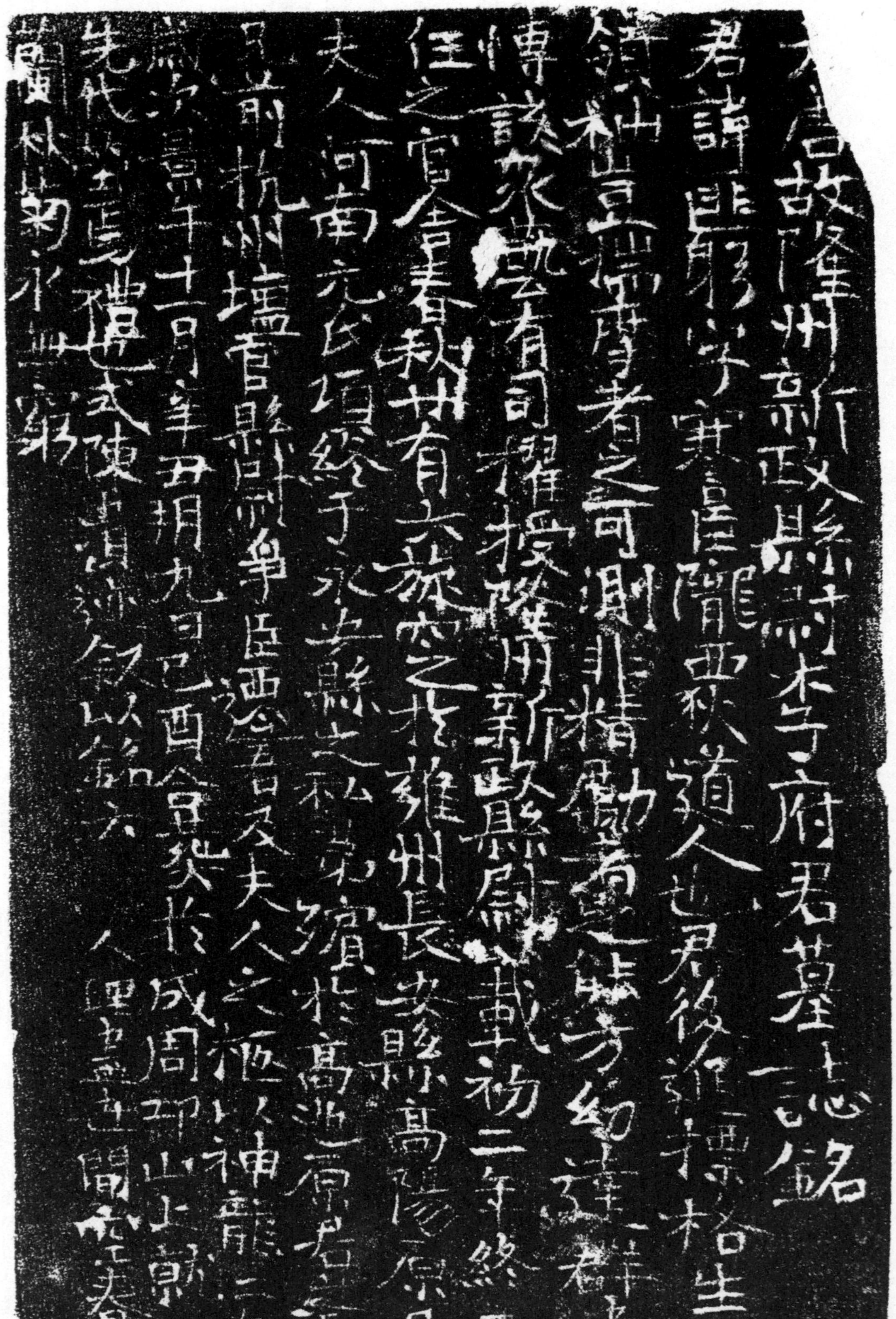

○六六　大唐故隆州新政縣尉李府君（匪躬）墓誌銘

神龍二年（七○六）十一月九日葬。

誌文十行，滿行字數不等。正書。誌高二十二厘米、寬十三點五厘米。

因唐故隆州新政縣尉李府君墓誌銘

君諱匪躬，字謇臣，隴西狄道人也。君後進標格，生知領袖，豈揣摩者之可測，非精勵者之能方。幼達群書，博該衆藝。有司擢授隆州新政縣尉。以載初二年終於任之官舍，春秋廿有六。旋窆於雍州長安縣高陽原。君夫人河南元氏頃終於永安縣之私第，殯於高池原。君之長兄，前杭州鹽官縣尉争臣遷君及夫人之柩，以神龍二年歲次景午十一月辛丑朔九日己酉合葬於成周邙山上，就先代塋焉，禮也。式陳遺迹，叙以銘云：

人理盡，世間空，春蘭秋菊永無窮。

唐故蘇州刺史上柱國盧江何公墓誌并序　起居舍人張庭珪撰

○六七　唐故蘇州刺史上柱國盧江何公（彥則）墓誌

景龍三年（七〇九）八月十八日葬。

誌文二十五行，滿行二十五字。正書。誌長七十一厘米、寬七十厘米。

張庭珪撰。

唐故蘇州刺史上柱國廬江何公墓誌并序

起居舍人張庭珪撰

公諱彦則，字元憲，廬江灊人，晉徵君准之十代孫。始則桐葉建封，中則金策貽慶。衣冠人表，邁德彌光，江山地靈，弈代增助矣。曾祖景，陳廬江郡主簿、秘書郎，隋濟南郡通守。祖達，隋青州别駕。父武，唐婺州永康縣丞，皇運中興，贈代州都督府長史。并宣慈敦懿，明允静恭。公風格秀整，履植端愨。弱冠，鄉舉秀才，解褐宋州宋城縣主簿，遷洛州王屋縣尉。未幾，丁憂去職，居喪以孝聞。服闋，遷左臺監察御史，轉右臺殿中侍御史。尋加朝散大夫、行右臺殿中侍御史，充隴右道諸軍州營田使。耕戰是宜，匪徒省騎，飛輓用息，實在安人。聖曆三年，除文昌屯田郎中，兼右肅政臺御史中丞。長安二年，檢校鄯州都督，仍攝右肅政臺御史中丞，充河源軍大使。望雄專席，寄重分符，霜氣肅於南臺，風聲震於西域。邦家是賴，郊境以寧。三年，入拜太子左清道率。警衛之嚴，式遏巫蠱；調護之妙，克成羽翼。天子方思共理，四年，除定州刺史，尋轉恒州刺史。神龍二年，遷蘇州刺史。政歸仁厚，萌謠簡惠，撤屏有以豁然，隨車見其通感。景龍元年十一月二日薨於東都觀德里第，春秋六十六。惟公六徵作官，九思陳德。明不可蔽，無察察之咎；智不可謀，無佯佯之志。夫如此，故可以爲大臣矣。嗚呼！位莫登於上相，年纔止於中壽，貽厥無續，泯然而亡。哀哉！以景龍三年歲集己酉八月乙酉十八日壬寅遷厝於洛州偃師縣首陽原，禮也。侄右臺監察御史鸞等，痛諸父之莫追，竭猶子之永慕。式銘翠石，用紀黄壤。其詞曰：

河山之靈，邦家之寶。禮樂在躬，墳籍是討。憲府生風，禮闈振藻。耿恭西牧，充國留屯。用給邊蓄，載清河源。外臺俟理，出　守推恩。才充位屈，身殁名存。寔賴猶子，克窆周原。青史永播，翠石莫言。

〇六八　唐故宣州司户參軍竇府君（九畣）墓誌銘

景龍三年（七〇九）十月二十六日葬。

誌文二十九行，滿行二十九字。正書。誌長、寬均五十五厘米。

劉常名撰。

誌蓋篆書：大唐故竇府君墓誌銘

唐故宣州司户參軍竇府君墓誌銘并序

通直郎行洛州新安縣丞劉常名撰

君諱九脊，字玄靈，扶風平陵人也。慶源濬發，演昌派於河□；靈柯森茂，藹芳蹊於穠李。是知大横啓繇，聿崇章武之封；司空錫社，式建比陽之第。鬱爲鍾鼎之門，載穆親賢之地。曾祖隋蔡州刺史、上柱國、廣武公嶷。嶷生　皇朝御史中丞、鴻臚光禄太常卿肅。肅生播州刺史德宗。并恩由戚進，位以材昇。剖竹則化偃兩邦，列棘則榮乎四至，陶甄物經緯時倫。[一]君即播州之第二子也。積善餘慶，含章挺生。苕發穎豎，芳名起於佩韘；樸玉渾金，美價彰於成器。總章年以門閥任雍王府執乘，秩滿授定州望都縣丞。弼政一同，載演弦歌之化；匡風千里，寔惟綱紀之司。神功元年，調補郴州録事參軍，又轉宣州司户。選舉拜舉，銓管因其揚歷；辭曹總曹，藩條以之緊賴。由槎致漢，積簣成山。未階漸陸之資，遽奄閲川之痛。以神龍元年七月十二日遘疾終於宣州之館舍，春秋五十八。惟君誕禎秀氣，稟粹賢雲。代襲勛庸，服温恭爲軒冕；行符貞素，緝禮義爲藩籬。罕趨名利之域，熟慕縶維之軌。學以從政，匪擇木而栖；道在斯行，固乘流則逝。居忘寵辱，志寧沮於徒勞；迹羈流伍，時共推其遠大。詎以門風傲物，每重林月延賞。令問令望，如珪如璋。悲夫！栝柏宏材，不施於廣厦；騏騮逸足，徒倦於長鳴。允所謂位下材高，途窮道泰而已。夫人隴西李氏，　皇朝淮安王之孫，越州都[二]之女也。承華玉邸，漸潤銀潢。若木分輝，影十枝而連理；幽蘭吐馥，滋九畹而芬芳。粉澤言容，組紃箴誡。粤自金榜，嬪於鼎族。方歡主饋，遽軫頹墉。晝哭繐帷，越三江而掩泗；夜還玄壑，遂一代而同歸。嗚呼！鵷琴昔契，初叶鳳鳴之兆；雄劍先飛，終合龍泉之穴。以景龍元年四月十二日終於揚子之靈右，春秋卌六。路次神櫕，室無遺胤。雙旐翩兮孤舟邁，秋風思兮薤露悲。粤以景龍三年十月廿六日合葬於龍門原之先塋，禮也。追想在原之念，彌哽陟崗之泣。嘆乾道之無知，怨天倫之有喪。圖芳貞礎，庶紀幽扃。其銘曰：

伯道嗣絶，仲弓位卑。命兮所舛，天亦無知。咨此明哲，胡其踵斯。高梁克構，弱冠稱奇。昂昂野鶴，婉婉長離。宦不從巧，居必申規。所如不合，浮景先馳。相彼閨秀，載茂扶枝。□□甫酷，過隙遄移。嗚呼兩旐，闃寂雙垂。原常有切，卜遠無虧。勒石泉户，爰昭令儀。

[一] 此處疑有闕字。

[二] 此處闕「督」字。據《唐刺史考全編》卷一四二《江南東道・越州》，越州都督當爲李孝逸。

大唐故雍州萬年縣丞盧府君墓誌銘并序

〇六九　大唐故雍州萬年縣丞盧府君（志安）墓誌銘

景龍三年（七〇九）十月二十六日葬。

誌文三十二行，滿行三十三字。正書。誌長、寬均六十八厘米。

盧朓撰。

大唐故雍州萬年縣丞盧府君墓誌銘并序

孫朝議郎□□□□□縣尉朓撰

公諱志安，字安國，范陽涿人也。漢册光才，姬圖濊德。白旂懸□，□□□□；絳帳服膺，禮之縟也。扶鄧之條柯歲茂，震離之鱗翰代豐。雖袁門吏浹於八圝，荀族孩視於萬姓。豈足仰塵戈鼎，傍齒簪裾者乎。曾祖道虔，後魏散騎常侍、七兵尚書，兼侍中、驃騎大將軍、本州刺史、臨淄縣開國伯，贈尚書右僕射、司空公，謚曰恭文。致主堯舜，憲躬元凱。武銜厥珠，文署其劍。刊縹緗而譽美，播絲筦而聲揚。祖昌衡，齊驃騎將軍、儀同三司、金州刺史、太子左庶子。優霍榮鄧之職，春華秋實之司。簡賢任能，唯難則哲。肇允斯舉，穆如清風。父寶素，隋鄜州內部縣令、晉州別駕。太丘毓德，大位莫躋；海沂興仁，高歌自越。公瓊峰叠秀，玉樹生陰。總角有虎檻之威，方齠稱象舟之智。年暨七歲，丁別駕府君憂。雖不杖爲容，而絶漿禀性。孺慕之至，暗合禮經。漢册登科，虞庠睹奥。入太學，明經擢第。解褐授左武衛鎧曹參軍。鈎陳寔董，蘭錡攸切；鴻漸而莅，豹蔚兹存。秩滿，調補太常寺協律郎。夫備之聲音，均以覆燾。和則風移而俗易，謬則政散而人流。依永成文，公會其職。俄遷相州鄴縣、鄭州滎澤兩縣令。甫臺雀之舊都，莅門豹之遺俗。子四其教，人三不欺。趨務農桑，寧伐塗樹；清夷獄犴，奚詢凋禽。牛馬久屬於羅君，蝗螟自逃於魯宰。俄除雍州萬年縣丞。驗以鄒言，誠爲赤縣；考諸辛記，諒曰黄圖。公静以遏繁，貞以禦劇。剸蟠根於割玉，杜宿訟於鈞金。翊贊京邦，實稱緊賴。巨川未濟，釁兆於遷舟；爲山幾□，功淪於覆簣。以麟德元年八月九日遘疾終於雍州昇平里之私第，春秋五十有五，權厝於萬年縣之興壽原。嗚呼哀哉！惟公仁以孚物，學以爲己。不涉非聖之書，有輕爲童之賦。自澡纓入仕，製錦臨人。匪惟父母之恩，僉曰神明之化。公之去鄴縣也，聿有黄冠緇服、鴻儒碩生，共悺清猷，爰崇相質。轜下拜於先軌，遺墮泪於後塵。所謂克聞邦家，允迪濬喆者矣。而六安不樂，久負於君山；長岑位微，竟傷於亭伯。夫人隴西李氏，邛州刺史行師之長女也。彤弓朱茀之榮，象馬猶龍之胄。允釐正室，克導宜家。林下風來，容德如在；草間露盡，光陰若飛。子太子家令正言，業重良弓，才高美箭。章紱璁珩慶之復，文行忠信名之揚。槐柳催序，烏龜協吉。崇營丘之返葬，導防墓之祔儀。粤以景龍三年歲次己酉十月甲申朔廿六日己酉歸窆於洛州合宫縣伊汭鄉之原，禮也。北望紫虬之闕，東鄰白鶴之峰。寒風凄兮摇盡柳，苦霧黯兮薄蒼松。刻貞徽於玉石，紀盛德於音容。其詞曰：

列山之帝，寔著綿系。姜水之伯，諒稱遐弈，九垓挺仙，八座旌賢，介福繁祉，謀孫翼子。其一。司空堂堂，存没寵光。驃騎翼翼，靖恭厥職。軨部不空，別駕之功。錫鈎匪盛，佩刀慚慶。其二。惟水有芑，惟山有梓。誕生若人，輝庭耀鄰。行侔顔閔，德齊黄尹。盻悅儒筵，播耨情田。其三。賈彪最怒，桓榮稽古。仕惟學優，政乃聲遒。夜魚無矯，春翬有擾。不憖彼蒼，倏殲我良。其四。柏舟秉節，櫝櫬同穴。輀驥低昂，輓鐸哀凉。山有壚兮蒼蒼，野無色兮茫茫。沉翠琬於玄堂，與地久而天長。其五。

唐故安州都督女柳二娘墓誌銘并序
朝散大夫行大理寺丞崔慎先撰
娘子姓柳氏字二娘河東解人也祖行滿銀青光祿大
夫使持節饒州刺史父秀誠唐銀青光祿大夫金部郎
中羽林衛將軍楊州大都督府長史邢州刺史使持節
都督安隨沔郢四州諸軍事安州刺史上柱國河東郡
開國侯並杞梓宏材琳瑯重寶冠之庭廕已曽潤瀆輝
山施以棟梁則可凌雲陟日娘子資靈玉勝濯艷金波
映南國之無雙超北方而有獨香名嘖日孕秀畹之蘭
風蕊思吞霞日三春之柳雪黛鉛輕御初鄰冶容觚組
長絛先成淑德昕根閨人為代化鬼成都俄纏舞鶴之
悲不歸乘龍之慶以天授二年二月十八日終於婺州
之館舍春秋一十有七即以如意元年十一月十一日
旋殯於東都樂和里之私第之西院永遺愛也太夫人
清河崔氏莒國夫人追思鞠育眇悼精靈吏移湘浦之
魂言卜海陽之北以大唐景雲二年正月廿六日還葬
於萬安山南皇堰南之原尊府君之墳塋禮也長兄太
子內直監仲愛念殷同氣痛結如麇惜芳質於桃蹊紀
貞魂於蕙隴其詞曰　展翁遐裔光祿昌源華禯
桃李氣淑蘭蓀早違昭代永翳冥昏嘘欷移標嗚呼桂
鐏惟九原之可作冀千載之如存

○七○　唐故安州都督（柳秀誠）女柳二娘墓誌銘

景雲二年（七一一）正月二十六日葬。

誌文二十一行，滿行二十一字。正書。誌長、寬均四十二厘米。

崔慎先撰。

誌蓋篆書：大唐故柳二娘墓誌銘

唐故安州都督女柳二娘墓誌銘并序

朝散大夫行大理寺丞崔慎先撰

娘子姓柳氏，字二娘，河東解人也。祖行滿，銀青光禄大夫、使持節、饒州刺史。父秀誠，唐銀青光禄大夫、金部郎中、羽林衛將軍、揚州大都督府長史、邢州刺史、使持節、都督安隨沔郢四州諸軍事、安州刺史、上柱國、河東郡開國侯。并杞梓宏材，琳瑯重寶。置之庭廡，已曾潤瀆輝汕；施以棟梁，則可凌雲槩日。娘子資靈玉勝，濯艶金波。比南國之無雙，超北方而有獨。香名噴日，孕九畹之蘭風；藻思吞霞，目三春之柳雪。黛鉛輕御，初鄙冶容；紃組長修，先成淑德。所恨閲人爲代，化鬼成鄰。俄纏舞鶴之悲，不躡乘龍之慶。以天授二年二月十八日終於婺州之館舍，春秋一十有七。即以如意元年十一月十一日旋殯於東都樂和里之私第之西院，承遺愛也。太夫人清河崔氏，莒國夫人。追思鞠育，眇悼精靈。更移湘浦之魂，言卜海隅之兆。以大唐景雲二年正月廿六日遷葬於萬安山南皇堌南之原，尊府君之墳塋，禮也。長兄太子内直監仲愛，念殷同氣，痛結如縻。惜芳質於桃蹊，紀貞魂於蔗隴。其詞曰：

展禽遐裔，光禄昌源。華禯桃李，氣淑蘭蓀。早違昭代，永翳冥昏。嘘欷梅摽，嗚呼桂閫。惟九原之可作，冀千載之如存。

○七一　大唐故鹽州刺史王公（達）墓誌銘

景雲二年（七一一）二月二十七日葬。

誌文三十一行，滿行三十一字。隸書。誌長、寬均五十四厘米。

大唐故鹽州刺史王公墓誌銘并序

公諱達，字少仁，太原晋陽人也。軒丘啓族，靈苗十四；高陽獲姓，才子二八。周儲因氏而赫弈，秦將多功而蓋代。人物繼軌，澤袒譽緝於邦家；雅望連鑣，承坦風高於海縣。曾祖松年，後魏御史中丞。祖邵，隋秘書監。父洪，隋青州長史、杞洧二州刺史。并才韞巖廊，器標瑚璉，儀形百揆，準的一時。或珥筆憲臺，朝廷側目；或脩文延閣，典籍生輝。露冕而清化大行，題輿而康歌溢境。公嵩華頽祉，純懿降精，含光内融，稟秀外發。雄斷簡易，率裁窅然，博綜群能，學窮衆藝。爰在齠丱，藉甚公卿。楊素愛之，目云驥騄。大業末，起家授左千牛。 皇運開引，爲秦府東閤祭酒，尋拜杭錢唐縣令。歲餘，以文無害，加朝散大夫，纍遷驃騎大將軍、左驍衛頻陽府統軍。貞觀二年，除使持節、鹽州諸軍事、鹽州刺史、靈武軍經略副使。彤襜案部，北鄙肅其仁明；白羽參機，西入收其妙算。江潭遺惠，寧減鄧攸之績；塞垣罷虞，還推李牧之守。五年冬，坐逗留不進，免所居任。退歸別業，無愠晏如。久在長安，竟以淪滯。嗟乎危城向狀，即墨之反間旋聞；壯節未申，中山之謗書俄及。東陽被廢，徒吟顔遠之詩；南芊招嫌，更草屈平之賦。倚庭槐而太息，攀柳楥而增懷，雖存大樹之名，永折小平之劍。垂拱中，公之嫡子德，時任延安丞。慈訓所鍾，孝養既豐於甘脆；板輿利往，嬰戲不闕於衡闈。而止鵂挺妖，巢鵀告祲，輔仁罕驗，遘瘵彌篤。以永昌元年正月十二日薨於縣之廨第，春秋九十有三。嗚呼哀哉！公操履儉約，飭躬貞素，委化之際，薄葬爲言，迫以屢空，比猶權殯。夫人汝南周氏，秦州司馬愔之孫，廣州長史榮之女。蕣華翻彩，蘭英幽馥，窈窕好逑，言刈翹楚。夭桃麗藻，既百兩而於歸；穠李柔閑，亦三從而作配。齊眉展敬，道合孟光；便面流恩，事符張敞。不幸早世，遽痛緘魂，馳隙駟於扶桑，馭宵蟾而落桂。以永淳二年正月十八日終於安興里之私第，春秋六十有二。嗚呼哀哉！元孫警，季孫説等，遭家不造，想風樹而崩心；陟岵無依，聽寒泉而切骨。謀翼之規幼奉，誂蟄之序夙沾。欽若姬文之制，恭惟孔宣之旨。乃稽疑白鶴，蠲吉青烏。再闢牛崗，仰滕銘之故實；疏封馬鬣，酌蘇鬼之前猷。粤以景雲二年歲次辛亥二月景子朔二十七日壬寅，自咸京而東遷，祔於河南之邙山，禮也。夫陵谷潛貿，杜預之相質難誣；舟壑負趨，莊周之寓詞爲愜。是用追芳墮泪，成志先塋，勒琬琰以申孤，冀乾坤而齊久。其銘曰：

楊溝引吹兮柳翣凝烟，松門萬古兮柏蓋千年。於嗟瘞玉兮結欷摧梁，如彼莫躬兮會兹干將。家喪明哲兮時虧貞順，星彩乘箕兮雲光委鬢，積善徒紀兮樹能安信。停驂顧慕嘶春甸，去駕逶紆指夜臺。楚挽哥虞凡幾曲，祖奠包牲遂不迴，丹旐悠悠兮人共思，梓凑冥冥兮誰復開。

凡九百一十二言

大唐故朝請郎行淄州司户參軍事張府君墓誌銘并序
君諱知禮字體正南陽西鄂人也漢侍中衡十七代孫也述
夫榮微降柔得姓於軒圖黃石吉祥列封於漢祖洎乎魏晉
降及周隨代引鍾鼎家傳忠孝燦乎簡冊光於典籍蔚為盛
族其在茲焉曾祖行周冠軍縣令累遷汝州刺史道高顏孔
政冠廉貫祖須隨開府儀同三司蜀王親信□開府長史累
遷齊郡通守河南道一十二州誅捕黜陟大使贈金紫光祿
大夫滎陽郡守惠浹一城榮高八使父元□　皇朝起家清
洲扶溝縣令累遷朝議大夫營瀘二州都督府長史檢校戎
州都督慎以四知存乎兩寶豈唯弃馬流譽實迩還珠緒詠
公台銓承家星辰降列孝友貞幹潛晳聰明清詞鬱於京華
茂德逾於冬日　皇朝大學生察孝廉擢第授恪州參
軍事不經考丁府君憂選授涇州鶡觚縣主簿屢沫河之津
勞州縣之職祛滿選授淄州司户參軍事冰壺腹探禹鏡屆
梁砥礪名行篤舊崇德停遷槐棘遙夢瓊瑤以
大唐□元元年十一月□疾終洛州夫人蜀州唐隆縣令□氏
季際女郎以　大唐景雲二年歲次辛亥二月景子朔
廿七日壬寅祔葬於先人之塋禮也第知心知玄荼痛極陽
崗□經同氣敢揚盛德遁作銘云
山川秀氣鬱為君子道窮周孔學該經史條甸馳聲臨淄揔
美皇天不吊哲人云萎紀盛德於貞石庶旌揚於蒿里

○七二　大唐故朝請郎行淄州司户參軍事張府君（知禮）墓誌銘

景雲二年（七一一）二月二十七日葬。

誌文二十一行，滿行二十三字。行書。誌長、寬均四十四厘米。

誌蓋正書：大唐故淄州司户南陽張府君墓誌之銘

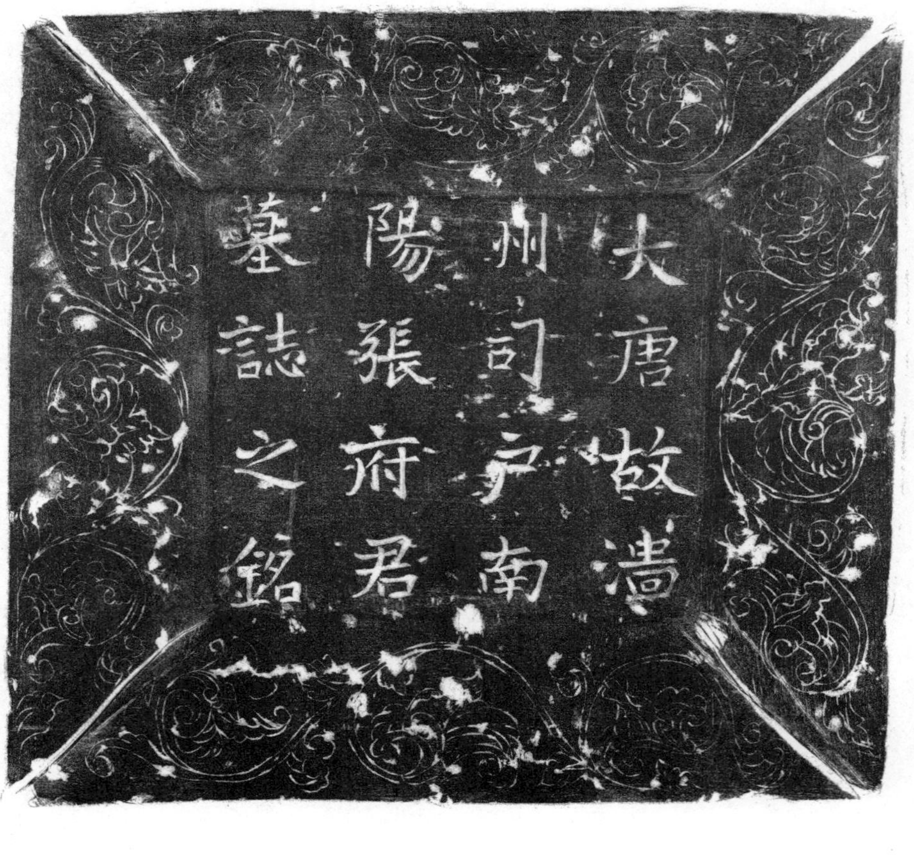
大唐故淄
州司户南
陽張府君
墓誌之銘

大唐故朝請郎行淄州司户參軍事張府君墓誌銘并序

君諱知禮，字體正，南陽西鄂人也。漢侍中衡十七代孫也。述夫紫微降彩，得姓於軒圖；黄石告祥，列封於漢祖。洎乎魏晋，降及周隋，代列鍾鼎，家傳忠孝。焕乎簡册，光於典籍，蔚爲盛族，其在兹焉。曾祖忻，周冠軍縣令，纍遷汝州刺史，道高顔孔，政冠廉賈。祖須[一]，隋開府儀同三司、蜀王親信二開府長史，纍遷齊郡通守、河南道一十二州討捕黜陟大使，贈金紫光禄大夫、滎陽郡守。惠浹二城，榮高八使。父元備，皇朝起家洧州扶溝縣令，纍遷朝議大夫、營瀘二州都督府長史、檢校戎州都督。慎以四知，存乎兩寳。豈唯弃馬流譽，實亦還珠結詗。公臺鉉承家，星辰降彩。孝友貞幹，濬哲聰明。清詞鬱於春華，茂德逾於冬日。皇朝太學生察孝廉擢第，授懷州參軍事。不經考，丁府君憂。選授涇州鶉觚縣主簿，屈洙泗之才，勞州縣之職。秩滿，選授淄州司户參軍事。冰壺履操，霜鏡居懷。砥礪名行，笙簧道德。伫遷槐棘，遽夢瓊瓌。以 大唐上元元年十一月寢疾終洛州。夫人蜀州唐隆縣令隴西李際女。即以 大唐景雲二年歲次辛亥二月景子朔廿七日壬寅祔葬於先人之塋，禮也。弟知止、知玄等痛極陟岵，悲纏同氣。敢揚盛德，迺作銘云：

山河秀氣，鬱爲君子。道冠周孔，學該經史。懷匌馳聲，臨淄播美。皇天不吊，哲人無萎。紀盛德於貞石，庶旌揚於蒿里。

[一] 此處漏刻『陁』字。

○七三　大唐故吏部常選騎都尉張府君（承敬）墓誌銘記

景雲二年（七一一）二月二十七日葬。

誌文二十一行，滿行二十二字。行書。誌長、寬均四十三厘米。

誌蓋正書：大唐故吏部常選南陽張府君墓誌之銘

大唐故吏
部常選南
陽張府君
墓誌之銘

大唐故吏部常選騎都尉張府君墓誌銘記

君諱承敬，字[一]，南陽西鄂人也。後漢侍中衡十八代孫也。後魏因官，家於閿鄉縣。曾祖須陁，隋開府儀同三司、蜀王府庫真都督、蜀王府司法行參軍事，遷蜀王親信二開府長史，加朝散大夫，行安州司馬、齊郡贊治、使持節、齊郡通守、河南道一十二州討捕黜陟大使，薨贈金紫光禄大夫、滎陽郡守，見《隋史》《實録》《誠節傳》。祖元備，　皇朝起家任洧州扶溝縣令、靈州鳴沙縣令、豳州司兵參軍。奉　制追宿衛，授左屯衛真化府長上左果毅都尉，遷營瀘二州都督府長史、檢校戎州都督。父知禮，太學生明經及第，授懷州參軍事、涇州鶉觚縣主簿、淄州司户參軍事。公即司户府君公之長子。公幼趨庭訓，久漸儒風。孝因温恭，仁惠聰敏。九思堅行，一志齊心。弱冠從軍行，運籌克捷。　恩制隨文武放選，仍授騎都尉。方獻忠庭闕，作範寰區。豈期不遇西香，俄歸東岱。以天授二年正月十六日寢疾於里第，春秋[二]。夫人荆王府典籤河南元大方之第二女。皇根帝緒，盛族隆家。令淑母儀，克脩貞孝。瓊瓌遽夢，薤露俄晞，即以　大唐景雲二年歲次辛亥二月景子朔廿七日壬寅合葬於虢州閿鄉縣桃林鄉遊龍崗之圜，禮也。子湛然、肅然，茹荼蓼而結痛，陟屺岵而無依。思勒貞石，而爲銘記。

[一] 此處空一格未刻字。
[二] 此處空二格未刻字。

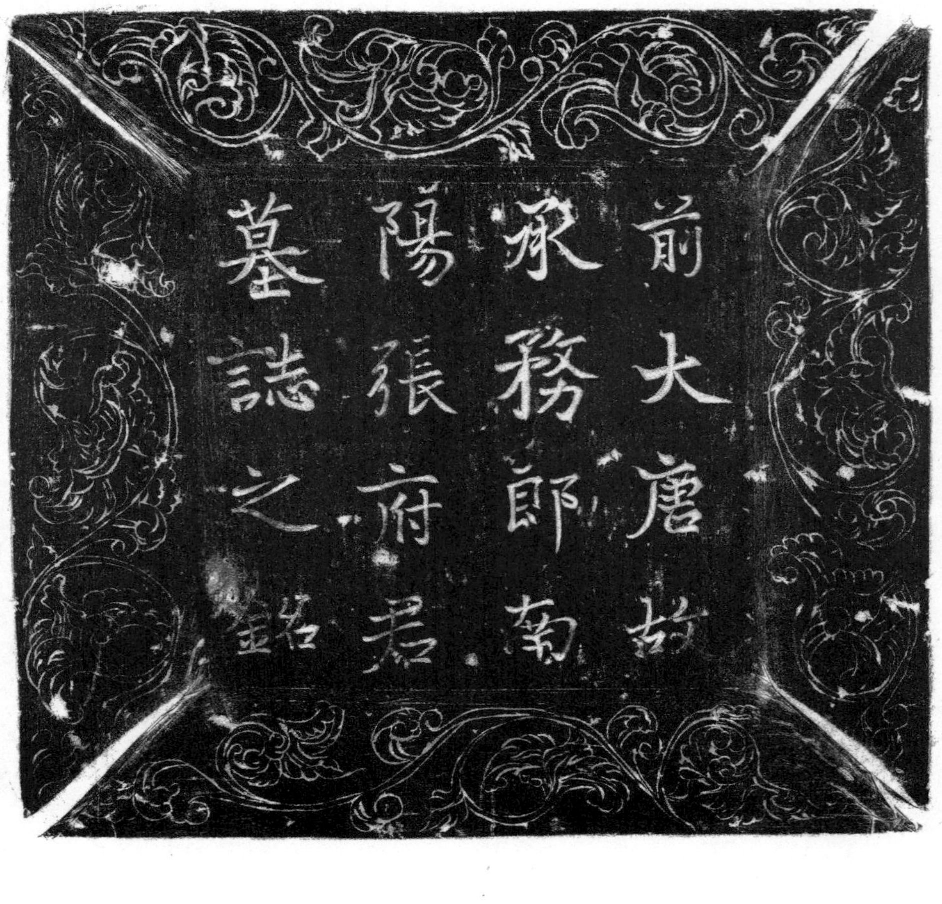
前大唐故
承務郎南
陽張府君
墓誌之銘

○七四　前大唐故承務郎南陽張府君（知孝）墓誌之銘

景雲二年（七一一）二月二十七日葬。

誌文二十三行，滿行二十字。行書。誌長、寬均四十二厘米。

誌蓋正書：前大唐故承務郎南陽張府君墓誌之銘

君諱知孝，字體純，南陽西鄂人也。因高祖任恒農郡守，遂家焉。漢侍中衡之十七代孫也。昔者弧星命氏，得姓於軒皇之孫；漢祚將衰，遷家於南陽之邑。將軍惠化，著兩岐之歌；侍中宏才，諷二京之賦。貂金珮玉，列鼎鳴鍾，映彼綿書，鬱乎緗簡。曾祖忻，周冠軍縣令，纍遷汝州刺史。道冠賈琮，德高廉度。祖須陁，隋開府儀同三司、蜀王親信府長史，纍遷齊郡通守、河南道十二州討捕黜陟大使，贈滎陽郡守。杖節輝星，式光於　帝命；下專成務，允洽於人心。父元備，　皇朝起家授洧州扶溝縣令，纍遷營瀘二州都督府長史、檢校戎州都督。未上，薨瀘州。贊務六條，夙擅不空之咏；宣風千里，伫洽無憂之言。夢奠興灾，哲人其萎。公緒承鍾鼎，毓粹星辰。圉友温恭，聰明睿哲。行爲代表，文爲詞宗。弱冠，任太學生。明經擢第，授承務郎。方當變化臺衮，丹青家國；豈圖蘭摧玉折，天喪斯文。以顯慶四年二月日寢疾，終於里第，春秋廿八。冥婚夷州洋川縣令隴西李公素第三女。以景雲二年歲次辛亥二月景子朔廿七日壬寅合葬於西原，禮也。松風結恨，薤露興悲。弟知止、知玄等，痛花萼之無依，哀陟崗而有慕。思勒翠琰，迺作銘云：

岳瀆降靈兮誕忠貞，仁知泓岌兮諒難名。方儀形兮家國，縱容兮臺庭。何昊穹兮不吊，痛蘭摧兮曦傾。故題芳於貞石，庶不朽於泉扃。

○七五　曹州宛句縣令范陽盧府君（敷）墓誌銘

太極元年（七一二）四月十日葬。
誌文二十八行，滿行二十七字。正書。誌長、寬均四十六厘米。

曹州宛句縣令范陽盧府君墓誌銘并序

君諱敷，字子布，范陽人也。源浚流清，閥閱擅高門之右；條繁林茂，氏族爲腴地之雄。固已冠冕前脩，羽儀後進者矣。高祖懷仁，齊太尉府記室參軍，以后舅遷神農郡守。避外戚之榮，固辭不拜。撰《中表實録》卅卷，良史取則焉。馬上成書，魏武莫能增損；舫中自諷，謝尚驚其藻拔。章表是管，筆札斯在。讓德逾遠，同羊祜之至言；著述尤工，驗臧文之不朽。曾祖彦章，隋靈壽縣丞。耽翫典墳，屢辭辟命。桓譚著論，不樂栖遲；梁竦興嗟，徒勞郡縣。祖莊道，歷監察御史、侍御史、江都縣令、刑部員外郎。繡衣載踐，避馬相規；墨綬纔臨，馴翬表异。仰膺列宿，聲振握蘭。伏奏明光，名流題柱。父玉昆，歷綿州昌隆縣尉、睦州桐廬縣主簿。梅福神仙之道，仇香鸞鳳之姿。盛德有鄰，英華靡絶。公行非外飾，學不爲囚。胷懷豁然，默語無滯。解褐相州參軍，以調昇也。高步參卿之列，允當師表之才。權總諸曹，時無留事，尋選授常州司户參軍。嘗攝晉陵、武進二縣，風化大行。歲滿言歸，攀車塞路，雖古之良吏，曷以尚兹。居無何，選補曹州宛句縣令。踐境求瘼，下車揚惠。屬雲漢愆應，飢饉是虞。賑救未聞，徭賦仍舊。州府拘於常憲，寮列無所發明。公建議恤人，無辭陷己。輶軒上達，綸綍下從。其利博哉，□活衆矣。□藴鮮爲義敗，鄭默卒以擅褒，擬諸其倫，綽有餘裕。方將襲韓稜之八座，紹卓茂之三臺。茫昧神心，高明鬼瞰。春秋卌八，太極元年二月七日遘疾，奄捐館舍。遺命薄葬，啓手歸全。機杼畢停，耒耜咸廢。合境揮泪，夾道隨喪。望丹旐而長號，攀素車而增慟。夫人趙郡李氏，衛州刺史嘉祚之長女也。施衿稟訓，鳴珮來歸。林下之英，窈窕於王媛；閨房之秀，幽閑於顧嬪。華繁早零，晦明成疾。享年卅有七，先君四日而夭。佳人不再，遽至傷神。遺嗣藐然，能無飲恨。即以其年四月十日合葬於洛州緱氏縣西通谷鄉平原，從先兆也。嗚呼哀哉！乃爲銘曰：

穆穆昌緒，悠悠綿祀。爰逮猗人，令問不已。行滿無怨，學優方仕。奚適匪通，所居必理。道長運短，有志無年。傷神何速，景命不延。雙棺相次，兩旐同旋。親朋嗚咽，行路流漣。先遠有期，卜云已吉。白楊下闇，青松上密。黯黯窮燈，幽幽泉室。四象徒運，萬春長畢。

○七六　唐故朝議郎淄州鄒平縣令仇府君（大恩）墓誌銘

延和元年（七一二）七月六日葬。

誌文二十六行，滿行二十六字。正書。誌長四十七厘米，寬四十六點八厘米。

[唐]故朝議郎淄州鄒平縣令仇府君墓誌銘并序

君諱大恩，字恩泰，虢州恒農人也。其先晋文公之後，本枝百代，君子□年，珪組蟬聯，欝爲龜鏡。曾祖寛，周恒農郡守、驃騎大將軍、儀同三司、汝南郡開國公。祖仕詮，隋太學博士、涇州臨涇縣令、坊汾二州別駕。皇初應接義旗，授左領府都督、恒農郡開國公。考孝松，皇初任朝散大夫、行左衛親府校尉、秦王府庫真、絳州絳川府折衝、漁陽道總管、使持節、檀州諸軍事、守檀州刺史、汝南郡開國公。并星辰秀□，川岳奇精，如珪如璋，令問令望。或揚鱗壁水，高步儒宗，或剖竹専□，義光刺舉。惟公業藝弘贍，學行清高，社稷大臣，廊廟重器。初以吴王府執仗解巾，補吴王府祭酒。西園夜月，翊飛蓋而追游；南國雄風，侍披襟而振藻。俄而被責，降授西州天山縣主簿、澤州端氏縣丞。指天山而西上，將諧子賤之琴；登太行而北游，更偶泉明之酌。又轉朝議郎、行太僕寺天池監、淄州鄒平縣令。天池逸足，望閶闔而來儀；□釋奇才，賞丘園而罷職。方冀垂鵬振翼，遥摶九萬之風；豈期止鵩延灾，忽掩三千之日。以久視元年六月十七日終於共城縣重門鄉私第，春秋七十八。嗚呼哀哉！夫人太原王氏，疏芳玉樹，擢秀金柯，資婉叔以基身，體幽閑而成性。潛行婦則，光闡母儀，奉四德之良規，遵七篇之雅訓。而潘輿始御，將極賞於中園；江葦無依，竟辭恩於大被。嗚呼哀哉！以景雲二年二月廿五日終於萬年縣安興坊私第。粤以延和元年歲次壬子七月六日癸酉同窆於洛陽縣清風鄉原之禮也。嗣子雲麾將軍、行左羽林軍中郎將判將軍事、上柱國、湖城縣開國囜克義等[一]，以絶漿申慕，泣血凝哀，思安宅兆之儀，願必千愁之禮。爰□翠琬，永紀清芬。銘曰：

於穆上烈，迺著聲芳。卓哉夫□，載揚其光。勛庸之盛，曾莫與伉。隨班州縣，厠迹巖廊。浮休不定，勞逸何常。賓階寂寂，客位蒼蒼。月思南浦，烟愁北堂。悲纏露薤，恨起風揚，爰遵祔典，式備前章，英猷不隊，永播無疆

[一] 仇克義墓誌見本書〇九一《大唐故銀青光禄大夫恒州刺史上柱國湖城縣開國公仇府君（克義）墓誌銘》。

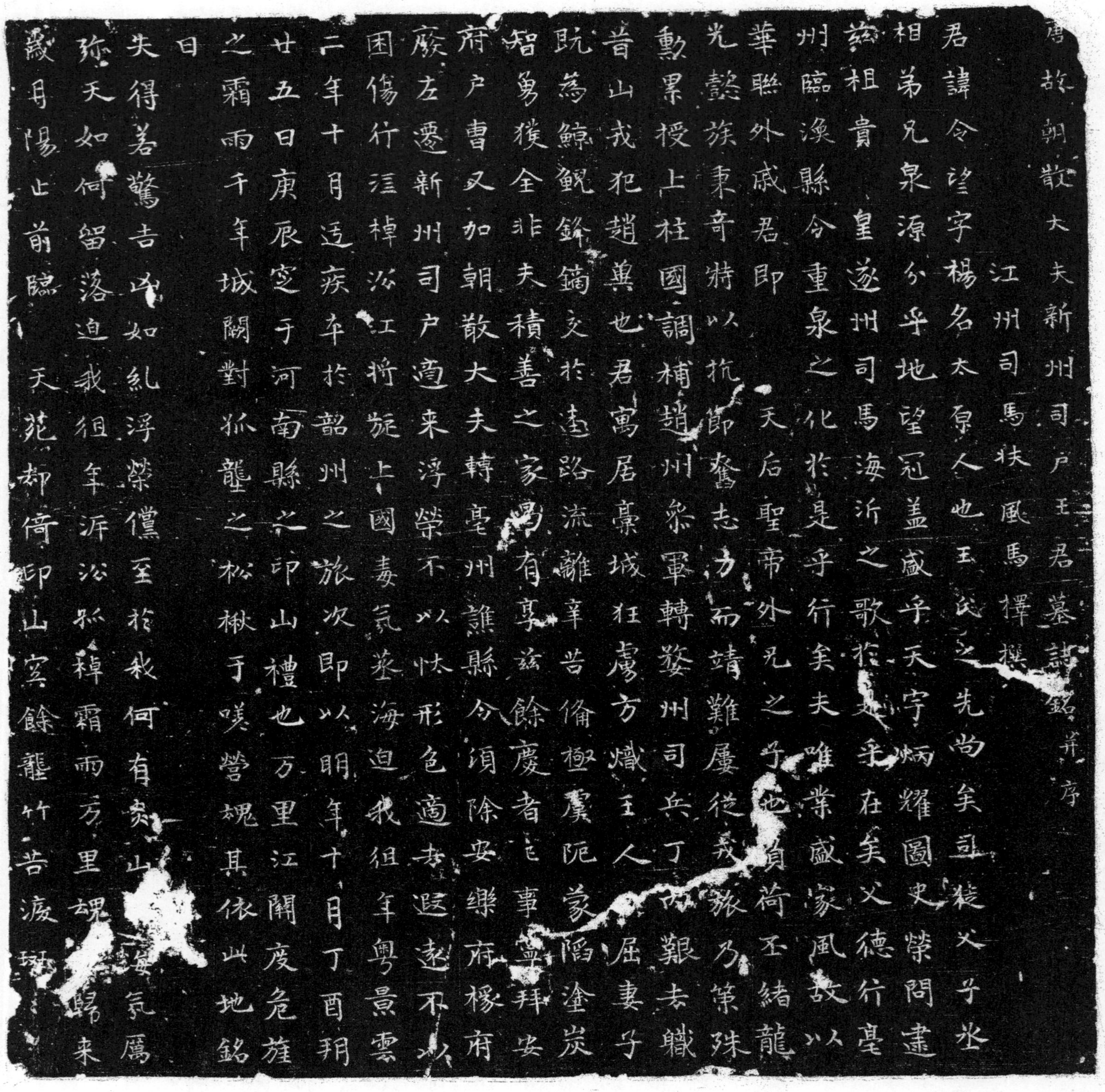
唐故朝散大夫新州司户王君墓誌銘并序
江州司馬扶風馬擇撰
君諱令望字楊名太原人也王氏之先尚矣亘稷父子丞
相弟兄泉源分乎地望冠盖盛乎天宇炳耀圖史榮問遠
曾祖貴　皇遂州司馬海沂之歌於是乎在矣父德行亳
州臨渙縣　令重泉之化於是乎行矣夫唯業盛家風故以
華聯外戚君即　天后聖帝外兄之子也負荷丕緒龍
光懿族秉奇特以抗節奮志力而靖難屢從戎旅乃策殊
勳累授上柱國調補趙州參軍轉婺州司兵丁艱去職
昔山戎犯趙冀也君寓居槀城狂虜方熾王人屈妻子
既為鯨鯢鋒鏑交於遠路流離辛苦備極艱阨蒙陷塗炭
智勇獲全非夫積善之家焉有享茲餘慶者已事聞拜安
府户曹又加朝散大夫轉亳州譙縣令須除安樂府掾府
廢左遷新州司户適来浮榮不以怵形色適去遲遠不以
困傷行注棹泌江將旋上國毒氣蒸海迫我徂年粤景雲
二年十月遘疾卒於韶州之旅次即以明年十月丁酉朔
廿五日庚辰窆于河南縣之邙山禮也万里江關度危旌
之霜雨千年城闕對狐壟之松楸于嗟營魄其依此地銘
日
失得善驚吉凶如紜浮榮儻至於我何有炎山海氣厲
殊天如何留落迫我徂年泝泌棹霜雨万里魂歸来
藏舟陽止前臨　天苑郤倚邙山窆餘壟竹苦淚斑

○七七　唐故朝散大夫新州司户王君（令望）墓誌銘

先天元年（七一二）十月二十五日葬。

誌文二十二行，滿行二十二字。正書。誌長、寬均六十八厘米。

馬擇撰。

唐故朝散大夫新州司户王君墓誌銘并序

江州司馬扶風馬擇撰

君諱令望，字揚名，太原人也。王氏之先尚矣，司徒父子，丞相弟兄。泉源分乎地望，冠蓋盛乎天宇。炳耀圖史，
榮問逮兹。祖貴，　皇遂州司馬。海沂之歌，於是乎在矣。父德行，亳州臨涣縣令。重泉之化，於是乎行矣。夫唯業盛家風，
故以華聯外戚。君即　天后聖帝外兄之子也。圎荷丕緒，龍光懿族。秉奇特以抗節，奮志力而靖難。屢從戎旅，乃策
殊勛。纍授上柱國，調補趙州參軍，轉婺州司兵。丁内艱去職。昔山戎犯趙、冀也，君寓居藁城。狂虜方熾，王人□屈。
妻子既爲鯨鯢，鋒鏑交於逵路。流離辛苦，備極虞阨。蒙陷塗炭，智勇獲全。非夫積善之家，圖有享兹餘慶者已。事寧，
拜安府户曹，又加朝散大夫，轉亳州譙縣令。頃除安樂府掾，府廢，左遷新州司户。適來浮榮，不以忲形色；適去遐遠，
不以困傷行。泝棹沿江，將旋上國。毒氛蒸海，迫我徂年。粤景雲二年十月迂疾卒於韶州之旅次，即以明年十月丁酉朔
廿五日庚辰窆於河南縣之邙山，禮也。萬里江關，度危旌之霜雨；千年城闕，對孤壟之松楸。於嗟營魂，其依此地。銘曰：
失得若驚，吉凶如糾。浮榮儻至，於我何有。炎山□海，氛厲彌天。如何留落，迫我徂年。泝沿孤棹，霜雨萬里。
魂□歸來，歲月陽止。前臨　天苑，却倚邙山。空餘壟竹，苦泪斑斑。

○七八　唐申州刺史孫儆夫人王氏（正真）墓誌

先天元年（七一二）十一月十九日葬。

誌文二十二行，滿行二十二字。正書。誌長四十四點五厘米，寬四十四厘米。

誌蓋篆書：大唐故申州刺史孫府君妻王氏墓誌銘

唐申州刺史孫儆夫人王氏墓誌并序

夫人王氏，字正真，太原祁人也。其先周靈王太子晋上賓於帝，子孫留焉，時人謂之王家子，
因以命氏。厥後蕃衍，代爲著族，夫人即梁太尉僧辨之玄孫也。曾祖泌，隱居不仕。祖思泰，
皇朝衛尉少卿、鄭州刺史。父貞固，衛、鄘、豫、濾、亳、貝、鄭七州司馬。咸有盛德懿業，
惠政修名，飛聲延□，弈葉纍襲。夫人丕承介祉，誕秀英姿。少而端華，長而韶令。芬芳惠問，
穆若芝蘭，綽約修容，婉如桃李。四德昭備，六行允孚。猗歟淑人，邦之媛也。鵲巢爰止，亦既
有行，龍匣載并，宜其家室。年十六歸於申州刺史孫府君。府君諱儆，字元規，吴郡富春人也。
曾祖粲，北齊清河王開府行參軍兼直寢侍御史、直閤大將軍。祖子起，隋司隸從事、襄城郡丞，
皇朝陳州司馬。父處約，黄門侍郎兼中書侍郎、昭文管學士、知軍國事。名臣之家，寔多英彦，
上將之後，必復公侯。庭叩鳴鍾，門容長戟。外則羔雁成列，内則鳳凰于飛。苕華夙滋，庶期榮茂；
蕣英早落，遽愴飄零。以垂拱二年五⿴囗月二日終於洛陽永豐里之私第，春秋廿有二。粤以先因园年
歲次壬子十一月[一]朔十九日□辰祔葬於孫氏⿴囗之□，禮也。言念孤魂，式崇埏隧。永惟終古，慮深
陵谷。乃刊貞□，以誌幽泉。其詞曰：

蘭儀蕙姓兮惟淑人，穠華碩茂兮凋方春，佳城一閟兮□幽壤，令名千載兮懷□塵。

[一] 此處空一格未刻字。

秘書省正字房公夫人墓誌銘并序
夫人姓盧氏涿郡范陽人也唐故洛州功庭
君第二女在昔苴茅帝扆盛德之祀也食菜盧
邑受氏之源也代濟不隕宗系之業也崇德象
賢祖考之光也柔祇昭格誕生淑人母氏隴西
夫人動合儀範自然胎教言滿臺閫式昭嬪則
實廼聰婉性与加以慈訓夙聞年甫弱笄邦媛
攸仰歸我房氏穆其蘭蕙君子宜之友以琴瑟
謂實敬恒久而福善徒欺以開元三年三月廿
三日終於河南府洛陽縣從善鄉別業春秋廿
有一青春繁華白日潛翳撫夫噭噭母兄噭噭
長女始孩稚男猶褓存歿若是哀哉何酷墨龜
貞卜歸祔未從青烏開埏旋窆爰適卽以其年
四月九日權殯於感德鄉殷衆里禮也遠日未
剋居諸[illegible]遷陵谷或從旌志存焉其詞曰
蘭室桂梁燕姞齊姜作合君子閨壺有章哀哉
夭折韶春殞霜室還窆而或晉人此夜夜其何
長烏呼哀哉

〇七九　秘書省正字房公夫人墓誌銘

開元三年（七一五）四月九日葬。

誌文十八行，滿行十八字。正書。誌長、寬均三十八厘米。

秘書省正字房公夫人墓誌銘并序

夫人姓盧氏，涿郡范陽人也。唐故洛州司功府君第二女。在昔苴茅齊履，盛德之祀也；食菜盧邑，受氏之源也；代濟不隕，宗系之業也；崇德象賢，祖考之光也。柔祇昭格，誕生淑人。母氏隴西夫人動合儀範，自然胎教。言滿壼闈，式昭嬪則。實乃聰婉性與，加以慈訓夙聞。年甫弱笄，邦媛攸仰。歸我房氏，穆其蘭熏。君子宜之，友以琴瑟。謂賓敬恒久，而福善徒欺。以開元三年三月廿三日終於河南府洛陽縣從善鄉別業，春秋廿有一。青春繁華，白日潛翳。哲夫嗷嗷，母兄嗷嗷。長女始孩，稚男猶褓。存歿若是，哀哉何酷。墨龜貞卜，歸祔未從；青烏開埏，旋窆爰適。即以其年四月九日權殯於感德鄉殷衆里，禮也。遠日未剋，居諸生遷。陵谷或徙，旌志存焉。其詞曰：

蘭室桂梁，燕姞齊姜。作合君子，閫壼有章。哀哉夭折，韶春殞霜。室遷窆而或啓，人此夜夜其何長。烏呼哀哉！

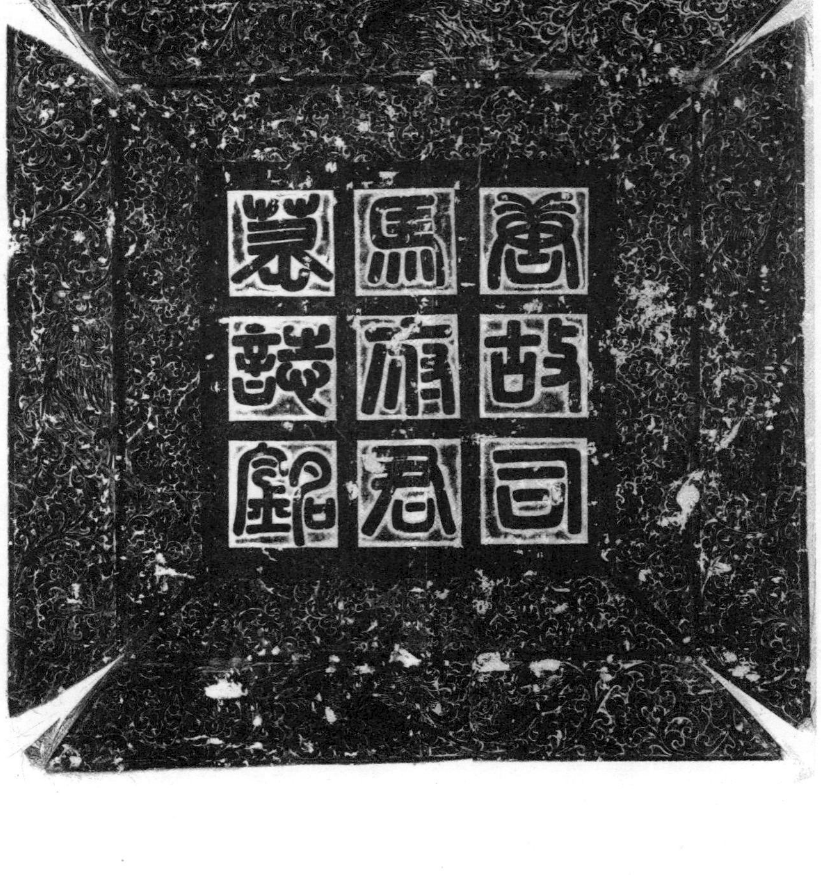
唐故司
馬府君
墓誌銘

○八○　大唐故尚書主爵員外郎騎都尉司馬公（象）墓誌銘

開元三年（七一五）十月二十二日葬。

誌文三十行，滿行三十六字。隸書。誌長、寬均九十厘米。

誌蓋篆書：唐故司馬府君墓誌銘

大唐故尚書主爵員外郎騎都尉司馬公墓誌銘并序

公諱象，字希象，河内温人也，少昊之胄也。顓頊有命，老童爲司地之官；重黎胤昌，羲龢紹掌曆之職。程伯以世功表族，史遷以國籍立言，文武之道彌綸，公侯之業光復。是以金璫珥冕，弈葉而聯華；龍翰鳳雛，冠時而濟美。百代之後，莫之與京。曾祖侃，周使持節、驃騎大將軍、開府儀同三司、散騎常侍、兖豫二州刺史、瑯琊惠公。入趨蘭錡，誰何張七萃之威；出建隼旟，蔽芾光二南之化。祖運，隋趙州柏仁萊州曲城二縣令、龍泉郡丞、瑯琊縣開國公。道孚邑宰，方子康而見徵；官止郡丞，同君山之不樂。父玄祚，隋襲爵瑯琊縣公，與 文武皇帝有布衣之舊。 皇初特授朝散大夫、行宗正寺丞、上柱國，尋遷膳部郎中、中書舍人。司綸西掖，標五字之能；起草南宫，稱二妙之選。轉襄州道行臺禮部侍郎，爲讒人所譖，除泰州治中，又除秦州都督府長史、巂州司馬。雲雷方構，奉飛龍以□恩；天人既亨，慨青蠅而有賦。公炳靈秀發，含章洞照。弱不好弄，幼而能文。慮憲儒門，觀書太學。就賢體遠，兼三才而晋用；辯志離經，總六藝而成德。亦猶珠瀾澄朗，涵群彙而内融；玉峰晶明，耀連城而外燭。儀創品類，禮樂交錯於襟懷；探賾精微，擬議發揮於翰墨。年二十有五，以俊造之秀，登於司徒。解褐補岐州雍縣尉，又轉虢州録事參軍。渤澥之漲，未游擊水之鱗；榆枋之林，猶戢垂雲之翼。卑不廢職，詘而隨時，黄綬契神仙之風，月帷諧嘯諾之寄。尋以内憂去職。公執喪罔極，哀至無時。禮雖有除，孝爾難繼。穀則既没，不忘終身之憂；琴未成聲，俯就先王之制。服闋，補御史臺主簿。未幾，敕授監察御史，又除殿中侍御史。再掌方書，兩參天憲，威肅霜簡，風清柏臺。持斧之志，不容奸忒；埋輪之心，見忌權右。出爲雍州録事參軍，醜正也。尋拜尚書主爵員外郎，上德也。握蘭有裕，方曾列宿之華；夢奠凝哀，忽落青冥之翰。春秋五十有六，以儀鳳二年正月十二日遘疾終於京兆府萬年縣之私第。惟公純德孔明，邁節貞峻。道唯絜矩，行有枝葉。體變化而本情性，窮高遠而測深厚。經紀之略，可舉而行。故其永思不匱，孝也；造物以忠，仁也；有倫有理，文也；舉直措枉，義也。孝與仁，文與義，王佐之器也。宜其爲國元老，作時守龜。景命匪融，殲我文獻。道不行矣，人之云亡。夫人滎陽鄭氏，金紫光禄大夫大政之曾孫，晋王府司馬之孫，蒲州安邑令萬威府君之子也。族茂緇衣，道輝彤管。輔佐君子，率由詩訓。風行被於家邦，法度揚於閨壺。降年不永，年三十有九，上元元年九月八日先終於長興里之私第。粤以開元三年十月廿二日合葬於河南府河陽縣之嶺山南原，禮也。悲夫，仙藥初傳，獨昇明月；神劒終合，同歸夜臺。閟佳城之白日，晦蒿隴之寒光，聯太行之陰靄，臨洪河之湯湯。埋魂幽石，銘德黄腸。登九原而誰與，邈終古兮增傷。銘曰：

猗歟哲人，邁迹前烈，體業醇曜，德輝昭晰，志文明兮。博綜墳籍，潛該言繫，文泉道藪，麟翔鶴唳，播休名兮。經思幽玄，緯心寅亮，憲時軌物，國華人望，邦之楨兮。既應思皇，不登臺衮，永秘嘉謀，長淪德本，道未行兮。太行北峙，洪河東注，風掃松垧，烟凝泉路，怨佳城兮。

○八一　大唐故洛州伊闕縣丞顔府君（知微）墓誌銘

開元三年（七一五）十月二十五日葬。

誌文二十三行，滿行二十三字。正書。誌長、寬均五十三厘米。

大唐故洛州伊闕縣丞顔府君墓誌銘并序
君諱知微字良玉瑯耶臨沂人也邾武公有勳於周齊桓建
德崇命以字開族世仕於魯孔門崇道德賢哉亞聖戰國尚
縱横華居其首靖侯羽儀於江陵光祿紛綸於宋史軒裳世
繼賢儒載榮高祖之推北齊黄門侍郎黼繪仁義該揔圖録
富才深德有盛名於二朝矣曾祖遊秦廉鄆二州刺史德秀
宗門惠流邦甸祖利仁黎州治中秉絶代之略該衆流之妙
父曰新梓州司户富學祖仁譽光宗里君即司户之長子也
隨官巴蜀五歲而孤終已奉仁孝敬天至學周古訓文揆詞
宗初應制登科擢授坊州參軍調補函州永壽縣尉岐州扶
風縣主簿洛州永寧縣尉伊闕縣丞莅官有政吏俗欽風居
家以仁喜愠無見於色内外遺孤躬同撫攜有才無命抱屈
明時以長安二年六月十一日遘疾終于伊闕縣官舍春秋
五十二夫人安定皇甫氏洛州司馬文房第七女也蕙心明
理禮華玉秀動□諭禮行必依仁嘗以兄秘書郎希莊左悌
人倫挺華早世陳情製誄哀纏之文義煥風雅天不假善奄
背于世以聖曆二年十二月廿三日終于尚賢坊家第春秋
卌八以開元三年歲次乙卯十月己酉朔廿五日癸酉合葬
于福昌縣臨泉鄉臨泉原禮也嗣子舒等欲報之恩昊天無
遠敬刊遺烈終華來古其詞曰　赫赫宗周鴻源秉通昭
昭東魯休光儒風靖侯秉耀德□有融軒玉聯華賢秀代起
輝譽貫時光昭厥美天何無親殲善喪仁合祔從禮昭懿孔
殷陰堂永秘長夜無晨鴻芬盛烈千秋萬春

大唐故洛州伊闕縣丞顔府君墓誌銘并序

君諱知微，字良玉，琅耶臨沂人也。邾武公有勛於周，齊桓建德崇命，以字開族，世仕於魯。孔門崇道德，賢哉亞聖；戰國尚縱横，率居其首。靖侯羽儀於江陵，光禄紛綸於宋史。軒裳世繼，賢儒載榮。高祖之推，北齊黄門侍郎。黼繪仁義，該總圖録，富才深德，有盛名於二朝矣。曾祖遊秦，廉、鄆二州刺史。德秀宗門，惠流邦甸。祖利仁，黎州治中。秉絶代之略，該衆流之妙。父日新，梓州司户。富學祖仁，譽光宗里。君即司户之長子也，隨宦巴蜀，五歲而孤。修己奉仁，孝敬天至。學周古訓，文掞詞宗。初應制登科，擢授坊州參軍，調補豳州永壽縣尉、岐州扶風縣主簿、洛州永寧縣尉伊闕縣丞。在官有政，吏俗欽風，居家以仁，喜愠無見於色。内外遺孤，躬同龕糲。有才無命，抱屈明時，以長安二年六月十一日遘疾終於伊闕縣官舍，春秋五十二。夫人安定皇甫氏，洛州司馬文房第七女也。蕙心明理，穠華玉秀。動不逾禮，行必依仁。嘗以兄秘書郎希莊左悌人倫，園華早世，陳情製誄，哀麗之文，義焕風雅。天不假善，奄背於世，以聖曆三年十二月廿三日終於尚賢坊家第，春秋卌八。□開元三年歲次乙卯十月己酉朔廿五日癸酉合葬於福昌縣臨泉鄉臨泉原，禮也。嗣子舒等欲報之恩，昊天無逮。敬刊遺烈，終華來古。其詞曰：

赫赫宗周，鴻源秉通。昭昭東魯，休光儒風。靖侯秉耀，德聲有融。軒玉聯華，賢秀代起。輝譽貫時，光昭厥美。天何無親，殲善喪仁。合祔從禮，昭懿孔殷。陰堂永秘，長夜無晨。鴻芬盛烈，千秋萬春。

○八二一　杭州別駕（來景業）故夫人崔氏墓誌銘

開元三年（七一五）十二月十二日葬。

誌文二十八行，滿行二十八字。正書。誌長、寬均五十三厘米。

蕭延年撰。

誌蓋篆書：大唐故崔夫人墓誌銘

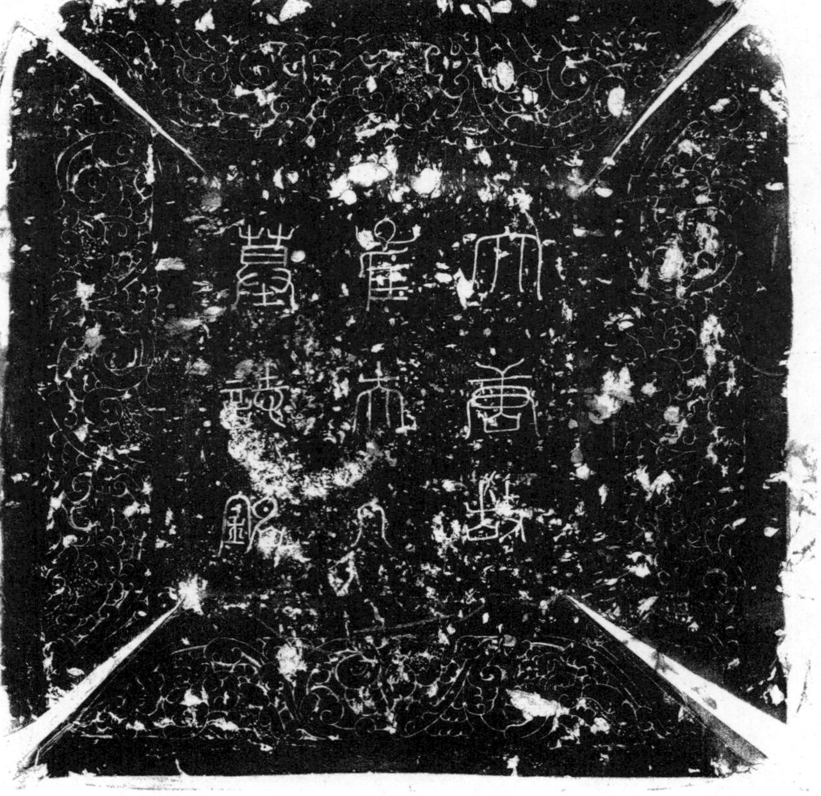
大唐故
崔夫人
墓誌銘

杭州別駕故夫人崔氏墓誌銘并序

前相州臨河縣主簿蕭延年撰

悲夫！生也有涯，榮耀同乎一瞬；歲不我與，光陰均乎過隙。何其劇哉！　夫人博陵安平人也。子玉立銘於漢代，季珪侚節於魏朝。纍葉象賢，我宗以盛。曾祖民肅，隋通事舍人、定陶縣令。絲綸伏奏，簡帝之心；銅墨撫臨，字人之首。祖元瑒，　皇朝寧州別駕、汴州刺史。不空之咏，光彼佩刀；惟良之謡，生於露冕。父同業，左衛郎將、汝州刺史。警千廬於蘭錡，分百城之竹符。夫人爰自高門，出適來氏〔一〕，黄門侍郎〔二〕第九子，歷官太子少詹事、曹州刺史，今爲杭州別駕、銀青光禄大夫。英威才子，密勿近臣。陪甲觀而侍畫堂，擁丹襜而持皂蓋。今之絆驥，見屈成麟。至於作配華宗，對昇清貫，纍加朝命，封爲博陵夫人。而懿範夙成，冲規獨秀。柔順於聞弦之歲，率禮無違；賢明於主饋之年，如賓是仰。故得妙盡正家之術，果縻於室之榮。玉帛是輕，所珍唯孝義；金翠非重，所屏在浮華。鳴珮俱朝，謁椒宫於北闕；題輿偶邁，遊桂水於南中。人同琴瑟，嘗追内助之體；日在桑榆，庶遵偕老之願。不謂逢兹倚伏，遘此膏肓。蒙莊子之平生，鼓盆何及；潘安仁之宿昔，遺桂猶存。春秋五十有八，以開元二年十月十八日終於杭州之官舍。嗚呼哀哉！留滯於三江五湖，復歸於八溪九谷。旋以開元三年歲次乙卯十二月己酉朔十二日庚申遷葬於洛城東石橋南原，禮也。東望神畿，河山四塞；西臨帝宅，城闕九重。既卜時兮復卜地，可以樹兮可以封。子琛，方義縣丞。子璋，汾州司户參軍。子珉，尚乘直長。子寡悔，蜀州參軍。子琨，商州司法參軍。子珪，千牛。子瑋、子琳并常選，莫不仰風樹而長號，臨寒泉而永慕。絶漿七日，瞻厚褥以崩心；泣血三年，望倚廬而假息。僕，諸甥屑涕，敢作銘云：

彼美安平，羽儀上京。代有文儒之譽，家承孝友之名。濟濱製錦，汴浦專城。郎將府君，汝南馳聲。其一。夫人有行，歸乎來氏。二族流慶，三星薦祉。夫貴朝端，躬安沼沚。封茅土於家秩，謁椒塗於國紀。其二。吴門楚塞，澤國水鄉。休徵化洽，奉蒨神傷。京兆之雙眉欲畫，酆城之一劍偏亡。歸魂岱岳，反葬洛陽。其三。洛陽城東，宅兆今卜。北瞻峻嶺，南晞洪瀆。草樹驚心，風霜感目。馬鬣已就，魚軒惟谷。其四。賈家三虎，荀氏八龍。絶漿有日，泣血無容。内憂何早，偏罰是鍾。千秋萬歲，永植長松。其五。

大唐開元三年十二月十二日

〔一〕此來公即來景業，參本書一四八《馮翊郡法曹參軍來君（珪）墓誌銘》。

〔二〕黄門侍郎即來恒，高宗上元中爲黄門侍郎。另參本書《馮翊郡法曹參軍來君（珪）墓誌銘》。

○八三　大唐故石府君（貞）墓誌銘

開元五年（七一七）八月十七日葬。

誌文三十一行，滿行三十一字。正書。誌長、寬均七十四厘米。

大唐故石府君墓誌銘并序

君諱貞，渤海南邳人也。昔衛大夫碏之後昆，漢郎中建之餘緒。西京軒冕，弈葉傳萬石之資；東洛池臺，從容預九鄉[一]之位。曾祖昇，隋開府儀同三司、使持節、鎮南將軍、燕潁二州刺史、渤海縣開國伯。祖信，隋散騎侍郎、濟陰太守、汾路二州刺史。父質，皇朝散大夫、都水使者、廬州別駕。君天才英博，令德孝恭。周旋必踐於仁義，興寢莫逾於禮節。孔宣甫之束帛，願贈程生；蔡伯喈之文章，盡歸王粲。起家左親衛。譽肅蘭錡，暉映廊廡。出入禁門，光生道路。天授二年，對策甲科，擢授名州參軍。轉魏州貴鄉縣尉，遷洛州鞏縣尉。兩任尉曹，一參卿事。奏課連最，聲振京華。遷左武衛倉曹參軍。屬獫狁不虔，屢犯亭障。皇赫斯怒，爰整甲兵。聖歷元年，使御史大夫魏元忠龔行天罰，問罪朔方。知君懷帷幄之謀，求君以腹心之寄。闕下奏之爲判官，閫外委之於將略。以我和而制其離，以我直而摧其曲。敗楚師於柏舉，未足權衡；執秦將於崤陵，無階等級。此實君之功也。轉左清道率府長史，登少府監丞，加朝散大夫、上柱國。神龍之歲，主后執權。謫賈誼之高才，屈管寧之令問。於是降授溫州司馬，纍遷朝議大夫、行桂州都督府長史。屬瀘戎背叛，羽檄風馳。轉戎州都督府長史，充嘉眉戎瀘六州討擊使。授龍韜以鑿門，驅鶴陣而摧醜。雕弓寫月，虹旗拂雲。叱咤而江漢自傾，蹔蹋而岷峨可覆。然觀釁而動，蓄力待時。脅之以兵，道之以德。兵不血刃，賊徒委命。兵書云：善謀者不戰，此之謂矣。加正議大夫、使持節、邵州諸軍事、邵州刺史。惟君積行纍能，從微至著。公正之道，不欺於鬼神；清廉之風，無負於天地。入陪京列，能馳謇諤之風；出踐州端，載穆循良之化。張司空之掃第，坐望三臺；鄒潤甫之登山，忽悲千載。享年五十有九，以開元四年七月六日寢疾薨於位。夫人渤海郡君高氏，隰州刺史福之長女。令淑天資，容儀宿整。言總詩禮，動合宮商。文伯之母，不忘紡績之勤；冀缺之妻，每思鼎俎之事。瞻言陟屺，見落月之西傾；于以採蘋，痛寒泉而東逝。春秋卌有九，太極元年四月十二日寢疾終於河南府之私第矣。粵以開元五年歲次丁巳八月十七日合葬於河南縣龍門山之西原，禮也。傍臨伊水，北枕龍崗。佳城鬱鬱兮何代，古樹蒼蒼兮幾年。男運等，懷痛終身，仰攀穹昊。勒銘幽石，永固窮泉。其詞曰：

崔岳峥嶸，汾波浩汗。其氣君稟，其靈君誕。文以經國，武可定亂。代祿遐嗣，邦家之幹。其一。漢稱篤行，衛美純臣。剖符分竹，蝗飛雉馴。甘棠留咏，玉樹埋塵。天長地久，何期不仁。其二。婉彼夫人，作嬪君子。出自華族，來儀貴里。言合禮經，行高圖史。空聞斷織，俄悲陟屺。其三。伊水之右，龍山之陽。謀協龜兆，安厝麟崗。高松肅肅，平野蒼蒼。銘幽泉兮永訣，庶天地兮無疆。

開元五年八月戊辰朔十七日甲申

[一]「鄉」應爲「卿」之誤。

〇八四　唐故朝請大夫行益州雙流縣令上柱國楊府君（若志）墓誌銘

開元五年（七一七）九月二十四日葬。誌文二十三行，滿行二十三字。正書。誌長、寬均四十厘米。楊齊之撰。

唐故朝請大夫行益州雙流縣令上柱國楊府君墓誌銘并序

君諱若志，字愛子，弘農洛陽人也。分符列宦，久乖此焉。丁及尪殘，俄從殞滅。故知禍福斯轉，忽何逝於神州；結恨鶚栖，遽歸魂於赤縣。爾迺宗枝胤葉，前史積其芳猷；茂寵榮勛，昔諜崇其懿號。白蛇分劍，亦門緒之蟬聯；仁孝温良，屬丹書而食位。惟君懷文抱質，禮樂資身。志等松筠，冰霜隸而不易；遐邇珍仰，洞鑒絶於人倫。其操自然，奉謙讓而殊代。往已雙流任日，道寄鹽梅。榮佐相趨，誠堪動記。 曾祖辟，皇右宗衛雲麾將軍、上柱國、開國公。光毗 軒禁，闊步 丹墀。名乃著於縑緗，聲教流於圖史。 祖其，皇涇州定安縣令、襲東平公。積承簪望，播鍾鼎而同榮；珪組相傳，設鳴弦而德政。 父澄，皇贈梓州長史、襲東平縣開國公。風馳岳枚，經國多勤。美績嘉聲，義宣廊廟。德星同照，實爲羔雁之榮；鳴鳳相和，將復公侯之始。君禀靈胎教，早庇儒黌。帝戚婚連，幸沐 恩於入仕。不謂栖鵞告釁，止服呈妖。俄從楹際之徵，旋染漳濱之痾。炯如石火，西方之藥無施；瞰若道飆，東岱之魂溘及。春秋五十有九，去開元五年八月廿九日殞於私第。哀纏鄉族，悼感飛沉。眷垂念於風猷，恨流涕而在昔。粤以開元五年歲次丁巳九月丁酉朔廿四日庚申，君權殯於洛城北邙山之側，膏腴之麓，禮也。其處南分伊派，寔中壤之奥區；北麵邙山，乃上都之勝阜。幼子齊之，未堪捧雉，早思懷橘。恐陵平壑徙，紀曆雕珉。詞曰：

家聲門緒，貫寵連勛。軒冕駱驛，榮俸氤氲。光前蔭後，千秋萬春。俯悼黄腸之路，仰凄緑柏之群。

○八五　大唐故中大夫行恒州真定縣令呂府君（思哲）夫人臨沂縣君墓誌銘

開元六年（七一八）十一月十二日葬。

誌文二十六行，滿行二十六字。正書。誌長、寬均五十七厘米。

誌蓋篆書：大唐故呂夫人墓誌銘

大唐故中大夫行恒州真定縣令呂府君夫人臨沂縣君墓誌銘并序

公諱思悊，字廣，河東人也。四岳列地，析姜分族，子牙輔周，食邑於呂。因命厥氏，胤業其昌。在秦則定國立家，歷漢則婚聯帝戚。爰自魏晋，洎於隋唐，且公且侯，或出或處，備諸史策，不可勝論。曾祖光，隋游擊將軍、潞州上黨府果毅。學以潤身，勇有餘力。祖秀玉，皇朝上柱國、梓州參軍。選吏擢材，參卿軍事。父惠滿，不事王侯，遁世無悶。公即處士之第二子也。幼而敏聰，長實寬厚。戴仁履義，不雜風塵，出身入仕，動依禮則。解褐補左衛兵曹參軍，纍遷司農寺太倉丞、太倉令、京西市令。部彼白徒，侍衛有叙，計其紅粟，出納無差。日中爲市，聚天下之人，致天下之貨，物無二價，路不拾遺。尋奉 恩制，授朝散大夫。居無何，調轉澤州高平、恒州真定二縣令，加中大夫。政聲遠聞，化在周月，縱古之魯恭、子賤無以過也。帙終去職，□退洛陽。優遊田園，閉關却掃。□謂人曰：『天道惡盈，知足不辱。吾慕嵇叔夜之爲事也，濁酒一杯，鳴琴一曲，時時與親舊叙樂，亦何能以五斗之粟而屈腰於暮年哉。』嗟乎！人之將死，其言也善。奄以開元六年歲次戊午十月辛酉朔十九日己卯遘疾終於脩義里之私第也，春秋六十有四。夫人瑯琊[一]王氏，即皇朝朝議大夫、汾州長史瓘之孫，故荆州長林縣丞達之女。作配君子，閨門有則，以夫之貴， 制授臨沂縣君， 崇榮命也。先以春正月丙申朔十一日丙午遘疾終於私第，春秋五十有八。即以其年十一月辛卯朔十二日壬寅合葬於洛陽城東北廿里之平原，禮也。嗚呼！凶釁相仍，行路興感。嗣子獻臣、子封、子良等，哀過於禮，毁瘠其容。懼陵谷之將變，望山川而作紀。爰命愚鄙，敢勒銘云：

家業昌兮，兆自非羆，吉人生兮，運偶其時。内外恭職兮，乾乾夕惕，鳳凰于飛兮，克同所適。皇天不愸兮，雙劍其亡，合葬遵古兮，卜宅於邙。河之南兮洛之北，左伊右瀍西上國。上國鍾歌寂不聞，墓田蒼蒼多古墳。日晚吊賓歸白馬，青青松柏生寒雲，奈何泉臺居此君。

[一] 此處空二格未刻字。

〇八六　唐故南郊齋郎朝散郎吏部散官馬君（惟悊）墓誌銘

開元七年（七一九）五月十四日葬。

誌文二十二行，滿行二十二字。正書。誌長、寬均四十七厘米。陳曉撰。

墓誌原石藏山東桓臺拿雲美術博物館。

唐故南郊齋郎朝散郎吏部散官馬君墓誌銘并序

潁川陳曉撰

君諱惟悉，字曉，扶風人也。夫其雅操峻節，幽衿邃識，文武不墜，仁孝兼聞，談者不容於世矣。曾祖遷，隋銀青光禄大夫、西韓州刺史、褒信縣開國男。祖威，皇朝冠軍大將軍、左鷹揚衛大將軍、左羽林軍、上柱國、褒信郡開國公，食邑三千户。父琮，中散大夫、忻州刺史、上柱國、褒信郡開國公。布政親人，帝稱良二千石；寧華蕩寇，家世號真將軍。青綬銀章，舊領尚書之職；丹軺皂蓋，早擅諸侯之封。祖德家聲，代濟其美。君風韵幼彰，神情早邁。黄中通理，白眉最良。始從志學之年，逮乎弱冠之歲。出入流略，粉繢文章。思仿像乎神與，道希微乎性合。儕輩仰之矣。長安二年十一月廿五日，天子有事南郊，大備類典。既而清資是擇，時望用充。君攝齋奉章，登壇行事。禮畢授朝散郎、吏部散官。慶有由也，班有次也。嗟夫！公侯子孫，未復其始，與善何舛，降罰斯人。以開元七年二月廿五日遘疾終於河南縣樂城里第，春秋廿有九。夫人太原王氏，克貞克閑，有子始歲。撫□孩而曷怙，誓柏舟而自□。泪迸宗族，聲悲路人。元昆承□，前左千牛衛兵曹。痛深友于，憐甚猶子，畢力備禮，哀而送之。即以開元七年歲次己未五月己丑朔十四日壬寅遷葬於北邙之原，禮也。隴□紛紛，至則不見；泉臺寂寂，久而若聞。嗟嗟馬君，冥漠□□。□遲送客，徘徊欲□。恐松柏而爲薪，書歲時而紀□。銘曰。

○八七　唐故尚書左丞李府君（睿）夫人東海郡太夫人河南于氏墓誌

開元八年（七二〇）十一月十一日葬。

誌文二十四行，滿行二十三字。正書。誌高四十七厘米，寬四十六點五厘米。

誌蓋篆書：大唐故李左丞夫人東海郡太夫人河南于氏墓誌

唐故尚書左丞李府君夫人東海郡太夫人河南于氏墓誌

夫人河南人也。高祖謹，魏大司空，周雍州刺史、太子太傅、柱國大將軍、燕文公；贈太師。曾祖義，隋上柱國、兖等四州刺史、建平郡開國公。祖宣道，隋内史舍人、左衛率、成安縣開國公。父永寧，皇朝商州刺史、建平郡開國公。叔志寧，太子太傅、尚書左僕射、上柱國、燕國公、贈太師、雍等廿州諸軍事、雍州刺史，謚曰文。兄遂古，皇朝隰州刺史、建平郡開國公。夫人即商州使君之第六女也。葛之覃兮秀顔苕發，李之穠矣惠心蘭薰。年十九歸於左丞　府君[一]也。作配君子，宜其家室。宗黨式化，德容有章。府君諱範丘，渤海蓨人也。先以永淳元年七月葬於緱氏縣景山之原。鼎彝芬餗，羽儀烈光，存乎前誌，其詳可略。夫人性賾柔明，鑒懸詩史，言書鞶帶，行爲内則。府君之才映士林，望雄端揆，傳井渫於宴翼，增堂構於嵩華。雖代濟之所弘，亦馴致之爲助也。保訓諸子，閑邪存誠，式瞻有孚，玉林皆寶。子詹，銀青光禄大夫、徐相果宣四州刺史、上柱國、平原郡開國公。軒裳來下，光溢孟門，濮陽肇昇，慶深潘壽，此歡未極，高明有亢。粤以開元八年歲次庚申八月辛酉朔十七日丁酉遘疾終於河南府河南縣敦行里之私第，春秋九十四。即以其年十一月庚戌朔十一日庚申合葬於舊塋，禮也。哀子詹至性率由，毀浮於制，血視幽隧，疚懷陵谷。勒兹翠琰，仰樹徽猷。其詞曰：

海岱渤碣，丕烈淳曜。左轄對敭，人倫推妙。感我淑靈，于飛則鳴。從夫翼子，名立宦成。慶浹荀門，養深曾里。如何不吊，耋其嗟矣。煢煢冢嗣，喪過於哀。仰掇遺訓，銘諸夜臺。

[一] 左丞府君即李睿，墓誌見本書二八《大唐故太子中舍人兼檢校尚書刑部侍郎李府君（睿）墓誌銘》。

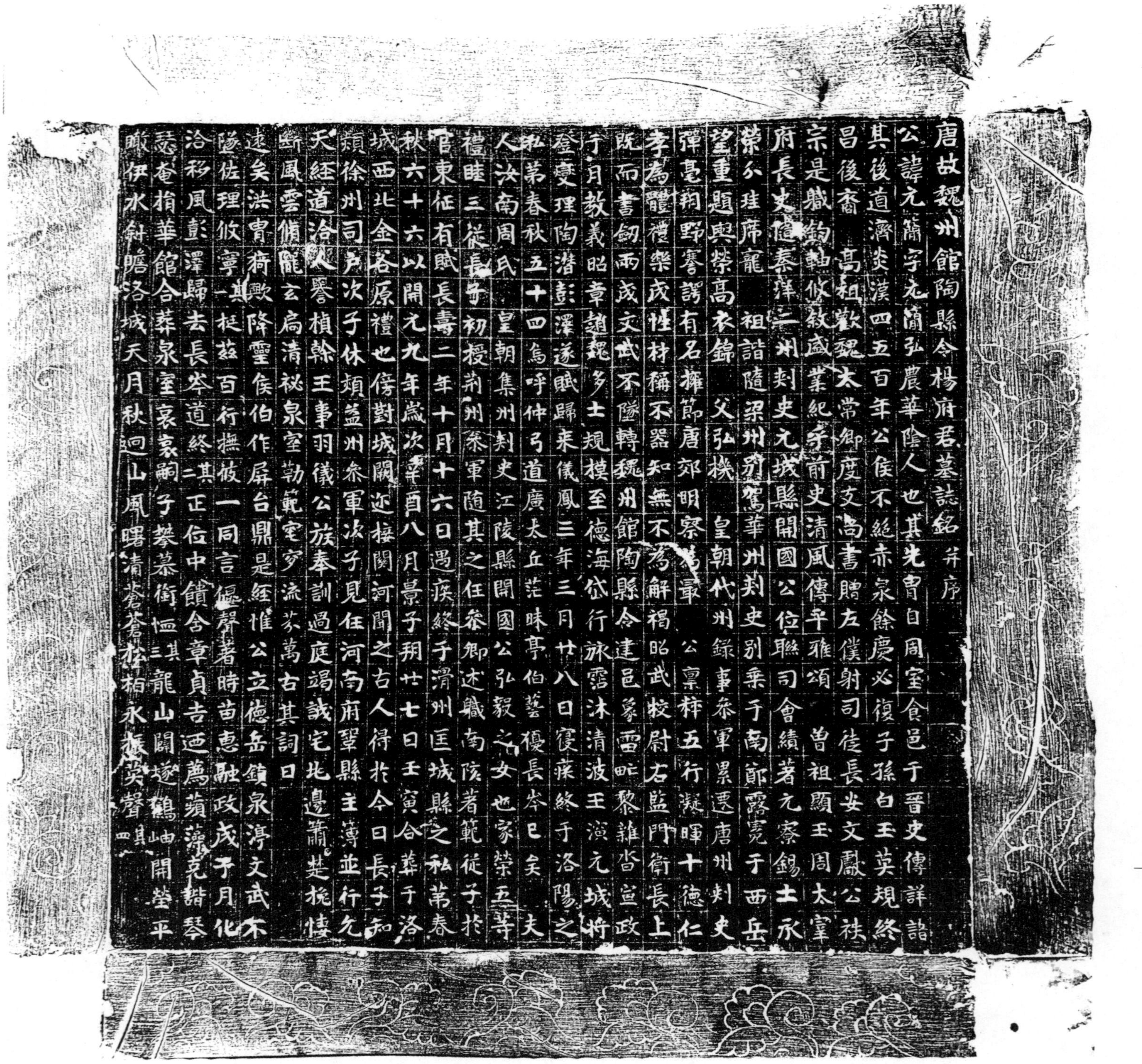

〇八八　唐故魏州館陶縣令楊府君（元簡）墓誌銘

開元九年（七二一）八月二十七日葬。
誌文二十七行，滿行二十七字。正書。誌長、寬均四十五厘米。
誌蓋篆書：大唐故楊府君墓誌銘

唐故魏州館陶縣令楊府君墓誌銘并序

公諱元簡，字元簡，弘農華陰人也。其先冑自周室，食邑於晋，史傳詳諸。其後道濟炎漢，四五百年公侯不絕。赤泉餘慶，必復子孫；白玉英規，終昌後裔。高祖歡，魏太常卿、度支尚書、贈左僕射、司徒、長安文獻公。秩宗是職，鈞軸攸叙。盛業紀乎前史，清風傳乎雅頌。曾祖顯玉，周太宰府長史，隋秦洋二州刺史、元城縣開國公。位聯司會，績著元僚。錫土承榮，分珪席寵。祖諧，隋梁州別駕、華州刺史。别乘於南鄭，露冕於西岳。望重題輿，榮高衣錦。父弘機，皇朝代州録事參軍，纍遷唐州刺史。彈毫朔野，謇謌有名；擁節唐郊，明察爲最。公稟粹五行，凝暉十德。仁孝爲體，禮樂成性。材稱不器，知無不爲。解褐昭武校尉、右監門衛長上。既而書劍兩成，文武不墜，轉魏州館陶縣令。建邑象雷，甿黎雜沓。宣政於月，教義昭章。趙魏多士，規模至德。海岱行旅，霑沐清波。王演元城，將登燮理；陶潛彭澤，遂賦歸來。儀鳳三年三月廿八日寢疾終於洛陽之私第，春秋五十四。烏呼！仲弓道廣，太丘茫昧；亭伯藝優，長岑已矣。夫人汝南周氏，皇朝集州刺史、江陵縣開國公弘毅之女也。家榮五等，禮睦三從。長子初授荆州參軍，隨其之任。參卿述職，南陔著範；從子於官，東征有賦。長壽二年十月十六日遇疾終於滑州匡城縣之私第，春秋六十六。以開元九年歲次辛酉八月景子朔廿七日壬寅合葬於洛城西北金谷原，禮也。傍對城闕，邇接關河。聞之古人，得於今日。長子知頍，徐州司户。次子休頍，益州參軍。次子晃任河南府鞏縣主簿。并行允天經，道洽人譽。楨幹王事，羽儀公族。奉訓過庭，竭誠宅兆。邊簫楚挽，悽斷風雲。脩隴玄扃，清秘泉室。勒範窀穸，流芬萬古。其詞曰：

遠矣洪冑，猗歟降靈。侯伯作屏，臺鼎是經。惟公立德，岳鎮泉渟。文武不墜，佐理攸寧。其一。挺兹百行，撫彼一同。言偃聲著，時苗惠融。政成於月，化洽移風。彭澤歸去，長岑道終。其二。正位中饋，含章貞吉。迺薦蘋藻，克諧琴瑟。奄捐華館，合葬泉室。哀哀嗣子，攀慕銜恤。其三。龍山闢隧，鶴岫開塋。平瞰伊水，斜瞻洛城。天月秋迴，山風曙清。蒼蒼松柏，永振英聲。其四。

〇八九　唐故游擊將軍守左率府中郎兼通事舍人内供奉陳府君（晏）墓誌銘

開元十年（七二二）閏五月二十六日葬。
誌文二十一行，滿行二十字。正書。誌長、寬均三十二厘米。

唐故游擊將軍守左率府中郎兼通事舍人内供奉陳府君墓誌銘并序

君諱晏，字[一]，潁川人也。昔虞舜溫龔，胡公錫秩。軒裳累慶，備諸緜典。百代之後，莫之與京。高祖緒，周驃騎大將軍、松陽漢川二郡太守、許昌子。曾祖善政，隋涿郡、皇幽州總管府長史、上柱國、安樂郡公。祖師，皇朝散大夫、絳州龍門令、臨潁縣男。父絢之，皇殿中進馬、宣威將軍、左衛龍亭府果毅，襲臨潁縣男。公即府君之季子也。少岐嶷□體，實稟生知。音儀入神，故爲人秀。弱冠射策沉謀圖略擢第，拜儀州司户。尋應抑揚舉，授太子通事舍人。尋遷上臺通事舍人。遷左衛郎將、左率府中郎兼通事舍人内供奉，加游擊將軍。寵被恩榮，詞兼獻納。尋而寢疾於私第，雖藥物之賜，頻降天衷。而倏夭有期，終焉大漸。以開元十年歲次壬戌閏五月朔十六日卒於河南府宣範私第，春秋五十三。嗚呼哀哉！仁之云亡，邦國殄瘁，不期謂歟。以其月廿六日權殯邙山連崗之陽，禮也。稚子孀妻，□焉在疚。賢昆令侄，攀痛奚從。恐陵谷之貿遷，勒銘記其詞曰：

於昭世禄，重華允穆。胡公之族，天生聰明。詞令英英，乃□厥聲。青宫賜寵，武賁之勇。朱紱斯重，嗚呼彼蒼。壽也不將，仁之云亡。生榮痛死，妻孀子稚。人琴已矣，陵谷懼傾。翠琬勒銘，萬古佳城。

[一] 此處空一格未刻字。

大唐故
趙府君
墓誌銘

〇九〇 大唐故朝議郎行兗州都督府户曹參軍上護軍趙府君（駿）墓誌銘

開元十一年（七二三）二月十八日葬。

誌文三十一行，滿行字數不等。正書。誌長、寬均六十八厘米。

劉同昇撰。

誌蓋篆書：大唐故趙府君墓誌銘

大唐故朝議郎行兖州都督府户曹參軍上護軍趙府君墓誌銘并序

福昌縣尉劉同昇詞

君諱駿，字子逸，隴西天水人也。昔雲臺構象，天格明德，北雄取代之符，西偃盟秦之伯。洎國滅青史，世乘朱輪，鴻猷川長，清業風灑。高祖榮，北齊給事中、中書舍人，周司門大夫，隋庫部侍郎、兵部侍郎、觀州刺史。秉樞黄閣，揮翰紫宸，華貂左珂，鳴玉右佩。雲雷相遇，歷三國而爲臣；松柏不凋，唯一心而事主。曾祖衡，僞鄭左武衛將軍、亳州刺史，　皇朝通州總管府掾、太廟令。門襲通侯，地開方伯。李廣宿於亭下，初失將軍；蕭何無害府中，仍爲主掾。祖仁泰，隆州奉國、豫州汝陽、邢州南和三縣令。神宇夷曠，清機恬泊，含曜夜之虚光，秉純鈞之雄斷。父慎己，　皇朝進士擢第，相州内黄縣主簿。素和至精，黄裳元亨，蛟龍不逢於雲雨，鸞鳳下栖於枳棘。公盤薄浩氣，沉潜青霞。其動也專，其温也直。吻合精理，鈎深微言。萬象幽運乎情機，百家不出於談柄。神龍之初，再業　鴻緒。以爲天人與帝女同位，魯館合梁園等尊。爰降　紫書，亦開朱邸。延辟寮佐，儀如侯王，以公爲成安公主府騎曹參軍。公上交不諂，下交不黷。日用繩直，天倪厄圓。綺襦之中，非其好也。無何，調補兖州都督府户曹參軍。公行囲規墨，職存版圖，是領質劑之凡，爰修簡稽之政。觀藝於魯，見夫子之文章；浴風於沂，咏先王之道德。豈獨華譚揚州從事，周浚爲賓；趙勤南郡功曹，桓虞委郡而已。秩滿歸印，婆娑丘園。今天子有事汾陰，將祀　后土，詔擇辨吏，以供　王職。尚書吏部郎欲啓公爲汾西宰，公不好爲令，且薄其官，藏器於身，固請休啓。嗚呼！禾生殿上，未徵必復之占；桑在井中，果應其亡之兆。春秋四十八，以開元十一年正月八日卒於洛陽陶化里之私第。公實容若虚，皎節不昧。孝乎爲政，王臣何必於朝庭；道且弘人，天爵自賢於鍾鼎。有卞莊之勇，有藏武之智，而官不過於郡曹，名不列於惇册。斯人也，而有斯命也，斯德也，而終斯位也。即以其年二月十八日葬於河南縣伊洛鄉南原，禮也。公盛年而亡，諸子皆幼。有弟曰駉，明秀君子也，余與同官，情最相善。每見其家道矣，若馬援之事嫂，如顔含之養孤。雖伯仲齊名，世有二龍之美；而死生長别，聲增四鳥之哀。式揚德音，刊石銘曰：

六卿分晋兮七國興周，世濟不泯兮俾揚洪休，一門雙戟兮累將重侯，有灼君子兮德音孔煽。學秘青册，識優黄絹。未復三臺兮俄終一掾，杳杳之夜兮悠悠之年，人生共此兮誰能免焉。雖百身而何贖，徒哀哀以呼天。素車白馬兮出東墎，浮雲在天兮水流壑。陟彼崇崗兮空望兄，松柏無人兮自蕭索。迴野長原兮狐兔悲，薤歌數曲兮春露晞。白日西落兮復東出，夜臺君去兮何時歸。俾刻石以記頌，庶亡魂兮來依。

大唐故銀青光祿大夫恒州刺史上柱國湖城縣開國公仇府君墓
誌銘并序　前左補闕趙不疑文
公諱克義字忠烈本弘農郡人也其先出自周康王之後本枝百代
君子万年賫曾蓬以拂雲鼓長瀾而洛曰世濟其美誕敷身德曾祖
任詮隨坊汾二州別駕左領府都督弘農郡開國公祖孝松皇朝漁
陽道揔管使持節檀州刺史題輿稱職別乘之政攸歸露冕移風坐
棠之化彌遠考大恳皇朝任太僕天池監淄州鄒平縣令道可濟時
位不充量公家傳鍾鼎地積山河符彩照人魁梧動俗年甫十八郡
賦鄉貢進士遂投筆從戎西征絕域班超抗志當爲万里之侯季路
長懷每負三軍之氣尋以軍功授上柱國解褐授勝州金河府左果
毅都尉頃之授游擊將軍又應武舉高第累遷左武衛永寧府折衝
都尉長上左威衛翊府左郎將甘蘭州刺史又充朔方軍副大揔管
副韓國公張仁愿景雲初加雲麾將軍數歲授滄州刺史轉左衛將
軍又除恒州刺史加湖城縣開國公在州政理尤異被　勑河北道
按察使鴻臚卿蕭嵩昇進至都朝見天下榮之朝廷將別加擢用未
拜職以開元十年十一月三日遇暴疾薨於洛陽縣通遠坊之私第
春秋六十有五嗚呼哀哉公忠孝天資聲華代出才兼文武位光中
外凡七典州郡十司戎旅所居則理清而逾勵生涯遠盡有恨如何
夫人汝南郡君周氏淑德賢明好仇君子託松蘿之有會痛劒匣之
同歸以其年十二月廿九日薨於內寢春秋六十有五粤以開元十
一年四月三日同窆于洛陽邙山之原禮也嗣子游擊將軍守左衛
長上折衝都尉日新等罔極孝思庶揚遺範期於不朽敢作銘云
昔我先王於湯有光瑤圖惟永鼎命彌昌公侯分軌世濟其美道可
匡時清逾置水誕生身德其儀不忒歷居中外緝熙邦國將膺象海
□奄幽泉奈何同穴溘盡茲年惟彼孝思銜哀殞慕痛結蒼昊感深
露邙山之曲万古同歸勒銘泉戶永播清徽

〇九一　大唐故銀青光禄大夫恒州刺史上柱國湖城縣開國公仇府君（克義）墓誌銘

開元十一年（七二三）四月三日葬。
誌文二十六行，滿行二十六字。正書。誌長、寬均八十厘米。
趙不疑撰。
墓誌原石藏山東桓臺拿雲美術博物館。

大唐故銀青光禄大夫恒州刺史上柱國湖城縣開國公仇府君墓誌銘并序

前左補闕趙不疑文

公諱克義，字忠烈，本弘農郡人也。其先出自周康王之後。本枝百代，君子萬年。聳曾蔭以拂雲，鼓長瀾而浴日。世濟其美，誕敷厥德。曾祖仕詮，隋坊汾二州別駕、左領府都督、弘農郡開國公。祖孝松，皇朝漁陽道總管、使持節、檀州刺史。題輿稱職，別乘之政攸歸；露冕移風，坐棠之化彌遠。考大恩，皇朝任太僕天池監、淄州鄒平縣令。道可濟時，位不充量。公家傳鍾鼎，地積山河。符彩照人，魁梧動俗。年甫十八，郡賦鄉貢進士。遂投筆從戎，西征絶域。班超抗志，當爲萬里之侯；季路長懷，每負三軍之氣。尋以軍功，授上柱國。解褐授勝州金河府左果毅都尉。頃之，授游擊將軍。又應武舉高第，纍遷左武衛永寧府折衝都尉長上、左威衛翊府左郎將、甘蘭州刺史。又充朔方軍副大總管，副韓國公張仁愿。景雲初，加雲麾將軍。數歲，授滄州刺史，轉左衛將軍。又除恒州刺史，加湖城縣開國公。在州政理尤异，被敕河北道按察使、鴻臚卿蕭嵩昇進至都朝見，天下榮之。朝廷將別加擢用，未拜職，以開元十年十一月三日遇暴疾薨於洛陽縣通遠坊之私第，春秋六十有五。嗚呼哀哉！公忠孝天資，聲華代出。才兼文武，位光中外。凡七典州郡，十司戎旅。所居則理，清而逾勵。生涯溘盡，有恨如何。夫人汝南郡君周氏，淑德賢明，好仇君子。托松蘿之有會，痛劍匣之同歸。以其年十二月廿九日薨於内寢，春秋六十有五。粤以開元十一年四月三日同窆於洛陽邙山之原，禮也。嗣子游擊將軍、守左衛長上折衝都尉日新等罔極孝思，庶揚遺範。期於不朽，敢作銘云：

昔我先王，於湯有光。瑶圖惟永，鼎命彌昌。公侯分軌，世濟其美。道可匡時，清逾置水。誕生厥德，其儀不忒。歷居中外，緝熙邦國。將膺象海，遽奄幽泉。奈何同穴，溘盡兹年。惟彼孝思，銜哀孺慕。痛結蒼昊，感深□露。邙山之曲，萬古同歸。勒銘泉户，永播清徽。

〇九二　唐故銀青光祿大夫吏部尚書贈荊州都督齊國公崔府君（日用）妻齊國夫人韋氏墓誌銘

開元十一年（七二三）四月十三日葬。
誌文三十五行，滿行三十五字。正書。誌長、寬均七十厘米。
盧僎撰，摯澄書。

唐故銀青光祿大夫吏部尚書贈荊州都督齊國公崔府君妻齊國夫人韋氏墓誌銘并序

夫柔剛合德，天地所以貞觀；咸恒合契，邦家所以雍熙。故睢鳩始於國風，流荇本乎王化。若迺英髦秀發，室家諧鳴鳳之音；令淑挺生，鍾鼓對乘龍之偶。外匡於國，
備金貂玉鉉之榮；內正於家，襲魚軒翟衣之寵。世稱具美者，其在齊國夫人乎！夫人姓韋氏，諱[一]，字[二]，京兆杜陵人也。 皇朝吏部郎謙之曾孫，庫部郎知人之孫，
銀青光祿大夫、右庶子維之長女。軒轅聖系，扶陽貴緒。大賢之封彭翼商，功聞上帝；鴻儒之傳經佐漢，澤潤蒸人。祚流而才滿良史，家興而世濟明德。由是含香
握蘭之列，星象重光；春華秋實之選，龍樓載穆。旂常□彝，盡歸於是；禮樂文武，莫之與大。夫人承聖緒賢門之慶，含方祇圓魄之靈。奇相應圖，柔徽映世。勝
衣而茗英玉秀，容止天成；未笄而顧史披圖，幽閑道合。詩書訓誡，一覽而盡諷遺文；織紝纂組，不習而備精多藝。謝道蘊之應機狀雪，比麗詞鋒；蔡文姬之聽響
知琴，齊聰意匠。柔德光備，淑問昭鑠。卜妻君子，是歸齊公。齊公盛德之緒，生人之秀。早昇清貫，即遊鵷鷺之行；中奮宏圖，遂運鵾鵬之勢。安　鼎業之中
圮，清　天步之多艱。爵位於是崇高，山河以之延袤。大勛所賞，是及於宜家；高門將興，諒資於內輔。夫人榮號不□，宜乎？故神龍中，始封扶陽縣君。景龍
歲，又加扶陽郡君。先天初，乃下　制曰：銀青光祿大夫、荊州大都督府長史、齊國公崔日用妻扶陽郡君韋氏，門襲衣冠，職脩蘋藻。宜貴翟衣之寵，俾成鵲巢
之德，可封齊國夫人。齊公無何又拜吏部尚書，即周之天官冢宰。夫人內外榮盛，地位高邈。能降其德，不居其華。加三命之尊，執心逾下；享千室之貴，持家以
約。喜慍無色，言笑有度。奉先而蘋藻惟勤，主饋而饘酏是潔。壼政允乂，家道實肥。九族益親，六姻增協。至若博綜群書，備該衆善。撫弦隱談之妙，翔鶴爛柯；
篆籀譜諜之精，分微究本。迨於晚節，尤愛佛經。遍覽遺文，洞曉真諦。迺手集八部般若，決定要趣，分爲數軸，以貽道門。自是流行，家藏法要。非夫天假惠識，
時禀賢明，則曷以臻茲。齊公是用敦於百行，偶其四德。堂有琴瑟，常諧若樂之和；室無姬姜，終穆如賓之敬。既而天不憖遺，夫子迫於晨歌；人之云亡，節婦纏於
晝哭。深哀有慟，遘疾彌留。晝月無靈，沉龍遂合。昔秦嘉□□，鸞皇比象；蘭凋玉碎，泉壤同時。於嗟淑人，有符往烈。豈理運均賦，使脩短同歸。將精緦□期，
而形質昭謝。悲夫！悲夫！誠未達夫玄天之數也。凡壽卌六歲。以開元十一年三月廿二日終於寧仁里第，即以夏四月十三日合祔於河南金谷鄉之舊塋，禮也。夫人
元兄虛心，歷兵部郎、御史中丞，出牧於曹。文爲國華，德成世範。聯芳女第，昔則班昭之兄；撫育孤甥，今則韓□之舅。臨喪哀震，感絶移時。有切天倫，是庀
凶事。嗣子啓之、宗之，文章㒳傳，純孝天至。桐竹連□，□血而絶漿；屺岵齊登，棘心而柴毀。式圖懿範，永志窮埏。嗚呼哀哉！背洛城之館宇，歸芒山之阡陌。
帝臺可望兮，聞歌鍾於曉夕；泉扃不開兮，挂日月於松柏。喪一代之賢才，留千秋之片石。嗚呼哀哉！敬爲銘曰：

於鑠靈系，聖賢相繼。四牡龍旂，傳於百世。慶靈相因，生此柔嬪。貞明象月，窈窕如□。□問光備，作合哲人。琴瑟是友，鍾鼓猶賓。天□令德，大勛昭塞。
臺鼎舊庸，苴茅啓國。從來之貴，翟衣增飾。絺紘不忘，□蘩是職。懿哉淑令，好□無競。鳳皇可歌，鵲巢在咏。庶於偕老，乃終有慶。昔賢有言，物禁□□。曾微中壽，
奄嘆摧梁。於嗟淑媛，相繼云亡。芒山之下，洛水之陽。日月更照，松柏□□。

右補闕盧僎撰

□巖子京兆摯澄書

[一] 此處空一格未刻字。

[二] 此處空一格未刻字。

大唐太中大夫行尚書虞部員外郎上柱國崔紹妻范陽盧氏漁陽
縣君墓誌銘并序
夫人涿郡范陽人也漢侍中之後魏吏部尚書之六代孫冠冕蟬聯
備諸史冊夫人即隨奉信員外之曾孫　皇朝丹徒縣丞之孫
朝散大夫行河南府鞏縣令之季女器擅珪璋門承禮義爰在襁褓
早丁慈罰祖母鞠育以至成人幼而聰敏長稱孝悌雖蔡琰曹娥不
之過也年十有八禮備初笄謙讓飾於儀形容止光乎令範上下榮
慶內外骨悅僕妾畢秩解褐江左漁陽性惟恭順言誠剛直宜尔之
談斯闌于飛之兆即彰楚山碧峯吳江淥水幾窮迴泊屢撫登臨秋
音六商春火五燧調遷東洛効職南宮一從吏道二十餘載綢繆契
闊榮辱均齊終始不易其心喜怒不形於色開元之後頻鍾疊酷荏
苒窮迫歲月湮沉荼苦凶危同憂共戚長男夭折中女淪亡哀禍再
霑悲憂兩積未填溝壑交恸代耕受命秦中牽絲韓國漁陽往遭艱
疚遂染風虛近喪愛子因成痼疾錫年之期罕遇夢夜之罰旋鍾遂
使痛結重泉哀纏殯幕以開元十年閏五月二日終於河南府福昌
縣令之官第春秋五十有四即以其月權殯於福昌縣城內開元十
一年歲次癸亥十一月癸亥朔十日壬申歲律通便移窆偃師縣北
原舊塋之左安厝禮也惣誕五男六女婚宦未畢存沒感念心焉如
割顧靈筵而結欷不覺魂銷撫童稚而增悲自然腸斷比調琴瑟三
紀于茲今逼桑榆百年詎幾恐陵谷遷變故勒斯銘庶子荊賦詩伉
儷之情逾重安仁作誄枕席之痛弥興乃爲銘曰
天資婉娩器稟珪璋幼稱聰惠長勗義方良妻孝婦曹娥孟光爲善
不弔于嗟彼蒼晤言一隔秋音再商思仁痰首感舊摧腸誰謂明鑒
貽凶奚常禍遺魯伯酷備齊姜撫對童稚心魂斷亡方期同穴地久
天長　男顏路貢參
子壻朝散郎前仙州西平縣丞騎都尉盧侹書

〇九三　大唐太中大夫行尚書虞部員外郎上柱國崔紹妻范陽盧氏漁陽縣君墓誌銘

開元十一年（七二三）十一月十日葬。
誌文二十六行，滿行二十六字。正書。誌長、寬均六十厘米。
崔紹撰，盧侹書。

大唐太中大夫行尚書虞部員外郎上柱國崔紹妻范陽盧氏漁陽縣君墓誌銘并序

夫人涿郡范陽人也。漢侍中之後，魏吏部尚書之六代孫。冠冕蟬聯，備諸史册。夫人即隋奉信員外之曾孫，皇朝丹徒縣丞之孫，朝散大夫、行河南府鞏縣令[一]之季女。器擅珪璋，門承禮義。爰在襁褓，早丁慈罰，祖母鞠育，以至成人。幼而聰敏，長稱孝悌，雖蔡琰、曹娥不之過也。年十有八，禮備初笄。謙讓飾於儀形，容止光乎令範。上下榮慶，内外胥悦。僕忝卑秩，解褐江左。漁陽性惟恭順，言誠剛直，宜爾之談斯闡，于飛之兆即彰。楚山碧峰，吴江渌水，幾窮迴泊，屢極登臨。秋音六商，春火五燧。調選東洛，效職南宫。一從吏道，二十餘載。綢繆契闊，榮辱均齊，終始不易其心，喜怒不形於貌。開元之後，頻鍾釁酷。莊園窮迫，歲月湮沉。荼苦凶危，同憂共戚。長男夭折，中女淪亡。哀禍再需，悲憂兩積。未填溝壑，交切代耕。受命秦中，牽絲韓國。漁陽往遭艱疚，遂染風虚，近喪愛子，因成痼疾。錫年之期罕遇，厚夜之罰旋鍾。遂使痛結重泉，哀纏孺慕。以開元十年閏五月二日終於河南府福昌縣令之官第，春秋五十有四。即以其月權殯於福昌縣城内。開元十一年歲次癸亥十一月癸亥朔十日壬申，歲律通便，移窆偃師縣北原舊塋之左安厝，禮也。總誕五男六女，婚宦未畢。存殁感念，心焉如割。顧靈筵而結欷，不覺魂銷；撫童稚而增悲，自然腸斷。比調琴瑟，三紀於兹；今逼桑榆，百年詎幾。恐陵谷遷變，故勒斯銘。庶子荆賦詩，伉儷之情逾重；安仁作誄，枕席之痛彌興。乃爲銘曰：

天資婉俶，器稟珪璋。幼稱聰惠，長勖義方。良妻孝婦，曹娥孟光。爲善不吊，於嗟彼蒼。晤言一隔，秋音再商。思仁疾首，感舊摧腸。誰謂明鑒，貽凶失常。禍遺魯伯，酷備齊姜。撫對童稚，心魂斷亡。方期同穴，地久天長。

男顔、路、貢、参

子婿朝散郎前仙州西平縣丞騎都尉盧侹書

[一] 據本書一二三《唐故正議大夫使持節鄆州諸軍事守鄆州刺史上柱國崔府君（紹）墓誌銘》載：夫人范陽盧氏，鞏縣府君弘肅之女也。則鞏縣令即盧弘肅。

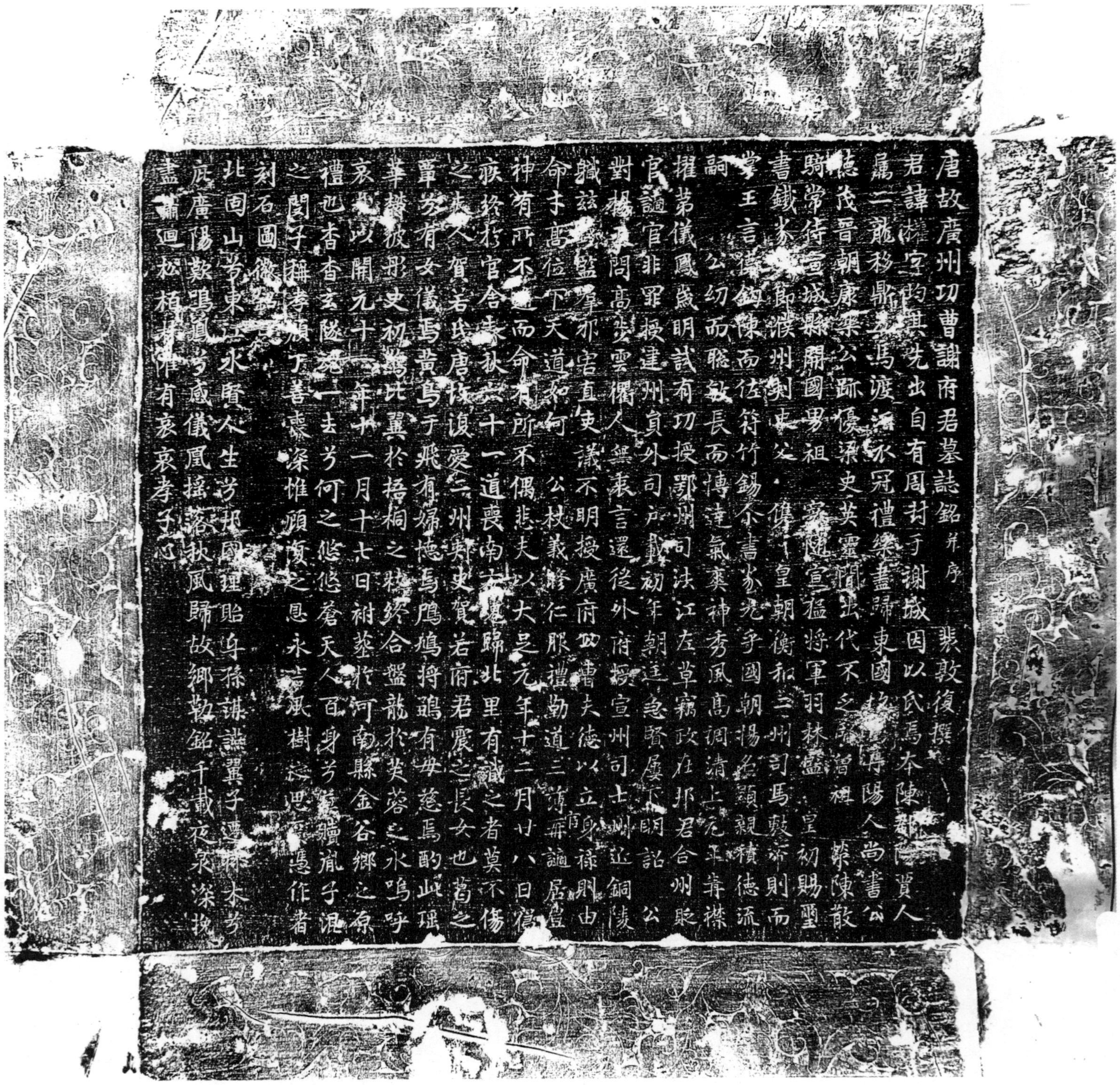

大唐故
謝府君
墓誌銘

〇九四　唐故廣州功曹謝府君（權）墓誌銘

開元十一年（七二三）十一月十七日葬。

誌文二十五行，滿行二十五字。正書。誌長、寬均五十七厘米。

裴敦復撰。

誌蓋篆書：大唐故謝府君墓誌銘

唐故廣州功曹謝府君墓誌銘并序

裴敦復撰

君諱權，字均。其先出自有周，封於謝城，因以氏焉。本陳郡陽夏人，屬二龍移鼎，五馬渡江，衣冠禮樂盡歸東國，故爲丹陽人。尚書公德茂晋朝，康樂公迹優梁史。英靈間出，代不乏賢。曾祖　榮，陳散騎常侍、宣城縣開國男。祖　寵，隋宣猛將軍、羽林監。皇初賜璽書鐵券，擁節濮州刺史。父　儁，皇朝衡、和二州司馬。敷帝則而掌王言，衛鈎陳而佐符竹。錫爾書券，光乎國朝，揚名顯親，積德流嗣。　公幼而聰敏，長而博達，氣爽神秀，風高調清。上元年，青襟擢第。儀鳳歲，明試有功，授鄂州司法。江左草竊，政在邦君，合州貶官，謫宦非罪，授建州員外司户。載初年，朝廷急賢，屢下明詔。　公對揚天問，高步雲衢。人無衷言，還從外府，授宣州司士。州近銅陵，職兹錢監，群邪害直，吏議不明，授廣府功曹。夫德以立身，禄則由命，才高位下，天道如何。　公杖義修仁，服禮勤道。三薄宦，再謫居，豈神有所不□而命有所不偶。悲夫！以大足元年十二月廿八日寢疾終於官舍，春秋六十一。道喪南方，魂歸北里，有識之者莫不傷之。夫人賀若氏，唐故復、愛二州刺史賀若府君震之長女也。葛之覃兮，有女儀焉；黄鳥于飛，有婦德焉；鳲鳩將鶵，有母慈焉。酌此瑶華，鬱彼彤史。初鸞比翼於梧桐之枝，終合盤龍於芙蓉之水。嗚呼哀哉！以開元十一年十一月十七日祔葬於河南縣金谷鄉之原，禮也。杳杳玄隧，魂一去兮何之；悠悠蒼天，人百身兮莫贖。胤子混之，閔子稱孝，顔丁善喪，深惟顧復之恩，永吉風樹之思。□憑作者，刻石圖徽。銘曰：

北固山兮東江水，賢人生兮邦國理。貽厥孫謀讌翼子，遷林木兮庇廣陽。嘆鳴鳳兮感儀凰，摇落秋風歸故鄉。勒銘千載夜泉深，挽盡蕭迴松柏林，惟有哀哀孝子心。

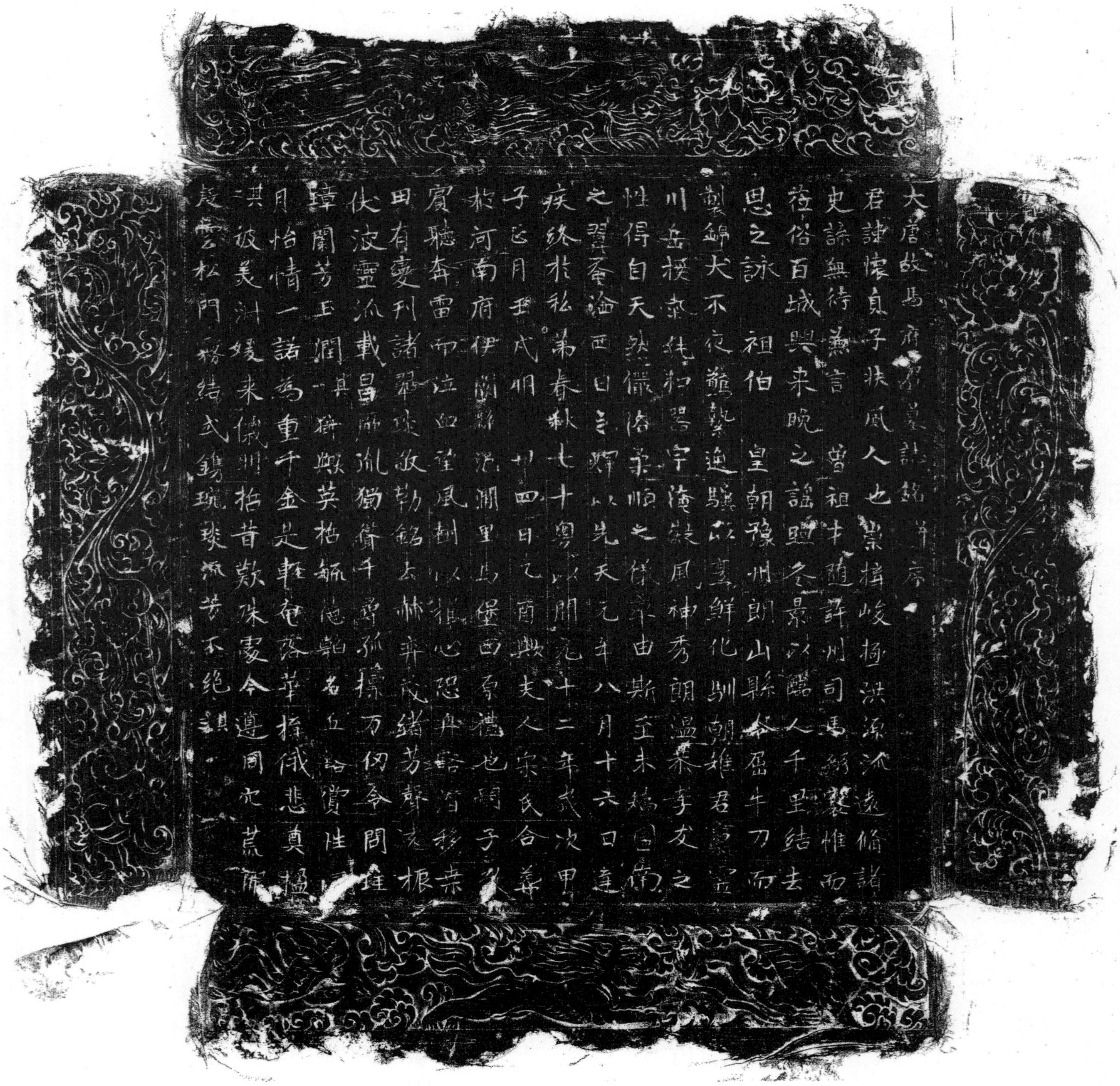

大唐故
馬府君
墓誌銘

○九五　大唐故馬府君（懷貞）墓誌銘

開元十二年（七二四）正月二十四日葬。

誌文十九行，滿行十九字。正書。誌長、寬均三十五厘米。

誌蓋正書：大唐故馬府君墓誌銘

墓誌原石藏洛陽張存才唐誌精品館。

大唐故馬府君墓誌銘并序

君諱懷貞，子扶風人也。崇構峻極，洪源派遠，備諸史諜，無待兼言。曾祖才，隋許州司馬。弼褰帷而莅俗，百城興來晚之謡；煦冬景以臨人，千里結去思之咏。祖伯，皇朝豫州朗山縣令。屈牛刀而製錦，犬不夜驚；縶逸驥以烹鮮，化馴朝雉。君稟靈川岳，授氣純和，器宇淹凝，風神秀朗。温恭孝友之性，得自天然；儼俗柔順之儀，率由斯至。未矯圖南之翼，奄淪西日之輝。以先天元年八月十六日遘疾終於私第，春秋七十。粤以開元十二年歲次甲子正月壬戌朔[一]廿四日乙酉歟夫人宋氏合葬於河南府伊闕縣浥澗里馬堡西原，禮也。嗣子國賓，聽奔雷而泣血，望風樹以摧心。恐舟壑潛移，桑田有變。刊諸翠琰，敬勒銘云：

赫弈茂緒，芳聲遠振。伏波靈派，載昌厥胤。獨聳千尋，孤標萬仞。令問珪璋，蘭芳玉潤。其一。猗歟英哲，毓德韜名。丘壑賞性，風月怡情。一諾爲重，千金是輕。奄落華構，俄悲奠楹。其二。彼美淑媛，來儀明哲。昔嘆殊處，今遵同穴。荒隴疑雲，松門霧結。式鐫琬琰，流芳不絶。其三。

[一] 此處空一格未刻字。

○九六　唐故朝散大夫揚州江陽縣令上柱國杜府君（拯）墓誌銘

開元十四年（七二六）十一月十日葬。

誌文二十四行，滿行二十四字。正書。誌長、寬均五十四厘米。

王翰撰銘。

墓誌原石藏山東桓臺拿雲美術博物館。

唐故朝散大夫揚州江陽縣令上柱國　杜府君墓誌銘并序

府君諱拯，字兼拯，京兆杜陵人也。高祖亮，後魏龍驤將軍、濮陽太守，子孫因家焉，今爲東郡濮陽人也。曾祖伽，隋雁門郡守。祖義寬，朝散大夫、守饒州別駕。父無忝，朝散大夫、行梓州鹽亭縣令。并珪璋特達，清德弈世，令問令望，已刊之於先誌矣。府君即鹽亭之第二子。解褐蜀州新津縣尉，轉太原府榆次縣尉、河南府温縣尉。行不外飾，仁爲己任。從學入政，在邦必聞。開元初，國家以東南吴楚習俗彫弊，勤伫豹産之績，以穆胥庭之風。自尉擇宰，始兹超授，除蘇州常熟縣令，轉揚州江陽縣令。吏不敢欺，政有經矣。尋加朝散大夫、上柱國。俄而嬰疾不愈，歸於河洛。天不憖留，忽焉大漸。以開元十四年八月六日終於會節里第，春秋六十八。以其年十一月十日遷葬於洛陽縣金墉鄉北原，禮也。府君五代共居，百口同火。自元昆兼愛，太谷令傾歿，歲將二紀焉。正身率下，自家形國，恒以義方，遠觀墳典。故居長不以越衆，懷文不以勝質，脩勤不以致阜，處約不以改操也。至於禪律道記，精持佩服，陰陽儒墨，一以貫之。皆微妙玄通，怡然理順。將學以爲己，人莫之窺。次弟兼濟，懷州武陟令，加朱紱焉。堂弟暹，黄門侍郎，加金紫焉。洎乎胤侄羅列於庭廡，秀孝登科，中外述職者，二十餘人。自非善積餘慶，德遠後興，則何能届此也。嗚呼！行爲世師，位居人下。時志不遂，趙嘉所以太息焉。鈒等自丁艱罰，敢忘詩禮，窮號荒慕，竊思蔡邕、虞潭輕以序述。敬憑友人從外兄尚書駕部郎太原王翰爲之銘曰：

懿懿江陽，有蕡其實。位不充量，文不勝質。天胡匪傭，遘此瘧疾。□長叙事，伯喈作銘。豈無他人，恐墜家聲。

〇九七　唐故蘇州刺史何公（彥則）夫人彭城劉氏（五兒）墓誌銘

開元十五年（七二七）二月二十九日葬。

誌文十九行，滿行二十字。正書兼行意。誌長、寬均六十五厘米。

唐故蘇州刺史何公夫人彭城劉氏墓誌銘并序

夫人諱五兒，彭城沛人也。自豢龍命氏，斷蛇膺圖，茅社軒裳，海派雲蔓。祖相，皇朝宣州司馬。父正己，皇朝淄州淄川縣令。并多异才而抱濟器，有遠度而豐政聲。夫人柔懿禀於天資，禮訓得於家範。彤闈冥會，幽蘭自芳。服勤組紃，盡女工之妙；周旋圖史，備婦德之規。禮洎笄年，適於何氏[一]。□珈斯照，百兩爰歸，宜其室家，穆兹中饋。事姑以孝，奉姒以誠。勉君子於絛枝，躬節儉於浣濯。固有關雎之德、騶虞之風焉。悲夫！金柅云亡，玉樹無繼。奉嚴□而增慕，視猶子而多仁。而與善有欺，享齡斯昧。開元十三年五月廿二日終於都嘉善里第，春秋六十六。以開元十五年歲次丁卯二月甲辰朔廿九日壬申合葬於首陽原何公之舊塋，禮也。侄右庶子鸞等，痛窀穸之長辭，恐陵谷之將變，敬題貞石，以紀清徽。其詞曰：

粤若稽古，豢龍效祉。祖德家聲，傾圖溢史。惟夫積慶，誕兹淑美。邦之媛兮，何彼穠矣。笄年去室，歸乎君子。心和體柔，善終令始。天乎不憖，人生到此。薤露晨歌，松風暮起。蘭芬桂馥，光邦耀里。玄堂是銘，德音無已。

[一] 何氏即何彥則，墓誌見本書〇六七《唐故蘇州刺史上柱國廬江何公（彥則）墓誌》。

唐故右威衛將軍兼朔州刺史大同軍使張君墓誌銘并序
太僕卿趙冬曦文　萬年縣丞裴朏書
君諱待問字待問晉司空華之後家本范陽遷河東今復從居
河清曾祖明齊州長史祖昂安定令父湊豐州司馬君生而果
勇長而瓌傑岐嶷之貌見於赤狄戰陣之雄表於兇獻希功万
里之外不學一人之敵萬歲通天年以破林胡勿吉功解褐授
游擊将軍遷果毅都尉郎将中郎将安北副都護累遷左威中
郎右驍中郎右威中郎三為金吾中郎再為朔方軍總管歷廓
錦朔等州刺史姚營勝等州都督和戎東城等軍副使積石姚
州經略漁陽中城東城等軍使右威衛将軍兼蔚州刺史橫野
軍使加雲麾将軍再授右威衛将軍兼朔州刺史大同軍使進
封范陽縣伯開元十四年十二月八日薨於興藝里第春秋六
十君簡而正毅而仁奉上以忠蒞下以惠寒暑不入於軍
營大姓黠羌必提於綱領有馬服之撫士有李牧之備邊至乃
却負窮圍前臨大敵奮其力可以當一隊賈其勇可以冠三軍
由是四為偏裨七為師帥典州郡者八進封邑者三遂
盛明之時都上将之位金章紫綬高門長戟功業存乎塞上手
足歸於牖下雖古之達者何以加於此乎夫人河南元氏洛州
司馬彝憲之女後夫人河東郡君裴氏撫州長史匪石之女德
行齊芳閨門繼美愛均五息始高張氏之風坐設三靈終見潘
家之隧以十五年三月廿九日合葬於邙山之舊塋禮也嗣子
巻等終天永慕擗地無容思傳列光紀之貞石銘曰
赳赳張侯光光義節天資壯勇氣本奇傑驟握兵權浚明軍決
漢拆無警胡氣浸臧名與風揚人隨水閱勒銘泉戸凜然餘烈

〇九八　唐故右威衛將軍兼朔州刺史大同軍使張君（待問）墓誌銘

開元十五年（七二七）三月二十九日葬。

誌文二十四行，滿行二十四字。正書。誌長、寬均七十三厘米。

趙冬曦撰，裴朏書。

唐故右威衛將軍兼朔州刺史大同軍使張君墓誌銘并序

太僕卿趙冬曦文

萬年縣丞裴朏書

君諱待問，字待問，晋司空華之後。家本范陽，遷河東，今復徙居河清。曾祖明，齊州長史。祖昂，安定令。父湊，豐州司馬。君生而果勇，長而瓌杰。岐嶷之貌，見於未孩；戰陣之雄，表於兒戲。希功萬里之外，不學一人之敵。萬歲通天年，以破林胡勿吉功，解褐授游擊將軍，遷果毅都尉、郎將、中郎將、安北副都護。纍遷左威中郎、右驍中郎、右威中郎，三爲金吾中郎，再爲朔方軍總管。歷廓、錦、朔等州刺史，姚、營、勝等州都督，和戎東城等軍副使，積石、姚州經略，漁陽中城、東城等軍使，右威衛將軍兼蔚州刺史，橫野軍使加云麾將軍。再授右威衛將軍兼朔州刺史、大同軍使，進封范陽縣伯。開元十四年十二月八日薨於興藝里第，春秋六十。君簡而正，愨而仁。奉上以忠，莅下以惠。寒裘暑蓋，不入於軍營；大姓黠羌，必提於綱領。有馬服之撫士，有李牧之備邊。至乃却負窮圍，前臨大敵，奮其力可以當一隊，賈其勇可以冠三軍。由是四爲偏裨，七爲師帥。典州郡者八，進封邑者三。逢　盛明之時，都上將之位。金章紫綬，高門長戟。功業存乎塞上，手足歸於牖下。雖古之達者，何以加於此乎！夫人河南元氏，洛州司馬彝憲之女。後夫人河東郡君裴氏，撫州長史匪石之女。德行齊芳，閨門繼美。愛均五息，始高張氏之風；坐設三靈，終見潘家之隧。以十五年三月廿九日合葬於邙山之舊塋，禮也。嗣子峑等，終天永慕，擗地無容。思傳列光，紀之貞石。銘曰：

赳赳張侯，光光義節。天資壯勇，氣本奇杰。驟握兵權，浚明軍决。漢柝無警，胡氛浸滅。名與風揚，人隨水閲。勒銘泉户，凛然餘烈。

○九九　大唐故京兆府鄠縣尉鉅鹿魏府君（兼慈）墓誌銘

開元十五年（七二七）六月十九日葬。

誌文二十行，滿行二十字。正書。誌長、寬均四十厘米。

大唐故京兆府鄠縣尉鉅鹿魏府君墓誌銘并序

君諱兼慈，字宅相，鉅鹿曲陽人也。昔畢萬受封，天啓其祥。魏大名也，後必蕃昌。故錫和戎之勛，始榮半樂；居佐漢之日，復典諸軍。曾祖應，皇朝大理正。祖孝，皇朝揚州江都縣令。父兵部、吏部二侍郎，見任鴻臚少卿。君即侍郎[一]之仲子也。年十餘歲，通《古文尚書》《春秋左氏傳》，補國子大學生。備中和祗庸，能興導諷誦。曳裾入學，不交賓客之言；鼓篋升堂，必究詩書之奥。尋而擢第，解褐授右清道率府倉曹參軍，會闕不成，改太常寺太祝、文學直崇文館。秩宗典祀，嘗宣祝嘏之詞；延閣秘文，更掌圖書之要。秩滿，轉京兆府鄠縣尉。有扈之國，惟王之畿，既結綬而登，乃治繩爲政。導之以禮樂，示之以刑禁。曾未旬時，人有耻而格矣。無何，遘疾歸於洛師，以開元十五年六月十三日終於恭安之里第，春秋卅有五。以其月十九日窆於洛陽平陰原，禮也。公行孝以著極，執謙而光尊。强記則三篋無遺，染翰乃二池盡墨。方將踐内史之位，封劇陽之公。皇天不仁，負我君矣。敢題貞石，紀其事云。銘曰：

塗車曉出兮洛陽城，原野蕭蕭兮哀挽聲，於嗟魏君兮不克大名。

[一] 侍郎即魏奉古，後官至衛尉卿、鉅鹿縣男。參《洛陽流散唐代墓誌彙編》一六六《唐故朝散大夫前行河内郡河内縣令上柱國鉅鹿魏公（兼愛）慕誌銘》。

大唐翊麾校尉守左衛長上任府君夫人崔氏墓誌銘并序
夫人諱字博陵安平人也自炎皇錫胤系崇盛畏其
神者三百年得其姓者十四族矣功列茅土魏天子之
名臣忠貞立身晉明皇之喉舌卿相王帛累世其榮曾
祖同業尚乘奉御左衛郎將汝州刺史考課高明位掌
於方岳愛人之術露冕垂軒祖知言皇朝温王府祭
酒兼侍書銀鈎轉妙同索靖之嘉聲臨池絲綸得張芝
之善号非千里之才有九卿之望父璡為容縣尉銅墨
分曹專絲助化剖斷清白唯直唯平夫人則璡之第二
女也立性貞潔為人志操慈孝仁讓雍穆和雅學班氏
之風儀習恭姜之高節箴誡妙善儀禮恒脩四德爰美
令淑有聞凜神容可為姆則傳此嘉聲作嬪君子琴瑟
新結和穆以深魚水之清古今罕有夫人以開元十五
年四月十日遇疾仲秋七月廿九日終於河南府履道
之里也嗚呼哀哉任君以公事休暇旋来歸啓殯於東
廂內閣將遷祔於河南縣龍門鄉　里平原禮也嗚
呼哀哉風樹不停如仙之態旋殁白駒過隙千金之只
俄終玉貞紅顔忽歸於丘隴娥眉蟬鬢永殁黃泉白鶴
閒山以題隴字青烏相墓遂勒銘之乃為銘曰
詩云桃花灼灼光色輝輝淑女窈窕有容有儀作嬪君
子依禮依詩孝行貞潔工巧兼施一朝將殁何痛如之
芳莫忘千載思唯

大唐故
崔夫人
墓誌銘

一〇〇　大唐翊麾校尉守左衛長上任府君夫人崔氏墓誌銘

開元十五年（七二七）七月二十九日卒。

誌文二十二行，滿行二十二字。正書。誌長、寬均四十四厘米。

誌蓋篆書：大唐故崔夫人墓誌銘

大唐翊麾校尉守左衛長上任府君夫人崔氏墓誌銘并序

夫人諱字，博陵安平人也。自炎皇錫胤，弧矢崇威。畏其神者三百年，得其姓者十四族矣。功列茅土，魏天子之名臣；忠貞立身，晋明皇之喉舌。卿相玉帛，纍世其榮。曾祖同業，尚乘奉御、左衛郎將、汝州刺史。考課高明，位掌於方岳。愛人之術，露冕乘軒。祖知言，　皇朝温王府祭酒兼侍書。銀鈎轉妙，同索靖之嘉聲；臨池絶綸，得張芝之善號。非千里之才，有九卿之望。父璡，句容縣尉。銅墨分曹，牽絲助化。剖斷清白，唯直唯平。夫人即璡之第二女也。立性貞潔，爲人志操，慈孝仁讓，雍穆和雅。學班氏之風儀，習恭姜之高節。箴誡妙善，儀禮恒脩。四德爰美，令淑有聞。凛凛神容，可爲姆則。傳此嘉聲，作嬪君子。琴瑟新結，和穆以深。魚水之情，古今罕有。夫人以開元十五年四月十日遇疾，仲秋七月廿九日終於河南府履道之里也。嗚呼哀哉！任君以公事休暇，旐來歸啓，殯於東厢内閣，將遷祔於河南縣龍門鄉[一]里平原，禮也。嗚呼哀哉！風樹不停，如仙之態旋殁；白駒過隙，千金之貌俄終。玉貌紅顔，忽歸於丘隴；娥眉蟬鬢，永殁黄泉。白鶴開山，以題隴字，青烏相墓，遂勒銘之。乃爲銘曰：

詩云：桃花夭夭，光色輝輝。淑女窈窕，有容有儀。作嬪君子，依禮依詩。孝行貞潔，工巧兼施。一朝將殁，何痛如之兮，莫忘千載思唯。

[一] 此處空兩格未刻字。

大唐故正議大夫行亳州司馬上柱國崔府君墓誌銘并序

一〇一　大唐故正議大夫行亳州司馬上柱國崔府君（綜）墓誌銘

大唐故崔府君墓誌銘

開元十五年（七二七）十月五日葬。

誌文二十三行，滿行二十三字。隸書。誌長、寬均五十三厘米。張冽撰。

誌蓋篆書：大唐故崔府君墓誌銘

大唐故正議大夫行亳州司馬上柱國崔府君墓誌銘并序

禮部郎中清河張冽撰

府君諱綜，清河東武城人也。昔尚父有匡周之業，舉齊而受圭；穆伯惟讓國之賢，食崔而命氏。門負臨淄之盛，人華冀州之族。祖大質，隋復州刺史。祖玄弼，皇朝寧、延二州長史。父道郁，婺州司馬。并惠孚誠信，仁洽紀綱。没而見懷，遺風尚在。府君幼推弘量，代謂恭人。學則奉於先師，言皆成於後素。弱冠明經擢第，起家梁州南鄭丞，歷汝州司户、同州司法，入爲京兆府法曹，改爲功曹。杜畿初見，仍貽郡將之言；蕭育且來，誰復後曹之嘆。以地□多忤，出爲懷州武陟令。毗俗歸心，□謡壹變。入遷鄠縣令，改拜醴泉，又出爲同州澄城令，徙沁州别駕，纍加正議大夫、上柱國，遷亳州司馬。府君交不妄合，言無苟容。名實繫於所行，往必聞於政理。遭隨任於其遇，動恒招於降默。故壹窘武陟，再奇澄城。猶栖遑於沁水，幸奮飛於譙邑。仕不遠大，良可悲夫。開元十五年八月二十日遘疾終於河南之脩善里第，春秋六十六。夫人隴西李氏，故光州刺史玄表之孫，潁州司馬思晦之女也。有公宫之訓，佩師氏之言。逝先留於德音，蹇長悲於日夜。冬十月癸酉同祔於偃師北原之舊塋，從先君，禮也。孤子前京兆府盩厔丞佶，吏部常選伷等孺子其往，棘人惟欒，先德未書，不仁是懼。拜而啓顙，請爲銘曰：

允斯愷悌，亮直而温。虚白之室，膏粱之門。簡崇於久，謙裕於尊。移理恒化，當仁畢存。春華靡待，冬夜何寃。兩不疵物，雙俱逝魂。風多隴户，月早窗軒。及爾之故，同歸此言。

一〇二　唐故潤州江寧縣令韓府君（行質）墓誌銘

開元十五年（七二七）十月五日葬。

誌文二十六行，滿行二十七字。正書。誌長、寬均六十二厘米。

唐故潤州江寧縣令韓府君墓誌銘并序

公諱行質，字景初，南陽赭陽人也。原夫族自周舊，家承晋昌。春秋之後，則六雄競政；楚漢之際，則二王建國。其後尚書以偉才誕靈，司徒以淳德秉曜，故能業懿前烈，慶彌裔緒，不其猗歟？曾祖褒，後魏北雍州刺史、黄門侍郎、侍中、大司會、少保、總攝六府事、三水貞公。祖紹，周昌樂遂寧二太守、太僕衛尉二少卿、金崖烈公。父湜，隋青州治中、皇太府太僕二丞。簧鼓一代，激揚千祀。夫其洪芬懿聲，馨烈孔明。弘我王則，叶於人極，固以炳夫惇史矣。君貽慶自邈，禀靈則冲。誕彌有教，則克岐表其質；攝提既貞，則肇錫成其美。由是生則知訓，幼而踐方。在笄佩鑴，成童舞象。孝可以教也，禮所以立也。說詩匡解頤，學傳而成癖。於是觀以筮仕，□以克家。德以恒而亨，道以謙而益。起家國子生，射策上第，授廬州合肥丞，尋充定襄道元帥府記室，拜上柱國，除延州臨真令。執鞭不恥，捧檄而喜。幕府獻策，始掌書記；司勛紀功，俄參令長。未幾丁艱，喪過乎哀，毁殆將滅。服闋，授汴州封丘令。下車有成，入境知善。化以風靡，政繇俗革。奏課最，遷潤州江寧令，加朝散大夫。導德齊禮，既富而教。弦歌日聞，而桴鼓以息；斥鹵兹化，而稻粱以生。允所謂君子居賢德以善俗者矣。秩滿，歸次於汴，遘疾大漸，翌日終於里旅，春秋七十二。嗚呼！德之修也，命有制也。若夫子之道，卓然而彰，休有烈光。宜其懷金紆朱，煌煌乎曜於當代矣。而屈於太丘長，老於長岑令，豈命矣夫！夫人河東柳氏，睦州桐廬令子騫女。行美蘭閨，德崇婉順。不幸早世，先祔大塋。冥居尚安，兆啓斯阻。夫人于氏，唐汝州司馬履信女。鬱彼華胄，爛其盈門。始則黻帳齊榮，終亦白楸同隧。以開元十五年十月五日合葬於緱氏縣公路鄉之原，禮也。有子晋等，因心永懷，述德增慕。式憑刊刻，用紀徽素。其詞曰：

夫何淳懿之克生兮，韞此道奥而含□。德貞綿綿厥初兮，導其洪亨。疇□自我兮祚之名。達於家邦兮政既有成，踠迹步武兮道之不行。於嗟□天兮不憖遺，明萬代一時兮，空留夫德聲。

一〇三　隴西牛氏太夫人墓誌

開元十六年（七二八）七月八日葬。

誌文十五行，滿行十五字。正書。誌長、寬均三十六厘米。

以開元十六年歲次戊辰七月八日壬寅遷窆隴西牛氏　太夫人神柩於河南郡之里，時年六十有五。維夫人道邁良規，閨闈之禮畢備；行深貞亮，冰玉之潔終年。在室恭謹於女功，出事剋勤於婦道。祇敬蕒祀，諧偶宗姻。德化鄉閭，賢稱家國。何其積善無慶，永弃遐年。遠近失聲，行路掩泣。劍松纔植，曉乃切於悲風；谷隴新營，冥恒凄於朗月。烟霞斂色，雲日無暉。痛玄室之幽陰，感泉臺之寂寞。其詞曰：

文筆大家，貞賢孟母。庶冀百齡，俄成千古。形没黄壤，魂昇紫府。闕國鸞傾，吴都鶴舞。雲翳邙岫，風凄洛浦。綴此幽文，涕零如雨。

大唐故朝散大夫守衢州長史上柱國侯府君墓誌銘并序

一〇四　大唐故朝散大夫守衢州長史上柱國侯府君（璡）墓誌銘

開元十六年（七二八）十一月十四日葬。

誌文二十行，滿行十九字。正書。誌長、寬均四十一點五厘米。

誌蓋篆書：大唐故侯府君墓誌銘

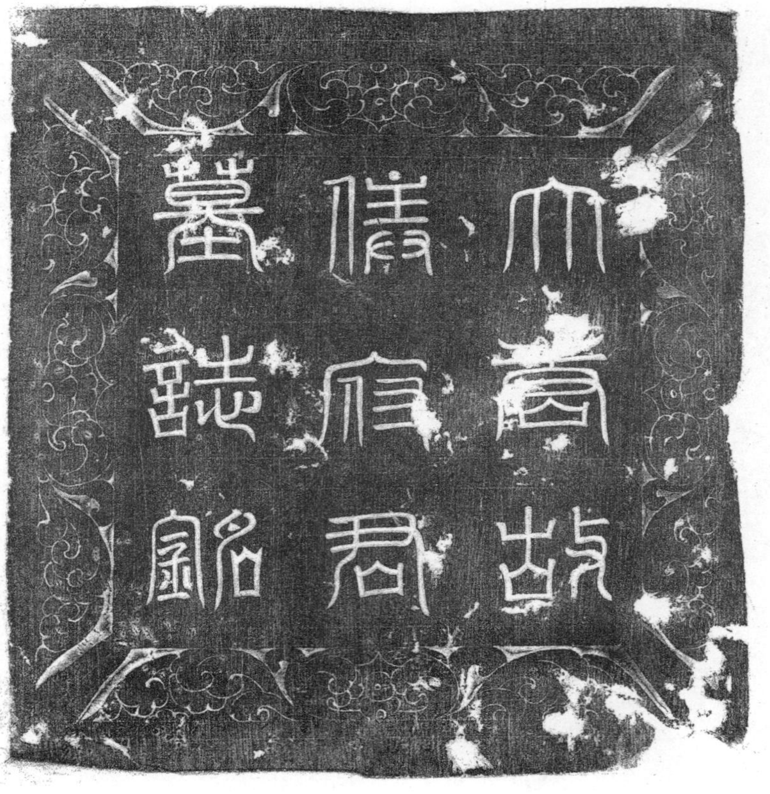
大唐故侯府君墓誌銘

大唐故朝散大夫守衢州長史上柱國侯府君墓誌銘并序

公諱璡，字郢璡，上谷人也。昔叔虞封唐，分茅啓晋；宜多錫土，命氏因侯。曾祖諄，隋始州别駕。祖通，隋雅州司法。康咏不空，片言可折。父哲，　皇許州葉縣主簿。恭儉以立德，清慎以莅政。公即主簿第五子也。天姿英晤，敏而好學。吏途政典，法令攸師。三尺九章，精微畢洞。應明法舉高第，解褐任蒲州永樂尉，遷同州韓城主簿。明法直左春坊，轉韓城丞，改直黄門省。除邠州司功、右領軍長史、鄭王府諮議、衢州長史、朝散大夫、上柱國。　公仁惠有聞，言行無玷。入參兩禁，譽重刑章；出贊六條，化流邦頌。騄驥踠足，未展士元之能；辰巳臨年，奄構康成之疾。以開元十六年七月廿日卒於官寢，春秋七十載。粤以其年十一月十四日窆於洛陽感德鄉之原，禮也。嗣子弼、運，并立身揚名，慎終追遠。懼陵谷之匪固，庶鎸勒以不朽。銘曰：

猗歟夫子，令德昭昇。忠惟謇謇，孝乃蒸蒸。仕以學登，政以禮凝。抑揚□雅，人吏嗟稱。皇穹不憖，夢泣難勝。執友撤瑟，聯官□□。五運更王，三□迭興。鬱鬱□□，刻石而□。

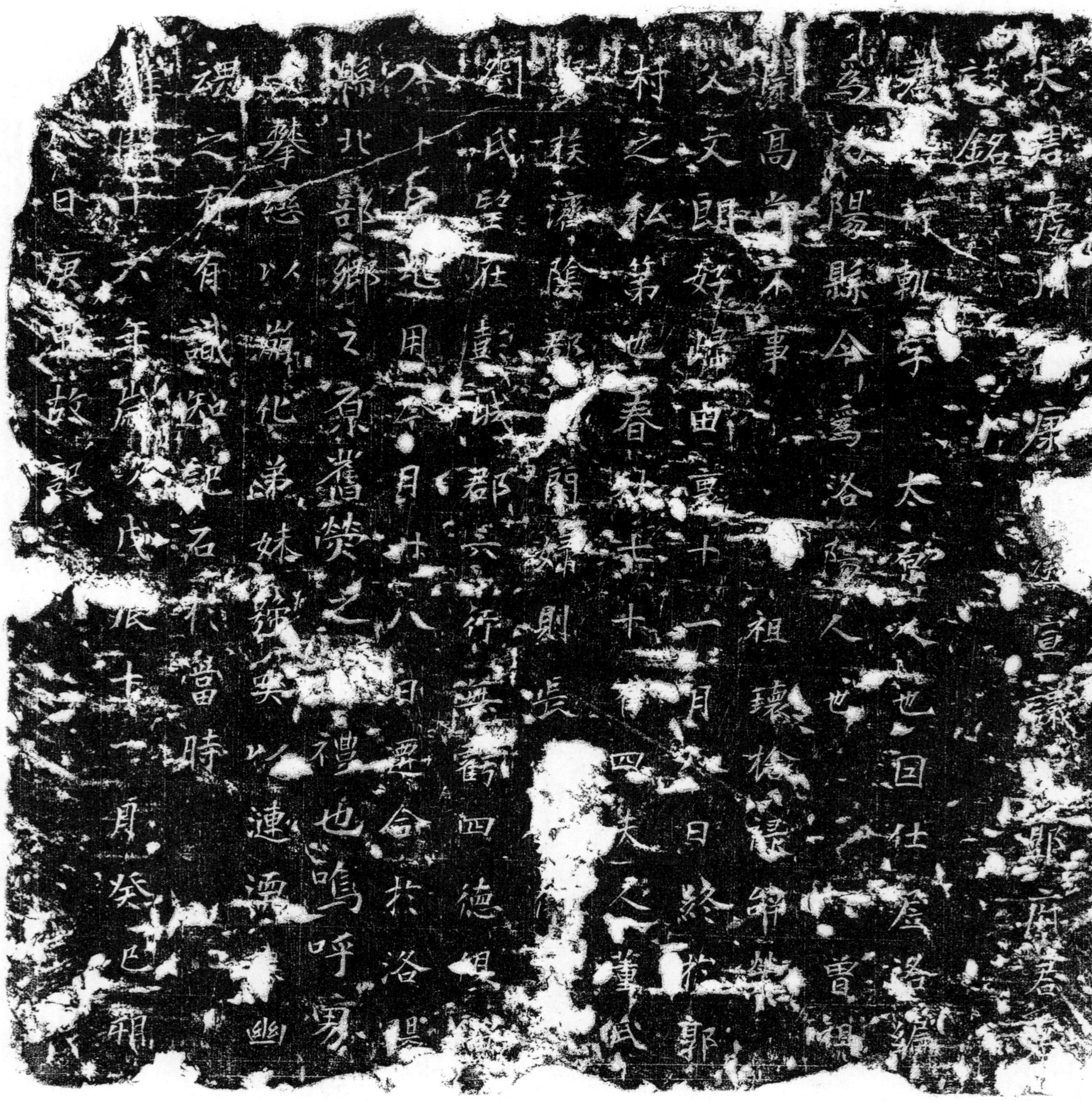

一〇五　大唐虔州南康縣丞宣議郎郭府君（行軌）墓誌銘

開元十六年（七二八）十一月二十八日葬。
誌文十五行，滿行十五字。正書。誌長、寬均三十九厘米。

大唐虔州南康縣丞宣議郎郭府君墓誌銘

君諱行軌，字[一]，太原人也。因仕居洛，編爲洛陽縣，今爲洛陽人也。　曾祖開，高尚不事。　祖瓌，掐禄辭榮。　父文朗，好歸田裏。十一月八日終於郭村之私第也，春秋七十有四。夫人董氏，□族濟陰郡，□閑婦則，長□□□□。劉氏望在彭城郡，六行無虧，四德俱圓。今卜宅兆，用今月廿八日遷合於洛陽縣北部鄉之原舊塋之□，禮也。嗚呼！男□攀戀以崩化，弟妹號哭以漣濡。□幽魂之有有[二]識，知記石於當時。

維開十六年歲次戊辰十一月癸巳朔田八日庚申故記[三]。

[一] 此處空一格未刻字。

[二] 此處有字應爲衍文。

[三] 據《中華日曆通典》，該年十一月庚申日爲二十八日，故葬日爲十一月二十八日。

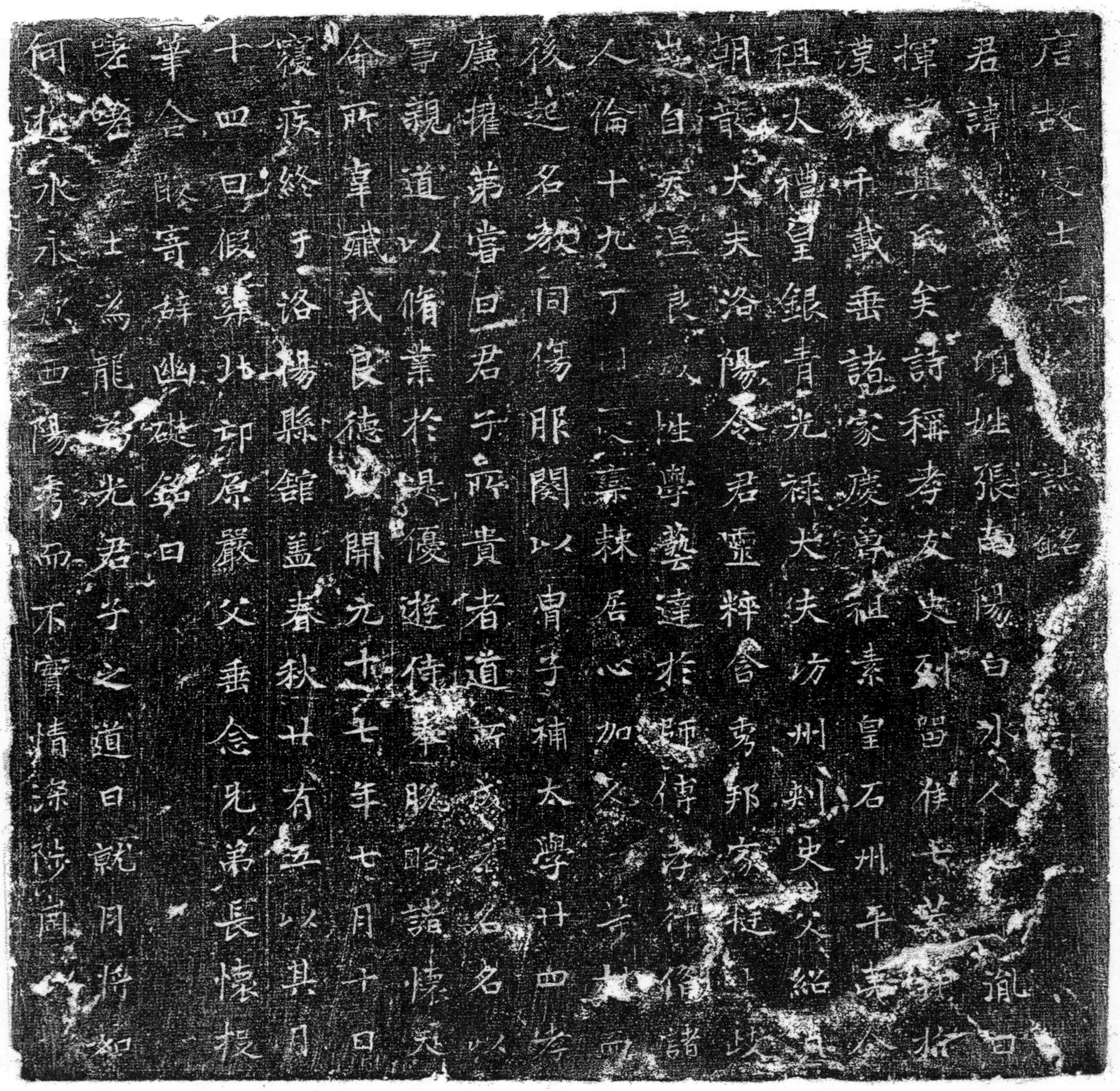

一〇六　唐故處士張公（潤）墓誌銘

開元十七年（七二九）七月十四日葬。

誌文十七行，滿行十七字。正書。誌長、寬均三十五點五厘米。

唐故處士張公墓誌銘并序

君諱潤，字□頊，姓張，南陽白水人也。□胤曰揮啓其氏矣。詩稱孝友，史列留侯。七葉珥於漢貂，千載垂諸家慶。曾祖素，皇石州平夷令。祖大禮，皇銀青光禄大夫、坊州刺史。父紹貞，朝散大夫、洛陽令。君靈粹含秀，邦家挺生。岐嶷自天，温良成性。學藝達於師傅，孝行備諸人倫。十九丁母憂，欒棘居心，加人一等，困而後起，名教同傷。服闋，以胄子補太學。廿四，孝廉擢第。嘗曰：『君子所貴者道，所成者名。名以事親，道以脩業。』於是優遊侍奉，脱略諸懷。天命所辜，殲我良德。以開元十七年七月十日寢疾，終於洛陽縣館，蓋春秋廿有五，以其月十四日假葬北邙原。嚴父垂念，兄弟長懷。投筆含酸，寄辭幽礎。銘曰：

嗟嗟處士，爲龍爲光。君子之道，日就月將。如何逝水，永嘆西陽。秀而不實，情深陟崗。

一〇七 大唐故揚府法曹趙府君（文訔）墓誌銘

開元十七年（七二九）八月二十六日葬。

誌文二十八行，滿行二十八字。正書。誌長、寬均五十二厘米。

蔡瑋撰。

[大]唐故揚府法曹趙府君墓誌銘并序

弘道觀道士蔡瑋詞

昔者周室淪微，季葉多難，天降明德，以匡厥隳。於是電飛駟虬，景躡千里。戡彼醜類，克復鴻業。趙城之錫，因封氏焉。三笴降受命之符，六卿興建國之首。竟代三晋，别爲七雄。青史詳諸，可略言矣。善襲之慶，代生賢德。紹光哲者，寔惟公焉。公諱文訔，字文訔，天水人也。曾祖公輔，梁著作郎。祖光乎，隋治書御史。學海靈派，鼓洪濤之萬里；翰林芳蹊，弄芬華於累葉。乘驄衣繡，職光司憲之雄；金馬石渠，位[一]史臣之筆。父諱良玉，雍州司功、朝散大夫、衡州别駕。禮樂代襲，勛華繼起。漆蕃下榻，孺子司佐於京師；周景題輿，士元屈驥於江國。公即衡州府君之元子也。以貞觀之祀，生公於公第焉。公寔岷峨之邃靈，藴海岳之弘秀。邈立人杰，天然遂古。初舉秀才，襄州參軍秩滿，調補成都縣丞。應　制甲科，遷揚府法曹。衝天羽成，已輕舉而鴻漸；經國才著，冀飛鳴於鳳池。尋丁家酷，解職歸第。毁瘠過禮，泣血終哀。因而感厲，數歲而卒。夫人董氏，隋永州司馬澄之少大也。瑶華玉立，惠芳蘭薫。受訓母儀，作嬪君子。良槮早折，稚子乃冲。資愛矜嚴，訓成家道。孀居孑立，迨數十年。克紹光門，竟昇榮秩。開元初，拜濟陰郡太君。具服朝命，母以子貴，其來向焉。以開元十七年二月廿六日壽終於河南觀德里之私第，春秋九十。以其年八月廿六日合葬於龍門北里伊水西原，禮也。嗣子智榮，風格清古，志識端確。學以成德，孝而睦親。供奉四朝，歷官八正。既而天□馬遷之質，而才器有兼；及乎職漸弘恭之位，而忠諛斯隔。公之亡也，班榮尚卑。夫人在堂，禄不給養。然忠孝謹潔，爲朝廷之儀表。由是　顧命之際，屢沐　光華。　今上以爲公清之冠，墳籍之府，拜正議大夫、行内給事、集賢書院使。居位無幾，府寮斯仍。惜其孝不終養，光事而卒。嗣孫尚貞，道士。尚賓，翊衛。尚詮等或高羨門之遺世，拖霓裳於同府；或壯揚雄之忠烈，執霜戟於天庭。懼聲塵之有遺，攀軌訓之無迨。刻銘幽隧，式光前烈。銘曰：

惟周立極兮天降明德，造彼王室兮鴻業斯復，命我高躅兮七雄别國。其一。禮樂簪紱兮代生仁賢，猗余夫子兮蘭石芳堅，鶴鳴九皋兮聲聞於天。其二。倚伏倏忽兮艱酷斯及，淑媛婉約兮冰霜潔立，賢嗣衣冠兮貞忠繼襲。其三。有生亹往兮天運自常，於彼淪流兮逝川湯湯，勒銘翠琬兮終古垂芳。其四。

[一] 此處空一字未刻。

故衛州刺史韋府君夫人范陽郡君盧氏墓誌銘并序
夫人諱　字　其先范陽涿人也即漢侍中植八代
孫隨吳州總管襲固安伯士綸之玄孫　皇宋州錄
事參軍利貞第二女也適京兆韋氏諱奐字然公即
漢丞相之後隨民部尚書沖之曾孫祖全　皇
路州別駕父志仁　皇兵部郎中祖德家聲克紹前
烈公歷官中外至衛州刺史以開元九年八月十一
日終於河南府敦行里之私第春秋六十一夫人自
孀棲十年孤育一子式訓之以孝道式教之以義方
式從宅卜隣式留長求友乃成良器名寔克彰而異
高堂受榮列鼎終養何留風樹不靜逝水易流以開
元十八年正月廿四日寢疾終于河南府尚賢里私
第春秋五十以其年二月十七日權窆於河南縣之
南原禮也而與韋府君舊塋隣接亦夫人平生遺旨
嗣子諒奉而行之不敢失墜嗚呼人代飄忽陵谷遷
移乃刊琬琰用紀時載銘曰
爍哉洪胤源流靈長四履開業二守承榮陸離金紫
照耀銀黃載代積慶閨門以昌
爰有淑德禮義聿脩言必以順道必以柔風枝易往
隟駟難留瞻言永訣万古千秋

大唐故
盧夫人
墓誌銘

一〇八　故衛州刺史韋府君（奐）夫人范陽郡君盧氏墓誌銘

開元十八年（七三〇）二月十七日葬。
誌文二十行，滿行二十字。正書。誌長、寬均四十八厘米。
誌蓋篆書：大唐故盧夫人墓誌銘

故衛州刺史韋府君夫人范陽郡君盧氏墓誌銘并序

夫人諱[一]，字[二]，其先范陽涿人也。即漢侍中植八代孫，隋吴州總管、襄固安伯士綸之玄孫，　皇宋州録事參軍利貞第二女也。適京兆韋氏諱奐，字然。公即漢二丞相之後，隋民部尚書津之曾孫。祖全璧，　皇潞州別駕。父志仁，　皇兵部郎中。祖德家聲，克紹前烈。公歷官中外，至衛州刺史。以開元九年八月十一日終於河南府敦行里之私第，春秋六十一。夫人自嫠栖十年，孤育一子。或訓之以孝道，或教之以義方，或徙宅卜鄰，或翦髮求友。乃成良器，名宦克彰。所冀高堂受榮，列鼎終養。何圖風樹不静，逝水易流。以開元十八年正月廿四日寢疾終於河南府尚賢里私第，春秋五十。以其年二月十七日權窆於河南縣之南原，禮也。而與韋府君舊塋鄰接，亦夫人平生遺旨。嗣子諒奉而行之，不敢失墜。嗚呼！人代飄忽，陵谷遷移。乃刊琬琰，用紀時載。銘曰：

爍哉洪胤，源派靈長。四履開業，二守承光。陸離金紫，照耀銀黄。載代積慶，閨門以昌。

爰有淑德，禮義聿脩。言必以順，道必以柔。風枝易往，隙駟難留。瞻言永訣，萬古千秋。

[一] 此處空一格未刻字。

[二] 此處空一格未刻字。

一〇九　唐故閬州奉國縣令鄭府君（融）靈誌文

開元十八年（七三〇）六月七日葬。

誌文二十二行，滿行二十二字。隸書。誌長、寬均五十厘米。

崔尚撰，薛希昌書。

墓誌原石藏山東桓臺拿雲美術博物館。

唐故閬州奉國縣令鄭府君靈誌文

潁州刺史崔尚撰

府君諱融，字融，滎陽人。曾祖詮，周蜀郡太守。祖元叡，隋秘書郎。考弘勣，　太宗時費縣令。自鄭武公至於府君，年歷乎千，代更乎百，衣冠人物，與運而興，風範羽儀，爲國所重，盛矣哉！府君承弈葉之光，受清英之氣。孝友忠信，恭儉温良。道之將行，學而則仕。弱冠補秋浦縣丞。丁外憂去職，銷形歐血，毁瘠過禮。服闋，宰月山，遷曲阿。會蜀中寇賊，　敕授奉國縣令。方倚以平之，蓋以月山前功故也。年六十四，終於公館。嗚呼哀哉！府君百行兼美，九德具修。混之不濁之謂清，涅而不緇之謂白。餐錢之外，分遺貧窮。屬纊之後，家無私積。知與不知，莫不嘆惜。嗚呼哀哉！夫人京兆韋氏，贈潤州刺史玄福之女。瑟琴合好，椒蘭芬馥。年七十二，以開元十五年十二月廿五日終於洛陽私第。越十八年六月七日合葬於萬安山陽。有子五人：其一曰浮丘，高安主簿，早代。其二曰子晋，前左威衛中候。其三曰老萊，前原武尉。其四曰老聃。其五曰老彭。善兄弟爲友，善父母爲孝。日月有時，昊天罔極。銘曰：

鄭氏之系，周王之裔。徙居滎陽，源深流長。千載有光，四海所望。祖考昂昂，府君堂堂。爲人之良，爲國之香。孝友以章，忠貞不忘。宰邑化康，克清敓攘。臺路宜陟，太丘云亡。吏甿哀號，親友悲傷。卜其宅兆，何必故鄉。洛邑南崗，斯焉允臧。孝之終矣，彌久彌芳。

河東薛希昌書

一一〇　皇唐故坊州刺史赫連府君（欽若）墓誌銘

開元十八年（七三〇）六月十三日葬。

誌文二十六行，滿行二十六字。正書兼行意。誌長、寬均六十厘米。

皇唐故坊州刺史赫連府君墓誌銘并序

古之施法於人者曰庸，制法於理者曰力。以仁得之，以仁守之，則三命益恭，十世不泯。銘之爲義，禮實爲重，故可以揚先祖，而明著於後代者也。 君諱欽若，字惟臣，本河南人。其先出於大夏之國，系天累葉，傳統三主，冠冕之盛，迄於今而稱云。烈曾諧，給事中。大父師亮，丹徒令，贈雅州長史。皇考梵，刑部郎中、衛尉卿、邠州刺史。或漢傅承顧問之寵，或秦官列子男之位。或小洲佐郡，或大筆起草。或孤卿縮於象河，良牧推於列國。能紹厥業，亶生後賢。 公則邠州府君之長男也。天與温慎，性該禮法。恭也不侮，敏而有倫。其儀無差，其言無玷。推誠用恕之謂道，博古知今之謂學，兼之者，文也。於以從政，得非脩身之備乎？始以國子監明經解褐滑州參軍，歷越府倉曹、益府法曹、京兆户曹，遷主客員外，轉主客郎中，加朝散大夫，拜率更令，除陳州、宋州刺史，入爲慶王府長史，復除坊州刺史。夫信以守器，器以藏禮，義以生利，利以平人，此夫子以爲政之大節也。而 公所詣官守，理迹甚□。養和而委運，飭躬而先物。不攻私忿，不賞私勞。偉伯之稱佳吏，仲□□謂行簡。近取諸己，方之古人。所冀振聲霄漢，致用常伯。上可以謨□輔時，次可以弘濟成務。奈何天不介善，□喪其良。凡百君子，罔非痛悼。春秋六十七，以開元十七年十二月十四日薨於坊州公館。惟 公寬簡亮直，融和博大。信足以軌於朋儕，仁足以法於天下。不好狎，不逾節。每退食之後，專習釋教。無生一觀，有緣俱捨。《詩》云：愷悌者，人之父母，緊 公有焉。即以開元十八年六月十三日歸窆於洛陽北原舊塋東南，禮也。嗣子曰昇，次曰杲，幼曰昂，毁瘠不形，歲月其邇。如有窮而不逮，如有望而不得。刊石圖徽，永永不朽。此孝子居喪之至情也，乃爲銘曰：

百禄之初，將兆其吉。百世之後，奄歸其室。緬自古來，豈伊今日。唯大乘蔭，生死齊一。北邙蕭蕭，人事永畢。

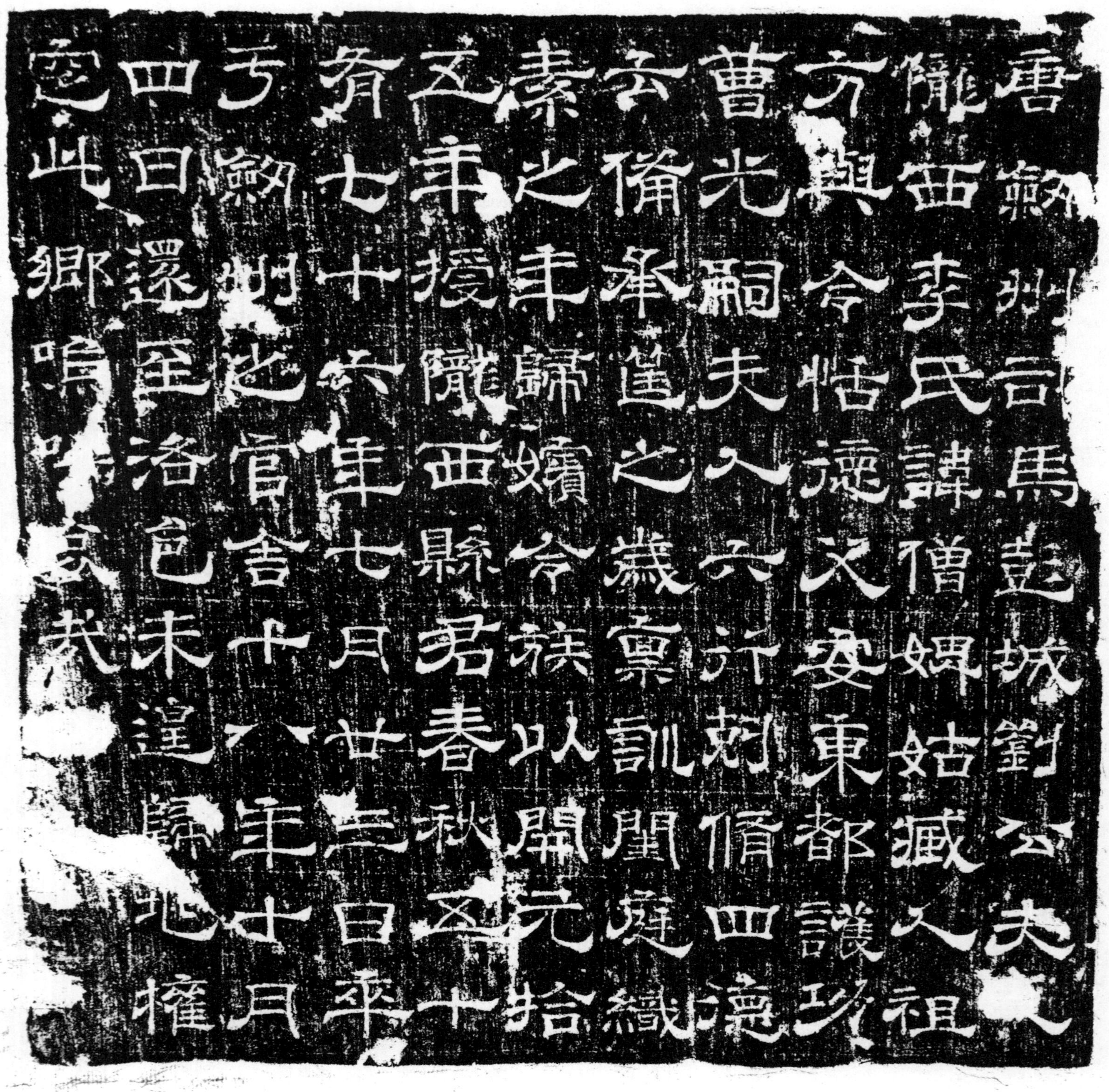

唐劍州司馬彭城劉公夫人
隴西李氏諱僧婢姑臧人祖
亮興令恬德父安東都護珍
曹光嗣夫人六行刻脩四德
公備承篚之箴稟訓閨庭織
素之年歸嬪令族以開元始
五年授隴西縣君春秋五十
有七十六年七月廿二日卒
于劍州之官舍十八年十月
四日還至洛邑未遑歸兆權
窆此鄉嗚呼哀哉

二一一　唐劍州司馬彭城劉公夫人隴西李氏（僧婢）墓誌

開元十八年（七三〇）十月四日葬。

誌文十一行，滿行十一字。隸書。誌長、寬均二十九點五厘米。

唐劍州司馬彭城劉公夫人隴西李氏諱僧婢，姑臧人。祖，方與令恬德。父，安東都護功曹光嗣。夫人六行兊脩，四德云備。承筐之歲，稟訓閨庭；織素之年，歸嬪令族。以開元拾五年授隴西縣君，春秋五十有七。十六年七月廿三日卒於劍州之官舍，十八年十月四日還至洛邑。未遑歸兆，權窆此鄉，嗚呼哀哉！

大唐故
許府君
墓誌銘

一二二 大唐故吏部侍郎高陽許公（杲）墓誌銘

開元十八年（七三〇）十一月二十日葬。
誌文三十七行，滿行三十七字。正書。誌長、寬均九十厘米。
韓休撰，許景休書。
誌蓋篆書：大唐故許府君墓誌銘

大唐故吏部侍郎高陽許公墓誌銘并序

昔仲尼稱才難，不其然乎。夫才由運生，位以才叙。故明王執契以玄感，貞士因時以利見。所以黄虞代興，而風稷踵武也。亦有异人間出，明德挺生，功未半而身先，道將亨而運往。大厦方構，勁松先凋，吾誰有悲，則在我高陽許公矣。君諱杲，字景先，高陽人也。高陽積其慶源，太岳緬其功緒。自昆吾是宅，文叔開封，始爲朝宿之地，終列會盟之國。其後載德逾遠，弘風則劭，世功世禄，代有其人。　曾祖緒，散騎常侍。祖行師，潞州别駕。父義均，秋浦令，贈左司郎中。玄胄錫慶，大名稱時，擁貂璫於禁省，立綱紀於藩服。邦君宰邑，樹聲政之能；嗣子克家，承寵光之贈。君風儀頴徹，神宇清霽。道爲之貌，天縱其才。夫其德容温，言容侃，英秀外發，冲明内照，則幼而有大成之量也。君子曰：許氏之子，其庶乎不違仁，不貳過。好學無倦，樂道忘貧，豈當今之顔子也。及長，好古博雅，切問近思。在心成誦，經目必覽。遒文敏學，擅美一時。十八丁秋浦府君憂，喪過乎哀，毁將殆滅。弱冠，應賢良方正舉擢第，授陝州夏縣尉。尋丁内艱，以其至性，殆不勝喪。服闋，屬中宗立聖善寺報慈閣，公遂製《報慈閣賦》，當時以爲絶唱。兵部尚書李迥秀，當代文宗，表薦公賦，以爲相如上林不是過也。有制付史官，仍令選日優與一京官。其年，授左拾遺。因奏論事忤執政，貶試滑州司士參軍。尋以文吏兼優舉對策甲科，授揚府兵曹參軍。尋有制，特徵直中書省。俄除左補闕，轉侍御史。直繩正色，臺閣生風，朝廷肅然，莫不聳懼。未幾，除職方員外兼判外官考事。事畢，遷給事中。自華省升禁闈，其羽可用，其儀有序。屬三九宴射，時衆官既多，猥費府藏。公因是納諫，明詔見依，朝廷嘉焉。尋除中書舍人，有詔令中書門下詞臣撰　《睿宗皇帝集序》。時中書令、燕國公張説，當代詞宗，遂命公爲之。序成奏聞，大承優賞。專掌文誥，尤推敏速，同孔光之不言，與王濛而無對。俄除御史中丞，遷吏部侍郎。公有澄清天下之志，弘獎流品之道。其在中司也，則人知懼法；其在會府也，則時無滯才。是時天子勵精爲政，求才共理，詢諸賢良，寄以藩牧。公時與朝賢等十人，俱典郡命，公爲虢州刺史。有制令宰臣已下祖餞於洛橋，　御親賦詩以寵其事。公惠迪兹吉，由衷則孚。濟河而冀部用寧，閉閤而淮陽自理。時按察使以爲本道之最，特表名聞，爲天下第一。會右輔不理，盜竊公行。執憲者埋輪歧陽，奏停舊政，請擇良牧，安彼甿黎，改爲歧州刺史。尋徵拜工部侍郎兼知制誥。累踐承明，再司綸紱。潤飾鴻業，發揮帝載。司言之美，時議所推。遂承恩命，追贈先府君左司郎中，先夫人汝南縣君[一]。資父事君，求忠必孝。既永錫以追遠，亦揚名而顯親。遷吏部侍郎。衡石既陳，淄澠自辯，大正流品之叙，再弘清簡之德。方欲儀形禮闥，高步鼎司，唐肆不留，閲川俄謝。以開元十八年八月九日遘疾終於京兆宣陽私第，春秋五十有四。惟公英明特秀，高簡不倫，習於訓典，樂是名教。秋陽湛照，惠風揚清。鬱爲詞宗，懿我文德。既處泰而逾損，亦在冲而不盈，豈古之所謂身殁而名劭者矣。而道長祚短，早世淪輝，　宸極軫懷，蒼生何望。即以其年十一月廿日遷窆於河南偃師首陽原，禮也。崇邙緬脩，清洛迴注。霜被野草，風悲壠樹。惜陽景之未頹，恨川波之不駐。有子奉禮郎孚等藐然在毁，孺以增慕。爰憑刊刻，用代緗素。

其詞曰：

天祚明德，必生大賢。胡感召之相叶，而慶靈之不專。卓此貞懿，韞其明粹。含德抱一，鄰機體二。和玉本貞，楚金則利。居然禮樂，允是名器。崇崇風力，矯矯雲翼。翻飛帝鄉，生我王國。移官則乂，當朝正色。文雅有歸，衣冠是式。謂天無親，惟德是鄰。孰此茫昧，殲於仁人。嗟蹈道之攸在，恨謀謨之不申。嗚呼！天與其才明，不與其年壽。存樹徽烈，殁而不朽。蘭薰菊茂，天長地久。觀於九原，見隨武之可作；必祀百代，知臧孫之有後。

中大夫守兵部侍郎韓休撰

弟河南縣尉景休書

[一] 汝南縣君即周氏，墓誌見《洛陽流散唐代墓誌彙編》〇六七《大唐故朝散大夫宣州秋浦縣令許府君周氏墓誌》。

一一三　唐右衛執戟潁川陳子昂故妻河東裴氏墓誌

開元十八年（七三〇）十二月二日葬。

誌文二十二行，滿行十九字。正書。誌長三十二厘米，寬二十八厘米。

唐右衛執戟潁川陳子昂故妻河東裴氏墓誌并序

夫人前杭州於潛縣令　侑之長女也。自昔而來，班榮莫替；言今已去，簪紱增榮。崇宗與嵩岱齊高，廣派共江河比濬。高祖　思莊，　皇銀青光禄大夫、金部郎中、亳州刺史。曾祖重暉，　皇京兆萬年縣令。祖　夙敏，　皇銀青光禄大夫、太府寺卿、開國公。夫人四德天縱，三從物備。方曹婦之禮儀，等梁妻之令淑。作嬪君子，將逾六齡；誕育嬰童，纔兼一子。方可松筠固質，庶終偕老之期；琴瑟調諧，望比鴛鸞之匹。不謂禍興庚日，大漸彌留；釁起己年，膏肓莫救。春秋享年廿，以開元十八年歲次庚午十一月辛亥朔十八日戊辰卒於父之私第。以其年十二月辛巳朔二日壬午遷窆於河南府新安縣函谷鄉曹城村之原，禮也。遊魂東岱，無復千春；歸祔西階，俄成萬古。嗚呼！慮桑田之變，驚鬱島之移。用叙存亡，固憑刊石。其詞曰：

弈葉冠冕，蟬聯縉紳。英才俊哲，代有其人。其一。四德必備，三從是資。作嬪君子，實光令儀。其二。庶等松筠，冀方琴瑟。偕老終期，驩娱永日。其三。禍興庚日，釁起己年。大漸既極，彌留乃牽。其四。宅兆有吉，窀穸乃臨。魂遊岱峻，影滅泉深。其五。慮桑田之忽變，驚鬱島之遄移。表刊石以記物，庶將來之晤斯。

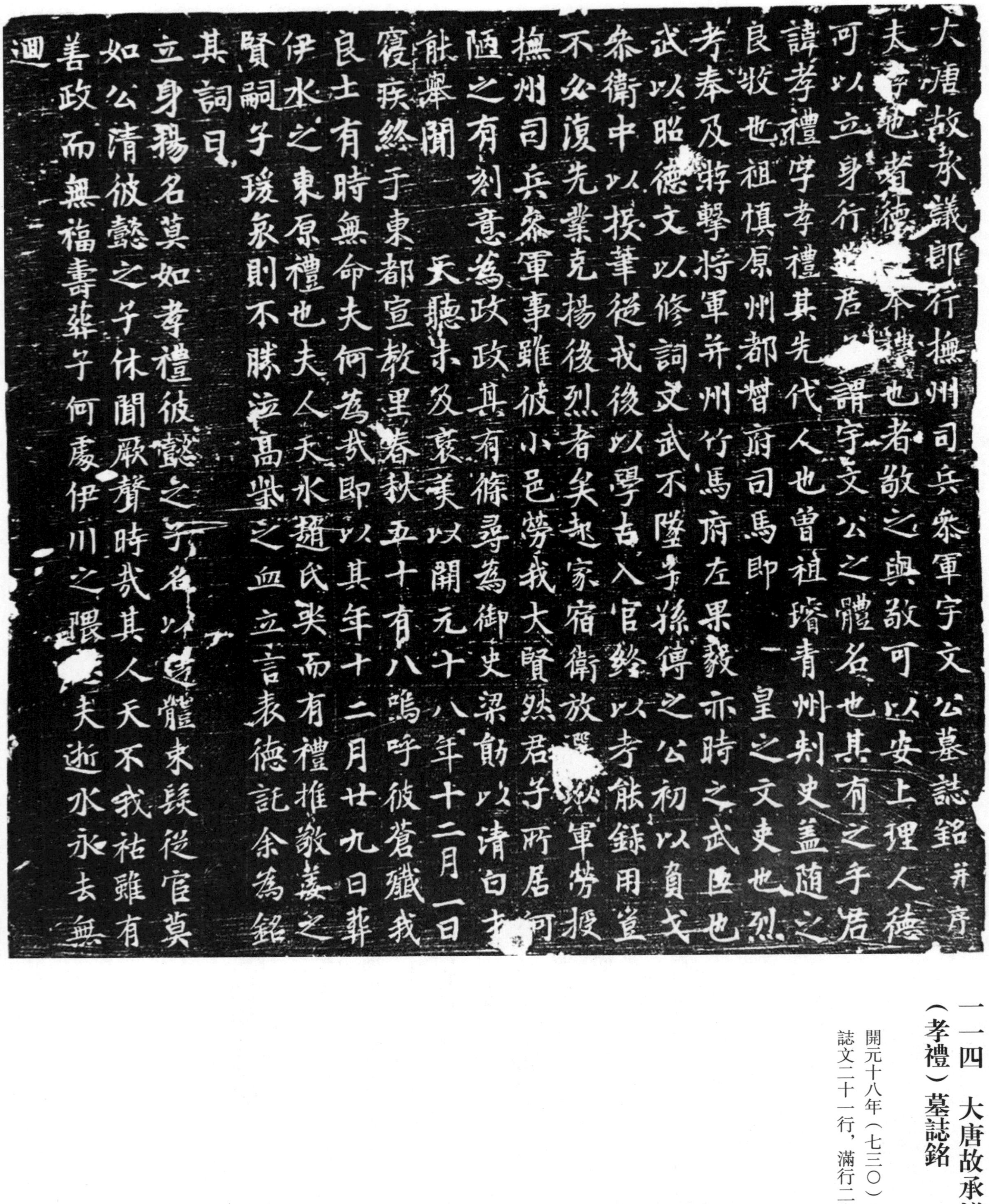
大唐故承議郎行撫州司兵參軍宇文公墓誌銘并序
夫孝施蒼德本禮也者敬之與敬可以安上理人德
可以立身行道君子謂宇文公之體名也其有之乎居
諱孝禮字孝禮其先代人也曾祖瓚青州刺史蓋隨之
良牧也祖慎原州都督府司馬即　皇之文吏也烈
考奉及將擊將軍并州竹馬府左果毅亦時之武臣也
武以昭德文以修詞文武不墜子孫傳之公初以負戈
參衛中以援筆從我後以學古入官終以孝能錄用道
不必復先業克揚後烈者矣超家宿衛放選參軍勞授
撫州司兵參軍事雖彼小邑勞我大賢然君子所居何
陋之有刻意為政政其有絛尋為御史梁歆以清白才
能舉聞　天聽未及褒美以開元十八年十二月一日
寢疾終于東都宣教里春秋五十有八嗚呼彼蒼殲我
良士有時無命夫何為哉即以其年十二月廿九日葬
伊水之東原禮也夫人天水趙氏哭而有禮推敬姜之
賢嗣子璦泉則不勝泣高柴之血立言表德託余為銘
其詞曰
立身揚名莫如孝禮彼懿之子名以遺體束髮從官莫
如公清彼懿之子休聞厥聲時哉其人天不我祐雖有
善政而無福壽葬乎何處伊川之隈[illegible]夫逝水永去無
迴

一一四　大唐故承議郎行撫州司兵參軍宇文公（孝禮）墓誌銘

開元十八年（七三〇）十二月二十九日葬。

誌文二十一行，滿行二十一字。正書。誌長、寬均四十三厘米。

大唐故承議郎行撫州司兵參軍宇文公墓誌銘并序

夫孝也者德之本，禮也者敬之與，敬可以安上理人，德可以立身行□，君囝謂宇文公之體名也，其有之乎。君諱孝禮，字孝禮，其先代人也。曾祖璿，青州刺史，蓋隋之良牧也。祖慎，原州都督府司馬，即　皇之文吏也。烈考奉及，游擊將軍、并州竹馬府左果毅，亦時之武臣也。武以昭德，文以修詞，文武不墜，子孫傳之。公初以負戈參衛，中以投筆從戎，後以學古入官，終以考能録用，豈不必復先業，克揚後烈者矣。起家宿衛放選，以軍勞授撫州司兵參軍事。雖彼小邑，勞我大賢，然君子所居，何陋之有？刻意爲政，政其有條。尋爲御史梁勛以清白才能，舉聞　天聽。未及褒美，以開元十八年十二月一日寢疾終於東都宣教里，春秋五十有八。嗚呼彼蒼！殲我良士，有時無命，夫何爲哉！即以其年十二月廿九日葬伊水之東原，禮也。夫人天水趙氏，哭而有禮，推敬姜之賢；嗣子瑗，哀則不勝，泣高柴之血。立言表德，托余爲銘。其詞曰：

立身揚名，莫如孝禮。彼懿之子，名以□體。束髪從宦，莫如公清。彼懿之子，休聞厥聲。時哉其人，天不我祐。雖有善政，而無福壽。葬子何處，伊川之隈。嗯夫逝水，永去無迴。

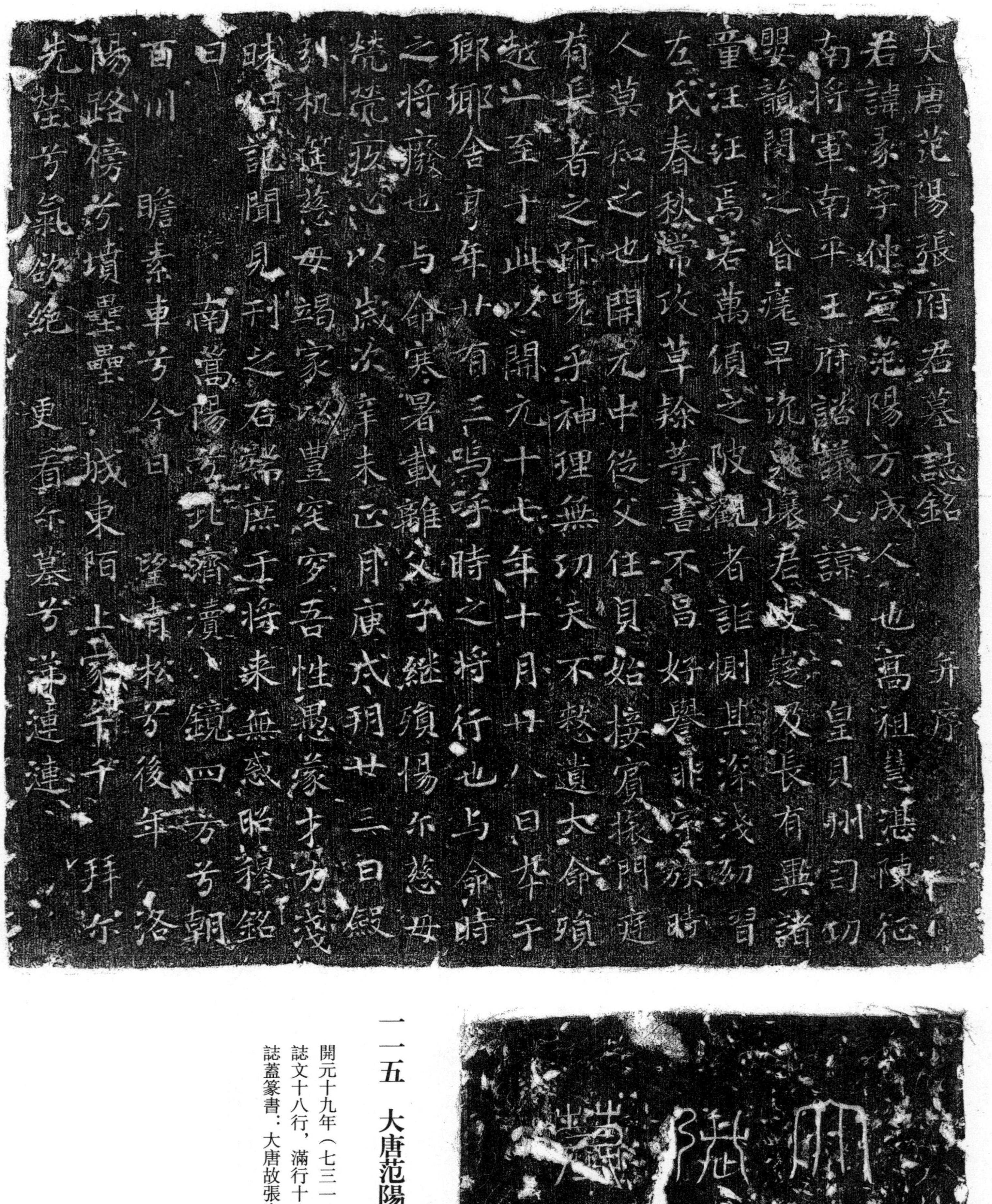

一一五　大唐范陽張府君（彖）墓誌銘

開元十九年（七三一）正月二十三日葬。

誌文十八行，滿行十八字。正書。誌長、寬均三十八厘米。

誌蓋篆書：大唐故張府君墓誌銘

大唐范陽張府君墓誌銘并序

君諱象，字仲宣，范陽方成人也。高祖慧湛，陳征南將軍、南平王府諮儀。父諒，皇貝州司功。嬰韵閔之昏瘥，早沉泉壤。君岐嶷及長，有异諸童。汪汪焉若萬頃之陂，觀者詎惻其深淺。幼習《左氏春秋》，常攻草隸等書。不昌好譽，非宗族，時人莫知之也。開元中，從父任貝，始接賓旅，門庭有長者之迹。嗟乎！神理無功，天不憖遺，大命殞越，一至於此。以開元十七年十月廿八日卒於瑯琊舍，享年廿有三。嗚呼！時之將行也，與命；時之將廢也，與命。寒暑載離，父子繼殞，惕爾慈母，煢煢疚心。以歲次辛未正月庚戌朔廿三日殯引機筵。慈母竭家，以豐窀穸。吾性愚蒙，才力淺昧。但記聞見，刊之石端。庶於將來，無惑昭穆。銘曰：

南嵩陽兮北濟瀆，鏡四方兮朝百川。瞻素車兮今日，望青松兮後年。洛陽路徬兮墳壘壘，城東陌上冢千千。拜爾先塋兮氣欲絶，更看爾墓兮涕漣漣。

一一六　唐華州羅文府折衝都尉左領軍衛長上上柱國恭陵副使平君（授）墓誌銘

開元十九年（七三一）九月七日卒。

誌文二十三行，滿行二十四字。正書。誌長、寬均六十八厘米。

唐華州羅文府折衝都尉左領軍衛長上上柱國　恭陵副使平君墓誌銘并序

君諱授，字遵業，燕國薊人也。自漢丞相當，洎高祖北齊司空鑒，王考蒲州長史真客。弈世臺鼎，而無違德。父貞慎，有公輔之量，廣大之資。文懿恭肅，高時映世。歷侍御史、尚書郎、左庶子、常州刺史。中年休否，不登臺曜，談者嘆息。而左丞相、燕國公[一]爲其神道碑言之矣。君生稟大海，備脩文武。且有壯節，將膺遠圖。觀其身長七尺餘，鬚貌如粉繢。稽古深涉，音律篆籀，良御善射，鍾聲赭顔。飲如康成，力侔鄒叔，而守之以恭德，節之以正禮。固可以干動君主，跨騰風雲，分人之圭，裂人之土云爾。初，君之奮庸也，將先以武勝，而終以文達。及命之睢剌也，始則　聖時偃革，後乃大臣少文。夷猶不行，鉏鋙難入。故年廿應穿葉附支科，舉爲天下最。遂纍授武職，拜龍城府果毅、左威衛中候、康成府果毅、羅文府折衝。并長上禁中，時獻詩事。自監天仗，列陛衛且卅年。後爲　恭陵副使焉。而業終於斯，道窮於斯。開元十九年九月七日卒於園寢，春秋六十矣。嗚呼！天之報施，善人何如哉！若彼平君，善人也。君中年體命，知不可强。遂整拂琴筑，定策文酒。頹然脩然，於以卒歲。或乃俊發，無所用心。則躍馬飛鏃，以取原獸。張侯倚旌於以祈爵，卒獲笑語以爲娛樂。而朝廷杰臣，如燕公説、贊皇公嶠與衆賢大夫，庶不爲之知舊也。屢拍褒薦，輒報聞罷。衆所嗟甚，惜其終窮云。後夫人鄭氏，其孤子嶧等，謹就先塋之次，式遵哀送之典。予嘗宴遊，皆所詳悉。故直書銘曰：

山爲闕口，伊出陸渾。望之脉連，即之雲昏。父子前後，壘壘松門。行者掩泣，共盡奚言。

[一] 燕國公即張説。

蔡夫人墓誌銘并序
聞夫古先淑媛宜其家室史載鳴鳳之徵詩列
河魴之欲至中饋者継於此焉夫人字善善唐
揚州江平府別將之女代累高德家還休風憂
彼慶餘光此淑問夫其蘊儀藻裕濯思則和質
以玉鮮氣以蘭茂信獨立於時矣年十九歸于
蘭氏始稱令女名彰君子之門終以賢妻義遂
梁鴻之室自結姻媛載舉按成規謹而事夫無
竊婦德歎之以如賓期之以偕老嗟乎天置其
德而不與其壽奄然弃世二宗無光以開十九
年八月廿八日殁于懷仁坊私第春秋卅有六
九月十四日葬于洛陽建春門東感德鄉萬村
東南之原禮也洛川之南伊水之北吉晨良師
於斯擇得乃為銘曰
天高誰問厚地猶踏金閨已閉玉棺新開脂粉
無用琴箏可惜一去高堂九泉長穸原田漠漠
墳壠峩峩一旦桃李千秋綺羅韶儀永翳桐鼓
誠多有生必死傷如之何

一一七　蔡夫人（善善）墓誌銘

開元十九年（七三一）九月十四日葬。
誌文十八行，滿行十八字。正書。誌長、寬均三十六厘米。

蔡夫人墓誌銘并序

聞夫古先淑媛，宜其家室。史載鳴鳳之徵，詩列河魴之欲。主中饋者，繼於此焉。夫人字善善，唐揚州江平府别將之女。世纍高德，家邁休風，變彼慶餘，光此淑問。夫其藴儀藻裕，濯思淵和。質以玉鮮，氣以蘭茂，信獨立於時矣。年十九歸於蔺氏，始稱令女，名彰君子之門；終以賢妻，義選梁鴻之室。自結姻數載，舉案成規，謹而事夫，無窺婦德。嘆之以如賓，期之以偕老。嗟乎！天豐其德，而不與其壽，奄然弃世，二宗無光。以開十九年八月廿八日終於懷仁坊私第，春秋廿有六。九月十四日葬於洛陽建春門東感德鄉高村東南之原，禮也。洛川之南，泙水之北。吉晨良師，於斯擇得。乃爲銘曰：

天高詎問，厚地猶蹐。金闉已閉，玉棺新闢。脂粉無用，琴箏可惜。一去高堂，九泉長穸。原田漠漠，墳壠峩峩。一旦桃李，千秋綺羅。韶儀永翳，淵懿誠多。有生必死，傷如之何。

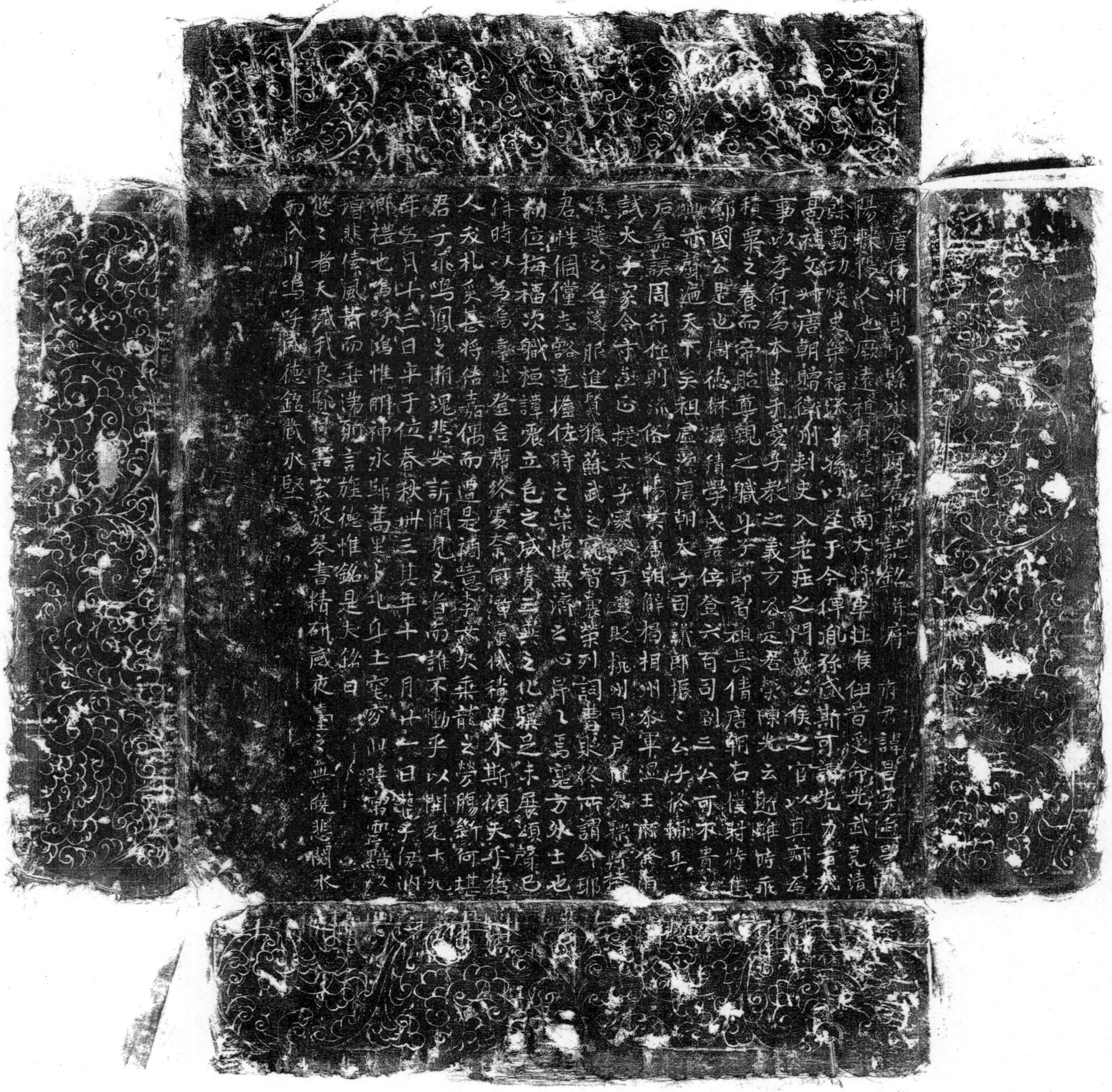

一一八　唐揚州高郵縣丞岑府君（昌）墓誌銘

開元十九年（七三一）十一月二十一日葬。

誌文二十一行，滿行二十五字。正書兼行意。誌長、寬均四十三厘米。

誌蓋正書：大唐故岑府君墓誌銘

墓誌原石藏洛陽張存才唐誌精品館。

大唐故岑府君墓誌銘

唐揚州高郵縣丞岑府君墓誌銘并序

府君諱昌，字延昌，南陽棘陽人也。厥遠祖有漢征南大將軍壯侯。伊昔受命光武，克清餘𠩱，功焕史策，福流子孫，以至於今，俾胤彌盛，斯可謂先力者哉。高祖文叔，唐朝贈衛州刺史。入老莊之門，蔑公侯之官。以真寂爲事，以孝行爲本。生於愛子，教之義方。及是居榮，陳光云逝。雖時乖積粟之養，而帝貽尊親之職。厥子即曾祖長倩，唐朝右僕射、特進、鄧國公是也。樹德茂滋，積學成器。位登六百，司副三公，可不貴之歟？亦聲遍天下矣。祖靈源，唐朝太子司議郎，振振公子，修輔厥　后。嘉謨周行，作則流俗。父暢業，唐朝解褐相州參軍、温王府祭酒、試太子家令寺丞，正授太子家令寺丞，貶杭州司户。夙參驃騎，𦇦孫楚之名；後服進賢，獲蘇武之寵。智囊榮列，詞曹貶終，所謂命耶！君性倜儻，志豁達。握佐時之策，懷兼濟之心，昂昂焉寔方外士也。初位梅福，次職桓譚，震立色之威，贊三异之化，驥足未展，頌聲已徉。時以爲烏臺坐登，臺席終處，奈何漳濱俄積，梁木斯傾。天乎哲人，夭札奚甚。將結嘉偶，而遭是禍。噫！李女□乘龍之勞，腸斷何堪；君子乖鳴鳳之期，魂悲安訴。聞見之者，而誰不慟乎！以開元十九年五月十三日卒於位，春秋卌三。其年十一月廿一日葬於伊汭鄉，禮也。嗚呼！鴻惟明神，永歸蒿里。卜兆厥土，窀穸此時。寓雲黯以增悲，傣風蕭而垂涕。願言旌德，惟銘是夫。銘曰：

悠悠者天，殲我良賢。材器宏放，琴書精研。感夜臺之無曉，悲閱水而成川。嗚呼盛德，銘藏永堅。

范陽盧
府君墓
誌之銘

一一九　唐故朝請大夫岳州別駕上柱國盧府君（轍）墓誌銘

開元十九年（七三一）十一月二十七日葬。
誌文二十行，滿行二十四字。隸書。誌長、寬均四十五厘米。
誌蓋篆書：范陽盧府君墓誌之銘

唐故朝請大夫岳州別駕上柱國盧府君墓誌銘并序

君諱轍，字[一]，范陽人。質而文，忠以孝。人倫之重，天爵之總。清矣自奉，仁者必勇。百身不贖，嗚呼哀哉！曾祖善惠，朔州司馬。祖陽容，寧州長史。父元瑾，桑泉縣丞。公即桑泉之第三子也。公器爲時須，才曰世出。推賢則自後於己，善施而不求其報。與士信，臨財廉。手遺一經，家無仗物。君子以爲善人，國之寶也。解褐堯城縣丞，轉左驍衛倉曹。歷京兆府藍田丞，武庫儲峙，神畿事物。公皆統之，政有經矣。授絳州稷山令。不言而化，不令而行。剛而不吐，僨而不竊，人到於今稱之。朝廷嘉焉，　制授朝散大夫、同州馮翊令。無何，有　制加朝請大夫、岳州別駕。所云剽輕，實擇官守。知人則哲，惟　帝其難。清通爲別駕之功，參佐是題輿之任。嗚呼！天不慭遺，享年不永。以開元十九年十月七日終於下邽別業，春秋六十四。公平生留味禪寂，啓手之日，奄如假寐。雖迹寄世上，而心存物表。嗚呼哀哉！以其年十一月廿七日葬緱氏公路鄉南原，以祔舊塋，公遺令也。夫人清河張氏，潘闔之睦，賓主之敬。雖禮絕夜哭，而痛纏孀居。嗣子恂、懌、悦、慥孺慕非及，哀摧靡愬。儻銘誌不存，固丘陵難恃。銘曰：

開國承家兮厥先太公，資忠履孝兮爰洎我躬，皇皇朱紱兮令問斯崇，策名從政兮廩食於稍。無我無人兮精心佛教，遺言陪葬兮不忘於孝。陵有遷兮谷有移，蒼蒼松檟兮日參差。不存銘誌兮千古誰知？

[一] 此處空二格未刻字。

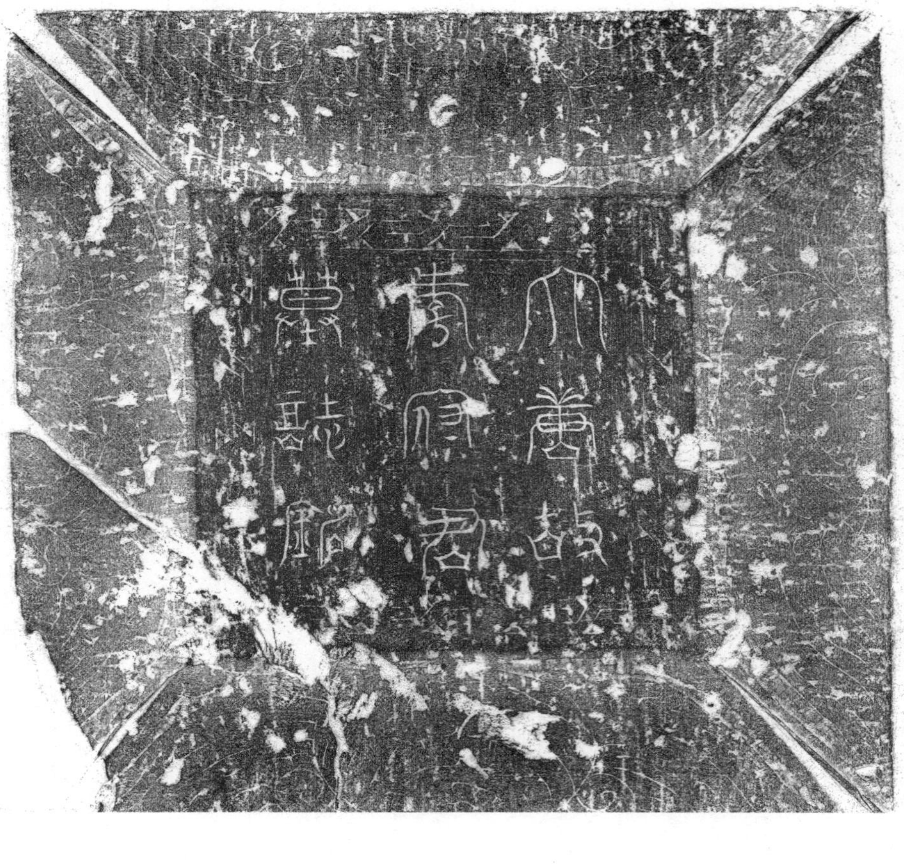

一一〇　大唐故冀州下博縣丞隴西李府君（璩）墓誌銘

開元二十年（七三二）七月二十六日葬。

誌文十五行，滿行字數不等。正書兼行意。誌長三十九厘米，寬三十八厘米。

鄭虔撰。

誌蓋篆書：大唐故李府君墓誌銘

大唐故冀州下博縣丞隴西李府君墓誌銘并序

君諱璩，字承祜，隴西成紀人也。因有玉衡，散而爲李。關浮紫氣，奄大其宗。曾祖仲恭，隋蜀王府諮議參軍。祖玄則，皇許州長史。父思節，皇宋州虞城縣令。并祖仁本義，秉道懷忠。炤灼蟬聯，鬱爲茂族。公清規内映，和風外發。高標振蕩，宏運潛恢。忠以立身，孝以成範。解巾以親衛補潤州金壇主簿，轉冀州下博丞。雖從卑位，雅高幹理。鵬譽未展，駒遷何速。以開元廿年歲次壬申七月甲寅朔十五日乙卯遘疾終洛陽履道里之私第，春秋六十。嗚呼！天不憖遺，人何所負。位卑命促，賢哲同之。以其月廿六日景寅安厝於河南府河南縣龍門鄉張村之南原，禮也。無胤子。嗟乎！伯道無兒，公明絶嗣。蒼蒼何准，哀哀誰泣。弟芮、侄捎雲等敬遵遺令，以奉幽埏。何以志之，是憑金石。銘曰：

龍門之右列孤墳，松柏蕭蕭兮栖夜魂。卜遷改窆知何日，宅連岡兮宜子孫。

滎陽鄭虔撰文

一二一　唐故豫州郾城縣令許公（惟岳）墓誌銘

開元二十年（七三二）九月二日葬。

誌文二十二行，滿行二十一字。隸書。誌長、寬均四十二厘米。

崔滔撰。

唐故豫州郾城縣令許公墓誌銘并序

崔滔撰

公諱惟岳，□高陽新城人也。其先太岳之族，錫姓上矣。暨兩漢之際，魏晋已來。衣冠史諜，具在談者。曾祖子漢，北齊安樂、昌黎二郡守，隋平州刺史、高陽郡開國公。祖肅，隋水部員外郎。考秘書少監、太僕少卿、豫州刺史。公體經緯，表山河。紹前人之遺烈，復遠代之層慶。初以父任補左衛長上。後屬堪理務，拜太子宫門丞，皆非好也。神龍初，　天飛踐祚，春宫載闢。纍徵多士，將輔　儲闈。以公羽儀禮物，簪裾世胄，擢授太子舍人，司詔命也。實能參桂苑之理，侍銅樓之問。夙夜出納，直哉惟清。尋而丁艱去職，哀泣過制。服闋，辛瑕丘、山陰、郾城三縣。夫所莅也，必修其教，不易於俗。及將去也，存其德，人思焉。政非寬猛以濟之，仁恕以結之，孰能懿乎如此者矣。既而寵章惟舊，解印言歸。藴士元之才，方期登用；遇冉耕之疾，奄從逝殞。享年六十有叁，開元廿年八月貳拾日終於河南縣歸德里之私第，以九月貳日殯於國南龍鄉原，禮也。有子曰偉等，并欽承　代業，夙奉過庭。禮不從滅，喪有餘毁。恭惟日月徂謝，陵谷易遷。不有旌園，孰揚徽烈？乃撰幽礎，示之來昆。其辭曰：

太岳遠裔，公侯之子。纘戎前休，必復其始。仁友勵行，清明入仕。天道何親，一朝逝矣。洛陽阡陌，國門十里。隴隧初封，龜謀叶比。茫茫代運，德音□紀。

一二二　唐故大理寺少卿宋府君（瑋）墓誌銘

開元二十一年（七三三）二月四日葬。

誌文二十二行，滿行二十二字。正書。誌長、寬均四十七厘米。

誌蓋篆書：大唐故宋府君墓誌銘

大唐故
宋府君
墓誌銘

唐故大理寺少卿宋府君墓誌銘并序

公諱琸，字楚璧，廣平列人人也。宋之先，始自微子。自微子繼世，至於隋，家牒詳焉。曾祖虔基，隋范陽令。祖大辯，皇遂州司馬。父守恭，遂安令。僉曰：□能□□，施於今古，清白之祉，流於子孫。夫治本於賢，賢本於道，道降及德，德降及文。仕進之端，莫□也。公孝悌著於邦國，文□□於友朋。貞信以之莅官，温良以之居己。始秀才辟，一命□□□陽。又賢良召，再命司文、秘省。三命尉於鞏。四命薄於河□。[五]命登於憲府。持白簡臺閣生風，曳黄綬權豪屏氣。握鉛槧□紀必修，應明揚聲華籍甚。君子曰：善哉，若人也。先皇之季，讒慝弘多。自御史轉洛州司法參軍。又貶授亳州司法參軍。無何，宰新鄭、雍丘二縣。開元之始，天衢昭泰。遷河南府兵曹參軍，拜尚書兵部員外郎，遷郎中。授鳳州刺史、太原□、易州刺史。浙河西川，擁山海之錯；秋卿[比]寺，居生煞之權。必俟其人，乃崇厥德。有　詔遷杭州刺史、大理少卿。聲子三年之夢，尼父兩楹之間。嗚呼！上德而有斯事。開元廿年十一月戊辰終於洛陽審教里之私第，廿一年二月壬申殯於洛之北原，禮也！嗣子尹居於廬，杖而起。有司易行，予乃稱銘。詞曰：

於那賢良，觀國之光。以德輔位，華實載揚。柏臺執簡，仙省焚香。朝謁　帝廷，冠劍鏘鏘。外有九室，九卿居之。峨峨邦牧，乃處刑司。無咎於天，天不憖遺。日吉辰良，歸殯於茲。

唐故鄆
州崔府
君墓誌

一二三　唐故正議大夫使持節鄆州諸軍事守鄆州刺史上柱國崔府君（紹）墓誌銘

開元二十一年（七三三）二月十六日葬。

誌文三十九行，滿行四十字。正書。誌長、寬均七十四厘米。

盧絢撰。

誌蓋篆書：唐故鄆州崔府君墓誌

唐故正議大夫使持節鄆州諸軍事守鄆州刺史上柱國崔府君墓誌銘并序

中大夫行御史中丞上柱國范陽盧絢撰

君諱紹，字繼初，清河東武城人也。自烈山之作，大庇蒸人；嚳丘之封，永綏胙國。俾紬統繼業，流映千祀焉。洎秦之司徒以忠順著，魏之中尉以才貌稱。俾國史家諜，特冠百氏矣。猗猗若蘭，綿綿如瓞，衣冠禮樂，光昭我錫，羡之不墜者。曾王父大質，隋復州司馬。高墉有待，滿宗黨之譽；分乘既馳，宣邦國之績。大父玄泰，長安丞、綿竹令。秦里浩攘，聞風而務贊；蜀門雄富，法雷而令行。考行温，延州刺史、太子家令。毓德以成器而立，脩詞以用才而進。亟踐中外，備康夫政猷；終拖青紫，允輝我邦懿。是以纘戎前烈，垂裕後昆。君即延州府君之元子也。秉淳顥之精，負宏達之氣，洵美無度，昭明有融。發乎髫褓，既以挺岐嶷；成乎器幹，又以涵温良。潤色忠信以内炳，儀形韶茂以外灼。故在家必達，在邦必達，人咸見其進也。孝友推多，州郡交辟。弱冠以孝廉擢第，調補宣之溧水、冀之南宫尉。蓄青雲之姿，膺黄綬之任，脩其漸也。轉貝之宗城丞。政有其經，敬乃毗職。按察使稱最，奏授冀之堂陽令。設訓以秉禮，激清以息貪。吏無回行，户有康業。曾未周月，還汾之隰城令。宣慈含弘，仁慎簡敬。將以威惠之於吏人也，亦猶父母之與神明也。彼汾沮洳，甿音自樂。璽書褒錫，加朝散大夫，特授薛王府記室。爲王門之秀，輝華於曳裾。無何，轉大理丞。得繇獄之評，哀敬於持筆。尋又授河南府户曹。河府至殷，議曹尤劇。綜以圖諜，伍其田疇。諠挐是司，盤錯攸利。遂丁延州府君憂去職，欒棘銜哀，毁瘠過禮。服闋，授河南之福昌令。屬 鑾輿告巡，行在儲供，君率人以簡，祗事不愆，恣睢者莫敢怙權，饕餮者不能規貨。有司舉以爲最， 天子聞而嘉之，賜帛百匹，旌异能也。俄拜虞部員外，列在丹地，睹夫青天。遷膳部郎中，綜覈典章，彌綸故實，僉議所重，朝望歸焉。十一年， 大駕風行於太原，以設教也。是

先帝建號之地，因 今上展義之日，謀之於野，立而爲都。赤縣是寄，特難其選。乃有 詔命君爲晉陽令。乘傳莅職，其敚攘以息，桴鼓不鳴。雖古之善京劇者，無以過也。復以天下舉最爲鄆州刺史。宿國遺事，汶陽舊壤，俗泯魯風，人參齊詐。君襜帷一舉，教化大行。其始則宣六察、尊五美，枳棘以伐之，螟螣以搣之。俾令行禁止，政有端也。其中則清儉率下，簡寬容衆。布令以告之，由禮以齊之。俾康居樂業，政有常也。其終則崇貸霽威，仁漸義協。省徭以休之，廣積以厚之。俾人和俗阜，政有成也。久之，郡中大理，爲東路之冠。去歲獻計於朝也，闔境而聚圖，皆攀車不進；今年歸守於國也，自京而達議，乃挹瑞而旋。爲人父母，蓋所以慰黎庶，從人望也。潁川重黄，并州慕郭。方將仁風載遠，翔彼寥廓。豈夫去日苦多，遽兹凋落。頓轡於中路，藏舟於夜壑。惜哉！以開元廿年六月六日寢疾，弃世於官舍，春秋七十一。郡人之知與不知，莫不盈衢而嘆，罷市而哭，其遺愛如此。夫人范陽盧氏，鞏縣府君弘肅之女也。義全婦則，昭柔順合齊之表；德冠母儀，備賢明聖善之訓。閨門穆穆如，邦族邕邕如。可以發揮緗策，光華彤史。享年不遠，先府君而卒。粤以開元廿一年二月十六日合葬於偃師鳳亭鄉之原 先塋，禮也。君淳固而事敏，祗服遊藝；訏覃而體弘，率循成軌。上以揚祖考，昭復之慶；下以貽子孫，宴翼之業。傳之無窮，議者爲稱首矣。嗣子顔，曹之成武尉。次子路，潞之壺關主簿。次二子貢、參，皆應調選，爲後來之秀者。聿脩令德，克荷曾構。不改於義方之訓，可謂爲孝矣。咸泣血在疚，茹荼銜恤。感霜露而靡瞶，懷蓼莪而告余。禮全乎形言，德播於紀事。則實忝密懿，昔嘗同僚。又申之婚姻，高山是仰，豈成之今古，長川空逝。夫清芬美行，貴與千載共之。雪涕操觚，式旌徽烈。銘曰：

姜之公族，齊之世禄，柢深源濬。秦之司徒，魏之金吾，泉渟嶽鎮。君之降德，自家形國，以忠以信。君之含章，禮樂笙簧，令望令問。宜其家室，如彼琴瑟，内以成訓。芝蘭有芳，宴翼是將，系而錫胤。粤惟飛英，於以揚名，弈代光運。幽明遂改，哀榮徒在，合葬昭順。追遠飾終，傳之無窮，慶流福潤。天長地久，存乎不朽，金相玉振。

二二四　唐故太子少詹事張公（之輔）墓誌銘

開元二十一年（七三三）三月五日葬。

誌文三十四行，滿行三十五字。正書。誌長八十九厘米，寬八十七厘米。

李邕撰，徐嶠之書。

唐故太子少詹事張公墓誌銘并序

前陳州刺史江夏李邕撰

夫千里者天驥之子，五色者靈鳳之雛，宜其呈异姿，遭聖運，雖亨衢有望而大位不躋。落鼎鉉於　先公，非　國之幸；墜門子於餘慶，惟家之艱。有識爲之痛心，知己爲之流涕，豈徒爾云。　公諱之輔，字[一]，南陽白水人也。其先太古之姓，軒有聖佐，漢有杰臣，河間乃文，漁陽惟武，克廣厥後，是清於源。曾祖德言府君，皇唐州刺史、九隴公。祖榮府君，　皇贈金州刺史、壽昌公。考仁愿，　皇兵部尚書、同中書門下三品、韓國公，贈特進，謚曰成烈公。或禮樂聞邦，恤慎刑政；或義方翼子，追褒逮親；或巨防三邊，元宰萬國。惟　公也，幼則惠和，壯而明達。旁無昆弟，特愛於　二尊；外有朋寮，高視於群彦。且猶内藏不曜，退密不言。扞邊之謀，受教於襁褓；致君之略，取則於閨庭。矧乃文史廣之，忠孝將之，識會通之，志氣行之。門生不足爲曹丘之談，友道不足爲孟孫之益。弱冠以門蔭授相府參軍、尚舍直長、符璽郎、尚舍奉御，以年屈也。雖才則未用，而言則或干，左澤州長史。尋以　帝子開府，王官擇人，歷郢王府諮議、陝王府司馬。朝廷以公將相舊門，文國奇士，　敕關内道解補巡邊大使。公乃憑地利，張軍容，簡才任能，隨事通變。旋屬河朔艱食，薊門備胡，拜趙州刺史。公未始莅人，久懷理化。道叶於古，權酌於今。視之如傷，撫之若舊。無細不矯其枉，無大不竟其奸。養其幼孤，賙其窮老，流離者宿業，浮惰者就功。惡子遷於吉人，博徒變於鄉校。及昇將作少匠，百姓思德，九縣建碑，仍立生祠，以存想似。轉司農少卿，泉穀有條，薪菜職利，僦市訖息，貿遷流行。擢左衛將軍、西京副留守。夫不重者曷足居守，不忠者曷爲信臣，時人稱之。歷河南少尹，萬變多政，百僞詭途，隨手運斤，飛聲應律。載遷右金吾將軍。以擒妖後時，失守從坐，貶檀州刺史。公遠而不陋，小而無忽，明斥謹諜，便人利邊。比遷滄州也，咸懷惠愛，復立碑祠。屬瀕海水灾，連洄粟貴，人負子，舟乘城。公以奏報歷時，幼艾蒙袂，請以一身之罪，庶解萬人之懸，乃開倉救之，飛章列之。　優詔允納，并賜衣一副，遷太子少詹事、上柱國，襲韓國公。方將代天工，翼　神化，傳良冶，奉盛時。嗚呼！天與其才，神奪其壽，位不盈量，功不滿朝。以開元十九年正月廿三日奄化於河南擇善里之私第，春秋五十有一。以開元廿一年三月五日卜遠於龍門西山之原，禮也。胤子同州參軍通微等，并廣孝令人，全德彝訓。長號墳闕，遠托松銘。僕也不才，此焉有故，情深三代，感至百齡。瀝血吐誠，未足髣髴，形言紀德，但益悽凉。其詞曰：

太古得姓，高闈挺才。七聖祥發，三杰道開。是傳弓冶，不乏賢能。將軍心膂，丞相鹽梅。其一。慶鍾後昆，業廣前烈。豈伊文武，曾是明哲。志薄雲天，操淩霜雪。□有吾謀，不因人熱。其二。宫僚是擇，邊防是巡。撫安戍卒，黜陟武臣。乃牧河朔，以全趙人。畏若嚴父，愛若慈親。其三。千里表石，九城立祠。將作省費，司農絶欺。尹京繄賴，居守不疑。執金警夜，擒奸後時。其四。位貶北朔，名動上京。守移東海，仁發中誠。開倉救物，飛表近刑。天從其志，人荷其生。其五。既踐東朝，將昇西掖。神化丹青，廟堂柱石。如何中身，奄終大夕。婚友追懷，　朝廷感惜。其六。哀哀令子，欒欒孝心。號天痛骨，泣血枯林。日月瞻遠，霜露悲深。松銘見托，沙國相尋。其七。一昨追惟，三代論舊。禮絶仍遊，年齊更友。遇恩青襟，撫孤白首。書之存之，以貽不朽。其八。

吉州刺史東海徐嶠之書

[一] 此處空二格未刻字。

一二五　唐故侍御史慕容府君夫人沈氏墓誌銘

開元二十一年（七三三）閏三月十八日葬。

誌文二十八行，滿行二十八字。正書。誌長、寬均五十六厘米。

陳齊卿撰。

唐故侍御史慕容府君夫人沈氏墓誌銘并序

長水縣尉陳齊卿撰

開元十九年二月六日，吴興縣太君，春秋七十有九，終於河南會節里，即四子榮養之所也。夙世良士，亟懷我儀。孤幼育鞠，風雨弗虧。成立輝煥，神明所禔。嗚呼哀哉！高祖孜，梁黄門侍郎，密勿清禁。曾祖晬，陳駙馬都尉，徙容賢戚。祖叔安，皇朝光禄卿、贈禮部尚書、吴興郡開國公。時賴謀謩，朝□名器。君臣道合，晋京偶龍戰之期；茅土功成，吴山屬鵝鳴之應。河海成□，歌鍾答勛。 恩念疇庸，胙光錫胤。考俊之，少府少監、淄曹邛三州牧。禮樂傳代，軒裳弈葉。良其器械，震彼軍容；整以驂騑，勉夫邦政。猶傳故老，獨著能名。夫人即使君之第四女也。苕華始芳，圓月初照。彩章式備，象服有行。年十四，歸於慕容府君矣。笄總進退，嚴於禮焉；饋食上下，恭於則焉；慎擇嫻静，成其節焉；浣濯鮮飾，從其儉焉。有是貞慤，同夫婉嫕。華不越度，和而馭下。姻婭輯睦，閨門肅雍。可謂賢哲令姿，簪裾懋閥，淑善伊寄，庸烈所鍾而已乎。逮府君聲播 天朝，職雄霜署，登車有澄清之志，入門無自媚之容。枳棘其芟，英翹是掇。用兹成務，孰不多之。夫人乃取則吾夫，以鏡諸子。愛而爲政，動俗爲清。忘身謂忠，逮禄成孝。故昌之太子舍人也，奏文於望苑；琦之殿中御史也，執簡於方書；相之縣宰也，戴星於武德；璩之直長也，奉車於尚乘。三是朱裳，一猶黄綬。夫人乃達子縮憲曹，侄居吏部。充映里閭，焜煌左右。晨昏靡替，秩禄攸歸。窮甘膳以頤顔，盛輿服以將意。母儀能展，孝道克終。夫人乃達以幻驅，扣夫妙鍵。坐蓮花之界，殫物以樹因；開貝葉之文，由心以悟道。既入真諦，不虞生滅。嘗演至理，俶留緒言。以爲營魄謂神，無幽不達。合葬非古，在我猶疑。矧宅兆其來，中壽已拱。精靈不接，泉壤何如。洎乘化之時，篤告斯語，式遵慈旨，爰建别塋。是歲龍集辛未，即以其年四月己酉朔廿四日壬寅，遷窆於洛陽邙山原先塋之側，禮也。山雲晝結，□樹宵吟。大夜不暘，陰堂永閟。孺慕爲感，切荼蓼而何申；聖善難忘，在刊刻而能述。俾颺盛美，有愴微文。銘曰：

焯彼淑媛兮，猗蘭蕙質兮瓊瑶枝。奉箕箒兮婦可憲，訓詩禮兮母有儀。瞽送形兮隙駟馳，悽异窀兮防墓危。明珠翠羽兮方已矣，達識賢明兮長不隳。

以廿一年歲次癸酉閏三月戊辰朔十八日乙酉改葬此庚地大吉。

一二六　大唐少府監丞李氏（欽）故女十七娘墓誌銘

開元二十二年（七三四）四月十八日葬。

誌文十八行，滿行十八字。正書。誌長、寬均三十六厘米。

大唐少府監丞李氏故女十七娘墓誌銘并序

十七娘，隴西狄道人也。曾祖玄蘊，皇趙王府司馬，嗣始安郡開國公。祖處一，皇杭州諸軍事、杭州刺史，嗣始安郡開國公。父欽，朝散大夫、行少府監丞。始安開國，遠承於紫氣；餘杭主郡，俯褰於絳帷。崇系貴族，芬芳圖史。十七娘即少府監丞第四女。生聞詩禮，夙承箴訓。惠而婉淑，敏而聰明。至若孝於親，悌於室。清琴對月，遥知蔡氏之弦；麗筆臨池，嘗咏班家之扇。故以聲華保傅，譽滿閨庭。豈期善而無徵，神不與壽。生則有滅，如何早年。嗚呼哀哉！春秋十有四，開元廿二年四月三日寢疾終於洛陽歸德里私第，即以其月十八日遷窆於河南縣龍門鄉之某原，禮也。哀哀父母，號而痛之；慼慼姻婭，臨而送之。夫有來而必别，嗟此别之長離。銘曰：

洵愛女兮秀瓊房，生公族兮期以昌，聰明短折兮今則亡。其一。挺圛嘉兮生淑婉，穠李謝兮芳春晚，魂一去兮何時返。其二。

一二七　唐故閬州都督傅公（黄中）夫人金城郡君李氏墓誌銘

開元二十二年（七三四）五月二十四日葬。

誌文二十八行，滿行二十八字。正書。誌長、寬均五十二厘米。

墓誌原石藏山東桓臺拿雲美術博物館。

唐故閩州都督傅公夫人金城郡君李氏墓誌銘并序

播敷人倫，命氏則萬計；登降閥閱，著族唯五家。其若聖賢繼軌，軒冕嗣續。源長莫竭，柢深逾繁。禮樂襲乎門風，文武刑乎邦典者，則隴西李五家之尤盛，姑臧公一宗之首出矣。夫人即姑臧公五代孫、靈昌府君義玄之孫、元城府君嘉胤之次女也。盛德鍾美，清淳發於孩提；昭訓克諧，柔懿及乎丱角。閫閾資其制度焉。亭亭椅梧，傾彼雲鳳；采采翹楚，必俟河魴。協比其鄰，候三星之夕；婚姻之故，展二天之儀。年甫[一]，有行傅氏，秉衡杜，儷璵璠。泛彼柏舟，在彼河側。志厲金石，聲和瑟琴。事莫預於非儀，憂不貽於怙恃。內外遵其令範焉。初，傅公[二]擢秀太常，馳聲憲府。竦羽華省，翻飛掖垣。畢獲通明之譽，實賴肅邕之德，戚族推其幹蠱焉。暨作貳京兆，　皇居務繁。直途靡豪氂之失，橫議起丘山之釁。將恐將懼，比翼於鑾陬；言旋言歸，雙飛於　帝里。遠邇服其貞固焉。方將保爾戬穀，與之偕老；奈何輔善莫徵，哲人先逝。如傅公，地且貴，才且通，其名揚，其宦達，前誌已備，庸何述爲？夫人銜蓼茹荼，克己復禮。動必有則，行必有經。污私澣衣，不訾重器。冉冉時謝，煢煢逾紀。峻節成乎母儀，端操照乎嬪德。我有旨蓄，亦以禦冬。而能戒彼多藏，亟行乎賙急；約以鮮失，每務乎躬儉。損有餘，補不足，識天道也；積而散，安而遷，達人事也。若使傅公饗壽，滋永秉國之均，必當輔佐仁人，以美利利天下矣，豈徒宗親之已乎！天不憖遺，殲我邦媛。以開元廿二年季春三月十日遘疾終於河南縣歸德里之私第。即以其年五月廿四日合葬於邙山之原，禮也。嗚呼！云誰不殁，痛夷吾之莫嗣；常有嫠居，閔莊姜之無子。俾源涸流絶，根拔枝枯，於斯爲甚，哀哀不忍者，其有天倫骨肉乎！伯姊云亡，萬事去矣。輪奐之室，聚族幾時；塗芻之器，偶靈長夜。不其悲哉！銘曰：

岳瀆孕靈，聖賢餘烈。峻趾增固，洪源靡竭。婉彼邦媛，餘慶所鍾。真静其德，淑慎其容。黄鳥喈喈，集於灌木。彼己之子，姻於華族。契若蘭蕙，調諧瑟琴。淑郁不已，宫商相尋。金石猶變，人生誰寶。存殁俄然，所不忍道。祖庭虚設，龍輴即駕。永謝明辰，長歸幽夜。晧晧雙劍，飛沉中絶。精義不渝，終然同穴。嵩邙映帶，伊洛交傾。於嗟萬古，鬱鬱佳城。

時歲在甲戌

[一] 此處空二格未刻字。

[二] 墓誌記載，此傅公曾任閩州都督。據《唐刺史考全編》引《淳熙三山志》，開元六年（七一八）閩州都督爲傅黄中，當即此人。

一二八　故夫人虞氏墓誌銘

開元二十二年（七三四）七月十四日葬。

誌文二十三行，滿行二十四字。正書。誌長、寬均四十三厘米。敬括撰。

誌蓋篆書：大唐故虞夫人墓誌銘

故夫人虞氏墓誌銘并序

校書郎敬括撰

大化有極，大年不齊，通於變或得其形，合於和或傷其壽，天之道庶幾乎息，虞兮虞兮謂何哉？曾祖世南，皇銀青光禄大夫、秘書監、永興縣開國公，贈禮部尚書，謚曰懿公，功臣第二等。祖遜，皇工部郎中、陳澤簡三州刺史。考敏，皇濟州平陰縣令。皆休有令聞爲天下，或俾克用，又寔亨而後。夫人即平陰府君之第二女也，生而婉淑，性與仁惠，在室吟葛覃之咏，及笄執蘿附之禮，邦家媛矣！適我張公。公時之聞人，國之良吏，位以才進，今爲殿中侍御史。諧琴瑟之友，一十四春；推甲子之數，三十八祀。子南夫也，斯言與歸；伯宗直哉，幾流其誡。且如荑手犀齒，螓領蛾眉，舒和習成，綽約自得，此夫人之容也。既親絲繭，亦秉刀尺，方布玄黄之色，仍精紃組之能，此夫人之工也。冬温夏清，柔色怡聲，發而有章，思不出閫，此夫人之言也。其事上也敬，其睦下也慈，豈惟周物之有恒，亦將寬仁而寡悔，此夫人之行也。先夫人有二女，及夫人有男一女三，庥蔭齊其所生，仁愛浹於均養。温其如玉，爛然盈門。才可持内則之嘉謨，主中饋之彝典。吉莫之祐，逝也如斯。開元廿二年六月廿五日因産而終於崇業里私第，以其年七月十四日遷窆於北邙山梓澤原，禮也！嗣子[一]零丁在疚，徜徉曷恃。扶病以杖，位有其人，服麻成衰，年終尚稚。罔知生感逝，爰述銘云：

夫人之行之美，略可得而聞已。系虞宗兮歸張氏，父銅章兮夫柱史。女方幼兮男亦稚，謝浮生兮即强死。宅何所兮邙之隈，墳新封兮松近栽。泉户閟兮不開，風朝暮兮哀哀。

[一] 此處空二格未刻字。

有唐朝散大夫守歙州別駕盧府君故夫人陸氏墓誌銘并序
外甥大理評事劉潤撰

大唐故陸夫人墓誌銘

一二九　有唐朝散大夫守歙州別駕盧府君故夫人陸氏（邊）墓誌銘

開元二十三年（七三五）九月二十一日葬。

誌文二十一行，滿行二十二字。正書。誌長、寬均三十三厘米。

劉潤撰。

誌蓋正書：大唐故陸夫人墓誌銘

有唐朝散大夫守歙州別駕盧府君故夫人陸氏墓誌銘并序

外甥大理評事劉潤撰

夫人諱邊，字藏，河南洛陽人也。曾立素，皇朝太子右庶子。祖爽，兵部郎中。父泰，司農寺丞。纍葉名德，當代文儒，歷中外而馳聲，著縑緗而播美。夫人恭儉依仁，淳和毓粹。門資教義，式暢柔閑。室擅膏腴，載循詩禮。居然婉淑，率由仁孝。甫洎笄年，歸於盧氏。盧府君地華軒冕，德潤珪璋。如賓之敬既崇，偕老之期無爽。既而從夫有禮，内輔多工。府君譽表弱齡，才優筮仕。一參銅墨，再綰題輿[一]。朱紱有暉，魚軒增飾。開元[二]年，拜[三]縣君，從夫貴也。宜家有慶，吉兆延祥。男則龍翰鳳雛，女則金箱玉秀。姻親仰止，中外光榮。豈謂福過灾生，哀來樂往。未極生涯之壽，俄纏夜壑之悲。粤以開元廿二歲歲在壬戌冬十有一月廿八日遘疾終於歙州之官舍，享年[四]六十有七。即以廿三年歲次乙亥九月癸丑朔廿一日癸酉旋窆於洛陽城東之原，禮也。山河漂泊，行路悽凉，背江鄉而上馳，遵洛汭而長往。荒郊寂寂，苦霧沉沉。哀挽咽兮窮秋晚，大夜長兮泉路深。銘曰：

有美齊姜，德音不忘。爰鍾懿烈，克誕貞良。孝悌天假，賢和日將。匡夫節著，訓子名揚。於以分乘，言從水鄉。福迷倚伏，禍起倉徨。影斷江浦，魂歸洛陽。高柴骨立，荀粲神傷。澗水之涘，邙山之傍。人生到此，泉路何長。

[一]『輿』爲小字，刻於『題朱』之右。

[二]此處空三格未刻字。

[三]此處文字似有塗改，後空二格未刻字。

[四]『年』爲小字，刻於『享六』之右。

一二三〇　大唐邠王府故功曹參軍孫公（守謙）墓誌銘

開元二十三年（七三五）十二月二十一日葬。

誌文三十六行，滿行三十七字。正書。誌長、寬均八十九厘米。

王蕃撰，李守禮書，張仙喬、李仙玉鐫。

大唐邠王府故功曹參軍孫公墓誌銘并序

司空上柱國邠王守禮書

河南府洛陽縣清風鄉鄉貢進士王蕃奉　教撰

吾觀天地之心，有以見造化之本。良愚由於稟氣，窮達付於自然，是故堙鬱當年，疵賤下位，泛柏不遇，伐檀有聲，可勝言哉。非乾坤芻狗萬物耶，吾始未見夫福善禍淫也。有唐忠孝君子樂安孫守謙，字進忠。文富學博，體儉志廣。幼多异能，長有奇節。投分感慨，無求生以害仁；振窮周給，能推食以哺我。今之踠天驥，鎩雲鴻，辱泥塗之艱，懷社稷之役者，皆公之舊也。原乎保姓著族，衛康叔之胤。枝葉碩茂，代爲上卿。源流浸昌，璁珩聯響。曾祖子起，隋襄城郡司户、泗州漣水縣令、　皇汝州郟城縣令。屬隋季不綱，東徙淮海。泗濱近甸，煩劇所鍾。借良掾於襄城，資盤根於利器。及　皇家受命，尤重爲邦。甫旌三善之能，復委一同之任。揚薰風以解愠，反商政以字人。持姓名兒，呼令爲父，見於此矣。祖處約，　皇中書侍郎平章事、弘文修國史。才爲時生，貴由道合。濟川得舟楫之利，調鼎喜鹽梅之和。侔右相於阿衡，配上臺於風后。載筆麟閣，論道鳳池。康才之咏聿興，無爲之化何有。父佺，　皇鄂睦二州刺史、太常少卿、右衛右金吾將軍、冠軍大將軍兼幽州都督、節度諸軍大使、會稽郡開國公。濟美承家，負重許國。出入文武，綢繆　恩命。光武布衣之日，每羡金吾之榮；宋義擾攘之辰，方假冠軍之號。豈若鷹揚　聖代，鶚視　明朝。董羽林之禁兵，處幽燕之重鎮。推轂授律，忠烈當仁。同仇願登於龍庭，任患竟探於虎穴。公即幽州府君長子也，以清廟臺齋郎解褐授虢州參軍事。克勤小政而參大藩，惟其有聲以永終譽。邠王，名王也，精選淑妃，納我歸妹，貽光彤管。無何，除邠王府功曹。入侍醴筵，出陪芝蓋。西園明月，詩美劉楨；南楚雄風，賦高宋玉。　今上之在藩邸，公曳長裾，常陪紫雲之遊，潛識黄星之數。曁焚燕啄，闢龍闈，三光再懸，百辟咸若。公雖不敢去講，而往曾托乘。雖非沛邑子弟，即是南陽故人。而俗忌承　恩，詩惡反白。五流五宅，無罪無辜。丹誠空注，白髮將老。沐大號而言歸未幾，遭促運而今也不禄。遘疾終於敦行里第，開元廿三年九月廿四日頹水之辰也，時春秋五十有一。公學無常師，心自成匠。宦以拙退，室由義空。臨難可以受遺，見危足以致命。嘗瞻蓄憤，自泣羽林之孤；奮臂大呼，願懸郅支之首。於戲，壯志中夭，孝思不没。其年十二月廿一日葬於洛陽縣清風鄉邙山之原，陪先塋，禮也。夫人楊氏祔焉，弘農人也。　皇吏部尚書昉之孫，河南府壽安縣令行脩之女。蓮峰含秀，桂輪呈質。敬爾宗事，實惟我儀。四行聿脩，六姻稱善。既而一劍先落，長簞興潘子之悲；雙棺共懸，西階成杜氏之葬。開元五年六月廿八日終於郴州郴縣，時春秋卅一。孤子珣，哭無常聲，泪盡以血。介弟默識等，天屬長慼，田枝半枯。永言徽音，願刻銘誌。博我以學，邀我以文。但述美行，余何所云。邠國大王，以親親之情，故吏之受。俯降神翰，式光泉壤。銘曰：

君子不憂兮，坦然知命。命雖糾紛兮，窮通有定。彼美一人兮，于何不臧。孝思未展兮，今也則亡。雙衾共舉兮，同歸厚穸。霜露霑衣兮，原野蒼蒼。

京兆府萬年縣滻川鄉人雲騎尉守秘書監員外直張仙喬同面奉　教鐫及花

河南府河南縣洛汭鄉人儒林郎守將作監左校署監作李仙玉奉　教鐫

開元廿三年歲次乙亥十二月壬子朔廿一日壬申葬於洛陽縣清風鄉北邙原之禮也

大唐故
王府君
墓誌銘

一三一　故洛州來庭縣主簿太原王府君（韶）榮陽鄭夫人（儷昇）墓誌銘

開元二十四年（七三六）十月三日葬。
誌文二十八行，滿行二十八字。正書。誌長、寬均六十四厘米。
鄭長裕撰，盧景秀銘，李懿書。
誌蓋篆書：大唐故王府君墓誌銘

故洛州來庭縣主簿太原王府君滎陽鄭夫人墓誌銘并序

夫人諱儷昇，滎陽開封人也。遐筭出乎軒轅，肇祀生乎后稷。桓公以納忠藩屏，代襲緇衣；武公以前華後河，光昭土宇。紬皇纂帝，開國承家。臺衮弈葉，賢能繼軌。烈祖元玘，集州刺史。皇祖弘震，太常博士。父杲，太僕卿、贈禮部尚書、潞州大都督，襲歸昌男，謚曰孝。并河岳炳靈，人倫英秀。休聲動俗，至德通神。夫人擢彩瓊田，騰芬蘭畹。懿範霞舉，韶姿月映。柔嘉之則，特禀生知；孝友之性，率由冥極。貞順光於圖史，令淑齊乎國風。雖明德之自然，蓋庭闈之有素。王府君[一]賓天清閥，擲地宏才。孝公擇賢，作儷嘉偶。何彼穠矣，爛其盈門。道穆琴瑟，克終賓敬。初，王君捧檄色養，馨膳承顔。夫人心厲珩璜，肅恭盥漱。體友愛於娣姒，資事親於舅姑。道映閨門，譽流邦國。及煢居秦淑，孀處清臺，有文姬之孤，無伯道之胤。敬姜朝哭，義貫終天；曹家母儀，將崇訓立。體貞剛以兼愛，守恒亨而用久。儼恪祗翼，克濟艱難。擇對宗親，允就姻媾。才地冠冕，不減當塗。非夫宜室幹家，曷以臻此。夫人有二弟，長曰隨，濟王府司馬。次曰放，右衛將軍。明識偉才，高門貴仕。天倫穆於孝友，榮禄賙於屢空。怡怡展歡，惟日不足。方期慶流百福，光被五宗。何藥餌之靡瘳，而崦嵫之遄及。以開元廿四年七月五日終於東都陶化里第，春秋六十有九。其年十月三日合葬於北邙山三家店東舊塋，禮也。夫人穎惠夙彰，風範特秀。長而卓爾，識量超倫。均養之慈，家無常子；泛愛之道，豈獨在躬。階庭自襲於芝蘭，蒸嘗靡闕於明德。有侄曰陳州司兵谿、大理評事佶、前相州湯陰縣尉璉等，氣茂嵩雲，派連淮海。才惟不器，孝實因心。永感連於昊天，臨喪追於遠日。肅奉窀穸，心不遑安。長女滎陽鄭氏、次范陽盧氏、次趙郡李氏等，慕切充窮，哀深屺岵，瞻蓼莪而罔極，攀泪柏而將枯。恐陵谷貿遷，徽烈無紀，式詮懿躅，敬作銘云：

河華濬秀兮孕育清英，公侯鬱映兮載挺賢明。既蘭敷而玉潤，亦神授而天成。至哉閫德，休有令名。題六行於貞礎，傳萬古之芳聲。

子婿朝議大夫守國子司業滎陽鄭長裕纂文

子婿朝議郎行河南府河陽縣尉范陽盧景秀題銘

子婿朝議大夫守儀王府司馬高邑縣開國男趙郡李懿書

[一] 王府君即王韶，墓誌見本書〇五一《大周故洛州來庭縣主簿太原王府君（韶）墓誌銘》。

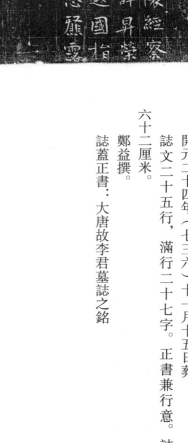

唐故大理司直李君墓誌銘并序
君諱環字鳴玉趙郡人也高陽之族代有才子柱史之胤繼出異人立
濟厥美寵光增蔚高祖惠齊燕州司馬曾祖順隨虎牙郎將
祖玄榮宋州襄邑縣令父思禮歷尚書虞部郎潁利二州刺史始
騁一臺聲流二郡君即府君第三子也惠於志敏於辭先意承
顏得之於幼涉閱歷見咸記不遺年五歲能誦群言十歲通經義十三
明經擢第江夏黃童方斯彼巨漢時趙達事豈獨高孝友之至固非外
奬忠禀之節謟而不驕陶冶百家遂博於學怡歎六義又彪以文既冠
而成隨牒署職授懷州參軍調補定州司法又授許州司法參卿之選
持獄稱平應詔舉登科授大理評事桂林擢秀赫奇錄輝祑滿授
司直便繁廷府問望攸歸君與執法大臣抗爭疑獄被奏貶為汴
州陳留縣令明慎五刑游無惡色化敷三異考最於時又以事謫為衡
州臨蒸縣丞游覽湘濱夭枉炎瘴追屈原而長往徵賈誼而何期以開
元十三年八月十九日終於任所春秋卌有七歸殯於龍門山之南
君逸氣孤竦英風特邁立愛惟親敦信於物曰靈與善其施則慈以仁
權瀰嗚呼命也雖運圮多蹇而道存弥光自秘下泉歲周星紀乃貞遠
日以禮祔昭暨開元廿四年十一月十五日祔葬於伊闕縣萬石山
之原 先國子司業茹痛在原嗣子鍠等銜哀陟岵瞻陵恐貿刊石
題徽見託不才敢為銘曰
川騰瀍社岳効崇禎憖人垂統之子挺生童牙夙敏總角知名懷經察
孝緝藻飛英始參州祑州府馳聲累居郡掾郡吏稱平殤褒廷評昇榮
邦直在公抗議不撓於色移署謫官出臨近域禍非所戒遷授遐國指
館自南歲舟湘北壤穿權寥星紀俄周卜去其吉啓祔于幽風悲蘼露
日隱松丘生平已矣盛烈空流
滎陽鄭益撰

一三二　唐故大理司直李君（環）墓誌銘

開元二十四年（七三六）十一月十五日葬。

誌文二十五行，滿行二十七字。正書兼行意。誌長、寬均六十二厘米。

鄭益撰。

誌蓋正書：大唐故李君墓誌之銘

大唐故李君墓誌之銘

唐故大理司直　李君墓誌銘并序

君諱環，字鳴玉，趙郡人也。高陽之族，代有才子；柱史之胤，繼出异人。克濟厥美，寵光增蔚。　高祖惠，齊燕州司馬。　曾祖順，隋虎牙郎將。祖玄策，宋州襄邑縣令。　父思禮，歷尚書虞部郎、潁利二州刺史。妙騁一臺，聲流二郡。　君即　府君第三子也。惠於志，敏於辭。先意承顔，得之於幼。涉聞歷見，成記不遺。年五歲，能誦群言。十歲通經義，十三明經擢第。江夏黄童，方年彼巨；漢時趙達，事豈獨高。孝友之至，固非外獎；忠亮之節，蹈而不虧。陶冶百家，遂博於學。怊嘆六義，又彪以文。既冠而成，隨牒署職，授懷州參軍，調補定州司法，又授許州司法。參卿之選，持獄稱平。應　詔舉登科，授大理評事。桂林擢秀，棘寺錙輝。秩滿，授司直，便繁廷府，問望攸歸。　君與執法大臣抗争疑獄，被奏貶爲汴州陳留縣令。明慎五刑，退無怨色；化敷三异，考最於時。又以事謫爲衡州臨蒸縣丞，溽竄湘濱，夭枉炎瘴，追屈原而長往，徵賈誼而何期。以開元十三年八月十九日終於任所，春秋卌有七，歸殯於龍門山之南。　君逸氣孤竦，英風特邁。立愛惟親，敦信於物。曰靈與善，其施則愆。以仁罹殛，嗚呼命也。雖運圮多蹇，而道存彌光。自秘下泉，歲周星紀。乃貞遠日，以穆祔　昭。暨開元廿四年十一月十五日祔葬於伊闕縣萬石山之原。　兄國子司業茹痛在原，嗣子鍠等銜哀陟岵。瞻陵恐貿，刊石題徽。見托不才，敬爲銘曰：

川騰浚祉，岳效崇禎。哲人垂統，之子挺生。童牙夙敏，總角知名。懷經察孝，緝藻飛英。始參州秩，州府馳聲。累居郡掾，郡決稱平。矯袖廷評，昇榮邦直。在公抗議，不撓於色。移署謫官，出臨近域。禍非所戒，遽投遐國。捐館自南，藏舟溯北。壤穸權窆，星紀俄周。卜云其吉，啓祔於幽。風悲薤露，日隱松丘。生平已矣，盛烈空流。

滎陽鄭益撰

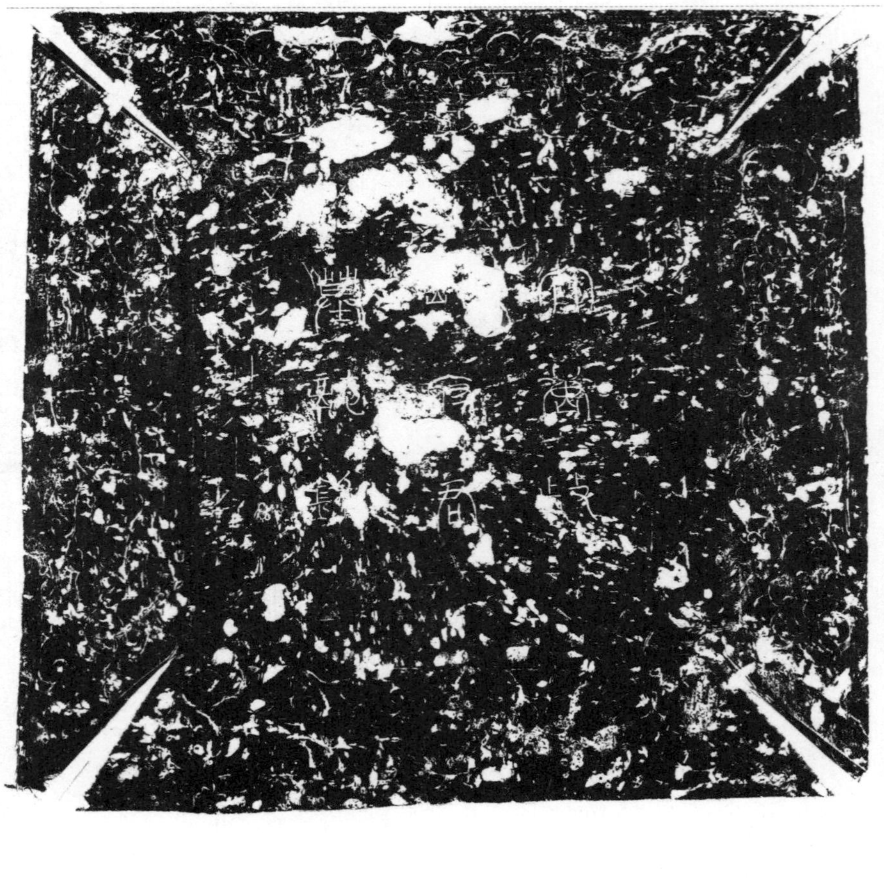

一三三　故通議大夫使持節豫州諸軍事豫州刺史許府君（奉基）墓誌銘

開元二十四年（七三六）十一月二十七日葬。

誌文三十四行，滿行三十三字。正書兼行意。誌長、寬均五十三厘米。

賈彥璋撰，張乃心書。

誌蓋篆書：大唐故許府君墓誌銘

故通議大夫使持節豫州諸軍事豫州刺史許府君墓誌銘并序

大理評事賈彦璋撰

預國子進士張乃心書

公諱奉基，字奉圜，高陽新城人也。稽厥洪源，系於太岳。啓榮茅社，在周則享國稱孤，發祥沙麓，居漢則重侯曠貴。象賢不泯，弈世其昌，數千百載，焜耀軒組矣。曾祖貴，北齊青州刺史，本州大中正。祖子漢，北齊安樂、昌黎二郡守，隋平州刺史。父肅，隋舉秀才，歷官至水部員外郎，皇朝冀州信都魏州冠氏二縣令、德州司馬，并楙昭令德，備聞往政，纘戎垂裕，傳慶有光。公倬立休緒，翛然雅量。簡潔沉邃，温敏懿恭。弱歲不群，清節逾勵，學以遜志，道積厥躬。味劉敏之義根，藴張憑之理窟。鼓思雲蔚，飛文玉振。孝廉充賦，太常登科。解褐江州尋陽尉，稍遷蒲州安邑尉、益州新都尉、洛州陽城縣丞。漸於磐陸，且勞州縣，結黄綬以安卑，睨青雲而戢翼。轉絳州司法參軍、恒州真定縣令。境有嘉禾瑞麥，加朝散大夫，乘流佐郡，坐嘯推賢，宣風宰邑，鳴琴致理。人蘇保乂，神錫休徵，禾尊尊而同穎，麥芃芃而表瑞。紫霄墜　渥，朱紱斯皇。自天祐之，前載未有，遷彭州司馬、始州長史、會州刺史。□膺展驥，高映士元；亦既憑熊，比肩黄霸，惠訓不倦，朝廷與能。無何遷麟臺少監，賜山岳繡袍。統一典墳，采摭遺墜，繡服昭寵，石署增暉。轉皇孫府長史，出爲始州刺史，復遷司僕少卿兼隴右監牧使，改豫州刺史。輪轅備適，中外迭居，或尹天人之邸，或參河海之囷。逮臨荆豫，允浹謳謡，秉鈞所圂，謫於遠郡，貶虔州刺史。已之無愠，仰之彌高。蘭處幽而自芳，月未周而成績，尋加通議大夫。以爲富貴者，生人大欲；盛滿者，道家所忌。苟虧止足之分，何自別於衆流乎！會玉來朝，懸車抗表，願貸桑榆之景，曲承雨露之澤。　恩敕每年賜時服六十段，兼半禄。於是掛冠辭務，揮舍自娱。豐二疏之散送，齊陸賈之宴喜。慎終酌損，處順安貞，交樂乎天，聊以卒歲。春秋八十有一，以神龍三年十一月廿五日遘疾，終於歸德里私第，權殯於都城南張村原也。嗚呼哀哉！惟公德輝孔彰，聲芬藉甚。行實無玷，材可求備。以賢制爵，以清爲寶。九棘千里，歷踐升勤，少壯特殊於躋求，衰暮克遵於勇退。既明且哲，斯焉取斯。未及期頤，溘然長往。嗚呼哀哉！夫人梁氏，安定郡君，即右衛大將軍懷柬之元女也。德映河洲，榮開石窌，琴瑟方庶於偕老，光華遽悲於先落。享年六十，以聖歷三年十月十五日遘疾，終於豫州之官舍。嗚呼哀哉！其年權殯於都城南張村原也。以開元廿四年十一月廿七日合祔其所，禮也。嗣子瑗，周王府參軍。次子璥，進士應制及第。次子琮，荆州大都督府參軍、鄧州司法參軍。次子惟岳，太子通事舍人、兖州瑕丘越州山陰豫州郾城三縣令，夙承義方，咸富詞藻。久參天秩，無替家風。降年不永，早世而歿。次子承構、嫡孫承休等率由□性，克荷投艱，捧遺硯而增悲，痛先塋之未□。乃一心力，稱其有無。爰啓佳城，見松柏之森植；□刊貞石，紀陵谷之移變。銘曰：

恭惟我許，遠派湯湯。於昭善慶，倬發英良。學士入官，惟精惟一。憑藉利用，奮飛高秩。□歷臺寺，累爲諸侯。辭禄致仕，俾躬處休。天不憖遺，邦乃殄瘁。合祔久闕，孝孫垂泪。敬兹安厝，咽彼笳簫。寒松颯颶，孤壟□曉。九原伊何，萬古同盡。靈儀雖翳，聲猷不泯。

一三四　大唐故崔府君（訢）墓誌銘

開元二十五年（七三七）十一月二十六日葬。

誌文二十五行，滿行二十五字。正書。誌長、寬均四十八厘米。

誌蓋篆書：大唐故崔府君墓誌銘

維開元廿五年秋八月乙巳，　唐故朝請大夫、守萊州刺史博陵崔君終於位，春秋六十有二。其年十一月廿六日旋窆於河南緱氏縣公路鄉之平原。君諱訢，字[一]。隋北地郡守君維之曾孫，皇朝秘書監行功之孫，閬州司馬旻之第四子也。弱冠自國子生明經擢第。神龍初，解褐拜濮州司倉參軍事。秩滿，入爲都水主薄，又授軍器監丞，又轉太僕寺丞。遷左贊善大夫，出爲曹州別駕。旋以　恩例加朝散大夫。開元十九年，除使持節、石州諸軍事、守石州刺史。洎廿三載，轉旟蓋於東萊焉。最歷職八，官考績卅。逸驥初下，司玉粒於雄州；長離再鳴，視金隄於河使。飾材辯器，訓馭以知。方贊三善於　前星，光六條於別乘。雖并身由位屈，官實得人。物下韝而必中，心懸鏡而無迹。鳴鶴在陰，鼓鍾於外。用是　制遷石焉。都尉殘營，稽胡雜壤，古稱難理，斯焉一變。復以良兩千石　牧於萊。君抱質懷文，居今志古。存雄不競，養浩當仁。始譬鸞鳳之姿，終潔羔羊之操。歷綱庶政，專美遠猶。迨是述職東藩，潮宗　北闕。畢三元之　慶壽，歸四方之計吏。每懷原隰，靡盬騑駸；力是清羸，頻於霧露。還州未幾，曾不憖遺。嗚呼！報善徒欺，交臂相失。鄧侯吴郡，遂不生徵；羊公峴山，空傷死問。及覆厦將掩，庸勛未刻。以禔結綬從班，曩同龔勝之尉；惟君展效當郡，睦以邢姨之親。今聞命自中，俾陳官政，言追昔顧，彌傷棘人。敢紀銘曰：

肇允農皇，降德於姜。柏尼佐舜，尚父剪商。崔城派於吕鄉，萊侯宅於冀方。惟系光哉。粤嗣洪族，無忝爾禄。秀出國庠，鳴舞河濮。智效光於內職，命秩延於藩服。惟君德哉。靈石河外，萊夷海岱。兩樹風猷，再從軒蓋。與趙日而流愛，將峴山而克配。惟名大哉。光禄潤，緱氏山，玉樹埋兮不復還。天之高，地之久，盛德銘兮長不朽！

[一] 此處空二格未刻字。

唐故定州北平縣尉長樂馮君墓誌銘 并序
君諱宏之字宏之長樂人也慶靈長發繁衍代昌曾擒象賢
弈世明德曾祖昶隨任沂州司士參軍博學多才懷仁蘊義
祖憬 皇任冀州武強縣丞養高以存道薄遊以取位千
仞忽彈六安斯畢惜矣父果鄉貢明經擢第授文林郎高尚
不仕黃金受遺廿業方殷白首為郎家聲自遠貞夫君炳丹
穴之姿蓄青萍之銳瑰意邁古精心造微才雄氣高卓尔孤
秀天授中應五臣舉高第拜洺州清漳縣主簿秩滿調補定
州北平縣尉神龍元年又以賢良方正嶽至衛州新鄉界遇
疾卒於行舍春秋六十有五嗚呼哀哉負仇香之才猶栖枳
棘就梅福之位幾屈神仙貴然來思脩途未半究其化矣大
夜方幽吉往凶歸殁有遺恨夫人南陽張氏閨房擢秀閨壼
宣慈自梧樹傾陰柏舟峻節勤斯吹棘睦彼循蘭故得玉秀
榮階珠胎耀掌洎孟軻德備文伯官成蒙授南陽縣太君從
子之命也以開元十四年八月廿日遘疾遷化於東都通遠里
之私第享年七十有六嗚呼哀哉以開元廿六年戊寅歲建
賓月廿九日合葬於河南縣河陰鄉商樂原之禮也嗣子中
散大夫行都總藍清時歸天不遐卜宅斯吉敢篆貞石紀德
窮泉銘曰
猗嗟淑人兮修詞履方宜享繁祉兮俾艾而昌高節昇聞兮
天命不偶如何昊穹兮与才奪壽去鄉離家涉艱墟濟洹之
水泣漣如雄志不就憤有餘魂兮來歸返故居長崗幽隧深
且窬遷祔雙魂龜筮吉寒松蒼蒼風颼颼于嗟馮公居此室

一三五　唐故定州北平縣尉長樂馮君（宏之）墓誌銘

開元二十六年（七三八）五月二十九日葬。

誌文二十三行，滿行二十三字。正書。誌長、寬均六十四厘米。

唐故定州北平縣尉長樂馮君墓誌銘并序

君諱宏之，字宏之，長樂人也。慶靈長發，繁衍代昌。曾構象賢，弈世明德。曾祖昶，隋任沂州司士參軍。博學多才，懷仁藴義。祖憬，皇任冀州武强縣丞。養高以存道，薄遊以取位。千仞忽彈，六安斯畢，惜矣！父果，鄉貢明經擢第，授文林郎，高尚不仕。黄金受遺，世業方殷。白首爲郎，家聲自遠，貞夫！君炳丹穴之姿，蓄青萍之鋭。瑰意邁古，精心造微。才雄氣高，卓爾孤秀。天授中，應五臣舉高第，拜洛州清漳縣主簿。秩滿，調補定州北平縣尉。神龍元年，又以賢良方正徵，至衛州新鄉界遇疾卒於行舍，春秋六十有五。嗚呼哀哉！負仇香之才，猶栖枳棘；就梅福之位，幾屈神仙。賁然來思，倏途未半。宛其化矣，大夜方幽。吉往凶歸，歿有遺恨。夫人南陽張氏，閨房擢秀，闈壼宣慈。自梧樹傾陰，柏舟峻節，勤斯吹棘，睦彼循蘭。故得玉秀榮階，珠胎耀掌。洎孟軻德備，文伯宦成，蒙授南陽縣太君，從子命也。以開元十四年八月廿日遘疾遷化於東都通遠里之私第，享年七十有六。嗚呼哀哉！以開元廿六年戊寅歲蕤賓月廿九日合葬於河南縣河陰鄉百樂原之禮也！嗣子中散大夫、行都總監清時號天不追，卜宅斯吉。敢篆貞石，紀德窮泉。銘曰：

猗嗟淑人兮修詞履方，宜享繁祉兮俾艾而昌。高節昇聞兮天命不偶，如何昊穹兮與才奪壽。去鄉離家涉殷墟，濟洹之水泣漣如。雄志不就憤有餘，魂兮來歸返故居。長崗幽隧深且密，遷袝雙魂龜筮吉。寒松蒼蒼風颼颼，於嗟馮公居此室。

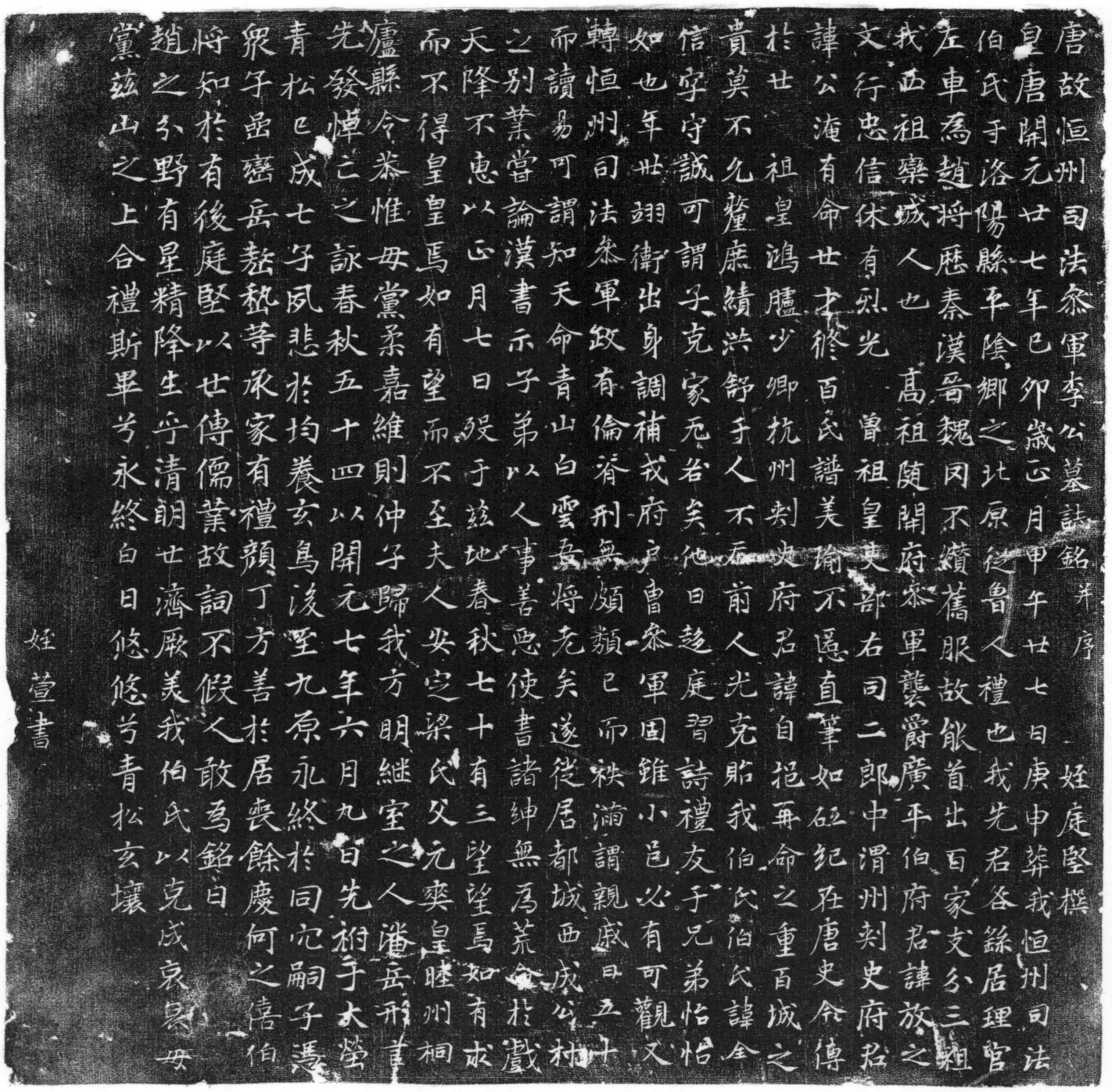

唐故恒州司法參軍李公墓誌銘并序　姪庭堅撰
皇唐開元廿七年己卯歲正月甲午廿七日庚申葬我恒州司法
伯氏于洛陽縣平陰鄉之北原從魯人禮也我先君各謚居理官
左車爲趙將歷秦漢晉魏因不纘舊服故能首出百家支分三祖
我西祖欒城人也　高祖隨開府參軍襲爵廣平伯府君諱放之
文行忠信休有烈光　曾祖皇吏部右司二郎中渭州刺史府君
諱公淹有命廿才修百氏譜美瑜不隱直筆如砥紀在唐史介傳
於世　祖皇鴻臚少卿杭州刺史府君諱自挹再命之重百城之
貴莫不允釐庶績洪舒于人不忘前人光克貽我伯氏伯氏諱全
信孚守誠可謂子克家克若矣他日趍庭習詩禮友于兄弟怡怡
如也年廿翊衛出身調補戎府戶曹參軍固雖小邑必有可觀又
轉恒州司法參軍政有倫脊刑無頗類已而秩滿謂親戚曰五十
而讀易可謂知天命青山白雲吾將老矣遂從居都城西成公村
之別業嘗論漢書示子弟以人事善惡使書諸紳無爲荒於戲
天降不惠以正月七日歿于茲地春秋七十有三望望焉如有求
而不得皇皇焉如有望而不至夫人安定梁氏父元奕皇睦州桐
廬縣令恭惟母儀柔嘉維則仲子歸我方明繼室之人德岳再青
先發悼亡之詠春秋五十四以開元七年六月九日先祔于大塋
青松已成七子夙悲於均養玄鳥復至九原永終於同穴嗣子馮
衆子岳巒岳嶅嶅等承家有禮顏丁方善於居喪餘慶何之德伯
將知於有後庭堅以世傳儒業故詞不假人敢爲銘曰
趙之分野有星精降生兮清朗廿濟厥美我伯氏以克成哀哉母
黨茲山之上合禮斯畢兮永終白日悠悠兮青松玄壤
姪萱書

一三六　唐故恒州司法參軍李公（全信）墓誌銘

開元二十七年（七三九）正月二十七日葬。

誌文二十四行，滿行二十五字。正書。誌長、寬均五十二厘米。

李庭堅撰，李萱書。

唐故恒州司法參軍李公墓誌銘并序

侹庭堅撰

皇唐開元廿七年己卯歲正月甲午廿七日庚申葬我恒州司法伯氏於洛陽縣平陰鄉之北原，從魯人禮也。我先君咎繇居理官，左車爲趙將，歷秦漢晋魏，罔不纘舊服，故能首出百家，支分三祖。我西祖欒城人也。　高祖隋開府參軍，襲爵廣平伯府君諱放之，文行忠信，休有烈光。　曾祖皇吏部右司二郎中、渭州刺史府君諱公淹，有命世才，修百氏譜，美瑜不慝，直筆如砥，紀在《唐史》，今傳於世。　祖皇鴻臚少卿、杭州刺史府君諱自挹，再命之重，百城之貴，莫不允釐庶績，洪舒於人。不忝前人，光克貽我伯氏。伯氏諱全信，字守誠，可謂子克家，無咎矣。他日趨庭習詩禮，友于兄弟，怡怡如也。年卅翊衛出身，調補戎府户曹參軍。固雖小邑，必有可觀。又轉恒州司法參軍，政有倫脊，刑無頗類。已而秩滿，謂親戚曰：『五十而讀《易》，可謂知天命。青山白雲，吾將老矣。』遂徙居都城西成公村之别業。嘗論《漢書》，示子弟以人事善惡，使書諸紳，無爲荒命。於戲！天降不惠，以正月七日殁於兹地，春秋七十有三。望望焉如有求而不得，皇皇焉如有望而不至。夫人安定梁氏，父元爽，皇睦州桐廬縣令。恭惟母黨，柔嘉維則。仲子歸我，方明繼室之人；潘岳形言，先發悼亡之詠。春秋五十四，以開元七年六月九日先祔於大塋。青松已成，七子夙悲於均養；玄鳥後至，九原永終於同穴。嗣子憑，衆子嵒、巒、岳、嶅、嵇等，承家有禮，顔丁方善於居喪；餘慶何之，僖伯將知於有後。庭堅以世傳儒業，故詞不假人，敢爲銘曰：

趙之分野，有星精降。生乎清明，世濟厥美，我伯氏以克成。哀哀母黨，兹山之上。合禮斯畢兮永終，白日悠悠兮青松玄壤。

侹萱書

唐故承議郎蒲州猗氏縣主簿博陵崔公墓誌銘并序
公諱仁琮字仁琮其先博陵人出自姜也厥初以非熊入兆獲尚
父之名以夾輔成功建諸侯之國春秋已降賢明迭興昔為世家
令稱大姓祖士文隨都水使者父德童皇慈州司戶參軍仁義濟
世替紱弈葉盛德必祀我公生焉公即司戶之元子矣幼而敏長
而達琢磨經術組織信行弱冠以孝廉舉弟壯年以甲乙昇科起
家拜蒲州猗氏縣主簿則人倫斯鑒風範是瞻綱紀奸邪糺察專
右昔鷹鸇厲志鸞鳳稱德無以過也秩滿而歸乃持筆獵文苑
冀以鳴鍾列鼎佩玉鏘金奈何三壽未登兩楹是驗以萬歲通天元年
十月十七日遇疾而終嗚呼大鵬雖奮乎一飛良馬未逞於千里長
子逸蘇州司士參軍不幸早亡次子眘盈左領軍衛長史則柴也
居喪參乎泣血占彼遠日龜筮未從遂權殯於滎陽候良時矣嗟
乎上天不愍未及而終子孟康皇皇焉曷依充充焉何怙則公之
孫矣謹以開元廿七年八月廿四日改葬於萬安山之南原成父
之志用周典也夫人彭城劉氏後君而亡權殯於城南今從合祔
禮也曾祖瑗皇清邑縣令祖行之皇永樂縣丞父延慶皇光祿寺
主簿並博古達今効杼守職一時之俊也夫人婉娩女儀昭章婦
德昔既齊體今復同歸鳳每鳴於陰堂蕣重華於夜壑悲夫且孟
康首杖經麻哀陟岵之罔極啟殯發永痛王父之何從怨其超忽
居諸推移陵谷遂封土為墓刻石為銘用慰孝思之心且旌先人
之美銘曰
尚父之後博陵其昌家傳令德世習珪璋惟公傑出卓立今代由
下英名路旁冠蓋鷺飆截道奔駒過隙夜壑藏舟泉臺掩夕有窮
季女□配君子千秋万歲白楊蕭□

一三七　唐故承議郎蒲州猗氏縣主簿博陵崔公（仁琮）墓誌銘

開元二十七年（七三九）八月二十四日葬。

誌文二十四行，滿行二十五字。正書。誌長、寬均五十八厘米。

唐故承議郎蒲州猗氏縣主簿博陵崔公墓誌銘并序

公諱仁琮，字仁琮，其先博陵人，出自姜也。厥初以非熊入兆，獾尚父之名，以夾輔成功，建諸侯之國。春秋已降，賢明迭興。昔號世家，今稱大姓。祖士文，隋都水使者。父德量，皇慈州司户參軍。仁義濟世，簪紱弈葉。盛德必祀，我公生焉。公即司户之元子矣。幼而敏，長而達。琢磨經術，組織信行。弱冠以孝廉舉第，壯年以甲乙昪科。起家拜蒲州猗氏縣主簿，則人倫斯鑒，風範是瞻。綱紀奸邪，糾察曹右。昔鷹鸇厲志，鸞鳳稱德，無以過也。秩滿而歸，乃持筆精獵文苑。冀以鍾鳴列鼎，佩玉鏘金。奈何三壽未登，兩楹是驗。以萬歲通天元年十月十七日遇疾而終。嗚呼！大鵬雖奮乎一飛，良馬未逞於千里。長子涣，蘇州司士參軍，不幸早亡。次子沓盈，左領軍衛長史。則柴也居喪，參乎泣血。占彼遠日，龜筮未從。遂權殯於滎陽，俟良時矣。嗟乎，上天不憖，未及而終。子孟康皇皇焉曷依？充充焉何怙。則公之孫矣。謹以開元廿七年八月廿四日改葬於萬安山之南原。成父之志，用周典也。夫人彭城劉氏，後君而亡，權殯於城南。今從合祔，禮也。曾祖瑗，皇清邑縣令，祖行之，皇永樂縣丞。父延慶，皇光禄寺主簿。并博古達今，效材守職，一時之俊也。夫人婉娩女儀，昭彰婦德。昔既齊體，今復同歸。鳳再鳴於陰堂，蕣重華於夜壑。悲夫！且孟康苴杖絰麻，哀陟岵之罔極。啓殯發引，痛王父之何從？恐其超忽居諸，推移陵谷。遂封土爲墓，刻石爲銘。用慰孝思之心，且旌先人之美。銘曰：

尚父之後，博陵其昌。家傳令德，世習珪璋。惟公杰出，卓立今代。日下英名，路旁冠蓋。驚飊截道，奔駒過隙。夜壑藏舟，泉臺掩夕。有齊季女，□配君子。千秋萬歲，白楊蒿里。

一三八　大唐故朝議郎行揚州大都督府倉曹參軍豆盧府君（液）夫人京兆韋氏墓誌銘

開元二十七年（七三九）十月十六日葬。
誌文二十二行，滿行二十二字。正書。誌長、寬均五十九厘米。
王晃撰，韋無惕書。
誌蓋篆書：唐故豆盧府君墓誌銘

大唐故朝議郎行揚州大都督府倉曹參軍豆盧府君夫人京兆韋氏墓誌銘并序

太常寺太祝王晃撰

前國子明經韋無惕書

開元廿有六年潤[一]八月三日，京兆韋夫人終於河南福善里之私第，春秋五十有六。其明年良月幾望祔葬於故夫右千牛、汴州司兵、揚府倉曹參軍豆盧府君液之塋兆，兆在洛陽東門十里感德鄉之原，周道也。所天曾祖楷，大鴻臚。王父儼，守於饒。烈考静，守於延。世爲郢公，佐命　唐國。夫人曾門世師，副尹洛京，作牧聊攝。大門知道，亞位農父，亦刺覃懷。先父瓊之，三爲仙郎。焚香被錦，代有積德，降生夫人。夫人儀刑令人，學於舊史。動必遵禮，言而有章。至於組織絲麻，調理琴瑟。操識古意，製能成文。有行妙年，作合君子。亹亹嘉話，循循弼諧。和鳴于飛，相與成德。是以倉曹君迹列紈袴，志逾布衣。恪勤　宮闈，著績州郡。人旌能吏，　帝目良臣。謙而益光，勞而不伐。夫人敬事宗廟，教宣公宫。家人晝然，咸化純壹。始願偕老，何言中分。徒行惟楊，及於有洛。高行异等，達人志之。居廿春，鉛華弗御。適去者順，懷清遂傾。自生及殂，三百五十四甲子。一子銓，擢桂孝簾[二]，無禄早世。男主僉夫之猶子，女主同氣之季妹。苴杖虚位，哀傷路人。冥冥雙魂，底寧此室。銘曰：

我之命氏兮，國自豕韋。迺祖迺父兮，紫紱朱衣。載誕夫人兮，焯有其輝。公宫化肅兮，惠心惟微。偏喪行高兮，哲婦與歸。

[一]『潤』爲『閏』之誤。

[二]『簾』爲『廉』之誤。

一三九　唐故朝議郎行冀州棗强縣令上柱國崔府君（同）墓誌銘

開元二十七年（七三九）十月二十六日葬。

誌文二十七行，滿行二十七字。正書兼行意。誌長、寬均六十厘米。

墓誌原石藏山東桓臺拿雲美術博物館。

唐故朝議郎行冀州棗强縣令上柱國崔府君墓誌銘并序

府君諱同，字立忠，博陵安平人也。紹源姜□帝系，弈代緒於天泉。榮參下臺，意如總弼諧之任；宦成中尉，季標抗直之名。曾祖暉琳，齊奉朝請、中堅將軍、濟州别駕。祖義謙，隋檢校邢州刺史。父玄憲，心利窈冥，志存高尚。金妻妙術，將有待於神仙；石户幽貞，竟無爲於海嶽。公象賢鍾祉，邁德貽慶。維貞踐孝，得自門風；閲禮敦詩，乘乎代業。嘉賓弱歲，捷悟雙馳；平叔齠年，神情獨邁。勸學而先進，安身而後動。文河萬里，游者闊其波瀾；德宇千門，庇者忘其寒暑。上庠遜業，早聞知類。中年待問，果視登科。以太學明經高第，調補定王府參軍。覽觀隨牒，睢園托乘。朝侍雄風之謙，夕陪明月之遊。鶴鷩凝華，龍章毓粹。夫以丹禁周施，列期門之候；紫宫高闢，開壁壘之圖。虎戟熊夫，林攢海合。剖兹戎劇，實伫英材。調補左監門衛兵曹參軍事。陪奉嚴侍，典司懸廠。出入通籍，簉多士於仙闈；趨馳禁垣，統佳兵於武衛。嚴君晚歲，更厭承明；王子當年，仍臨葉縣。轉定州無極令，從所好也。公誠逾白璧，信重黄金。爽氣遐濟，英風駿發。策勛上柱國，還冀州棗强令。公吐納珪璋，佩服仁義。清虚約己，純嘏在躬。施絳縷而懲非，引素杯而率下。柔順恤隱，晞若春陽；剛毅制權，凜同秋氣。故人知耻格，咸識是非。緊公明哉！天何不憖，以開元十三年正月廿日遘疾終於河南府之私第，春秋六十有五。越以開元廿七年歲在己卯十月庚申朔廿六日乙酉葬於萬安山之南原，禮也。夫人太原王氏，唐倉部員外、祠部郎中、太子僕仁表之孫，益府士曹冲之女也。高門積慶，克生令人。蕙質芬柔，苕姿婉茂。年十八歸我府君。欽慎承尊，慈顔接下。孝聲播於姻黨，令問流於邦家。以開廿五年九月四日遇疾終於私第，今從祔焉。嗣子易知等，并集蓼纏哀，攀松茹泣。叩地奚訴，終天靡及。悲陵谷之行遷，痛徽音之永戢。勒貞石於泉户，庶芳塵之可挹。其詞曰：

縫掖昇朝兮小冠從政，三科作宰兮五袴流咏。有典有則兮代之龜鏡，如何不淑兮奄弃華堂。亭寒月思兮隴暗雲蒼，一從窀穸兮永固青□。魂兮魂兮安之無疆。

大唐開元觀主張尊師墓誌銘并序
先生諱遊霽字[illegible]嗣南陽人也代為着姓有
自來矣曾祖遠隨任澠池縣丞祖君操扂明
經及第父師節文林郎吏部常選僉碩德弘
懿允恭溫良毗贊有孚彧靖詞體道嬴金縕
價琢玉成功聲聞喧於里閭遜揖稱於黨族
先生喻太叔之精氣習元君之道書縱心浩
然宴默微尚弱冠制度為道士馳誠玄門味
法黃老善於著述尤閑合鍊去開元廿二年
恩勅令於本觀講道德尊經又至廿五年請
為觀主至廿六年丁父憂痛切絕漿情逾罔
極因毀而搆疾思慕而滅身哀哀彼蒼胡為
不弔粵以開廿八年二月六日卒于開元觀
春秋五十有八即以其月十三日殯于陝城
南原禮也乃為銘曰
桑田變海暑運流年既闕貪道胡不學仙瞰
宅貽祠藏舟被遷巖若枯木兀同自然

一四〇　大唐開元觀主張尊師（遊霽）墓誌銘

開元二十八年（七四〇）二月十三日葬。

誌文十七行，滿行十七字。行書。誌長、寬均四十點五厘米。

誌蓋篆書：大唐故張尊師墓之銘

大唐開元觀主張尊師墓誌銘并序

先生諱遊霽，字承嗣，南陽人也。代爲著姓，有自來矣。曾祖遠，隋任澠池縣丞。祖君操，唐明經及第。父師節，文林郎、吏部常選。僉碩德弘懿，允恭温良，毗贊有孚，或脩詞體道，贏金蘊價，琢玉成功。聲問喧於里閭，遜接稱於黨族。先生喻太和之精氣，習元君之道書。縱心浩然，宴默微尚。弱冠制度爲道士，馳誠玄門，味法黄老，善於著述，尤閑合練。去開元廿二年，恩敕令於本觀講道德尊經。又至廿五年，請爲觀主。至廿六年，丁父憂，痛切絶漿，情逾罔極。因毀而構疾，思慕而滅身。哀哀彼蒼，胡爲不吊。粤以開廿八年二月六日卒於開元觀，春秋五十有八。即以其月十三日殯於陝城南原，禮也。乃爲銘曰：

桑田變海，晷運流年。既聞貪道，胡不學仙。畽圔貽禍，藏舟被遷。儼若枯木，兀同自然。

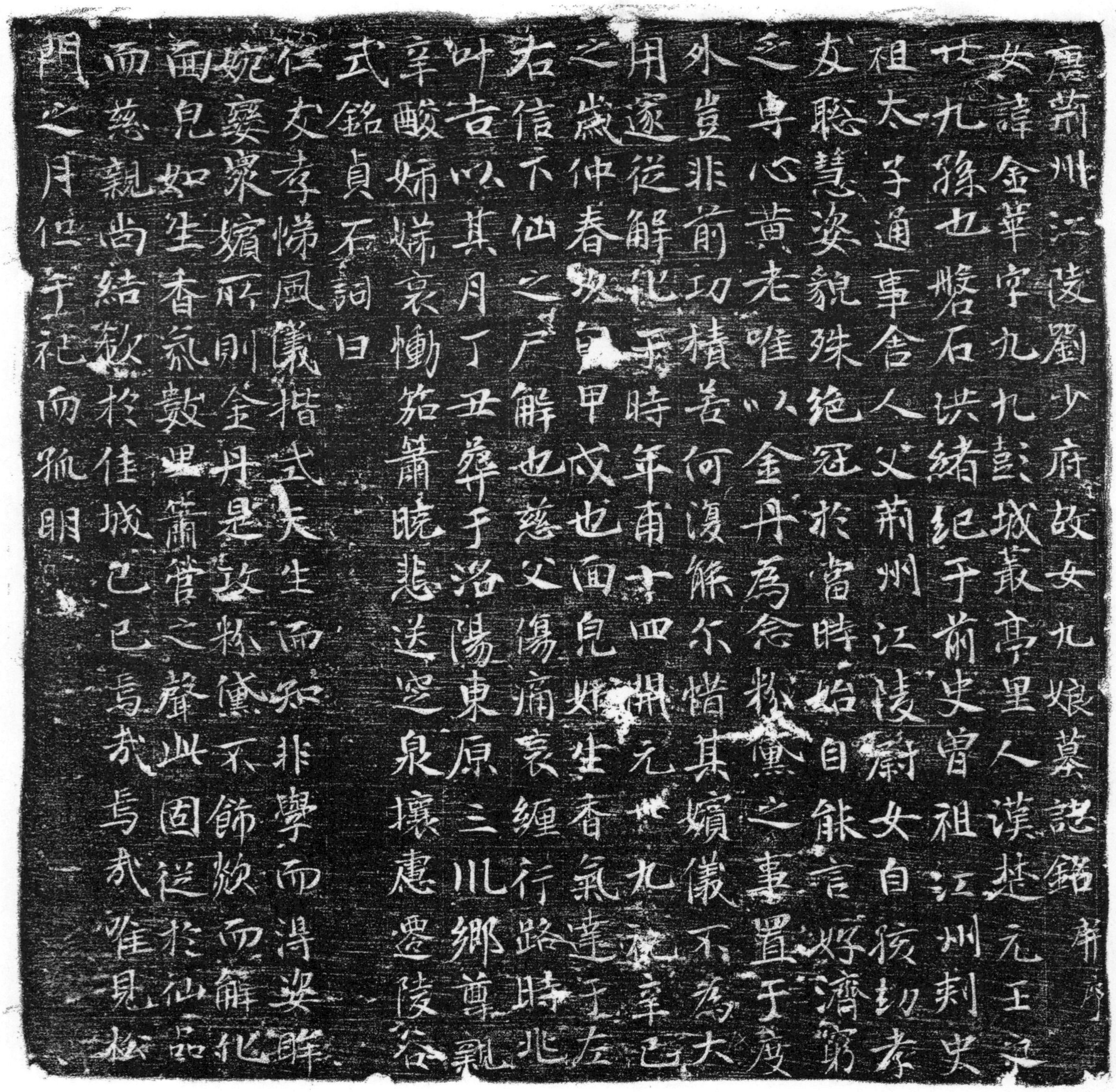
唐荊州江陵劉少府故女九娘墓誌銘并序
女諱金華字九九彭城叢亭里人漢楚元王之
廿九孫也晳石洪緒紀于前史曾祖江州刺史
祖太子通事舍人父荊州江陵尉女自孩幼孝
友聰慧姿貌殊絶冠於當時始自能言好濟窮
乏專心黄老唯以金丹爲念粉黛之事置于度
外豈非前功積善何復能尔惜其嬪儀不爲大
用遂從解化于時年甫十四開元廿九年辛巳
之歲仲春朔日甲戌也面皃如生香氣達于左
右信不仙之尸解也慈父傷痛哀纏行路時兆
叶吉以其月丁丑葬于洛陽東原三川鄉尊親
辛酸姊娣哀慟笳簫曉悲送逕泉壤惠遷陵谷
式銘貞石詞曰
仁友孝悌風儀楷式天生而知非學而得姿睟
婉孌衆嬪所則金丹是玫粉黛不飾欻而解化
面皃如生香氣數里簫管之聲此因從於仙品
而慈親尚結歎於佳城已已焉哉焉哉唯見松
門之月但守祀而孤明

大唐故劉九娘墓誌銘

一四一　唐荊州江陵劉少府故女九娘（金華）墓誌銘

開元二十九年（七四一）二月二十五日葬。

誌文十八行，滿行十八字。正書。誌長、寬均三十三厘米。

誌蓋篆書：大唐故劉九娘墓誌銘

唐荊州江陵劉少府故女九娘墓誌銘并序

女諱金華，字九九，彭城叢亭里人，漢楚元王之廿九孫也。磐石洪緒，紀於前史。曾祖江州刺史，祖太子通事舍人，父荊州江陵尉。女自孩幼，孝友聰慧。姿貌殊絶，冠於當時。始自能言，好濟窮乏。專心黄老，唯以金丹爲念。粉黛之事，置於度外。豈非前功積善，何復能爾。惜其嬪儀不爲大用，邃從解化。於時年甫十四，開元廿九祀辛巳之歲仲春次旬甲戌也。面貌如生，香氣達於左右，信下仙之尸解也。慈父傷痛，哀纏行路。時兆叶吉，以其年丁丑葬於洛陽東原三川鄉。尊親辛酸，姊娣哀慟。笳簫曉悲，送窆泉壤。慮遷陵谷，式銘貞石。詞曰：

仁友孝悌，風儀楷式。天生而知，非學而得。姿眸婉孌，衆嬪所則。金丹是攻，粉黛不飾。欻而解化，面貌如生。香氛數里，簫管之聲。此固從於仙品，而慈親尚結欷於佳城。已已焉哉焉哉！唯見松門之月，但千祀而孤明。

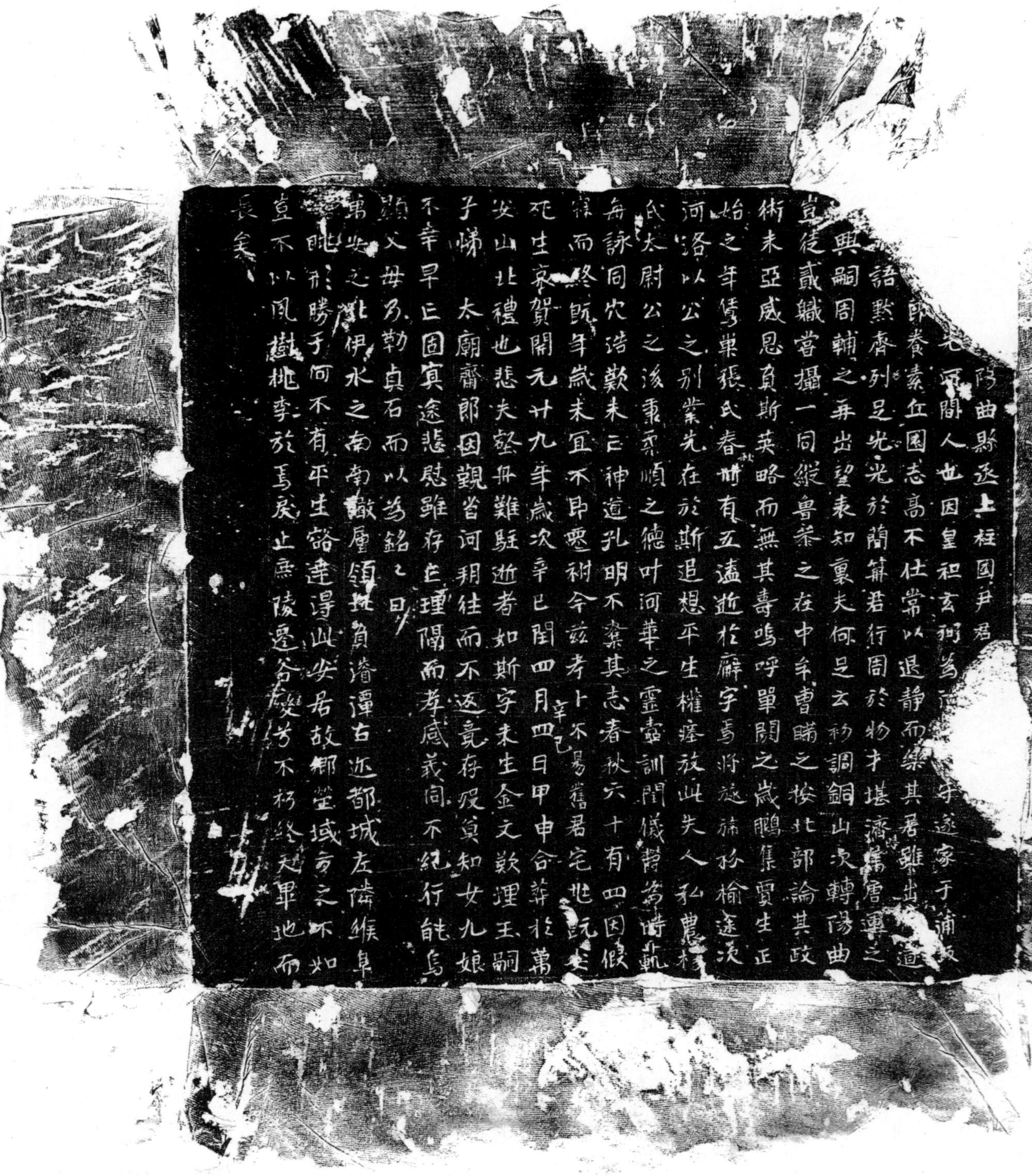

一四二　陽曲縣丞上柱國尹君墓誌

開元二十九年（七四一）閏四月四日葬。
誌文共二十一行，滿行二十四字。正書。誌長、寬均三十七厘米。

□□□□□陽曲縣丞上柱國尹君□

□□□□先河間人也，因皇祖玄弼爲□□□守，遂家於蒲坂。□□□節養素丘園，志高不仕，常以退静而樂其居，雖出□道□□語默，齊列足光，光於簡册。君行周於物，才堪濟時。屬唐運之□興，嗣周輔之再出，望表知裏，夫何足云。初調銅山，次轉陽曲，豈徒貳職，嘗攝一同。縱魯恭之在中牟，曹瞞之按北部，論其政術，未亞威恩。負斯英略，而無其壽。嗚呼！單閼之歲，鵩集賈生；正始之年，鵟巢張氏。春秋卌有五，溘逝於廨宇焉。將旅旆枌榆，途次河洛。以公之别業，先在於斯，追想平生，權瘞於此。夫人弘農楊氏，太尉公之後，秉柔順之德，叶河華之靈。壺訓閨儀，鬱爲時範。每咏同穴，浩嘆未亡。神道孔明，不奪其志，春秋六十有四，因假寐而終。既年歲未宜，不即遷祔。今兹考卜，不易舊居。宅兆既安，死生哀賀。開元廿九年歲次辛巳閏四月辛巳四日甲申合葬於萬安山北，禮也。悲夫！壑舟難駐，逝者如斯。字未生金，文嘆埋玉。嗣子悌，太廟齋郎，因覲省河朔，往而不返，竟存殁莫知。女九娘，不幸早亡。固冥途悲慰，雖存亡理隔，而孝感義同。不紀行能，焉顯父母？乃勒貞石，而以爲銘。銘曰：

萬安之北，伊水之南。南瞰層領，北負瀍潭。右邇都城，左鄰緱阜。□眺形勝，于何不有。平生豁達，得此安居。故鄉塋域，方之不如。豈不以夙樹桃李，於焉戾止。庶陵遷谷變兮不朽，終天畢地而長矣。

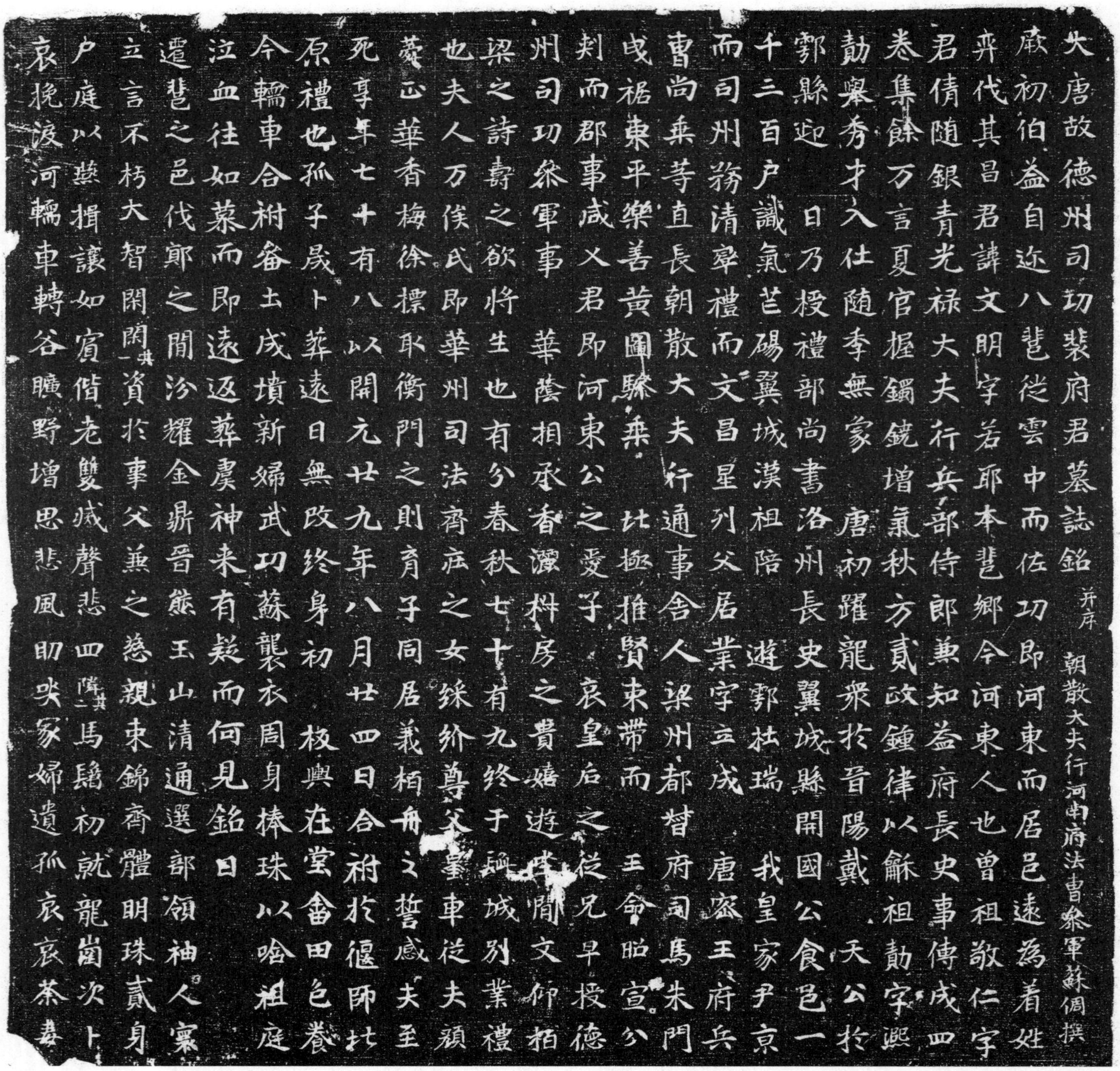

一四三　大唐故德州司功裴府君（文明）墓誌銘

開元二十九年（七四一）八月二十四日葬。

誌文二十四行，滿行二十四字。正書。誌長、寬均四十六厘米。蘇倜撰。

大唐故德州司功裴府君墓誌銘并序

朝散大夫行河南府法曹參軍蘇倜撰

厥初伯益，自邇八𨛬。徙雲中而佐功，即河東而居邑。遠爲著姓，弈代其昌。君諱文明，字若耶，本𨛬鄉，今河東人也。曾祖敬仁，字君倩，隋銀青光禄大夫、行兵部侍郎，兼知益府長史事。傳成四卷，集餘萬言。夏官握鐲鐃增氣，秋方貳政，鍾律以穌。祖勣，字熙勣，舉秀才入仕。隋季無象，　唐初躍龍。衆於晉陽戴　天，公於鄠縣迎　日。乃授禮部尚書、洛州長史、翼城縣開國公，食邑一千三百户。識氣芒碭，翼城漢祖；陪　遊鄠杜，瑞　我皇家。尹京而司州務清，率禮而文昌星列。父居業，字立成，　唐密王府兵曹、尚乘等直長、朝散大夫、行通事舍人、梁州都督府司馬。朱門曳裾，東平樂善；黄圖驂乘，　北極推賢。束帶而　王命昭宣，分剌而郡事咸乂。君即河東公之愛子，　哀皇后[一]之從兄。早授德州司功參軍事。　華陰相承，香灑椒房之貴；嬉遊坐閑，文仰柏梁之詩。壽之欲將，生也有分。春秋七十有九，終於髭城別業，禮也。夫人万俟氏，即華州司法齊莊之女。綵紛尊父，星車從夫。顔蕣正華，香梅徐摽。取衡門之則，育子同居；義柏舟之誓，感夫至死。享年七十有八，以開元廿九年八月廿四日合祔於偃師北原，禮也。孤子晟，卜葬遠日，無改終身。初　板輿在堂，畬田色養；今輀車合祔，畚土成墳。新婦武功蘇，襲衣周身，捧珠以唅。祖庭泣血，往如慕而即遠；返葬虞神，來有疑而何見。銘曰：

遷𨛬之邑，伐鄭之間。汾耀金鼎，晉熊玉山。清通選部，領袖人寰。立言不朽，大智閑閑。其一。資於事父，兼之慈親。束錦齊體，明珠貳身。户庭以燕，揖讓如賓。偕老雙滅，聲悲四鄰。其二。馬鬣初就，龍崗次卜。哀挽渡河，輀車轉谷。曠野增思，悲風助哭。冢婦遺孤，哀哀荼毒。

[一] 哀皇后即太子李弘妃裴氏，神龍元年（七〇五）追尊哀皇后。

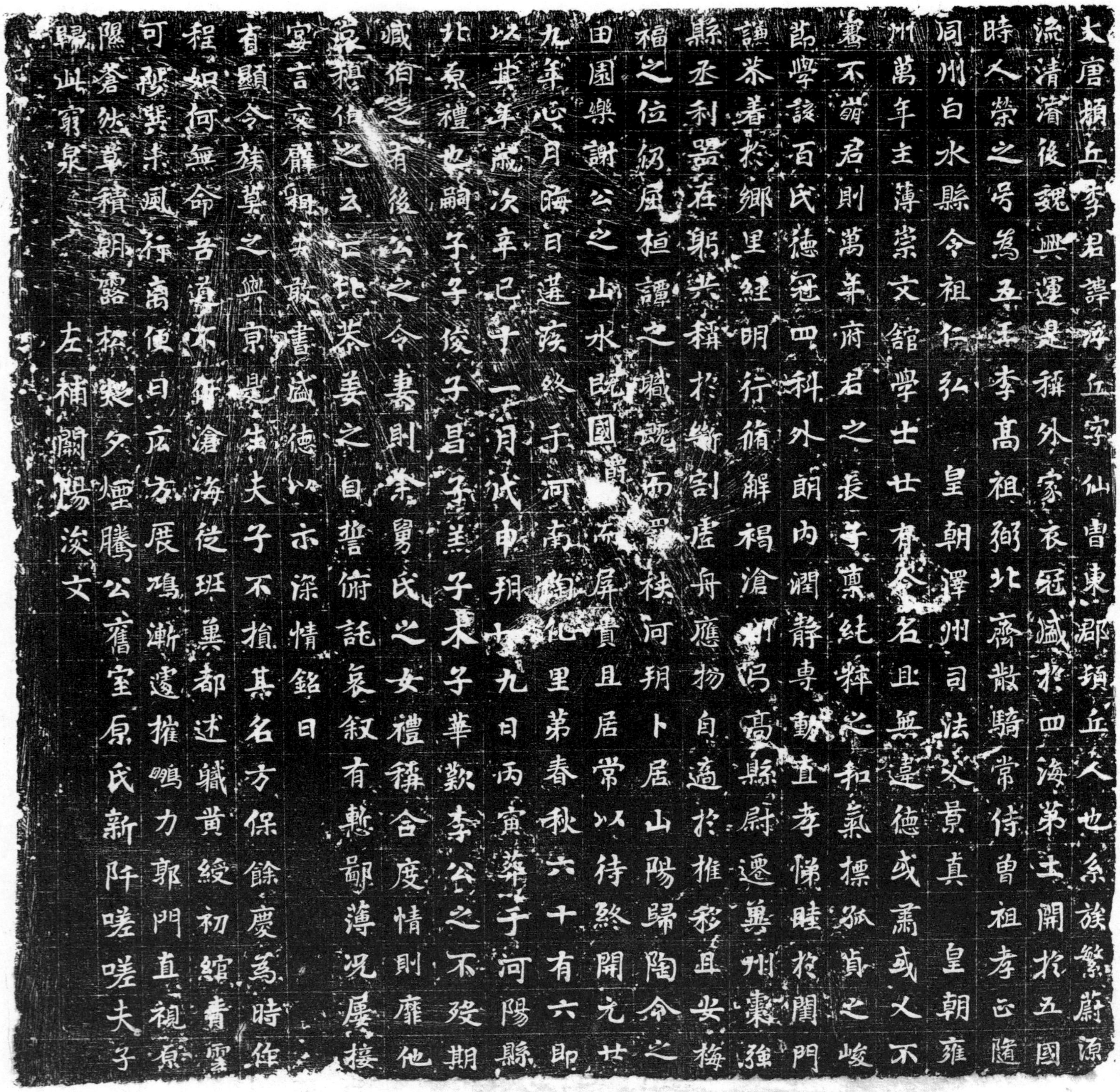

一四四　大唐故冀州棗强縣丞頓丘李君（浮丘）墓誌銘

開元二十九年（七四一）十一月十九日葬。
誌文二十二行，滿行二十三字。正書。誌長、寬均五十九厘米。
陽浚撰。
誌蓋篆書：大唐故冀州棗强縣丞頓丘李君墓誌銘

大唐頓丘李君諱浮丘，字仙胄，東郡頓丘人也。系族繁蔚，源流清濬。後魏興運，是稱外家。衣冠盛於四海，茅土開於五國。時人榮之，號爲五王李。高祖弼，北齊散騎常侍。曾祖孝正，隋同州白水縣令，祖仁弘，　皇朝澤州司法。父景真，　皇朝雍州萬年主簿、崇文館學士。世有令名，且無違德。或肅或乂，不騫不崩。君則萬年府君之長子。稟純粹之和氣，標孤貞之峻節。學該百氏，德冠四科。外朗内潤，静專動直。孝悌睦於閨門，謙恭著於鄉里。經明行脩。解褐滄州弓高縣尉，遷冀州棗强縣丞。利器在躬，共稱於斷割；虚舟應物，自適於推移。且安梅福之位，仍屈桓譚之職。既而罷秩河朔，卜居山陽，歸陶令之田園，樂謝公之山水。既國爵而屏貴，且居常以待終。開元廿九年正月晦日遘疾終於河南陶化里第，春秋六十有六。即以其年歲次辛巳十一月戊申朔十九日丙寅葬於河陽縣北原，禮也。嗣子子俊、子昌、子羔、子木、子華，嘆李公之不殁，期臧伯之有後。公之令妻則余舅氏之女，禮稱合度，情則靡他。哀穆伯之云亡，比恭姜之自誓。俯托哀叙，有慚鄙薄。况屢接宴言，交臂相失。敢書盛德，以示深情。銘曰：

有顯令族，莫之與京。是生夫子，不損其名。方保餘慶，爲時作程。如何無命，吾道不行。滄海從班，冀都述職。黄綬初綰，青雲可陟。巽未風行，离便日仄。方展鴻漸，遽摧鵬力。郭門直視，原隰蒼然。草積朝露，松凝夕烟。騰公舊室，原氏新阡。嗟嗟夫子，歸此窮泉。

左補闕陽浚文

一四五　唐故京兆府武功縣令蔡府君（鄭客）墓誌銘

天寶元年（七四二）正月十五日葬。

誌文二十三行，滿行二十九字。隸書。誌高六十一厘米，寬六十厘米。

蕭昕撰。

唐故京兆府武功縣令蔡府君墓誌銘并序

鄭州陽武縣主薄蕭昕撰

君諱鄭客，字國喬，濟陽人也。其先蔡叔度，昔武王母弟庶矣。而五叔無官，用建昵親，擇其禦侮。祚之土，因以爲氏；□其侯，且曰明德。其後子孫必復，軒冕迭興，振古於兹，備載方册。晋有墨以博物之辯，爰對見龍；漢有邕以至性之靈，是感馴菟。曾祖延壽，隋開府儀同三司、秘書監、成州刺史。祖遵訓，隋千牛、越府法曹、簡州陽安縣令。父德讓，皇使持節、夔廣越三州都督。乃祖乃父，克勤王家；爾公爾侯，爰自弈代。　府君，都督之中子，秀氣間出，天姿挺生。果行自强，踐言不殆。虚懷副於然諾，投分傾於古今。群公多之，光被時譽。弱歲以列岳子宿衛赤墀，任右衛長上。轉郊社丞、靖陵丞。展其犧牲，不越樽俎，能洽百禮，以昭事神。遷揚府士曹。犀兕則多，南金是積。閲其禍敗，實在脂膏。歷祇舊寮，罔弗顛越。　公懲艾寬政，出納惟艱。匠人無勤，官用倚辦。淮海之甸，樹之風聲。秩滿，制授深州饒陽縣令。惠既養人，嚴惟憚物，威能載露，事不留行。遂令惡子曹逃，奸夫惕息，苛慝不作，禮義日聞。先是，州接瀛壖，地惟潤下。舄鹵之壤，水泉作鹹。公鳩度原陵，布露誠懇，下揆而瀵流且洌，施綆而華精自甘。挹彼注兹，實歸虚往，凡鑿叁井，闔境稱神。調補京兆府武功縣令。惜其莅職尚淺，風烈未宣。卧痾歷旬，請禱無間。以開元廿九年三月十二日卒於官舍，時年六十一。還殯於都恭安舊里。以天寶元年正月十五日葬於河南府河南縣龍門鄉之原，禮也。夫人京兆韋氏，晝哭知禮，字孤有方。嗣子直隱等棘心在疚，柴毁過哀，請誌泉扃，以光代德。銘曰：

我祖啓土，在周維城。蔡仲祗德，克庸厥聲。降自乃祖，服其忠貞。爰及府君，以昭令名。令名伊何，載光百里。嗟爾碩德，而無貴仕。氣炎挻灾，膏肓莫理。良木其壞，哲人已矣。哀哀嫞婦，藐藐諸孤。悲挽成列，靈轜啓塗。山門深兮殘雪净，□月細兮寒塋蕪。嗟天道之何托，實有悲於僕夫。

一四六　大唐故太中大夫行西州都督府別駕兼天山軍副使賜紫金魚袋上柱國王府君（懷勗）墓誌

天寶元年（七四二）正月二十六日葬。

誌文二十二行，滿行二十二字。正書。誌長、寬均三十七厘米。

夏侯种書。

大唐故太中大夫行西州都督府别駕兼天山軍副使賜紫金魚袋上柱國王府君墓誌

君諱懷勗，太原祁人也。揚州都督府録事參軍之曾孫，譙王府典籤之元子。公幼而倜儻，長則嚴毅。以良家子入衛天階，以武略雄出禦邊郡。佐理則爰比將多，謀兵以軍爲我家，百姓附炎猶襦袴。歷職八政，至太中大夫。皆廟堂委能，郊境恃德。以開元廿三年三月廿四日　詔授西州都督府别駕兼天山軍副使。天錫寵崇，用光貞幹。則知淮水不竭，仙駕恒飛。晋祚靈長，綿綿清遠矣。以開元廿九年二月十九日寢疾終於依仁里，春秋六十一。夫人清河縣君張氏，鵲慶緒榮，鳳飛合契。自施衿結帨，若初日之照梁。初，别駕公將外軍，夫人嘗閑家以禮。螽斯之羽，訓之以義方；雲鵲時鳴，必栖於穹室。誰謂摩天雙翼，半折未亡。嚴内政以孤居，猶壹劍之鳴匣。長子烏、季子琳等，哀毁柴立，全孝從生。日往月來，遂冥宅兆。以天寶元年歲次壬午朔正月廿六日壬申葬於邙山之原，禮也。松丘草鬣，履霜露以崩心；月落風秋，指荒阡而永滅。乃爲銘曰：

太原令望，大中緒階。錫族寵命，鸞朋鳳儕。雲傳笙響，水不絶淮。光我王氏，茂於天街。其一。半剌比將，雄稜有聲。五色雲滅，千秀崖傾。何知青史，尚載威名。其二。嗣胤崩心，致命繼體。□防合葬，盡家從禮。安措長原，松生封底。千秋永滅，恒思負米。其三。

譙郡夏侯种書

一四七　大唐故吴郡長洲縣令吕府君（獻臣）墓誌銘

天寶元年（七四二）七月四日葬。

誌文二十二行，滿行二十二字。隸書。誌長、寬均五十四厘米。

劉緣光撰，吕湕書。

大唐故吴郡長洲縣令吕府君墓誌銘并序

公諱獻臣，東平人也。其先舜禮官柏尼之後，封於吕國，因命氏焉。道尊於周，則文之師、武之父；戚封於漢，則王者四、侯者六。克昌厥後，以迄於今。 祖諱海，隋并州晋陽縣尉。考諱思哲，高平、真定二縣令。并光照千里，澤延三族。公神魁之秀也，悦其生而不窶，逸其身而不殖。藴風雲氣，備文武材。見者謂日月入懷，庇者將寒暑可忘。解褐宣州參軍，歷湖州司法、真源長洲二縣令。參卿則魏之荀彧，寄重當時；决曹漢之郭弘，慶延於後。再爲令，雖用潘岳；三稱善，未盡仲由。 制徵將期於北 闕，夢講忽驚於東里，因之遘疾，不懌者累旬。將歸訪醫，至揚府而没，享年五十七，歸殯於河内之别業焉。嗚呼！神報在已，不可越也；天欺輔德，不可虞也。 全椒思孔弈之惠，人吏遥悲；汲城希崔瑗之福，春秋致祀。以天寶元年七月四日遷厝於河南府偃師縣首陽鄉之原，禮也。邙山一曲，荒郊萬古。雖地藏石槨，預待靈公；而天降玉棺，遥迎葉令。若乃不襲文彩，不唅珠貝，無以死害人，無以有過禮，并公之遺訓也。嗣子浩、涣、漪、濟、漣等，拊膺泣血，奉而行之。共謀不朽，勒銘於兹。銘曰：

天欺輔德，神孤與直。蘭蕙摧香，瓊瑶碎色。白水緑槐兮非復新詩，濯衣幅巾兮空留誡詞。長夜冥冥泉路下，吁嗟一去無歸時。

五子河府鄉貢進士漣書

前益府廣都縣主簿河澗劉緣光文

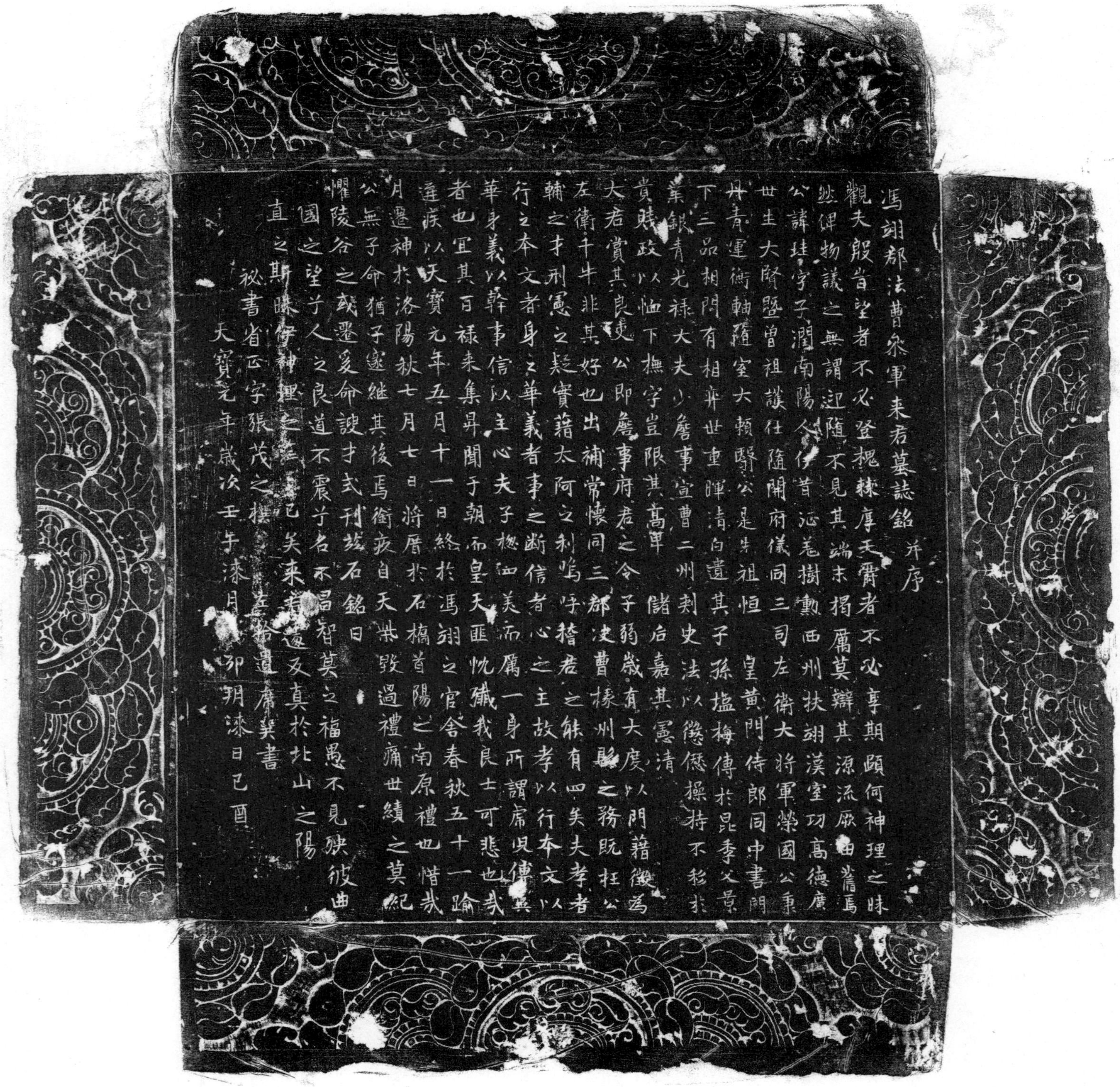

一四八　馮翊郡法曹參軍來君（珪）墓誌銘

天寶元年（七四二）七月七日葬。
誌文二十三行，滿行二十五字。正書。誌長、寬均五十三厘米。
張茂之撰，席巽書。
誌蓋篆書：大唐故來府君墓誌銘

馮翊郡法曹參軍來君墓誌銘并序

觀夫殷時望者不必登槐棘，厚天爵者不必享期頤，何神理之昧然，俾物議之無謂。迎隨不見其端末，揭厲莫辯其源流，厥由舊焉。公諱珪，字子潤，南陽人。伊昔征羌，樹勛西州，扶翊漢室，功高德廣。世生大賢，暨曾祖護，仕隋開府儀同三司、左衛大將軍、榮國公，秉丹青，運衡軸，隋室大賴，翳公是先。祖恒，　皇黄門侍郎、同中書門下三品。相門有相，弈世重暉。清白遺其子孫，鹽梅傳於昆季。父景業，銀青光禄大夫、少詹事、宣曹二州刺史。法以懲忿，操持不移於貴賤；政以恤下，撫字豈限其高卑。　儲后嘉其憲清，　大君賞其良吏。公即詹事府君之令子。弱歲有大度，以門籍徵爲左衛千牛，非其好也。出補常、懷、同三郡決曹掾。州縣之務，既枉公輔之才；刑憲之疑，實藉太阿之利。嗚呼！稽君之能，有四矣：夫孝者行之本，文者身之華，義者事之斷，信者心之主。故孝以行本，文以華身，義以幹事，信以主心。夫子總四美而厲一身，所謂虎兒傅翼者也。宜其百禄來集，昇聞於朝。而皇天匪忱，殲我良士，可悲也哉。遘疾以天寶元年五月十一日終於馮翊之官舍，春秋五十一。逾月遷神於洛陽，秋七月七日，將厝於石橋首陽之南原，禮也。惜哉！公無子，命猶子邃繼其後焉。銜疚自天，柴毁過禮。痛世績之莫紀，懼陵谷之或遷。爰命謏才，式刊兹石。銘曰：

國之望兮人之良，道不震兮名不昌。智莫之福，愚不見殃。彼曲直之斯昧，伊神理之茫茫。已矣來君，遽反真於北山之陽。

秘書省正字張茂之撰

左拾遺席巽書

天寶元年歲次壬午漆月癸卯朔漆日己酉

一四九　大唐故會稽郡諸暨縣令弘農楊府君（瑗）墓誌銘

天寶元年（七四二）十月十四日葬。

誌文二十三行，滿行二十三字。行書。誌長、寬均五十四厘米。

大唐故會稽郡諸暨縣令弘農楊府君墓誌銘并序

君諱圝，字履貞，弘農華陰人也。昔泰山黄河，分白茅者四葉；伏熊倚鹿，乘朱輪者十人。麥秀漸漸，世烈章紱。曾祖雄，屬大隋革命，宗子維城，封爲親王，以護諸將。府無虚月，史不絶書。君少而孝，長而謹。頃婚連　帝戚，得陪位於嵩山；魯公暫行，假鍾磬於鄰國。弱冠拜雍王府參軍。居無何，遭先朝多難，出王爲巴州别駕，貶君作司户參軍。然　中宗馭極，萬物惟新，王得陪葬　乾陵，以雪先代。追册王爲章懷太子，遷君莅幽府倉曹。居出納之吝，式疆埸之望。僶俛從事，多歷歲年。調選原師，秩滿課最。昔漢皇存舊，薦邴吉於中臺；郊王故深，奏我君爲文學。錯綜經史，嘯傲梁園。詞賦不謝於鄒枚，正直豈漸於安國。時會稽古郡，俗尚偏畂枉子，□□星勞，魯恭馴翟。侍郎席豫以親知進，尚書李暠以清白聞，圝授君爲諸暨縣令，蓋常調也。君寬以濟猛，猛以濟寬，賑貧救灾，恤孤拯弱。作泉臺之水鏡，辭錦城之寶刀，以開元廿九年八月廿四日寢疾，卒於諸暨之官舍。嗚呼！彼天不憖，泣血漣漣。嚴父之靈，未遠於河洛；　慈親之柩，已迎於鞏郊。周公所陳，葬日罔合。夫人廬江何氏，享年七十有七，府君享年七十有八。用天寶元年十月十四日合葬於洛陽縣崇義鄉開陽里北邙陳村之原，禮也。瞻仰無極，攀慕罔階。毀不滅身，敢爲銘曰：

高高邙山，惸惸孤子。父往蓬門，母歸蒿里。微禄不養，一朝已矣。天乎天！不寶賢。地乎地！安知理。欲去詎逢於苛政，積釁未聞於前史。

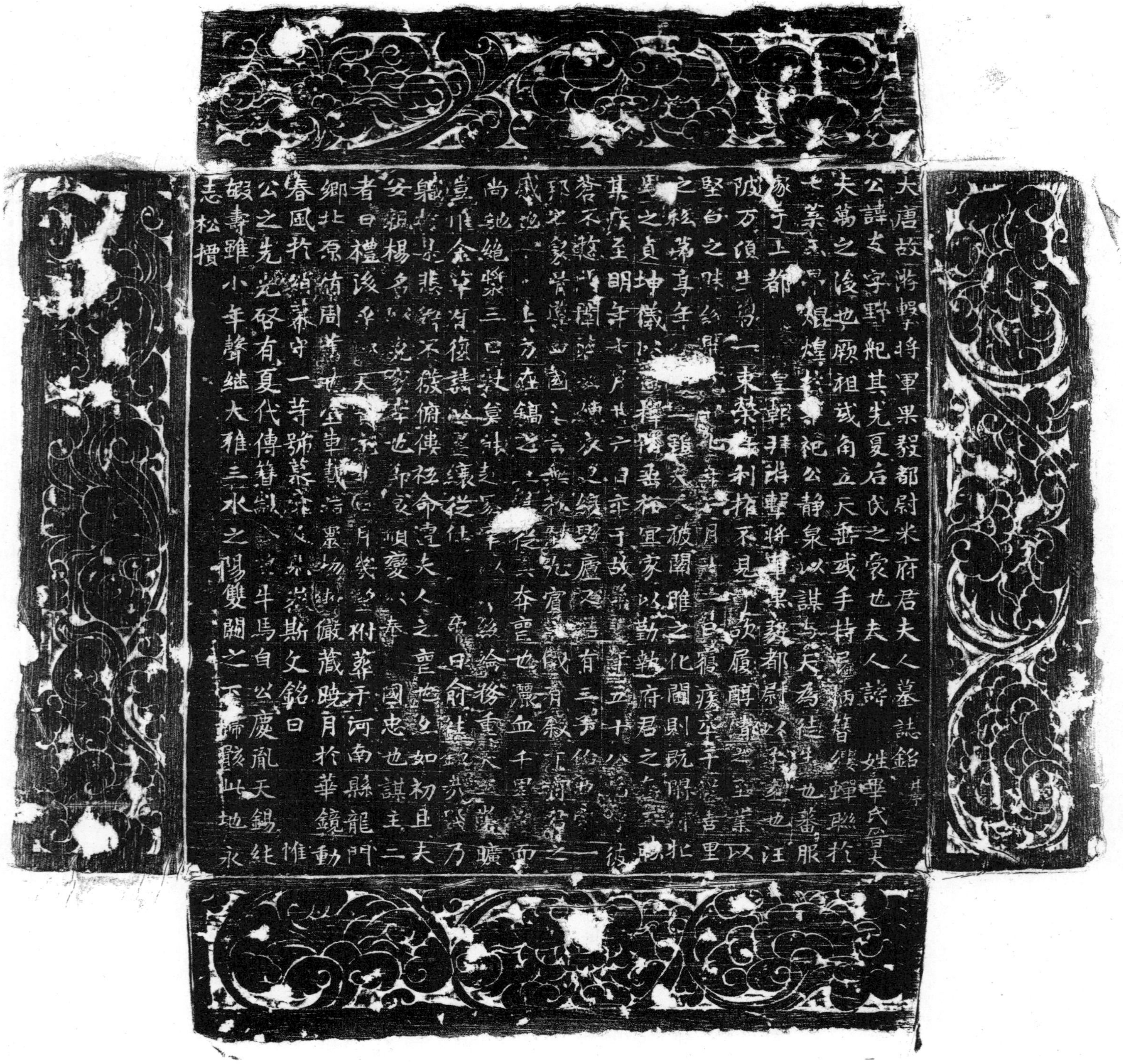

一五〇　大唐故游擊將軍果毅都尉米府君（支）夫人（畢氏）墓誌銘

天寶元年（七四二）某月葬。

誌文二十三行，滿行二十二字。正書。誌長、寬均三十八厘米。

誌蓋篆書：大唐故米府君墓誌銘

大唐故
米府君
墓誌銘

大唐故游擊將軍果毅都尉米府君夫人墓誌銘并序

公諱支，字野那，其先夏后氏之裔也。夫人諱［一］，姓畢氏，晋大夫萬之後也。厥祖或角立天垂，或手持民柄。簪纓蟬聯於七葉，玉昂焜耀於十祀。公静泉以謀，與天爲徒。生也蕃服，家於上都。　皇朝拜游擊將軍、果毅都尉以柔遠也。汪陂萬頃，生芻一束。榮禄利權，不見可欲。履醇清之至業，以堅白之□紛。開元廿九年二月十二日寢疾卒於從善里之私第，享年八田一，雖夫人被關雎之化，闔則既閑；□牝馬之貞，坤儀以□。擇鄰垂裕，宜家以勤。執府君之□□□其疾，至明年十月廿六日卒於故第。□年五十八。嗚呼！彼蒼不憖，門闑□□，繐衣更縗，毀廬又結。有三子，伯也守一，邦之象胥，導四國之言無私，□九賓之儀有叙。丁府君之慼也。　上方在鎬之□扈從，其奔喪也。灑血千里，□而尚馳；絶漿三日，杖莫能起。冢宰以　絲綸務重，天□□曠。豈惟金革有復，請以墨縗從仕。　帝曰：俞！往，欽哉！踐乃職於是悲，辭不廢俯僂祇命。遭夫人之喪也，亦如初。且夫安親揚名以克家，孝也；節哀順變以奉　國，忠也。謀主二者，曰禮後乎？以天寳元年□月幾望祔葬於河南縣龍門鄉北原，循周舊也。塗車載□，靈物□儼。藏曉月於華鏡，動春風於綃幕。守一等號慕靡及，見徵斯文。銘曰：

惟公之先，光啓有夏。代傳簪黻，□□牛馬。自公慶胤，天錫純嘏。壽雖小年，聲繼大雅。三水之陽，雙闕之下。歸骸此地，永志松櫝。

［一］此處空一格未刻字。

唐故衛尉寺武器署監事高君誌銘
嗚呼哀哉易稱否泰而有泰否然其永命
莊述盈虧而有盈不能守其祿位信知盈泰
二道胡用焉之君諱岑字武季孚少懷智識
長有義方与物同器而不同其品与人同道
而不同其謀注仕有忠政之科表孝有府賢
之義作事無竟動必公乖時然後言義然後
取則知夫君文村廣□武德多□事君能致
其身事父母能竭其□二者不忝悲哉悲哉
君家在梁垣因任居洛時欲之選忽卧疾而
卒享載卌八以天寶三載歲次甲申九月辛
酉七日丁卯殯于洛陽城北邙山禮也嗚呼
哀哉其詞曰
英華俊士得用佐時文猷見達公致稱奇法
有可効問鼻無知降年不永道此凶疾忽乖
人代永卧泉壟白楊早落寒草先衰秋日無
色白雲生悲千年之後空此銘碑

一五一　唐故衛尉寺武器署監事高君（岑）誌銘

天寶三載（七四四）九月七日葬。

誌文十七行，滿行十七字。正書。誌長、寬均三十六厘米。

唐故衛尉寺武器署監事高君誌銘并序

嗚呼哀哉！易稱否泰而有泰，不能全其永命；莊述盈虧而有盈，不能守其禄位。信知盈泰二道，胡用圖之？君諱岑，高氏季子。少懷奇識，長有義方。與物同器而不同其品，與人同道而不同其謀。在仕有忠政之科，處群有濟賢之義。作事無競，動必公平。時然後言，義然後取。則知夫君文材廣匽，武德多規。事君能致其身，事父母能竭其力。二者不永，悲哉！悲哉！君家在梁垣，因任居洛。時欲之選，忽卧疾而卒。享載卅八。以天寶三載歲次甲申九月辛酉七日丁卯殯於洛陽城北邙山，禮也。嗚呼哀哉！其詞曰：

英華俊士，得用佐時。文猷見達，公政稱奇。法有可效，問莫無知。降年不永，遘此凶疪。忽乖人代，永卧泉垂。白楊早落，塞草先衰。秋日無色，白雲生悲。千年之後，空此銘碑。

一五二　唐故朝議大夫太子左諭德裴君（春卿）墓誌銘

天寶三載（七四四）十月二十日葬。

誌文三十四行，滿行三十五字。正書。誌長、寬均六十九厘米。

唐故朝議大夫太子左諭德裴君墓誌銘并序

君諱春卿，字子韶，河東聞喜人也。昔冀州刺史徽及秘書監黎，歷仕魏晋，纍升青紫，濟美當時，世稱華胄。黎六世孫豫州刺史叔業去齊歸魏，家於稷山，枌梓灌茂，遂爲仁里。業玄孫長平贊治正。正生鄮縣令昚，昚生寧州刺史、贈户部尚書守真。皆循良克家，詩書重世。屯固皆入，有垂裕焉。君即户部府君之少子也，身襲積德之緒，耳飡黄中之訓。杰焉爽邁，怡然淵敏，清機發於通理，利器成於立身。始以明經授仙州襄城尉，歷右驍衛倉曹參軍、河南温縣尉、左拾遺、太常博士、祠部司勛員外郎、太子中允左諭德。享年五十五，以天寶三載八月十日奉使巡　陵，遘疾於途，終於汲郡之館。嗚呼！忘於攝身者，爲大夫之義；急於致命者，爲使者之規。升其乘車，《小戴》所記；殯於檽木，《春秋》韙之。禮不違舍，有由然矣。初，君之事親也。先府君即世，弱歲而孤。太夫人在堂，有羸老之疾。君與兄冀州刺史及衛尉卿、僕射文獻公、洛陽尉、起居郎等[一]，怡怡承順，蒸蒸服養。東壄樊川之園，西開昭國之第。勤儉不匱，實慰慈顔。晨昬致力，動無違貌。弘農楊元琰、濟陰賈膺福、武功蘇頲、趙郡李畬，皆士友高標，衣冠儀表。升堂入謁，喟然竇嘆。舉族相誨，□爲楷模。茅容安親，何以加也。君之從政也，剛不吐，柔不茹。利銜策施，堤防以蹥。審徵□䫨，以果决囬疑滯。成名一尉之際，奮翼五營之下。尚書陸景融、軍使王㚞嗣、庶子高仲舒、御史盧怡，皆屈佐軺軒，假君操斷。盤錯紛糾，目互無舍。故宋璟之在獨坐，□君爲右驍，以清白膺推薦；崔隱甫之居留鎮也，君爲中允，攝兵部爲判官。職無不脩也，政無不理也。遺芬餘美，於今稱焉。君之遊藝也，稽古訓，尊先師，韞六藉，遊群□。討論深究於名理，機杼高視於詞□。其所持《左傳》《尚書》《周易》《詩》《禮》，歷代傳記、諸子老莊，大夫族姓之本源，名醫經脉之宗指。達其大義，探其奥區。閑居下帷，忘味於此。所撰詩筆，卓焉温麗，華實具舉，昆弟齊名。前後述作，傳之好事。充溢聲問，簡於　絲言。賈曾、李朝隱拔擢於銓衡。從叔光庭、從兄漼，激揚於群從。旌牓之下，人無异辭。始，鄮縣、户部君各以射策登科，君與諸兄及二子挺、溆，又以經明高第。户部及君囬世爲禮官，君及兩兄三人升郎省。孝秀茂於當代，羔雁盈於一家。荀陳之門，焉能過此。君之立身也，恭儉有禮，剛正無邪。儼其衣冠，尊其瞻視。審乎榮辱之理，安乎死生之分。静心安貞，丘禱久矣。龜筮占候，不疑何卜？史巫禳妖，誰欺者哉。君之友于，六人同氣。衛尉娶於柳，文獻娶於蘇，三昆娶於韋，而君娶於李。卑則由禮，尊不逾閑。愷悌生於會同，邕熙布於言語。德風所被，申申如也。知命方始，毳衣彌貴。男婚已周，女嫁云畢。名家重乎求舊，嘉禮得以及時。敬爾牢醴，詳其帉帨。規模貽宴於重葉，訓義外成於六姻。縉紳傾慕，他皆如此。夫如是，則德無不充，器無不適。君子之義備矣，大夫之孝終矣。粤其載十月廿日己酉爰窆於伊闕縣新城鄉之南原，禮也。金鉦木輅，遵於國容；布帷芻靈，約自家制。儉不逾節，成遺志也。有子内直丞曰挺，次左司禦兵曹參軍曰溆，泣血如慕，銜哀靡及。虔奉高烈，紀於貞珉。其詞曰：

卓哉夫子，縉紳之紀。積善克家，勤身爲美。純孝愷悌，珪璋文史。始佐□衣，旋登金吧。容臺發揮，畫省騫飛。兼領夏官，高諭春闈。二陵遥遥，四牡騑騑。奉使彌留，吉徂凶歸。伊水之北，圁山之陽。平居遊憩，樂在兹鄉。宅兆攸宜，詢謀允臧。勒銘幽隧，無忘玄堂。

[一] 冀州刺史及衛尉卿、僕射文獻公、洛陽尉、起居郎分别爲裴春卿兄弟，即裴子餘、裴巨卿、裴耀卿、裴幼卿、裴僑卿。參《舊唐書》卷一八八《裴守真附裴子餘傳》，卷九八《裴耀卿傳》及《新唐書》卷七一《宰相世系表》等。

一五三　唐故太中大夫使持節商州刺史房府君（俊）墓誌銘

天寶四載（七四五）十月二十五日葬。

誌文二十八行，滿行二十八字。正書。誌長四十六厘米、寬四十五厘米。

唐故太中大夫使持節商州刺史房府君墓誌銘并序

君諱俊，字翹之，清河人也。因菜命氏，弈葉有光。五代祖後魏司空諱謨，生魏朔州刺史建，建生齊儀同三司詮，詮生皇汝州刺史德懋，懋生荆州司馬嗣業，積行纍義，世勞忠貞。公即荆州府君之第四子也。生而有知，弱不好弄。澡身浴德，遊藝依仁。初以門蔭備扞掫之職，尋而加經，擢太常之第。弱冠補冀州參軍，秩滿授汾州司士，又調補揚州大都督府倉曹。無何而丁清河公艱，苫块之中，毁瘠過制。雖高柴泣血，少連合禮，無以加焉。服闋，授洛陽丞，理劇有聲。再稔　，制除洛州司功，以能名轉河陽、永安、雲陽三縣令。纍踐京畿，大闡風化，　榮命旌善，加朝散大夫。别乘仁賢，遷晋州司馬，𡇼絳州長史。尋丁博陵太夫人憂，毁不勝哀，杖不能起，俯而就禮，當時稱之。終制，除汾州長史。爲政以德，彼汾以康。遷石州刺史。進善黜惡，通商惠農，人樂清平，　朝稱良牧。遷商州刺史，商人聞風，不化而化矣。開元中，癘風生疾，表乞停官，　恩命甚優，不奪其請。以十二載六月廿六日，春秋七十有二，終於河南府尚善里之私第。嗚呼哀哉！且立身以孝行著，歷官以清白聞。動不逾閑，言必契理。有蒼生蘇息之望，實　國家榱棟之材。宜其克享百齡，弼諧三事。何輔德無應，使哲人其萎。以其載七月廿三日權殯於緱氏山之原。夫人滎陽鄭氏，母儀有則，婦德無違。禮樂衣冠，傳於甲族，慈和令淑，著自閨門。未終萬石之榮，遽殁九泉之恨。春秋五十五，以開元十七載八月十九日終於河南脩善里第。越天寶四載十月廿五日，龜筮告吉，窀穸成功，遷祔於緱氏縣公路原，禮也。長子朝散大夫、河東郡桑泉令綺，次子吴郡嘉興尉紘，皆降年不永，相次殞殁。少子魏郡臨黄尉絿，夙承庭訓，克守義方。風樹不□，哀禄養之莫及；棣華次落，痛雁影之無依。孤惸此心，天地所鑒，遂能憑勞噉苦，竭力推誠。求仁者之財，備送終之禮。人所難而獨易，誰不感而稱之。君子謂公可以爲有子矣。故憑貞石，爰紀餘徽。銘曰：

維岳降靈，哲人挺生。地傳冠冕，天與□英。其一。宜爾室家，滎陽鼎族。四德内備，六親外睦。其二。德可冠時，名將不朽。斯文之喪，彼蒼何負。其三。雙棺一閉，泉路悠哉。嘆平生之已矣，咏餘烈而增哀。其四。

一五四　大唐故朝請大夫棣王府友隴西李府君（昌庭）墓誌銘

天寶四載（七四五）十二月十三日葬。

誌文二十七行，滿行二十八字。正書兼行意。誌長、寬均五十二厘米。

崔珪撰。

誌蓋篆書：大唐故李府君墓誌銘

大唐故朝請大夫棣王府友隴西李府君墓誌銘并序

銀青光禄大夫太子詹事上柱國崔珪撰

天寶四載九月四日，我李君寢疾得正而斃於東京興敬里之私第，春秋六十四。嗚呼！人所不免，逝者如斯。窅兮冥兮，惡乎以生；惚兮恍兮，惡乎而往。適來遽然，覺也；適去成然，寐也。悲夫！世子惟友，睢陽郡夏邑縣尉。忠於國，孝於家。喪過乎哀，毁過乎制。家人遂辯其地域典瑞，乃供彼琮璜，結蟻行殷士之儀，設披用周人之禮。即以其載十二月十三日葬於龍門西原，亦猶行古之道。公字萼，諱昌庭，隴西成紀人也。本姓理，至殷末更焉。堯時法官而馬喙，周時柱史而龍德。秦漢之際赫矣，立公侯之位；蜀凉之間鬱然，守邦家之業。洎兹厥降，代有人焉。曾祖仁宗，揚州海陵縣令。祖彦世，徐州豐縣令。考元亨，蒲州安邑縣主簿。公則安邑之長男也。公器包江漢之弘，貌分山岳之秀。杖忠信而克己，布德惠以憂人。弱冠補齋郎出身，解褐任杭州富陽縣尉，轉平陽郡臨汾縣尉。秩滿，遷河南府陽翟縣尉。一辭 清廟，三歷神仙。梅生有愧於南昌，橋子懷慚於北部。以其才，又遷睢陽郡虞城縣令，恭受飲冰之命，大敷製錦之工。字人有禮，行稱父母之愛；職司無憂，坐奏弦歌之樂。既而又拜慶王府屬，舉不失選，歷試其能。高才博通，共揖叔和之美；深謀遠慮，皆推元伯之名。至天寶元載， 皇上蓋敦睦九族，本枝百世。崇凉武以尊號，俾系孫以屬籍。詔令四公，各爲一派。盛德之後，蕃衍其昌，甲門之中，清華者衆。擇諸居最，署爲宗長，公即僕射房宗長。序於國史，倫以家諜。公私克濟，昭穆無差。 上乃嘉之，拜爲棣王府友，仍加朝散大夫。保榮貴而錦服生光，承 寵綬而銀章有偉。掌王所遺闕，爲王所陪隨。左之右之，以引以翼。清和自著，無慚王悦之材；純粹有聞，不謝阮渾之德。門爲冠蓋之里，朝稱柱石之臣。聲教諭揚，得謂之死而不朽者矣。珪以知己情深，維私義切。郗愔與羲之同術，常所庶幾；王濟共和嶠齊名，每蒙時譽。有文可録，無忌陳壽之才；有德必書，敢述明靈之誌。蓋爲實録，匪曰光揚。乃作銘曰：

龍門西原，旌旗翩翻。人生到此，天道寧論。嗚呼哀哉！李公魂兮魂。

唐故河南縣尉崔府君墓誌銘并序
博陵之崔出齊丁公姓因食菜枝葉廣大富春秋而方盛在後漢
而適昌君其裔也君諱齊望字昂曾祖侍詔皇長安尉侍
御史杭節貞厲辯而不華祖玄奘皇邢州任縣令光昭令
德無忝前軌父有信皇德州司士幼有殊量爍如珪璧賢
人位下君子道消宜其衆多子孫乘世軒冕洎君之生也宗族
僉屬焉君五歲能誦魯論十一誦左氏春秋日數千言十七察
孝廉知名於世勤學則聚螢靡倦屬文而倚馬遂成當時名賢
兵部尚書薛訥吏部侍郎蘇晉尚書右丞張紹貞平陽郡太守
劉體微特相親文解褐補譙郡臨渙縣尉無何丁太夫人憂
三年之間哀感行路服闋調補平陽郡洪洞縣尉百里之内懷
恵畏威又補左武衛倉曹參軍環衛之任肅恭而巳不忌履其
能也又補河南尉盤根錯節於是乎在君凡歷四官皆非本授
四昇高等一扶[illegible]狀天官冢宰莫不推異焉嗚呼年不出知
位不適黄綬孀妻疾疢家嫡闕如此而不傷孰可傷也以天
五載二月一日終於官舍春秋卌有九即以其年四月十五
丁酉葬於龍門山西原禮也地憑龜筮崗抱坤乾浮雲易愁
逝水增咽令弟陳王府士曹參軍□顔痛天倫之永逝悲窀穸
之宵寞見託雕蟲用旌泉戶銘曰
營丘泱泱其源最長公侯伯子軒冕珪璋我之姓兮乃曾乃祖
學優德溥皇考安卑清才半古道之盛兮及君之生敏而聰
明五行俱下六藝能精人之紱兮青雲厚望黄綬微祿磐[illegible]尚
遲蔵舁太速未知命兮宵宵山門無朝無昏直殤一貫貴賤寧
論顔原何薄稷卨何尊惟餘佇石千祀長存松之逕兮

一五五　唐故河南縣尉崔府君（齊望）墓誌銘

天寶五載（七四六）四月十五日葬。

誌文二十四行，滿行二十四字。正書。誌長、寬均五十三厘米。

唐故河南縣尉崔府君墓誌銘并序

博陵之崔出齊丁公，姓因食菜，枝葉廣大。當春秋而方盛，在後漢而逾昌，君其裔也。君諱齊望，字昂。曾祖待詔，皇長安尉、侍御史。抗節貞厲，辯而不華。祖玄爽，皇邢州任縣令。光昭令德，無忝前軌。父有信，皇德州司士。幼有殊量，燦如珪璧。賢人位下，君子道消，宜其衆多子孫，弈世軒冕。洎君之生也，宗族僉屬焉。君五歲能誦《魯論》，十一誦《左氏春秋》，日數千言。十七察孝廉，知名於世。勤學則聚螢靡倦，屬文而倚馬遂成。當時名賢兵部尚書薛訥、吏部侍郎蘇晉、尚書右丞張紹貞、平陽郡太守劉體微特相親友。解褐補譙郡臨涣縣尉。無何，丁太夫人憂，三年之間，哀感行路。服闋，調補平陽郡洪洞縣尉。百里之内，懷惠畏威。又補左武衛倉曹參軍，環衛之任，肅恭而已，不足展其能也。又補河南尉，盤根錯節，於是乎在。君凡歷四官，皆非平授，四昇高等，一拔圖狀，天官冢宰，莫不旌异焉。嗚呼！年不出知□，位不逾黄綬，嫿妻疾疹，家嫡闕如，此而不傷，孰可傷也。以天寶五載二月一日終於官舍，春秋卌有九。即以其年四月十五回丁酉葬於龍門山西原，禮也。地憑龜筮，崗抱坤乾。浮雲易愁，逝水增咽。令弟陳王府士曹參軍齊顔，痛天倫之永逝，悲窀穸之窅冥。見托雕蟲，用旌泉户。銘曰：

營丘泱泱，其源圜長，公侯伯子，軒冕珪璋，我之姓兮。乃曾乃祖，學優德溥，皇考安卑，清才半古，道之盛兮。及君之生，敏而聰明，五行俱下，六藝能精，人之敬兮。青雲厚望，黄綬微禄，壑水何遲，藏舟太速，未知命兮。窅窅山門，無朝無昏，彭殤一貫，貴賤寧論。顔原何薄，稷卨何尊。惟餘片石，千祀長存，松之徑兮。

一五六　大唐故朝議郎行清河郡經城縣令臨涇縣開國子上柱國安定梁府君（曜）琅耶王夫人合葬墓誌銘

天寶六載（七四七）二月三日葬。

誌文共三十行，滿行三十字。正書。誌長、寬均五十四厘米。

梁廣撰。

大唐故朝議郎行清河郡經城縣令臨涇縣開國子上柱國安定梁府君琅邪王夫人合葬墓誌銘并序

嗣子廣逑[一]

府君諱曜，字光國，本望安定，因官卜居，今爲河南偃師人也。隋秀才擢第、金州刺史斌之曾孫， 皇右戎衛中郎將、贈左威衛將軍、上柱國、臨涇公允武之孫，故襄州襄陽令、臨涇公、郢州長史攝殿中侍御史、山南道按察判官慎疑之第三子也。弱不好弄，幼而聰明。載十七遊太學，襲臨涇公。豫章七年，鵷雛五色，入詞場而賈勇，雄士林而先鳴。無何，以成均進士擢第，調補遂州長江尉。秩滿，遷越州餘姚丞。梁山千仞，吴江萬里。夜月清心，春雲入興。惜州縣之勞倦，時登臨而賦詩。入爲太子内直丞，轉左衛率府長史。望宣猷而侍講，讙明離而統戎。士元高談，非耒陽而足理；泉明養志，眷彭澤之公田。遂聞諸執事，求爲下邑，授貝州經城縣令。人有弃井田、事浮食，君導之以德，則懷其惠矣；有任遊俠、慢章程，君齊之以禮，則服其化矣。匪勞歲月，而聞政成。如何彼蒼，殲我明德。在任一周，以開元廿四年四月六日請假醫，終於縣界府城鄉之客舍，享年六十有九。嗚呼哀哉！夫器宏難用，道在常尊。亦何必登玉堂，紆朱組，燻灼四海，趨馳百工，而後滿志哉！甚未然矣。加以寫瓶無滯，傳燈不滅。少有其節，老而彌勤。既通生死之義，誰繫去留之想。嗟爾童孺，歸吾太初。以其年歲次景子十一月景子朔十五日庚寅歸寧神於河南府河清縣術感鄉之原，禮也。 夫人琅耶王氏，陳中書黄門二侍郎、侍中玩之曾孫， 皇高密、朗陵二縣禧之元孫， 銀青光禄大夫、隴宋二州刺史、上柱國、華容公愔之長女也。年廿歸於我，鍾鼎盛族，幽閑成性。譽滿閨闈，聲聞宗黨。與府君遊心彼岸，寄懷中道。蘭室方鼓於瑟琴，柏舟行嘆於乘泛。嗟乎！逝日不居，頹齡驟積。一從嫠處，十載於兹。松檟蕭森，槐檀荏苒。恩愛永矣，嗚呼哀哉！以天寶四載六月九日遘疾終於洛陽尊賢里之私第，享年六十有七。以五載十二月二日權殯於洛陽平陰鄉之原，卜未吉也。龍泉兩劍，始分匣於豐城；梓樹雙鴛，竟同鳴於宋國。嗚呼哀哉！以六載二月三日遷神，與府君合葬於偃師首陽山之陽，禮也。有子四人，嗣子廣等藐爾悠然，居喪執禮。敢不繐也，敬述銘玉。詞曰：

粤我遠系，大崇嘉猷。死則廟食，生當封侯。君爲後進，寧忝前脩。每刷翎羽，恒從官遊。未展長策，俄淪即幽。緱山慶遠，淮水靈長。明侔朝日，節冠嚴霜。不圖不慮，乃疾乃喪。徒存墳壟，敢繼蒸嘗。天乎蒼蒼，地乎茫茫。爰敬永已，攀援豈忘。前臨清洛，却倚崇邙。千秋兮萬歲，庶保兮無疆。

[一]『孫』改刻爲『子』，逑當爲『述』之訛誤。

大唐故中散大夫慶王府長史姚府君墓誌銘并序
公諱昇字岐隴西人也自先君克諧古史且載碩德遠守懿靡殲堯知曆
數在躬乃命嗣位恩化遐矣黎人藉矣　曾祖孝意隨左千牛率府郎將預
平尉遲拜右武衛大將軍襲平溫公金紫光祿大夫冀州刺史　祖感隨太
中大夫徐州司馬鄭州治中使持節陳州諸軍事陳州刺史　父忠良
皇太中大夫使持節晉州諸軍事晉州刺史偕時秉朱輪茱傳皂蓋
乾坤之傑出陰陽挺秀矣　公即晉州第六子也訓惟忠厚信以謙虛嚴其
學學乃遍于詩書考其志志乃藹于顏閔　公常以孚窒訟以貞幹事幼能
對曰長尤屬文雖潘陸飛藻焉可儕也而顏謝莫句夫何擬諸甲子一百八
十八射天問之高第擢國賢而授職解褐魏州參軍又轉通事舍人內供
奉湛然不濁數奏乃聞材用兼濟威略倫擧昭武校尉守右衛左郎將仍通
事舍人知四方館事未盈數祀又遷尚書膳部員外郎人稱雋朗地号膏腴
任當含香名膺列宿又轉膳部郎中俄遷荊州大都督府司馬光授循武㧾
司戎核毗贊千里助守五條又持節都督安陸郡諸軍事守安陸郡太守人
皆曰自　君之來甘露降仁風洽歲稔家給稍刀佩犢昔者明珠還浦猛獸
渡江未足稱其異也政成卧理聲聞于
天惟彼蒼生歷茲大庇於是
聖主矜其績嘉其能乃以符竹之信委以股肱之郡又轉濟陰郡太守
公前後去郡班白出祖擁轍者若離父母攀輪者如望白月遷慶王府長史
侍白雲仙遊未嘗見心陪朱邸宴樂是以忘歸嗚呼其儀也不忒其主也有
涯遂遘斯疾倏歸長夜藏舟已遷逝水難駐梁木折哲人萎春秋六十有五
粵以天寶五載□月十六日終于通遠里之私第以六載歲次丁亥二月丁
未朔廿日丙寅葬于洛陽邙山之陽禮也有子二人長説仲謐淚懷其陟
屺崩心視其刻石高岸爲谷深谷爲陵歎遷變之太期痛神靈之長往銘曰
令族代揚兮寔永年英才　天資兮伊大賢冠冕赫兮家靡絕浮休惕
兮時已遷玉何碎兮名尚存山已頹兮德逾尊寂寞孤魂兮豈可觀涕泗哀
挽兮不能言

一五七　大唐故中散大夫慶王府長史姚府君（昇）墓誌銘

天寶六載（七四七）二月二十日葬。

誌文二十七行，滿行二十九字。正書。誌長、寬均六十一厘米。

大唐故中散大夫慶王府長史姚府君墓誌銘并序

公諱昇，字岐，隴西人也。自先君克諧，古史具載，碩德逾遠，厥懿靡殲。堯知曆數在躬，乃命嗣位。恩化遍矣，黎人蘇矣。　曾祖孝寬，隋左千牛率府郎將，預平尉迥，拜右武衛大將軍，襄平温公、金紫光禄大夫、冀州刺史。　祖感，隋太中大夫、徐州司馬、鄭州治中、使持節、陳州諸軍事、陳州刺史。　父忠良，　皇太中大夫、使持節、普州諸軍事、普州刺史。偕時乘朱輪，葉傳皂蓋，　乾坤之杰出，陰陽挺秀矣。　公即普州第六子也。訓惟忠厚，信以謙虚。覈其學，學乃遍於詩書；考其志，志乃邁於顔閔。　公常以孚窒，訟以貞幹事。幼能對日，長尤屬文，雖潘陸飛藻焉可儕也，而顔謝逸句夫何擬諸？甲子一百八十八，射　天問之高第，擢國賢而授職。解褐魏州參軍，又轉通事舍人内供奉。湛然不濁，敷奏乃聞。材用兼濟，威略備舉。昭武校尉、守右衛左郎將，仍通事舍人知四方館事。未盈數祀，又遷尚書膳部員外郎。人稱俊朗，地號膏腴。任當含香，名膺列宿。又轉膳部郎中，俄遷荆州大都督府司馬。光授脩武，總司戎核。毗贊千里，助守五條。又持節、都督安陸郡諸軍事、守安陸郡太守。人皆曰：自　君之來，甘露降，仁風洽，歲稔家給，捐刀佩犢。昔者明珠還浦，猛獸渡江，未足稱其异也。政成卧理，聲聞於　天。惟彼蒼生，暨兹大庇，於是　聖主矜其績，嘉其能，分以符竹之信，委以股肱之郡。又轉濟陰郡太守。　公前後去郡，班白出祖，擁轊者若離父母，攀輪者如望日月。遷慶王府長史。侍白雲仙遊，未嘗見止；陪朱邸宴樂，是以忘歸。嗚呼！其儀也不忒，其生也有涯。遂遘斯疾，倏歸長夜。藏舟已遷，逝水難駐，梁木折，哲人痿。春秋六十有五，粤以天寶五載八月十六日終於通遠里之私第。以六載歲次丁亥二月丁未朔廿日丙寅葬於洛陽邙山之陽，禮也。有子二人，長説、仲誼，□泪懷其陟屺，崩心視其刻石。高岸爲谷，深谷爲陵。嘆遷變之大期，痛神靈之長往。銘曰：

令族代揚兮寔永年，英才　天資兮伊大賢。冠冕赫兮家靡絶，浮休揚兮時已遷。玉何碎兮名尚存，山已頹兮德逾尊。寂寞孤魂兮豈可睹，涕泗哀挽兮不能言。

一五八　大唐故監門率府長史盧府君（履謙）墓誌

天寶六載（七四七）二月三日葬。

誌文二十行，滿行字數不等。正書。誌長、寬均四十二厘米。

大唐故監門率府長史盧府君墓誌

公諱履謙，字子讓，范陽人。蕃衍盛族，蔚爲清貫。高祖懷仁，後魏□□史。負鷹隼之志，植廊廟之材。曾祖彦卿，隋殿内侍御史、□□□□□壽[一]，　皇東平郡壽張縣丞。考思順，　皇濟陽郡陽穀縣丞。助戴封之政，蝗不爲灾；贊密賤之功，人方從化。□□□□□，博古精微，假道於名，屈身求達。解褐淄川郡參軍，遷□□司倉，調補左監門率府長史。吾嘗見其政，升君堂以察其風，則知志德刑於家邦，英華發於中外。展矣君子，其福如茨。我先人是程，繩其祖武者也。動必中矩，白受采也；行歸於周，甘受和也。嗚呼！時命太謬焉，有瑰材而無貴仕焉。奈何彼天不惠，殲我良人。曳杖而歌，寢疾將殁。以天寶五載三月三日卒於私第，乃曰：『吾今日其庶幾乎！』嗣子遇，泣血欒欒，罔極之苦。絶漿七日，杖而後興。哀感諸臣而出涕，痛棘心以奠素，不忍一日末有所歸者哉。夫人即　皇鄴郡安陽縣令李府君之中女，蕣華比芳，采蘩昭儉，内承母師之訓，外贊君子之德。爲梁親迎，宴譽於君。實取則於齊姜，且比榮於韓姞。皦日著誓，息嬀有章。生也同居，殁而共穴。其明年二月三日合祔於偃師北原，禮也。白楊曉風，痛凄感於琴瑟；青松夜月，想音容於鳳凰。故君子有終身之憂，雍門起一時之嘆。銘曰：

令儀君子，本枝百代。光我家國，暐曄冠蓋。淑德夫人，宴譽作嬪。息燭徹樂，繼宗嗣親。爾家既肥，鳳皇于飛。鉛華不飾，纂組其衣。生涯溘盡，靈座希微。頃以幽魂獨殁，俄而兩劍同歸。

[一]據《洛陽流散唐代墓誌彙編續集》〇九〇《唐故濟州陽穀縣丞盧府君（思順）墓誌銘》：『父方壽，并州榆次縣丞。』則此人即盧方壽。

王府君墓誌銘并序　前鄉貢進士邵宣甫撰
府君諱進太原人也其先王昶事魏坦之事晉成令
名竟著弈世騰芳禮樂衣冠詳之前史曾祖徹隨車
騎將軍祖弘其游擊將軍守左威衛南陽府左果毅
都尉父珣朝議郎行潁川郡長葛縣丞君無童心長
奉庭訓家禮不墜先風是彰事親惟孝與朋實信心
契內典知身無常不求仕於明時遂隱迹於禪行嬿
矣婉矣優哉遊哉且夫名者禍之器賄者身之蠹也
君是以積而能散安而能遷忻然任時往有攸利
人請河張氏門為令望配曰嘉偶外布四德中承
心宜其室家与彼偕老不幸殆知命而宣嗚呼傷哉
君春秋六十有三載以大唐天寶六載六月五日薨
疾而終于東京永豐之私第里也命矣夫君即趙郡
李府君之亞也天乎何享相次而逝聞者歎惜誰無
潛然以其載七月廿八日殯於河南縣龍門鄉張村
不戀本土達也有子翰純厚棱物恭勤于親哀哉
先君感昊天之興勒銘幽石啓泉路之期詞曰
嗟嗟王氏代為君子柔克一門仁風千祀義冠今古
名存終始白日今兮黃泉已矣
廣平郡宋璀書

一五九　王府君（進）墓誌銘

天寶六載（七四七）七月二十八日葬。誌文二十行，滿行二十字。正書。誌長、寬均四十二厘米。邵宣甫撰，宋璀書。誌蓋篆書：大唐故王府君墓誌銘

大唐故
王府君
墓誌銘

王府君墓誌銘并序

前鄉貢進士邵宣甫撰

府君諱進，太原人也。其先王昶事魏，坦之事晉，成令名克著，弈世騰芳，禮樂衣冠，詳之前史。曾祖徹，隋車騎將軍。祖弘其，游擊將軍、守左威衛南陽府左果毅都尉。父珣，朝議郎、行潁川郡長葛縣丞。君無童心，長奉庭訓，家禮不墜，先風是彰。事親惟孝，與朋實信。心契內典，知身無常，不求仕於明時，遂隱迹於禪行。嫵矣婉矣，優哉遊哉。且夫名者禍之器，賄者身之蠹也。君是以積而能散，安而能遷，忻然任時，往有攸利。因人清河張氏，門爲令望，配曰嘉偶。外布四德，中承□心。宜其室家，與彼偕老。不幸殆知命而寡，嗚呼傷哉！君春秋六十有三載，以大唐天寶六載六月五日遘疾而終於東京永豐之私第里也，命矣夫。君即趙郡李府君之亞也，天乎何辜，相次而逝，聞者嘆惜，誰無潸然。以其載七月廿八日殯於河南縣龍門鄉張村。不戀本土，達也。有子翰，純厚接物，恭勤於親。哀我　先君，感昊天之興，勒銘幽石，啓泉路之期。詞曰：

嗟嗟王氏，代爲君子。柔克一門，仁風千祀。義冠今古，名存終始。白日昏兮，黃泉已矣。

廣平郡宋璀書

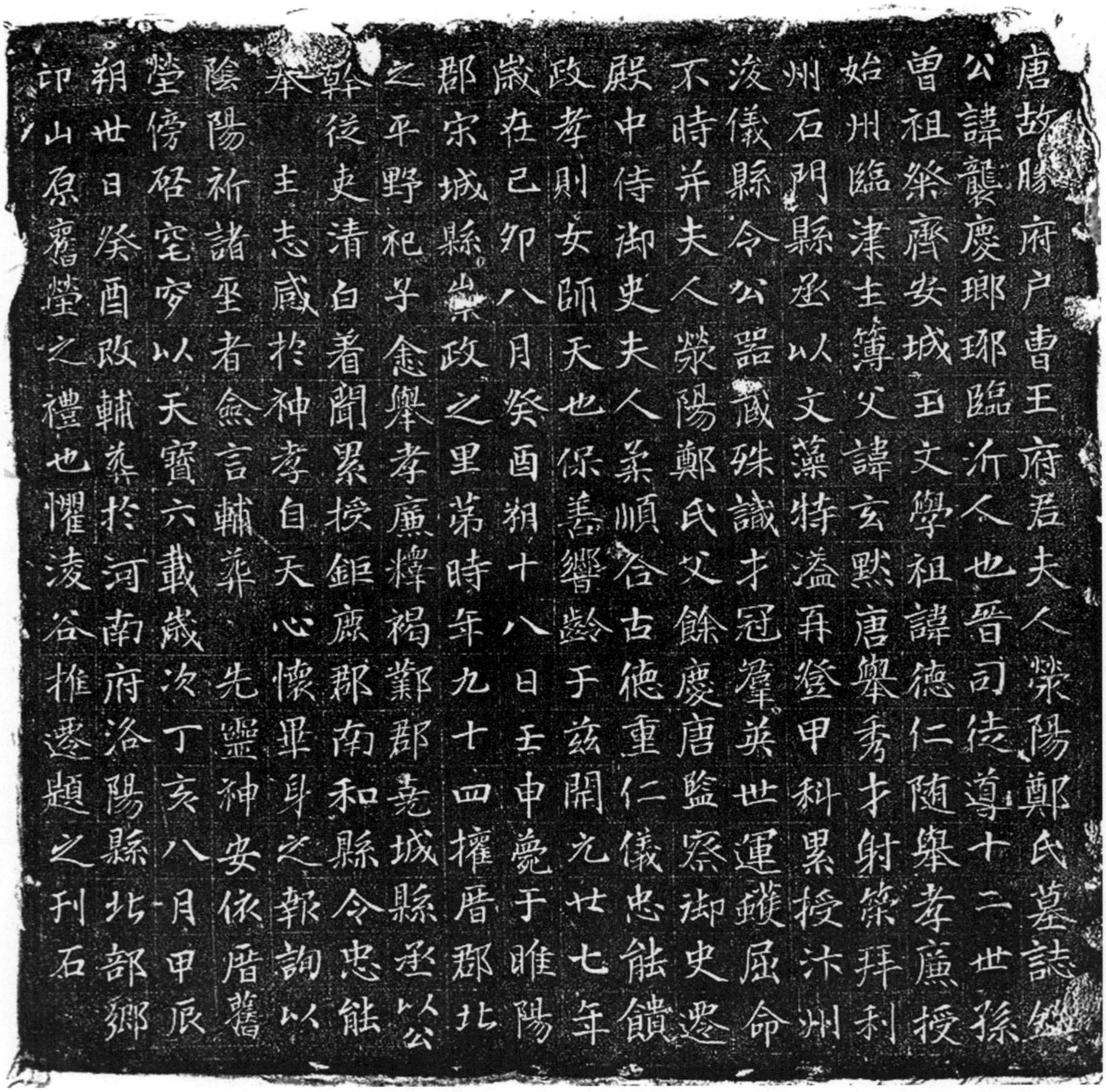
唐故勝府户曹王府君夫人滎陽鄭氏墓誌銘
公諱襲慶瑯琊臨沂人也晉司徒導十二世孫
曾祖粲齊安城王文學祖諱德仁隨舉孝廉授
始州臨津主簿父諱玄默唐舉秀才射策拜利
州石門縣丞以文藻特溢再登甲科累授汴州
浚儀縣令公器識殊識才冠羣英世運鑠屈命
不時并夫人滎陽鄭氏父餘慶唐監察御史遷
殿中侍御史夫人柔順含古德重仁儀忠能饋
政孝則女師天也保善響齡于茲開元廿七年
歲在己卯八月癸酉朔十八日壬申薨于睢陽
郡宋城縣崇政之里第時年九十四權厝郡北
之平野祀子念舉孝廉釋褐鄭郡襄城縣丞以公
幹從吏清白著聞累授鉅鹿郡南和縣令忠能
本　主志感於神孝自天心懷罪身之報詢以
陰陽祈諸巫者僉言輔葬　先塋神安依厝舊
塋傍啓窆以天寶六載歲次丁亥八月甲辰
朔卅日癸酉改輔葬於河南府洛陽縣北部鄉
邙山原舊塋之禮也懼陵谷推遷題之刊石

一六〇　唐故勝府户曹王府君（襲慶）夫人滎陽鄭氏墓誌銘

天寶六載（七四七）八月三十日葬。

誌文十八行，滿行十八字。正書。誌長、寬均四十厘米。

唐故勝府户曹王府君夫人滎陽鄭氏墓誌銘

公諱襲慶，瑯琊臨沂人也。晉司徒導十二世孫。曾祖粲，齊安城王文學。祖諱德仁，隋舉孝廉，授始州臨津主簿。父諱玄默，唐舉秀才，射策拜利州石門縣丞。以文藻特溢，再登甲科。纍授汴州浚儀縣令。公器藏殊識，才冠群英。世運蠖屈，命不時并。夫人滎陽鄭氏，父餘慶，唐監察御史，遷殿中侍御史。夫人柔順合古，德重仁儀。忠能饋政，孝則女師。天也保善，饗齡於兹。開元廿七年歲在己卯八月癸酉朔十八日壬申薨於睢陽郡宋城縣崇政之里第，時年九十四。權厝郡北之平野。祀子悆，舉孝廉，釋褐鄴郡堯城縣丞。以公幹從吏，清白著聞。纍授鉅鹿郡南和縣令。忠能奉　主，志感於神。孝自天心，懷畢身之報。詢以陰陽，祈諸巫者。僉言輔葬，先靈神安。依厝舊塋，傍啓窀穸。以天寶六載歲次丁亥八月甲辰朔卅日癸酉改輔葬於河南府洛陽縣北部鄉邙山原舊塋之禮也。懼淩[一]谷推遷，題之刊石。

［一］『淩』當爲『陵』之訛誤。

唐文林郎王府君墓誌銘并序
大福先寺沙門湛然撰
君子用晦至人存誠則居異體和蘊真沖默日新日裕不淄
不磷者有矣夫君諱承宗太原祁人也維后周之縣王啓仙
儲以命族光貴之後賢豪克昌故再世載德滿乎前史曾祖
相才皇朝左七衛將軍幽州刺史保定元勳翼戴之
良也祖義明威將軍左武衛中郎將瓜州刺史忠勇嗣德捍
城之傑也父逸寧遠將軍右豹韜衛梁川府折衝惟怪令謨
韜鈐之勝也君光彼武烈秀于文明資於仁技於德敏於義
深於禮事父母孝遊則有方與朋友交言而必信周此大量
贊乎長材實若虛且不鳴於豫動知悔又能安於靜故不諂
不黷無競無述貴于丘園傲彼簪紱坦蕩也樂而無涯優遊
乎聊以卒歲以天寶五載四月廿六日委化於洛陽臨闠里
之靈館春秋六十有七嗚呼適來時也適去順也安時處順
其樂天知命歟維六年十月七日葬於邙山西麓金谷鄉焦
古之原從宅地也夫人滎陽鄭氏絳州司法參軍琢之次女
閑於德婉于儀褧衣襲明瑤佩有節莫遂偕老先府君而亡
者十有四年今親首雙棺合葬齊之遵同穴之義禮也嗣子
翼號天靡訴泣血增哀顛叙徽烈誌于泉壤其詞曰
凤摧秀木兮月犯少微處士云亡兮哲人其萎瓊瓌入夢兮
珠淚霑衣遺真忽行兮親賓永違高崗獻地兮精靈是依金
雞玉犬兮警護泉扉唵來棄尸乎已合天機死而可作兮吾
誰與歸

一六一 唐文林郎王府君（承宗）墓誌銘

天寶六載（七四七）十月七日葬。

誌文二十三行，滿行二十三字。正書。誌長、寬均五十四厘米。

湛然撰。

誌蓋篆書：大唐故王府君墓誌銘

大唐故
王府君
墓誌銘

唐文林郎王府君墓誌銘并叙

大福先寺沙門湛然撰

君子用晦，至人存誠。則居巽體和，蘊真冲默。曰新曰裕，不淄不磷者，有矣夫。君諱承宗，太原祁人也。維后周之髭王，啓仙儲以命族，光貴之後，賢豪克昌。故弈世載德，滿乎前史。曾祖相才，　皇朝左屯衛將軍、幽州刺史。保定元勛，翼戴之良也。祖義，明威將軍、左武衛中郎將、瓜州刺史。忠勇嗣德，捍城之杰也。父逸，寧遠將軍、右豹韜衛梁川府折衝。帷幄令謨，韜鈐之勝也。君光彼武烈，秀於文明，資於仁，杖於德，敏於義，深於禮。事父母孝，遊則有方；與朋友交，言而必信。周此大量，鬱乎長材。實若虚，且不鳴於豫；動知悔，又能安於静。故不諂不黷，無競無逑。賁於丘園，傲彼簪紱。坦蕩也樂而無涯，優遊乎聊以卒歲。以天寶五載四月廿六日委化於洛陽臨闤里之虚館，春秋六十有七。嗚呼！適圅，時也；適去，順也。安時處順，其樂天知命歟！維六年十月七日葬於邙山西麓金谷鄉焦古之原，從宅兆也。夫人滎陽鄭氏，梓州司法參軍珍之令女。閑於德，婉於儀。褧衣襲明，瑶佩有節。莫遂偕老，先府君而亡者，十有四年。今貍首雙棺，合而齊窆，遵同穴之義，禮也。嗣子翼，號天靡訴，泣血增哀。願叙徽烈，誌於泉壤。其詞曰：

風摧秀木兮月犯少微，處士云亡兮哲人其萎。瓊瓌入夢兮珠泪霑衣，遺奠忽行兮親賓永違。高崗獻兆兮精靈是依，金鷄玉犬兮警護泉扉。嗟來桑户乎已合天機，死而可作兮吾誰與歸。

唐故河
南尹裴
公墓誌

一六二　唐故太中大夫河南少尹上柱國裴府君（系）墓誌銘

天寶六載（七四七）十一月十日葬。

誌文三十行，滿行三十九字。隸書。誌長、寬均七十六厘米。

段諒撰，史惟則書，裴袞題蓋。

誌蓋正書：唐故河南尹裴公墓誌

誌蓋左側小字正書：堂弟右清道率府倉曹參軍袞題

唐故太中大夫河南少尹上柱國裴府君墓誌銘并序

中嶽野人段諒撰

朝議郎行陽翟縣丞史惟則書

公諱系，字系，河東聞喜人也。秦始征晋，既置官司之兵；漢聞平越，遂改桐鄉之縣。星居畢昴，律當夷則。衡鏡之官，尚書定於士品；水土之職，司空辯於輿圖。茂實英聲，公之先也。鐘鼎之族，卿相之門，歷代有之，備乎史籍，可略而言也。曾祖緯，　皇祠部郎中。祖琰之，　皇倉部郎中，贈鴻臚少卿。父劻，　皇右金吾衛長史。偕卓异能賢，紹復丕烈，公侯繼踵，冠冕連鑣。公即金吾長史之元子也，温恭在性，孝義爲心，室爲君子所窺，門爲長者所問。弱冠丁府君憂，指蒼斷骨，寢露屠肝，痛結終身，哀纏過隙。服除，以調補齋郎出身。公惡之，謂人曰：『若不藻翰擢於詞場，吾終不爲也。』便焚告牒。譆！時不可失，故盡心以屬文；名不可廢，故懷忠以干禄。不逾一載，搏羊角之風，上龍門之水，秀才高第。詞林稱文伯之宗，　朝廷振金玉之響，伏人之口，伏人之心。其冬又拔萃及第。　明主分職，本資匡政，天官擢秀，事在登科。拜秘書省校書郎。披展圖書，考合同异，探討今古，縱容翰墨。遂遭内艱，聲發氣絶，骨立杖起，泣血漣洏，殆乎滅性。服闋，拜盩厔、長安二縣尉。銀鈎灑露，仙臺列宿。利劍無留，剖曹成務。拜太常博士。玉帛樽俎，能究莊敬之源；金石笙鏞，必移風俗之化。遷太子司議郎，清蟬悍貂，寔惟　儲友；正人端士，允膺宫僚。遷户部、右司二員外，主爵、兵部兩郎中。天閣三休，雲臺四絶。垂纓建禮，揮翰　紫宸。攬喉舌之樞要，總文昌之管轄。遷諫議大夫，事　君亮直，有犯無隱。沃心知道，有符鴻羽之資；逆耳獻忠，無復龍鱗之忌。遷國子司業，尊儒敬學，悦禮敦詩，金華譽聞，石渠名盛。遷太僕少卿，龍旂四牡，所以明其貴賤；翬服六珈，所以辯其章制。遷河南少尹，爰命卿士，以尹王都。進賢賞功，擒奸决訟。愛如其母，訓如其父。中吕月爲使長安，俄而遘疾，無欣賴於針石，有謝生於自然，啓足啓手，神色不變，命不可贖，嗚呼哀哉！天寶六載夏五月旬有八日奄化於西京延壽之里第，春秋五十有九。東京聞之，春爲之輟相，巷爲之不歌。公之夫人隴西李氏，金吾將軍承嗣之季女也。星津誕質，月桂垂芳，清雅韵於仙琴，柔順規於荇菜。久合乘龍之契，早聞和鳳之音。未及長年，先公下世。詩言异室，禮云同穴，以其載十一月十日合葬於緱氏西原先塋之左，禮也。公藻身浴德，遊藝依仁。有王夷甫之風，不言財利；有阮嗣宗之器，不言人非。屬思風騷，研尋魯史，著詩賦廿卷，以行於代。美績與星漢同懸，芳塵共江河競遠，立言不朽，其在兹乎！自公退食，樂天知命。賞兼朝野，趣入烟霞。故舊不遺，新知莫弃。秋臨南浦，春望東溪。對翫琴觴，留連風月。謂德友曰：杜預沉碑，遂還故里；張衡作賦，便迺歸田。常慕古人，因欲罷職。何圖天道茫昧，生靈遄謝。琴臺永别，嗟乎孔明；書樓獨存，悲哉王粲。先無胤子，早喪齊眉。養堂弟息濟爲嗣。汪瘵聲絶，號泣體枯。令弟右清道倉曹衮親與凶事，哀情痛骨，孝義摧心，遠日有期，送絡以禮。銘曰：

勞我以生，休我以死。卜其宅兆，墳安緱氏。三河郊内，七星分裏。與秦同族，封邑聞喜。爲國忠臣，承家才子。夫君令望，古賢方擬。政聞善術，名傳良史。鏡歿泉臺，玉埋蒿里。山秋月照，野暝雲起。草殖荒凉，松生猗靡。吴札劍掛，滕公馬止。貞石長存，斯文不毁。

一六三　唐故景城郡録事參軍上柱國隴西李府君（景獻）墓誌銘

天寶七載（七四八）正月一日葬。

誌文二十九行，滿行二十九字。正書兼行意。誌長、寬均六十四厘米。

盧績撰。

唐故景城郡録事參軍上柱國隴西李府君墓誌銘并序

君諱景獻，字景獻，隴西人也。昔咎繇股肱帝室，翼戴虞夏，代爲理官，以理命氏，義可知也。裔子逃難，越去殷都。
阽於死亡，大命將泛。以食木子，因而獲全。遂改氏曰李，所由大矣。其嗣昌祖，寔彼周行。有道則穀，食菜苦縣。謹此侯
度，以承天休。寔德於　玄元，啓寵於來胤。秦有李信，世增其名。厥孫仲祥，逐北於隴西狄道，追贈太尉，窆於玆土，
子孫宅焉。漢魏已降，公侯繼踵。是後有嗣宗職者，次及於事，藏在王府。梁封爲武昭王。　今上以祖宗之慶，追贈興聖
皇帝，帝諱暠，則君八代祖也。君之五代祖思穆，後魏金紫光禄大夫、華州刺史。高祖晃，後魏吏部郎中、營州刺史。曾祖
季英，亳州司馬。祖大隱，寧州長史。父承泰，涪州司法參軍。并能笙簧典墳，韁鎖德義。克勤祇載，惠迪從吉。宜其乎百
代不替，萬福是遒。子孫保光，亦孔之固，蓋良家之最矣。惟李氏士林之英特，惟府君純粹之淵塞。嘉言乎有則，令儀乎不
忒。伏　老氏之軌躅，遵孔門之儒墨，鄉曲之譽也。君生而知物，長乃能事。嘗假寐而無忘其禮，每終食而不違其仁。仁
以全交，禮以敬上，曾是以爲孝乎？君歷官凡三，守志如一。初任吴興郡參卿，選賢也；中任成安公主府騎掾，類能也；終
任景城郡録事，尚德也。而君初任惟清，中任克精，終任則貞。敬始而慎中，終又不易。君子哉若人，愷悌哉若人。於戲！
報施多端，曷云徵驗。富才褊壽，天實爲之。春秋六十六，開元七年閏七月廿五日終於河南思順里。夫人范陽盧氏，　皇
主客郎中、郢州刺史承基之孫，　皇揚府功曹元衡之女。鍾家門之慶，率帷簿之脩。淑行惟淳，允膺樛木之咏；冶容斯媛，
克副碩人之謠。五常四德皆可歌也。自嬪於君子，則弱歲初笄；及疢彼孀惸，而富年鼎盛。衣不采而食不血，首不飾而心不
悦。其庶乎達節矣。後君廿八歲而逝。天寶五載王三月遘疾於洛陽脩義里，厥十六日既乃殂落，時年五十九。嗣子昂，痛結
棘心，疾成蓬首。式庀喪事，封樹以之。其後年龍集戊子正月朔一日，合祔於北邙清風原，禮也。故其石銘云。銘曰：
君之世禄，邦之鼎族。業尚忠良，家乃其昌。德音孔彰，戩穀無疆。展如之人，窈窕淑質。好仇君子，宜其家室。天胡
不惠，禍賢咎吉。同幽萬古兮歸其真，合祔雙魂兮悲此日。

河南府進士盧績撰

一六四　唐故兵部郎中張公（具瞻）墓誌銘

天寶七載（七四八）五月三日葬。

誌文三十八行，滿行三十八字。正書兼行意。誌高七十六厘米，寬七十五厘米。

張翃撰，張栩書。

唐故兵部郎中張公墓誌銘并序

嗣子翃奉述

次子栩書

維天寶七載歲次戊子二月四日，朝議大夫、尚書兵部郎中張公歿於西京長興里之私第，春秋六十四。嗣子翃等泣血茹哀，奉 先人靈櫬，以其載五月庚午朔三日壬申祔於東京邙山 先塋之次，成舊志也。我祖得姓，其來甚遠。詩美張仲，史稱留侯。竹帛垂芳，英賢間出。 公諱具瞻，安定人也。高祖諱忠敏，隋江州刺史。曾祖諱文會，隋洛州長史。大父諱處節， 皇朝常州録事參軍。烈考諱克茂， 皇朝滁州刺史。皆先達之良也。弓裘世業，禮樂本源。小往將戢翼於掾曹，大來則建旟於州伯。 公滁州府君之長子，爰自佩韘，卓然不群。秀氣稟河岳之精，雄材資棟梁之質。體貌端肅，風神醖藉。束帶立朝，衣冠偉如也。年十歲，以門子補齋郎。南郊行事放選，解褐授鄭州新鄭縣尉員外置同正員。未逾弱冠之年，以就神仙之位。洎兩考， 敕停員外官。明年選授揚州大都府參軍。時相國姚元崇出爲此州長史，有知人之鑒，參入幕之謀。又與本道採訪使、御史張行瑋充判官。風參柏臺，摯并秋隼。其後丁父憂去職。莪蒿在慽，創鉅集身。私庭之間，多有孝感。服闋，自調選判入高等，授絳州録事參軍。紀綱雄藩，官是六聯之首；盤錯利器，聲馳三晉之間。本道按察使、御史馬光淑、郭庭倩繼踵而來，聞風相得。或以課最舉，或以清白昇。及辭滿從調，小冢宰蘇晋見非常倫，署以密啓。尋有 詔除監察御史裹行。一考正除監察，河北覆屯户，河南按囚徒。遷殿中侍御史、監左藏庫。先是諸蕃酋長歸化京師，冒以 殊恩，濫請賜物。 公因彈劾，盡欲勾徵。雖豸冠之威，本以糺慝；而狼心之黨，率皆好利，闕庭上訴者數十百人。 聖慮惟微，撫柔在遠，遂貶公汴州開封縣令。 詔曰：騁乎刀筆，致此剥收。宜分逐鳥之威，以奬字人之目。蓋明其非罪也。無何，恩敕量移授太原府清源縣令，轉河南府陽翟縣令。政行三□，望在九遷。惠化及於黎甿，芳猷聞乎輦轂。丁内艱去職，復如滁州府君之喪，禮也。及終制，又調選。時席吏部[一]以 公名聞郎官狀舉， 制授尚書職方員外郎。登鴛鷺之行，會星辰之氣。司地理，辯方名。轉兵部員外郎，加朱紱，遷庫部郎中，歷左司郎中，又遷兵部郎中。能事肅乎天兵，高名歸其武庫。是資起草，久叶彌綸。方欲輝映鳳池，圖畫麟閣。豈其樹善，而奪永年。於戲，翃栩不天，載集荼蓼。惟 先人紐三才之美，總百行之名。文以詭俗，學以究精。外發英姿，内崇明略。志保家國，風生臺閣。淬劍激貪，飲冰重諾。峻吾節以耿介，從王事以咨度。故口無擇言，目不忤視。淵默道性，發揚儒風。退則安貞，進無矯舉。高冠長劍，不介寵以驕人；駿馬玉珂，且寄情於外物。議者不知海量，空挹山高。以爲坐致臺鼎之司，將復伊咎之勣。天孤善願，報應之理，豈其測耶？藐是諸孤，痛失 嚴蔭。緬惟疇日，訪彼禪門，有懷山林，欲弃軒冕。小子重過庭之訓，篤視膳之心。常與母氏極諫，是以 大人即冥之時，不得成壯志也。嗚呼！我嚴考撝謙履禮，杖信依仁。事 主盡忠，事 親惟孝。不欺暗室，豈負神明？何圖未至懸車之年，遽逢瞰室之禍。藐爾孤孑，不如無生。悠悠蒼天，泣血奚訴？是以驗伏龜之兆，啓卧龍之塋。鹵簿齊驅，方厢雙引，送終之禮，君臣之義在焉。凡有遺體五人，年長者曰翃，前任臨汝郡郟城縣尉。亞曰栩，前任左千牛衛冑曹參軍。次曰翾，前任河内郡脩武縣尉。仲曰翔，前任濟王府參軍。幼曰翻，今春得留唱右内率府録事參軍。女一人，嫁爲龍門縣尉韋登妻。翃等追惟義方，矧可崇構。昊天罔極，以切終身之憂；柴骨餘生，奚從陟岵之望。魂行靡怙，嗷嗷無歸。庶憑斯文，以見精爽。故不假詞於作者，貴叙事以長思。銘曰：

惟我烈考，生乎 聖唐。高標人杰，獨擅詞場。三遷御史，五拜仙郎。青蒲伏奏，朱紱斯皇。孝以養親，忠以事 主。亟司中外，載考鍾鼓。大材猶屈，小往奚睹。惜哉壯志，未遂輕舉。南洛舊川，北邙古陌。二代卜葬，千齡永隔。壟雲下兮不飛，山月隱兮初魄。心所悲兮霜露，手親植兮松柏。嗚呼哀哉，惟我 祖皇考，千秋萬歲，同歸乎靈真之宅。

[一] 席吏部即席豫。

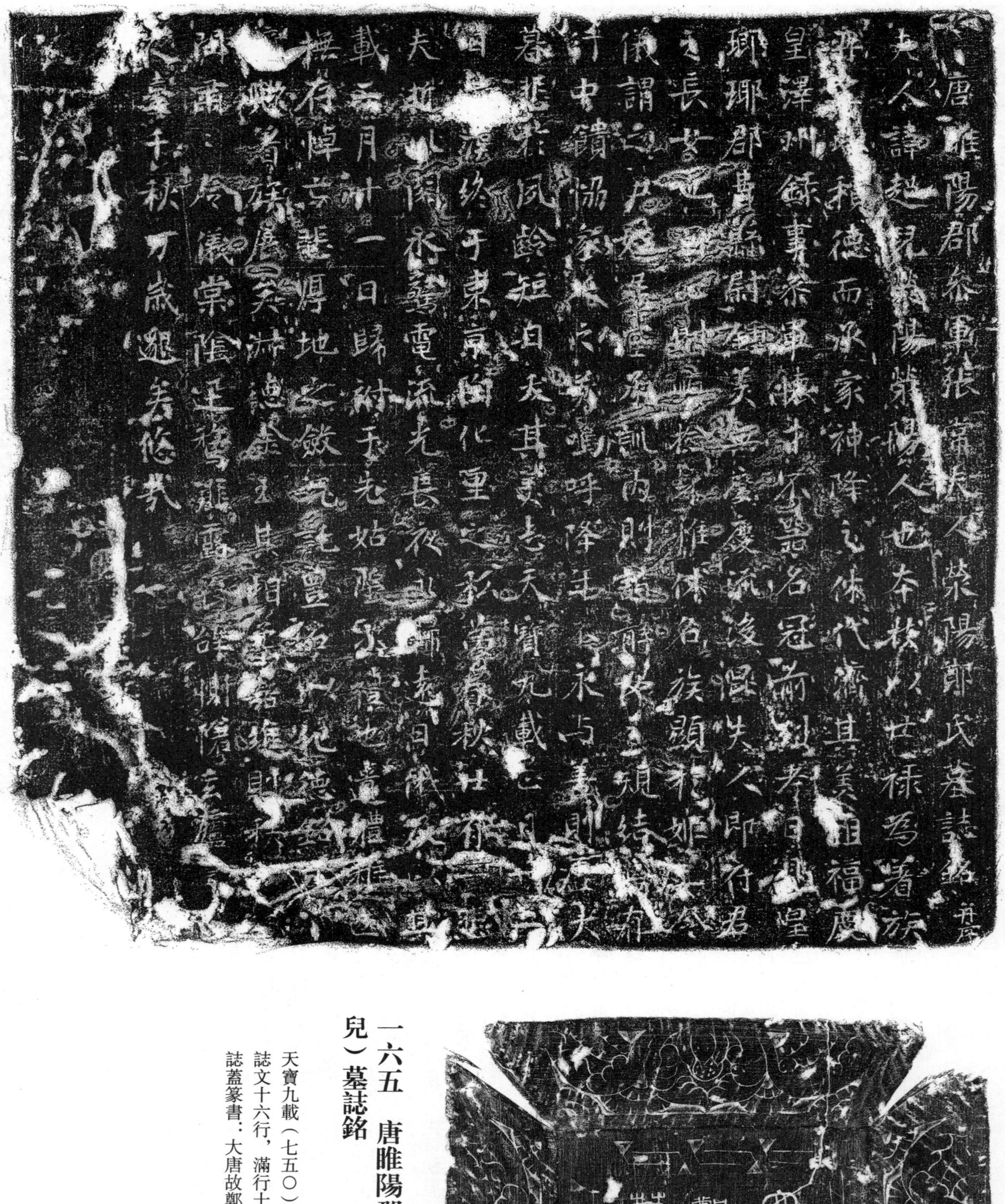

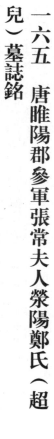

一六五　唐睢陽郡參軍張常夫人滎陽鄭氏（超兒）墓誌銘

天寶九載（七五〇）二月十一日葬。

誌文十六行，滿行十九字。正書。誌長、寬均三十一厘米。

誌蓋篆書：大唐故鄭夫人墓誌銘

唐睢陽郡參軍張常夫人滎陽鄭氏墓誌銘并序

夫人諱超兒，滎陽滎陽人也。本枝以世禄爲著族，弈□以積德而承家。神降之休，代濟其美。祖福慶，皇澤州録事參軍。懷才不器，名冠前烈。考日□，皇瑯琊郡費縣尉。鍾美□□，慶流後昆。夫人即府君之長女也。□□則順，檢身惟休。名族顯於姬姜，令儀謂之□□。居堂承訓，内則諧静。女□規結縭有行，中饋協家人之美。嗚呼，降年不永，與善則虛。大暮悲於夙齡，短日夭其美志。天寶九載正月廿二日遘疾終於東京陶化里之私第，春秋廿有一。悲夫，逝川閲水，驚電流光。長夜永歸，遠日俄及。以其載二月十一日歸祔於先姑塋次，禮也。遺體稚□，撫存悼亡。悲厚地之斂魂，托豐石以紀德。銘曰：

圀敷著族，展矣淑德。金玉其相，柔嘉維則。秩□□問，肅肅令儀。棠陰迅鶩，薤露匽辭。惻愴玄廬，□□夜臺。千秋萬歲，邈矣悠哉。

大唐大福唐觀故劉尊師墓碣銘　并序
洛陽之西偏曰陝郡其地有郘南之遺化河公之靈
跡俗識廉恥之欽至道故玄門之秀多出於茲尊師
諱彥暉昂硤石人也幼而敏達長屬休明是非
孔墨之流徹然絕學詩尋老莊之旨高尚無為覺世
務之紛擾遂安閑以養性知攝生可適故習静以
全真邈ゝ焉養胥漢之心汪ゝ焉蘊江海之量讓撝
以自牧恭敬以接人遊其門者有朝夕言讌或積載
觀心未嘗見怠其禮而易其顏以此觀之則知夫子
得之矣予久披雲霧忝同巾褐亦手未幾幽明忽乖
嗚呼哀哉以天寶九載六月先晦一日遷化於所居
之洞房時春秋□有九蓋從太衍之數以應上境之
期不可以脩短論莫能以神理測昂以七月朔窆於
縣城南禮也以為不朽者石紀事者文曰謀葉斷同
歸宅穸銘曰
吉凶變化何茫昧兮四時兮相替代人既淳兮亭
未長何忽遷兮隨物亡窮泉一閉夜未映□壙寂寞
空淒涼

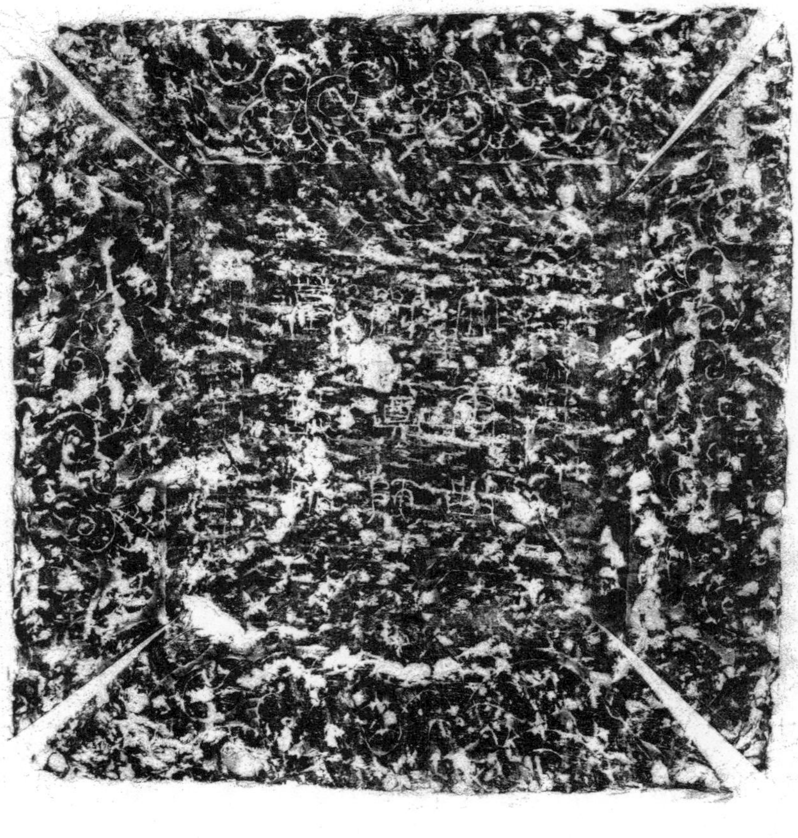

一六六　大唐大福唐觀故劉尊師（彥暉）墓碣銘

天寶九載（七五〇）七月一日葬。

誌文十八行，滿行二十字。正書。誌高四十一厘米，寬四十厘米。

誌蓋篆書：大唐故劉尊師墓誌銘

大唐大福唐觀故劉尊師墓碣銘并序

洛陽之西偏曰陜郡，其地有邵南之遺化，河公之靈迹。俗識廉耻，人欽至道，故玄門之秀多出於兹。尊師諱彦暉，即硤石人也。幼而敏達，長屬　休明，是非孔墨之流；傲然絶學，討尋老莊之旨。高尚無爲，覺世務之紛擾。遂安閑以養性，知攝生可適，故習静以　全真。邈邈焉，養宵漢之心；汪汪焉，藴江海之量。謙撝以自牧，恭敬以接人。遊其門者，有朝夕言讌，或積載覯止，未嘗見怠其禮而易其顔。以此觀之，則知夫子得之矣。予久披雲霧，忝同巾褐。分手未幾，幽明忽乖。嗚呼哀哉！以天寶九載六月先晦一日遷化於所居之洞房，時春秋□有九。蓋從大衍之數，以應上境之期。不可以脩短論，莫能以神理測。即以七月朔窆於鼎城南，禮也。以爲不朽者石，紀事者文。因謀樸斲，同歸窀穸。銘曰：

吉凶變化何茫昧，若四時兮相替代。人既淳兮壽　未長，何匆遽兮隨物亡。窮泉一閉夜未殃，孤墳寂寞空凄凉。

一六七　大唐故朝請大夫岳州別駕上柱國范陽盧公（輸）夫人清河縣君張氏墓誌銘

天寶九載（七五〇）八月十六日葬。

誌文二十三行，滿行二十四字。正書。誌長、寬均五十點五厘米。

大唐故朝請大夫岳州別駕上柱國范陽盧公夫人清河縣君張氏墓誌銘并序

公諱轍，字子模。其先北海大夫，故今爲范陽人也。　曾祖陽客，隋寧州長史。　祖善惠，隋朔州司馬。　父元瑾，　皇朝岐州岐山縣丞。　公即岐山之第三子也。高門通仙，弈世襲寵。載史光諜，衣冠無替。由是解褐授堯城縣丞，轉左驍衛倉曹參軍、藍田縣丞、稷山馮翊二縣令。加朝請大夫、岳州別乘。纍遷無喜，一德以綏。近縣流遺烏之風，康沂積不空之咏。方將眉壽享祿，臺衡有期。何天難之匪忱，嗟降年之不永。舟遷於壑，鬼闞其門。以開元十九年十月七日遘疾歿於華州下邽縣之私第，春秋六十有四。　夫人清河縣君張氏，隋侍中文瓘之孫。　皇光祿卿沛之第二女。初笄之歲，歸盧氏焉。二姓之合，世稱其美。敬順婦道，敦崇母儀。采蘋肅園於主奠，均養克明於內射。且聞周有張仲，是稱孝行；漢有留侯，共推籌畫。太守揚聲於朔野，司空盛名於西晉。　夫人世冑，莫之與京。福祚荐臻，門多令子。生也有限，養也無違。壽而與仁，孰不云喪。以天寶八載十月二十一日遇疾卒於河南府欒和之里第，春秋六十有六。龍泉寶匣，固嘆偏沉；鶴隧崇封，今則同穴。以天寶九載八月十六日合葬於緱氏縣公路鄉平原，禮也。嗣子吏部選愷，次子前永陽郡永陽縣主簿瓚，次子吏部選悅，季子前東平郡須昌縣尉慥。充充有窮，哀哀罔極。但以一溢之米，自貽欒棘之心。何必四寸之棺，而爲翰檜之飾。玄衾之制昭其儉，專道而行示其禮。慮夫陵谷遷變，桑田匪常。枉逮不才，刊茲貞石。銘曰：

古地蒼蒼，卜云允臧。遺芳與盛烈，千秋兮不滅。

大唐前河內郡叅軍燉煌張氏亡妻鉅鹿魏氏墓誌銘并
序　　　　前河內郡叅軍張愸撰并書
夫人姓魏氏鉅鹿人也曾祖玄同皇銀青光祿大夫戶部
尚書兼侍中鉅鹿縣開國伯祖愔皇朝散大夫著作佐郎
父長裕皇朝散大夫大理寺丞衣冠轉輝四海具瞻禮樂
芬芳千載不朽夫人即大理府君之長女也植性柔婉稟
質溫和言必有經動不踰矩年十有七歸于愸其事上也
順其接下也恭九族稱仁六姻歎美余　廿襲清白家
崇儉素不敢失墜常銘于心昔叅御覃懷未免貧窶夫人
每相勸誡贊成此風不以為憂恒晏如也若非深達理體
晤合禮經焉能至此縱古之淑姜書大宗難以加也以大
唐天寶九載六月廿七日遘疾終于歸義里之私第春秋
廿有四嗚呼德行何長壽命何促且不与善于嗟彼蒼況
常依大乘每念三寶臨終之際了然分明於療無方有足
痛也以其載庚寅八月丁巳十六日壬申遷厝于河南縣
梓澤鄉北邙原禮也長子任八次曰任九小曰弄璋女曰
百花娘其小者生未滿月聖善云亡以此興悲悲重難忍
雖並嬰孩幼稚皆亡罔然失容傷哉痛哉此盡因心之孝
也余撫育偏露追想平生何日忘之遂為銘曰
賢哉令德心和體柔言必相順禮無不備方期壽考永保
千秋何悟夭折生余百憂悲來莫制淚下難收永閉泉戶
蕭蕭隴頭

一六八　大唐前河內郡參軍燉煌張氏（整）亡妻鉅鹿魏氏墓誌銘

天寶九載（七五〇）八月十六日葬。

誌文二十二行，行滿二十二字。正書。誌長、寬均四十厘米。

張整撰并書。

大唐前河内郡參軍燉煌張氏亡妻鉅鹿魏氏墓誌銘并序

前河内郡參軍張整撰并書

夫人姓魏氏，鉅鹿人也。曾祖玄同，皇銀青光禄大夫、户部尚書兼侍中、鉅鹿縣開國伯。祖愔，皇朝散大夫、著作佐郎。父長裕，皇朝散大夫、大理寺丞。衣冠暐曄，四海具瞻，禮樂芬芳，千載不朽。夫人即大理府君之長女也。禎姓柔婉，禀質温和。言必有經，動不逾矩。年十有七，歸於整。其事上也順，其接下也恭。九族稱仁，六姻嘆美。余 世襲清白，家崇儉素，不敢失墜，常銘於心。昔參卿覃懷，未免貧窶。夫人每相勸誡，贊成此風，不以爲憂，恒晏如也。若非深達理體，暗合禮經，焉能至此？縱古之敬姜、曹大家，難以加也。以大唐天寶九載六月廿七日遘疾終於歸義里之私第，春秋廿有四。嗚呼！德行何長，壽命何促！且不與善，於嗟彼蒼。況常依大乘，每念三寶。臨終之際，了然分明。救療無方，有足痛也。以其載庚寅八月丁巳十六日壬申遷厝於河南縣梓澤鄉北邙原，禮也。長子任八，次曰任九，小曰弄璋，女曰百花娘。其小者生未滿月，聖善云亡，以此興悲，悲實難忍。雖并嬰孩幼稚，皆亦罔然失容。傷哉痛哉！此蓋因心之孝也。余撫育偏露，追想平生，何日忘之，遂爲銘曰：

賢哉令德，心和體柔。言必相順，禮無不脩。方期壽考，永保千秋。何悟夭折，生余百憂。悲來莫制，泪下難收。永閉泉户，蕭蕭隴頭。

一六九　唐故朝議郎行太常寺太樂署丞騎都尉太原郭府君（幹）墓誌銘

天寶九載（七五〇）十一月十七日葬。

誌文二十一行，滿行二十一字。正書。誌長、寬均三十七厘米。

郭珣撰并書。

墓誌原石藏洛陽張存才唐誌精品館。

唐故朝議郎行太常寺太樂署丞騎都尉太原郭府君墓誌銘

并序

季息珣修文并書

君諱幹，字思恭，其先太原介休人。後漢有道林宗之後也。家代以 皇初建義，徙居長安，是爲京兆櫟陽人焉。祖長才，以學行知，高尚不仕。父孝則，建義之際，克樹元勛。而慕魯連申胥之德，情惟奉主，不干禄位，義者稱之。君少也輕禄，好奇縱誕不仕。八音六藝，靡不博達。天后朝，太常卿、高平郡王〔一〕録君之能，特以聞奏，有制命君直太常寺。雖非始願，其敢辭乎？僶俛從事，日用親近，尋遷太樂丞。以先天二年正月六日終於東京擇善里之私第，享年六十有八。於戲！倬彼穹昊，寧不我矜。嗣子琦、季息珣等號泣無時，仰訴莫達。思血食乏主，抑不至滅姓。逾月葬於北邙之中原，禮也。夫人潁川胡氏，峻節嚴整，貞操潔白。宣慈立訓，孀居以終。至天寶七載六月八日終殯於陸渾。琦以開元初未禄早亡，珣萍居蓬轉，宇內孑如。以負米途遥，采蘭致闕，遽隔倚廬之念，長抱痛心之苦。而拾檖負薪，舉斯大事。器無醯醢，墳不隱之，塗車芻靈，備禮而已。以天寶九載十一月十七日遷祔圀龍門西嶺之陽。將恐深谷爲陵，佳城見日，刻石以誌，旌乎不朽。其詞曰：

古人修墓，以制禮節。四尺樹墳，三年哀絶。蠢我餘息，抑不至滅。既卜既營，載悲載悦。

〔一〕太常卿、高平郡王即武重規。武周初封高平郡王，參兩《唐書·外戚傳》。

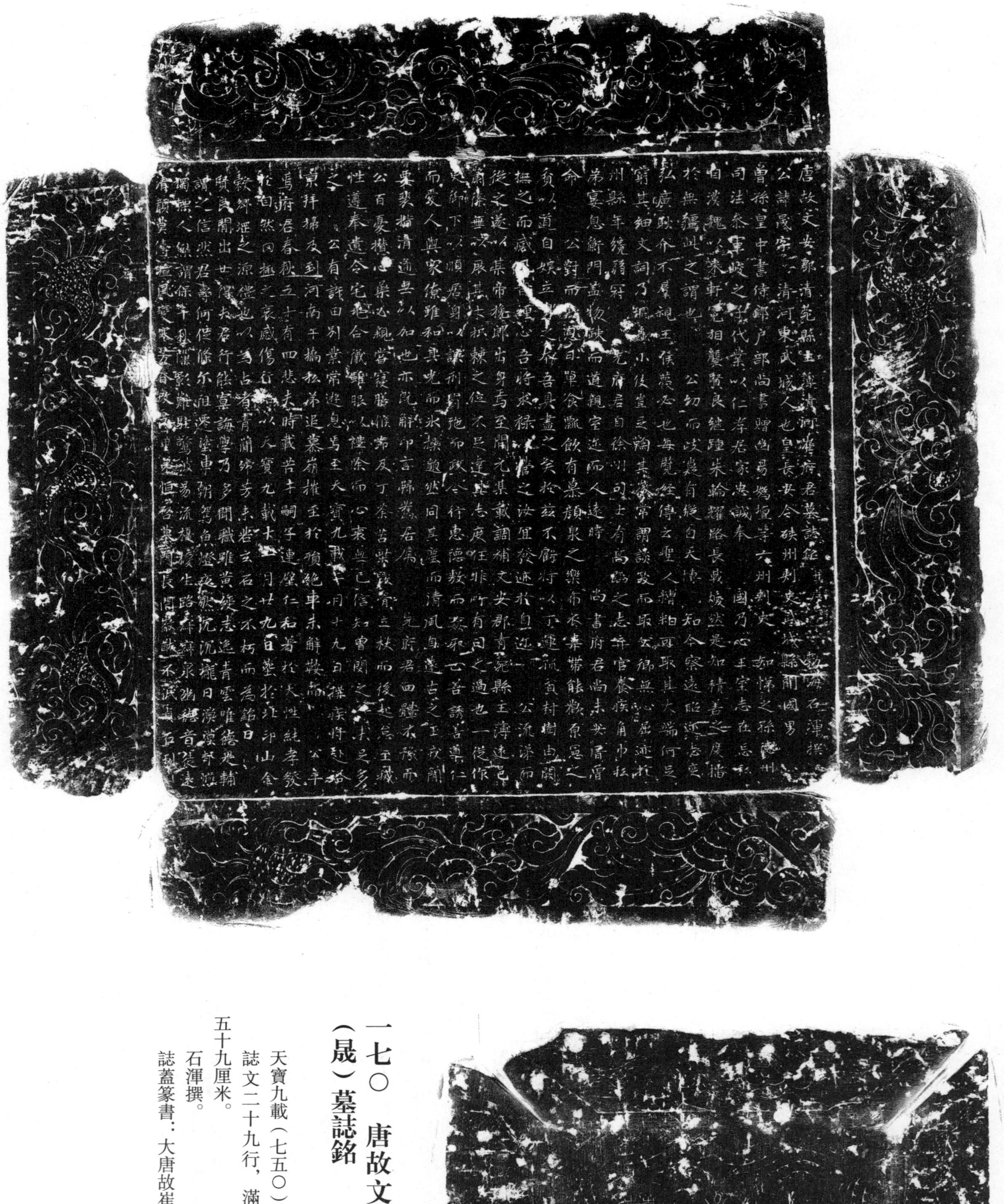

一七〇　唐故文安郡清苑縣主簿清河崔府君（晟）墓誌銘

天寶九載（七五〇）十二月二十九日葬。

誌文二十九行，滿行二十八字。正書兼行意。誌長、寬均五十九厘米。

石渾撰。

誌蓋篆書：大唐故崔府君墓誌銘

唐故文安郡清苑縣主簿清河崔府君墓誌銘并序

勃海石渾撰

公諱晟，字[一]，清河東武城人也。皇長安令、硤州刺史、武城縣開國男[二]曾孫。皇中書侍郎、户部尚書，贈幽易嬀檀等六州刺史　知悌之孫。德州司法參軍峻之子。代業以仁孝居家，忠誠奉　國。乃心王室，志在忘私。自漢魏以來，軒冕相襲，賢良繼踵，朱輪耀路，長戟焕然，是知積善之慶，播於無疆，此之謂也。　公幼而歧嶷，有縱自天。博[三]知今，察遠昭邇。志度弘廣，耿介不群，視王侯蔑，必也。每覽經傳云：聖人糟粕，可取其大端，何足窮其細。文詞乃雕蟲小伎，豈足鞠其微。常謂談笑而取公卿，無心屈迹於州縣。年纔弱冠，　先府君自徐州司士有高蹈之志，弃官養疾。角巾私第，宴息衡門。蓋物疏而道親，室邇而人遠。時　尚書府君尚未安厝，曾命　公對而嘆息曰：『單食瓢飲，有慕顔泉之樂；布衣韋帶，能歡原憲之貧。以道自娱，立身之本，吾具盡之矣，於茲不虧。特以丁運孤貧，封樹由闕。撫之而感，圓囿纏心。吾將求禄以營之，汝宜發迹於自邇。』　公流涕而從之，遂以某帝挽郎出身焉。至開元某載調補文安郡青苑縣主簿。遠邑蕭條，無以展其才；枳棘之位，不足達其志。度任非所，有司之過也。一從作吏，御下以順，居身以謙。刑罰弛而政令行，惠德敷而奸邪止。善誘善導，仁而愛人。與衆僚雖和其光而冰操邈然，同其塵而清風自遠。古之王戎簡要，裴楷清通，無以加也。亦既解印，言歸舊居。屬　先府君四體不豫，而公百憂攢心。藥必親嘗，寢膳候節。及丁荼苦，柴毁骨立。杖而後起，怠至滅性。遵奉遺令，宅兆合儀。雖服以禮除，而心喪無已。信知曾閔之□，未足多之。　公有許田别業，常游息焉。至天寶九載二月十九日構疾，將赴洛京拜掃。及到河南午橋私第，追慕崩摧，至於殞絶，車未解鞍，而　公卒焉。府君春秋五十有四，悲夫！時載若干，嗣子連璧，仁和著於天性，純孝發於自然。罔極之哀，感傷行路。以天寶九載十二月廿九日葬於北邙山金穀鄉堽之源，禮也。以爲古者青簡締芳，未若玄石之不朽。而爲銘曰：

賢良間出，世得夫君。行能寡誨，學乃多聞。職雖黄綬，志逸青雲。唯德是輔，謂之信然。君壽何促，倏爾徂遷。塗車朝駕，魚燈夜然。沉沉壟日，漠漠散烟。獨標人杰，謂保千秋。隙影難駐，驚波易流。擾擾生路，寂寂泉幽。德音徒遠，清顔莫儔。喧風變寒，芳春改節。里第恒啓，墓門長閉。徽猷不泯，貞石刊□。

[一] 此處空一格未刻字。

[二] 此處空兩格未刻字，據《新唐書》卷七二下《宰相世系表》，崔知悌父爲崔義直，峽州刺史。則皇長安令、硤州刺史、武城縣開國男即崔義直。

[三] 此處空一格未刻字。

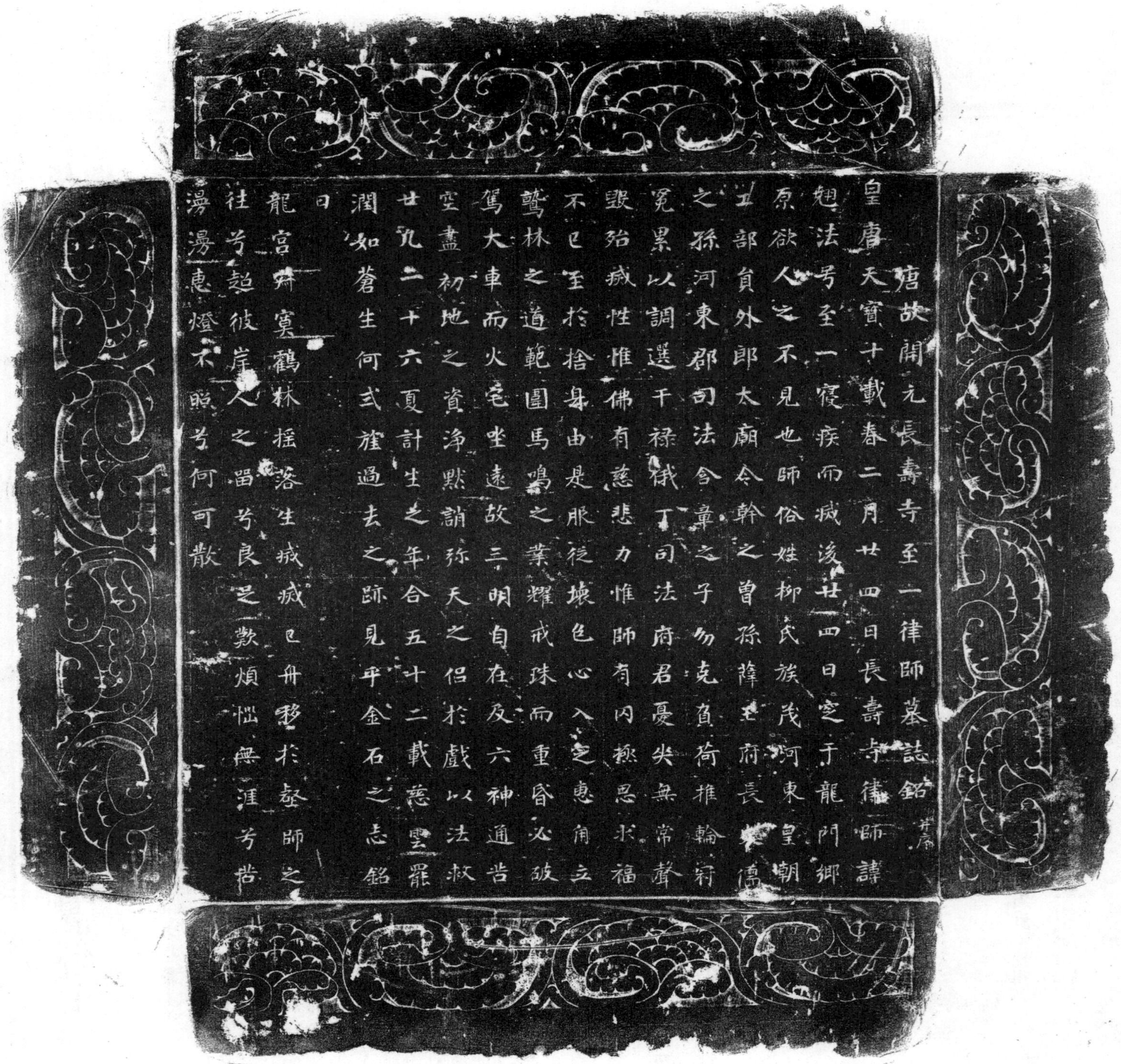

一七一　唐故開元長壽寺至一律師墓誌銘

天寶十載（七五一）三月十九日葬。

誌文十八行，滿行十八字。正書。誌長、寬均四十二厘米。

誌蓋正書：長壽寺至一師墓誌銘

長壽寺
至一師
墓誌銘

唐故開元長壽寺至一律師墓誌銘并序

皇唐天寶十載春二月廿四日，長壽寺律師諱翹，法號至一，寢疾而滅。後廿四日窆於龍門鄉原，欲人之不見也。師俗姓柳氏，族茂河東，皇朝工部員外郎、太廟令幹之曾孫，薛王府長[史]儒之孫，河東郡司法含章之子。幼克負荷，推輪冠冕。累以調選干禄。俄丁司法府君憂，哭無常聲，毀殆滅性。惟佛有慈悲力，惟師有罔極思。求福不已，至於捨身。由是服從壞色，心入定惠。角立鷲林之道，範圍馬鳴之業。耀戒珠而重昏必破，駕大車而火宅坐遠。故三明自在，及六神通。苦空盡初地之資，净默詣彌天之侶。於戲！以法救世，凡二十六夏，計生之年，合五十二載。慈雲罷潤，如蒼生何。式旌過去之迹，見乎金石之志。銘曰：

龍宮寂寞，鶴林摇落。生滅滅已，舟移於壑。師之往兮超彼岸，人之留兮良足嘆。煩惱無涯兮苦漫漫，惠燈不照兮何可散。

一七二　唐故銀青光祿大夫禮部尚書上柱國清河縣開國男贈江陵郡大都督謚曰成崔府君（翹）墓誌銘

天寶十載（七五一）十月二十一日葬。

誌文四十三行，滿行四十二字。正書。誌長、寬均九十二厘米。

崔至撰，崔巽書。

墓誌原石藏山東桓臺拿雲美術博物館。

唐故銀青光禄大夫禮部尚書上柱國清河縣開國男贈江陵郡大都督謚曰成崔府君墓誌銘并序

弟朝議郎行右拾遺至撰

男異書

公諱翹，字明微，清河東武城人。魏中尉琰八代生宋樂陵太守曠，隨慕容德南度河，家於青齊之間，即公之七代祖也。曾祖　唐朝請大夫、許州司馬君實。大父坊州宜君縣丞懸解。考中書舍人、通議大夫、太常少卿、國子司業、修國史、上柱國、清河縣開國子、贈衛州刺史，謚曰文融。文學忠信，衣冠禮樂，名香德美，四海一門。克生我公，光昭前烈。公即文公第二子也。應星象之精，鍾海岱之秀。四歲敏嘲咏，七歲善隸書，八歲工文章，遂窮覽載籍。十四明經高第，十六拔萃甲科，補太子右率府鎧曹參軍，徙陳州司户參軍、右衛鎧曹參軍。丁文公憂，嘔血崩心，柴毁骨立，君子以爲難也。文公嘗好食笋，屬冬月祭祀，無以供焉。公淳孝求諸，信宿有感，俄而林笋坼凍而生者三。又先塋生芝草，家庭見白雀。河南尹陸餘慶將聞之　帝庭，用加旌表。公涕泣固辭，乃止。服闋，授協律郎、魏州録事參軍。名震京師，廉察使舉公文吏高第，　詔授右補闕。二年，轉京兆府司録參軍事。秩滿，徙太子舍人，加朝散大夫，遷尚書主爵員外郎，所在必有能政。先是公之元兄貞公禹錫爲禮部郎，及遷中書舍人，公乃繼入郎署，時從父兄尚爲右史，皆盛德美才，齊加朱紱，時人謂爲三張兄弟，榮耀當時。歷水部、虞部、考功、吏部四郎中。二年，掌小選，精理明斷，閑練舊章，革弊創範，垂爲故事。直道重於中朝，清聲揚於四海。轉洛陽宰。鳴琴不下，行馬必知。扇淳和以變澆浮，俗自息訟矣；崇簡易以濟煩劇，吏自歸閑矣。三年，拜給事中。扈從祠汾陰　后土。時肆赦海内，公述制立就，朝以爲能。於是遞相傳寫，　帝用嘉之。乃命爲中書舍人、知制誥。昔我烈考文公以春官郎中獨知制誥，昔我元兄貞公以禮部員外郎兼知制誥，今我公能濟其美，不隕其名，君子謂崔氏盡善矣，文宗不其然乎！昔劉向父子纘司篇籍，馮立元季繼膺刺舉，猶爲美談。况我清切禁垣，代掌書命，父子兄弟，一門爲榮，萬古獨絶。時東郡歲旱，　天子思良牧，乃　詔爲滑州刺史。於是揚仁恩以風之，敷惠化以雨之。人咸歡康，歲大豐稔。丁内憂，如執文公之喪。服闋，除大理少卿，天下用刑無濫。　帝日咨二相，有能掌我貢品，僉曰我公，乃命爲小宗伯，往欽哉！惟爾代擅雕龍，克纘文公之業。爾其稽古是訓，唯才是與。公乃善誘在兹，獎勸在兹，風化天下，文體一變。　帝謂：『有國家來，未之有也。』乃命吏部、兵部選曹是則之。三載，爲大理，用休於前政。尋而黜陟河北，作鎮河東，兼採訪使。澄清州郡，福蒙京師。入爲尚書左丞。臺閣風生，章奏日减。　帝曰：『戴胄曷以尚兹！』尋封清河縣開國男，邑三百户。　詔爲劍南、山南西道黜陟宣慰使，如河北、河東之政。　帝曰：『三載考績，三考黜陟，幽明繫公是賴。』乃　詔爲京官考使，遂擢禮部尚書。繼我伯夷，典我三禮，神人以理，天地同和。寵金紫於朝，羅棨戟於第。歲十月，　天子幸華清宫，　詔公京師留鎮。明年行幸，復詔焉。及　王歸在鎬，公又守成周。無何，寢疾不悆，抗疏辭官，　天子優之，乃罷居守，全其禄秩，手詔勉勞，其寵賢有如此者。公享年四百有八甲子矣，　唐天寶九載冬十二月三日薨於洛師明教里之私第。嗚呼！朝野聞而出涕，曰：『岱山其頽乎！梁木其壞乎！大賢其萎乎！』　帝用震悼，　詔贈江陵郡大都督，賻賵飾終焉。太常考行，謚曰成。禮□。惟公襟靈俊邁，風格威重，非禮勿動，非法勿言，望之儼然，即之也温。張衡不接俗流，嵇康不交人事，斯可謂□德矣。惟公善於爲政，天與其能，不吐於剛，不茹於弱。至若法有所守，事有所申，則抗議無回，色不屈於　萬□；操刀必割，理可定於一言，斯可謂從政矣。惟公簡而能通，察而能恕。閉關高枕，知命樂天。深明理體，博綜群□。仲尼鼓琴，叔寶談道，究微言於一貫，精至理於三番，斯可謂道藝矣。惟公孝通神明，行感天地。公綽不欲，胡□畏知。竭誠公忠，臺有故事，備歷清要，家無私積。封石窌而寵及於親，爵茅土而貴榮於代。終寡僮僕，外無田□。尊先以立身揚名，奉上以盡規匡諫，斯可謂忠孝矣。惟公讀聖人之書，行先王之道。三葉掌　誥，一家工文。代宗學府，人稱墨妙。高風雅望，四海具瞻；逸韵清詞，一時特絶，斯可謂文學矣。具兹五美，兼之百行。宜其永鎮雅俗，高步臺階，天不憖遺，邦其殄瘁。嗚呼哀哉！越若來十月庚午，葬我公於洛南萬安山之陽，陪我文公舊塋，禮也。有子五人：曰秀，太常寺協律郎。曰陟，詹事府司直。曰同，河南府士曹。曰異，京兆府金城縣尉。曰或，左千牛。入官以才進，事親以孝聞。哀以送之，望焉不及。銘曰：

我家崇崇，系帝神農。師保萬人兮周有太公，文章三代兮漢爲詞宗。弈葉著族，傳門盛者。熏灼海内，物範天下。天生文公，興我斯文。貽厥貞公，以翼我君。我君伊何，貞公之弟，文公之子。濟美伊何，一家三人，掌　誥於是。思皇之士，降神而生。禀天純粹，體道孤貞。五爲漢郎，一宰洛城。東垣翔集，西掖飛鳴。出守千里，入踐九卿。典舉精覈，秉轄肅清。　天子題劍，尚書履聲。考績百官，鎮守二京。彼蒼如何，摧我國楨。褒贈有典，牧於南荆。寵存哀亡，函圂爲榮。神道猶欺，景命不與。天乎天□，有公才而不得公輔，嗚呼哀哉崔父！

凡壹阡陸伯陸拾壹言。

一七三　唐尚輦奉御韋君（弘）故夫人碣

天寶十載（七五一）十月二十五日葬。

誌文九行，滿行十九字。隸書。誌高四十五厘米，寬三十三厘米。

裴薦撰并書。

唐尚輦奉御韋君故夫人碣

夫人姓盧氏，今　贊善大夫景之長女也。歸於　少師韋公[一]之次子弘。嗚呼！瓊樹方秀，英華中隕。鳳皇于飛，隻影先落。以開元廿二年六月權厝於龍門鄉之北原，未從　先塋也。却望　天中，舊里如見，傍隣金界，勝緣可托，斯有歸也。銘曰：

青松孤蒔，下爲玄泉，歲月其吉，爾來我僊。

天寶十載十月甲戌建

河東裴薦文并書

[一] 少師韋公即韋縚，官至太子少師。參《新唐書》卷七四上《宰相世系表》、卷一二二《韋縚傳》。

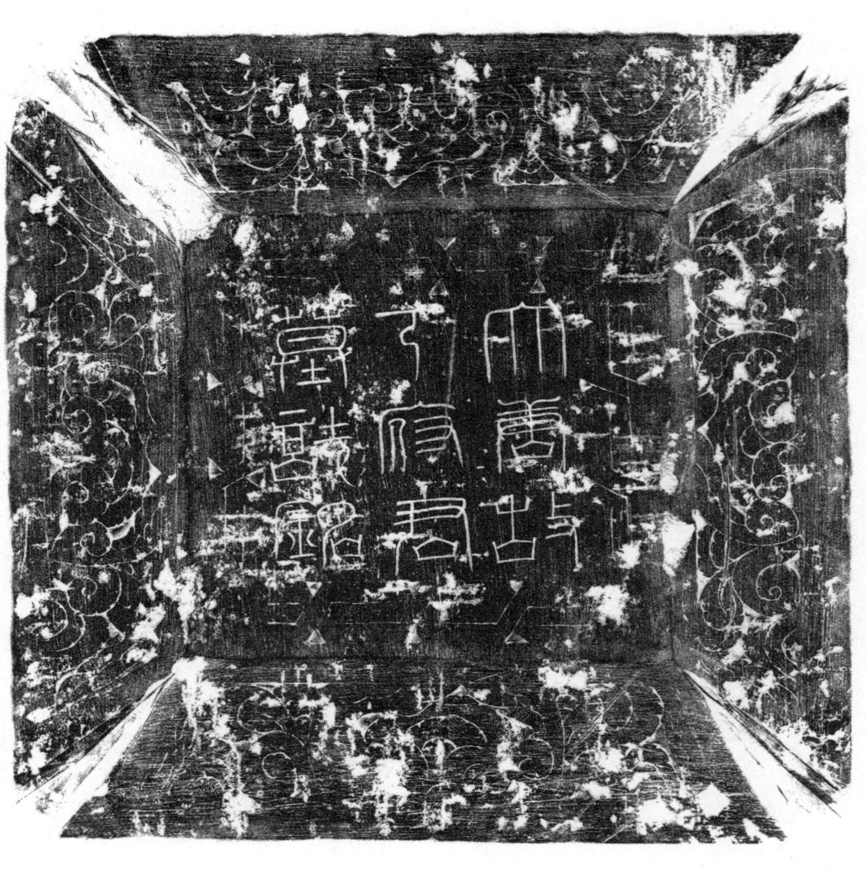

一七四　大唐故餘杭郡餘杭縣尉丁府君（仙之）墓誌文

天寶十載（七五一）十二月十一日葬。

誌文二十行，滿行二十字。正書。誌長、寬均三十八點五厘米。陳允升撰。

誌蓋篆書：大唐故丁府君墓誌銘

大唐故餘杭郡餘杭縣尉丁府君墓誌文并序

承義[一]郎前京兆府好畤縣尉陳允升撰

公諱仙之，字冲用，丹楊郡丹楊縣人也。昔齊有丁公，克開厥後，爰自漢魏，寔繁人物。曾祖伯春，陳禎明初舉秀才，隋晉陵郡太守。祖孝儉，以衣冠子弟，隋授奉信員外郎，皇朝秘書著作郎。父慎行，優遊里閈，未遑冠冕。公在弱年，美姿儀，習文史，尤長詩賦。自國子生進士高第，有盛名於天下。位遇不達，調補東陽郡武義主簿。不以卑屑意，當官有正色之雄。廉察使劉日正以名獻於　天庭，尋改餘杭郡餘杭尉。异政尤舉，黜陟使席豫亦薦於　上。尋丁外憂，服未闋，以天寶三載六月廿一日遘疾終丹楊私第，春秋五十有五。嗚呼！詩雖入室，仕迷其門。廊廟之器也，委於草莽，龍鳳之姿也，蟠於泥沙。惜哉！嗣子充等乳臭而孤，菊芳未秀，隨聖善陳氏家於洛陽，遂遷神北土。以天寶十載十二月十一日反葬於尸鄉之西界，首陽之南原，禮也。銘曰：

名滿天下兮位何卑，才運不并兮古有之，扁舟東土兮素車洛師，稚子哀號兮仰天未立，孀妻俯孤兮臨穴而泣。

[一]『義』應爲『議』之訛誤。

一七五　唐故汝南郡參軍薛君（家丘）墓誌銘

天寶十二載（七五三）五月九日葬

誌文二十四行，滿行二十四字。正書。誌長、寬均四十三點五厘米。蕭昕撰。

誌蓋篆書：大唐故薛府君墓誌銘

唐故汝南郡參軍薛君墓誌銘并序

左拾遺蕭昕撰

君諱家丘，字儉，河東寶鼎人也。其先出於黄帝，夏有奚仲分職，商有仲虺佐時，周室始開於薛封，春秋莫大於任齒，以國爲氏，子孫食焉。其後王莽偷安，方因詭對；蜀人偏據，懿則薄遊，不隕令圖，遂家汾上。曾祖元宗，皇虢州刺史。祖洽，皇懷州司法參軍、左司禦率府長史。父鄭賓，見任廣陵郡司馬。或剖符虢略，申露冕之威；或佐理惟揚，擅提輿之美。公侯之族，代有其人。公則司馬公之子也。幼則端敏，長聞諒直。强學以立身，幹能以從事。年未弱冠，明經擢第，調補汝南郡參軍。時太守王公[一]，爰自下車，精意於理。公恪居官次，譽滿同寮。遂歷攝諸曹，兼之屬縣。夫岑公理掾，必效异能；尹何宰邑，固非學製。累歲操割，郡實賴焉。夫鶴鳴九皋，聞天之漸；鵬飛六月，運海之期。方將揮發令名，琢磨盛業，大前人之閥閲，樹當代之勛庸。有志無命，秀而不實。以天寶十一載隨父於廣陵，至九月遘疾卒於官舍，時年卅有二。嗚呼哀哉！公衆行素聞，單緒寡立。兄也弟也，不幸而先亡；父兮母兮，鍾念而何極。嘆生涯之溘盡，嗟彼蒼之困慵。夫人范陽盧氏，故杭州司户遷光之女，故荆州長史逸之侄也。有一男一女，女將始齔，男未免懷。柏舟自誓而既明，棘心均養而無怠。有庶子三人，爰在幼冲，未能及禮。凡有喪事，司馬公主之。即以天寶十二載五月九日葬於河南縣龍門山之北原，禮也。嗟乎！節哀達變，豈子夏之喪明；左袒右還，庶延陵之知禮。銘曰：

汾河之美，禮樂之英。誕生君子，克保令名。夜舟失固，朝槿凋榮。闕塞之下，吾將啓塋。

［一］此太守王公應爲王琚。按薛家丘卒於天寶十一載（七五二），時年三十二。則其生於開元九年（七二一），未弱冠之時，約在開元末。據《唐刺史考全編》卷六一《豫州》，開元末至天寶初王姓太守即王琚。

一七六　唐故左龍武軍大將軍譙國曹公（仁）墓誌銘

天寶十三載（七五四）正月十三日葬。

誌文三十四行，滿行三十九字。隸書。誌長、寬均六十厘米。

李漸撰，張俔又撰銘，胡霈然書，張昇刻。

唐故左龍武軍大將軍譙國曹公墓誌銘并序

河南府進士李漸撰

又銘河府進士張倪

安定胡霈然書

公諱仁，字仁，譙國人也。自邾啓姓，因周始封。末爲將以定齊，參居相而霸漢。文武可尚，貞烈是稱。天未絶曹，主其嗣者惟公矣。曾祖善[一]，不仕。祖建，不仕。父匿，例贈諸郡司馬。公即習隱府君之元子也。幼而剛決，雄勇冠時。不謀三變之才，且學萬人之敵。嘗嘆曰：『丈夫生不能樹勛　王室，旌式門閭，没世無名，誠可圖也。吾將勵節，姑以待時。』洎　中宗上仙，韋氏構逆。盛其飛舞，將啄王孫。宗社不安，人神胥怨。陵、平失位，產、禄當權。凜若綴旒，危同戴石。今聖上步自代邸，達乎秦京。纔餘一旅之臣，直入　九重之户。公時左袒，實亦爲劉。前冒垂堂，先驅重險。夜未艾而囮鷄授首，日將明而飛　龍在天。寓縣復安，　皇家再造。論功議賞，不獨織箔之人；頒禄封官，豈後販繒之子。遂授左驍衛絳州涑川府左果毅同正，賜緋，是乃　唐元之初酬其庸也。逮開元二年，改左武衛同州伏龍府左果毅同正。二年，凉府節度使楊敬述奏公赴軍。屬西戎未和，擾我疆埸。公唯匹馬，斬級逾多。當敬述抵法左遷，功遂不録而退。九年，恩敕追入宿衛。十一年，又改同州秦城府左果毅同正。十五年，遷定遠將軍、絳州桐鄉府折衝都尉同正。十九年，轉明威將軍、左清道[二]率府絳州絳邑府折衝同正。廿一年，　制賜紫金魚袋。廿三年，又遷宣威將軍、右領軍衛翊府左郎將、上柱國。廿九年，又轉忠武將軍、左龍武軍翊府中郎將、上柱國。無何，遷左龍武軍將軍。洎天寶四載七月　制：勤勞進秩，緒業延榮。禮屬神交，澤周群品。宜承加等之錫，式允推恩之命。進封高平縣開國男、上柱國，食邑三百户。六載十□月　制：職備禁營，勛書盟府。忠誠無替，勞效克宣。禮展郊禋，慶傳茅土。進封高平縣開國子、上柱國，邑五百户。七載五月　制：纍升榮秩，久踐周行，標令望於親賢，效公忠於中外。頃因行慶，允叶疇庸。進封高平縣開國伯、上柱國，邑七百户。九載六月　制：功列元勛，榮參五校。寄深牙爪，無替於誰何；志尚忠勤，有勞於巡警。屬禮申禋薦，恩洽　朝廷。宜加五等之封，俾叶千齡之慶。進封高平縣開國侯、上柱國，食邑一千户。凡三爲果毅，兩任折衝，郎將再登，將軍一授。八官至極，四進封侯，榮華五十之春，寵渥千年之　主。朱門晝戟，紫綬金章。史列元功，時稱佐　命。將謂福延眉壽，長捍　彤闈，豈嘆神理無徵，奄歸黃壤。以十二載九月遘疾，越五旬，十一月十七日薨於東京嘉善里之私第，享年七十四。　皇恩賵贈，禮有常□。卽以十三載正月十三日葬於河南縣伊汭鄉萬安山之陽，禮也。西衙伊塞，東峙嵩丘。却倚　王城，前臨桐澗。龜謀協吉，馬鬣斯封。蕭鼓遲迴，羽儀空返。夫人河東郡君夫人薛氏，伯也先逝，獨撫遺孤。朝哭增哀，傷神已極。嫡子欽望，不羈名宦，嘗巧逾班。任物興成，因人賦像。次子建忠，前左驍衛華陰郡清府別將。武以承家，保其終譽。次子詢古，謹節事上，不替其名。次子欽光，前右武衛河南府軹城府別將，不墜弓裘，能通墳籍。輸心翰墨，實爲逸少之男；刻意文詞，更是陳思之後。生事死葬，不越禮經。泣血掐膺，有過恒品。以爲山或如礪，幽壤何憑。琢石泉門，志之不朽。銘曰：

將軍高臺兮今已傾，萬安之下卜其塋。寒烟漠漠兮晦佳城，日夕悲風兮松柏聲。天既長，地復久，泉扃一閉兮知何有，終古令名兮傳不朽。

又銘曰：

哲人其萎兮逝不還，泉門杳杳兮閉重關。凋水潺潺兮夜聲切，丘壠峨峨兮悲轉咽。黃壤幽邃兮夜何長，松檟森森兮明月光。委骨埋魂兮萬安陽，保君千載兮德逾芳。

安康郡長公主孫獨孤濟候塋

清河張昇刻字

[一]『善』爲小字，刻於『祖不』之右。

[二]『道』爲小字，刻於『清率』之右。

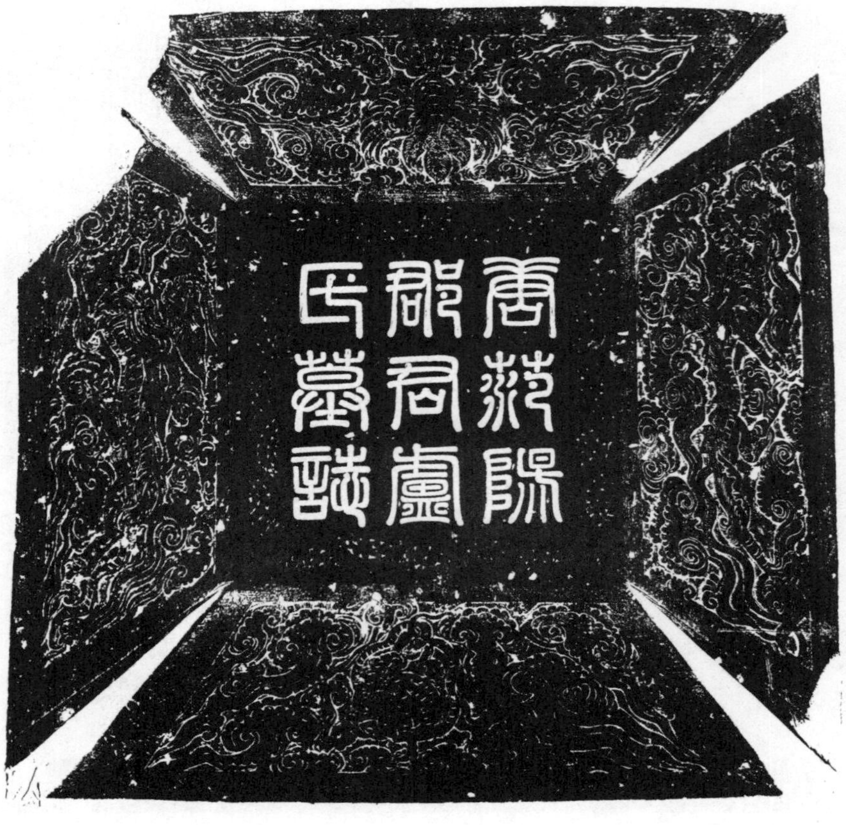
唐范陽郡君盧氏墓誌

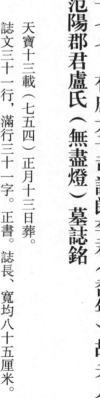

一七七　有唐太子司議郎李君（喬年）故夫人范陽郡君盧氏（無盡燈）墓誌銘

天寶十三載（七五四）正月十三日葬。

誌文三十一行，滿行三十一字。正書。誌長、寬均八十五厘米。

鄭叔則撰，湛然書并篆蓋。

誌蓋篆書：唐范陽郡君盧氏墓誌

有唐太子司議郎李君故夫人范陽郡君盧氏墓誌銘并序

甥右金吾衛兵曹參軍鄭叔則述

大福先寺沙門湛然書兼篆額

維唐天寶十一載龍集壬辰十二月旬有四日丙戌，范陽郡君盧氏終於大梁寬政里第。嗚呼哀哉！夫人諱[一]，法號無盡燈，其先范陽人也。議其本枝，則太公恢王業而表東海；徵其受氏，則高子參霸政而冠上卿。與我婚姻，所憑厚矣。夫人即今司議郎、趙郡平鄉縣開國伯李喬年之室。　國朝監察御史諱昭度之曾孫，通議大夫、左金吾衛長史諱詢之孫，博州司户參軍諱昌容之元女。有御史之寵靈，大夫之純嘏，詞曹之善訓，而先後之，其才淑可知也。始滿初笄之歲，爰備委禽之禮，已能與物謙和，檢身澣濯。在女家不忘絲枲，移婦道如鼓瑟琴。有以見師氏教尊，有以知　相門德盛。可不謂光配明哲，化成國風乎？天寶元年，始封范陽縣君。間一年，進封郡君。石窌重輝，從夫貴也。懿夫端嚴之度，雅正之辭，妙絶之功，徽柔之行，固求備於一人矣。至若迪中和，秉全德。因心起於孝敬，率性由乎仁慈。亦足以感通明神，緝熙介福者也。昔　先姑范陽君決定大乘，密行不二，爲東山法門之上首。嘗以佛事付囑，夫人睹其威儀，多所印可。洎　姑之即世，口實蓮華之偈，心清甘露之源，蓋幾於道矣。方將極齊體寵，榮享偕老，眉壽彌留，至於大漸。淹恤在於他邦，謂之何哉？春秋卌有三，配德凡廿九歲矣。繇辭既啓，早聽鳳凰之鳴；天道無知，竟絶熊羆之夢。慈育一子曰譓。其禄養也，以軍器監丞失官；其孺慕也，以尚衣直長復職。纍然在疚，喪過乎哀。粤以甲午歲正月十三日己酉，返葬　先夫人於洛陽平陰原，祔　先塋，禮也。我君，　上臺之孫，　常侍之子。再游憲府，三入掖垣。屬元昆望重銓衡，地逼公輔，竟爲當軸者所詆。故自右史，以其彙征，歷襄、汴二州之外掾。君子三歲垂翼，夫人千里同行。忘寵辱之小累，暢時命之大適，得非賢明輔佐之效歟？及　朝廷登賢相，天下無冤人。時議允於弟兄，拜命光於前後。夫人反真之月，　詔我君爲清源。其明年，徵我君爲司議。嗚呼！存殁异世，哀榮同日。何嗟及矣。洛水容衛，邙山羽儀。潺湲流咽，蕭瑟風悲。君子至止，廞車逶遲。閔莊姜之賢，涕零邦族；感奉倩之慼，哀動路人。季舅顧謂叔則，少長外家，備詳故實。申命授簡，俾叙徽猷。銘曰：

皎皎夫人，詳閑雅正。素範淵塞，幽姿月映。瞻彼茂族，實爲華姻。考以世濟，宜生淑人。既配卿才，言歸　相府。肅肅親迎，兩驂如舞。和以佩玉，間之德音。褧衣方貴，彤管垂箴。誰謂君子，人惡全美。方祈大來，於嗟中否。不愠三黜，相從千里。峴首浚郊，載飛載止。彼蒼不信，與善有違。一門榮復，奚獨凶歸。青烏返葬，丹旐西飛。人生倚伏，孰辯其微。

[一] 此處空兩格未刻字。

一七八　唐故銀青光禄大夫行盛王府長史上柱國趙郡李府君（瓊）墓誌銘

天寶十三載（七五四）十月二十九日葬。

誌文三十五行，滿行字數不等。正書。誌長、寬均五十五厘米。齊光乂撰。

唐故銀青光禄大夫行盛王府長史上柱國趙郡李府君墓誌銘并序

朝請大夫行國子博士吴郡齊光又撰

公諱瓊，字伯玉，趙郡高邑人也。保姓受氏，傳諸簡牘，英賢間出，代有人焉。爲趙國之和璧，得常山之秀氣。簪裾夙盛，花萼相輝。三開列岳之門，七授諸侯之印。比肩龍虎，列坐鵷鸞。孝友著於家聲，公忠布於朝議，縉紳之内，孰不仰焉。曾祖順，隋太谷縣令、雁門府車騎將軍。職參文武，族茂衣冠。移螟表牛刀之能，驅犬舉雁門之衆。祖策，皇宋州襄邑縣令。馴翬發嘆，製錦興謡。芳聲克傳，世濟其美。囟思禮，皇虞部員外郎、潁利二州刺史。智周弘化，量合滄溟。郎官應列宿之尊，州牧據崇山之重。公即利州之長子也。年十六孝廉及第，廿解褐授左司禦率府兵曹，轉彭州司功。雖一行吏途，載欽坐嘯。志學之歲，儒業稱其滿籝；筮仕之初，文牘推其遊刃。丁　利州府君艱，茹荼毁棘，執喪即羔柴之門；泣血崩苴，孺慕見曾參之室。内除，授漢州司倉調選。屬　皇上臨軒，黎氓是恤，邑宰之任，非賢勿居。乃下有司，親垂　聖問，欲爲哀貶，考覈群言。公蓄鋭候時，用膺精選。英詞間發，以竭仲舒之文；簡要是敷，用闡子游之政。擢高等，譽滿上京，朝廷任賢，於斯爲盛。遷授湯陰邑宰，下車之日，其政已成。仁弘驅鷄之化，道應烹鮮之術。傳之德頌，布在閭閻。時宣慰使、侍御史宋述名聞薦焉，選授同州郃陽縣令，如前任焉。　制加朝散大夫。丁　南陽郡君太夫人之艱，猶居　利州府君之服。處長以順，撫幼以仁，宗族之間，展親親也。外除，授河南府登封縣令。鼎邑之畿，動弘人譽，銅章之理，政爲方則。其時　鸞駕巡幸數四焉，公或攝官傍縣，總務隣邦，大頓祇供，纖毫處置。肅肅焉其人悦便，恢恢乎其地有餘。時河南尹李適之言公之能於執政，改乾陵令。既遷百里，秩奉　五陵，班望務閑，非當其職。尋拜甘州刺史兼鎮守蕃落營田轉運等使，牧戎旅之間，居握兵之要。指蹤而烽烟自滅，善守而虜塵不飛，邊鄙無虞，公之謂也。屬侍中牛仙[一]之愛吏與公交代，每毁公之能，以是改爲岳州刺史。爰及下車，招携流散，襁負而至，户口斯增，由是改爲犍爲郡太守。如巴陵之理，人懷其德，聲芳遠布，爲諸郡之最。遷文安郡太守，兼唐興軍使。襟帶河朔，咽喉薊門，城池跨桑井之殷，軍伍總干戈之事。不嚴而理，如凉右焉。既著政聲，遞遷大郡，改河間郡太守。地奥瀛溟，俗殷庶富，鄉户既廣，税調寔繁。所察六條，用綱郡[二]，因每度務經始，人不之知，而已濟矣。仰之如膏雨，事之神明，遷盛王府長史。輟露冕之榮，從曳裾之伍，　恩制加銀青光禄大夫。榮增紫綬，慶積金章，時稱軒冕之門，族號芝蘭之室。優蕃邸，厠迹鄒枚[三]，頗淹之辰，奄遘漳濱之疾。自爲陳請，乞以歸休。特奉　綸言，且令優養。承　恩用登於三壽，履歷當奉於數朝。勤勞王家，厥有成績。公前婚夫人河南元氏，父恂，彭州録事。長子錟，金城縣尉。女一人。紅英早彫，金室先掩。後婚范陽郡夫人盧氏，父公模，江陵縣尉。次子鈘，太廟齋郎。次子錙，秉松茂之心，爲蕣榮所夭。幼子鏌，左領軍衛長上。女一人，適滎陽鄭錡，晋城縣主簿。嗚呼！旻蒼不吊，殃禍頻鍾，靈帷纔收，凶塊還設。公以天寶十三載七月一日薨於安業里之私第，春秋八十有一。嗣子錟等，號天泣血，擗地摧心，毁棘未履於終年，絶漿有逾於七日。式備送終之義，用申往也之哀。乃卜宅玄扃，龜筮叶吉。以其載十月廿九日權窆於龍門山之北，制也。恐年代深遠，陵谷遷移，刻石爲文。其銘曰：

燕趙多奇，常山增峻。於兹世族，挺出千仞。賢應時須，名因德進。鶴鳴已遠，鴻漸將振。其一。鄉賦早列，籝金克傳。欽兹雁序，共履鶯遷。儲闈筮仕，郡掾推賢。逸足當騁，長途是先。其二。明明我后，黎庶是憂。邑宰之政，當仁徽猷。親垂　聖問，對揚明休。　綸言特降，光被九流。其三。下車政理，所嚮風生。心鏡内照，冰壺自清。訟庭梟鳥，高館琴聲。千古不朽，於今令名。其四。遷榮右輔，昇宰維嵩。製錦斯易，聞雷屢同。騰芳域内，立則關東。庶兹化洽，以徹　天聰。其五。德政斯著，高名見推。遽遷陵寢，旋赴褰帷。城連虜塞，地枕邊垂。華夏紛雜，懷柔撫綏。其六。道著名顯，時和運昌。連兹花萼，共理甘棠。百城興誦，三蜀相望。顯矣名迹，時增寵光。其七。物無不可，道乃斯備。襟帶幽都，括囊群吏。兵農遞習，文武齊轡。式叶權謀，用資賢智。其八。邦伯秩易，王門職[四]。金章炳焕，紫綬惟新。優遊洛汭，卧疾漳濱。兩楹興夢，奄忽兹辰。其九。太山其頹，樑木斯絶。哀哀嗣子，泣以成血。靈帳空依，蒼旻叫徹。毁其逾制，性乃將滅。其十。龜筮叶吉，玄扃已開。輀車在霤，輓引增哀。月闇荒壠，松深夜臺。爰兹舉厝，永以艱摧。其十一。

天寶十三載歲次甲午十月癸亥朔廿九日辛卯

[一] 此人即牛仙客，此處漏刻『客』字。

[二] 此處似有漏字。

[三] 此處似有漏字。

[四] 此處應有漏字。

一七九　唐故朝散大夫左贊善大夫李府君故夫人王氏（高行）墓誌銘

天寶十四載（七五五）二月十六日葬。

誌文十五行，滿行十五字。正書。誌長四十點五厘米，寬三十九點五厘米。

唐故朝散大夫左贊善大夫李府君故夫人王氏墓誌銘

夫人諱高行，字高行，太原人也。父宗一，故衛尉少卿。夫人幼孤，莫詳其先。婉嫕賢德，淑慎令儀，事君子久益其敬，處中饋克忘其勞。於戲，大夫先世。彼柏舟兮於軫；嗣子悼年，痛棘心乎在疚。夫人春秋卅有四，遘疾彌旬，興善無兆。天寶十四載正月五日終於淳化里之私第。時歲未吉，安厝從權。其載二月十六日殯於邙山北原，禮也。銘旌啓行，翣柳鶩引。悲深薤露，泣下松門。亦何飾於文詞，但記之於陵谷。銘曰：

適來時也，適去亦時。往古而今，賢達共之。嗟柔嘉之奄忽，望丘隴而增悲。

一八〇　大唐故興州刺史李公（守宗）夫人范陽盧氏墓誌銘

天寶十四載（七五五）五月一日葬。

誌文二十七行，滿行二十六字。正書。誌長、寬均五十二厘米。

元卓撰，李琛書并篆蓋。

大唐故興州刺史李公夫人范陽盧氏墓誌銘并序

夫人盧氏，范陽人。其先出於齊太岳之後。致堯舜之美，開文武之業。鴻勛丕德，道邁古今。汪汪巨川，一源百派。沿流者日削，體正者逾深。故同出於齊則多，而著於姓則罕。夫代稱著姓者，以衣冠德禮不絶於朝。若非體巨源之正氣，孰能使千載不替其美哉。且本固陶唐，挺幹東海，而建芳後魏。昭昭　烈祖，三爲帝師，金緗玉牒，丕焕史策。自此而鍾鼎禮樂，首出庶族焉。有若曾祖諱賑，　皇光禄大夫。行高而識達，德邁而材茂。大父諱文式，　皇嘉州長史。德苞道茂，瓊林一枝。烈考諱正謩，　皇渠州刺史。識沉氣清，瑶池一曲。夫人則刺史公之第三女，故興州刺史李府君諱守宗之夫人也。稟至柔之性，得沉潛之道。在家而體和於巽，配德而處順於坤。婦道攸歸，母儀克著。府君隴西人也。實我唐之穆，　皇業天枝，積勛纍慶，而代所矚焉。自夫人辭家入門，率己行道。躬儉以訓下，資敬以奉上。赫赫貴里，清風颯然。故　天枝之中，一門濟素，此則夫人輔佐君子之美也。府君在家必聞，在邦必達，誠大賢之道固然，終淑人之德攸贊。令子方立，府君既偕。玉樹彪炳於庭中，朱紱輝光於俟服。而清風日遠，故人所榮仰不造。開元廿七年四月六日府君先夫人薨。嗚呼！積善無徵，福謙斯昧。以天寶十三載正月十一日薨於河陰官舍，享年六十有九。嗚呼哀哉！夫人之德，既宜家室，實貽後昆。女辭家而淑慎，男出身而貞素，夫人之訓也。嗣子曰璠，前河陽縣尉。次曰璘，前河陰縣尉。次曰⿰王吳，前潁陽縣尉。禄不終養，孝深於衷。以窀穸而未滅其性，號蒼穹而殆過其禮。以天寶十四載五月一日安窆於河南縣萬安山之南原，用權，禮也。松檟未祔，崗原資記。銘曰：

峨峨高門，弈弈其葉。傳鍾襲鼎，倬冠群諜。降氣生淑，自家配賢。威儀不忒，禮節攸先。惟德是崇，惟道是務。一門貞儉，九族稱慕。伊水之左，萬安之陽。母儀曷仰，丘隴蒼蒼。

孫女婿前鄉貢進士元卓撰

季子⿰王吳書并篆蓋

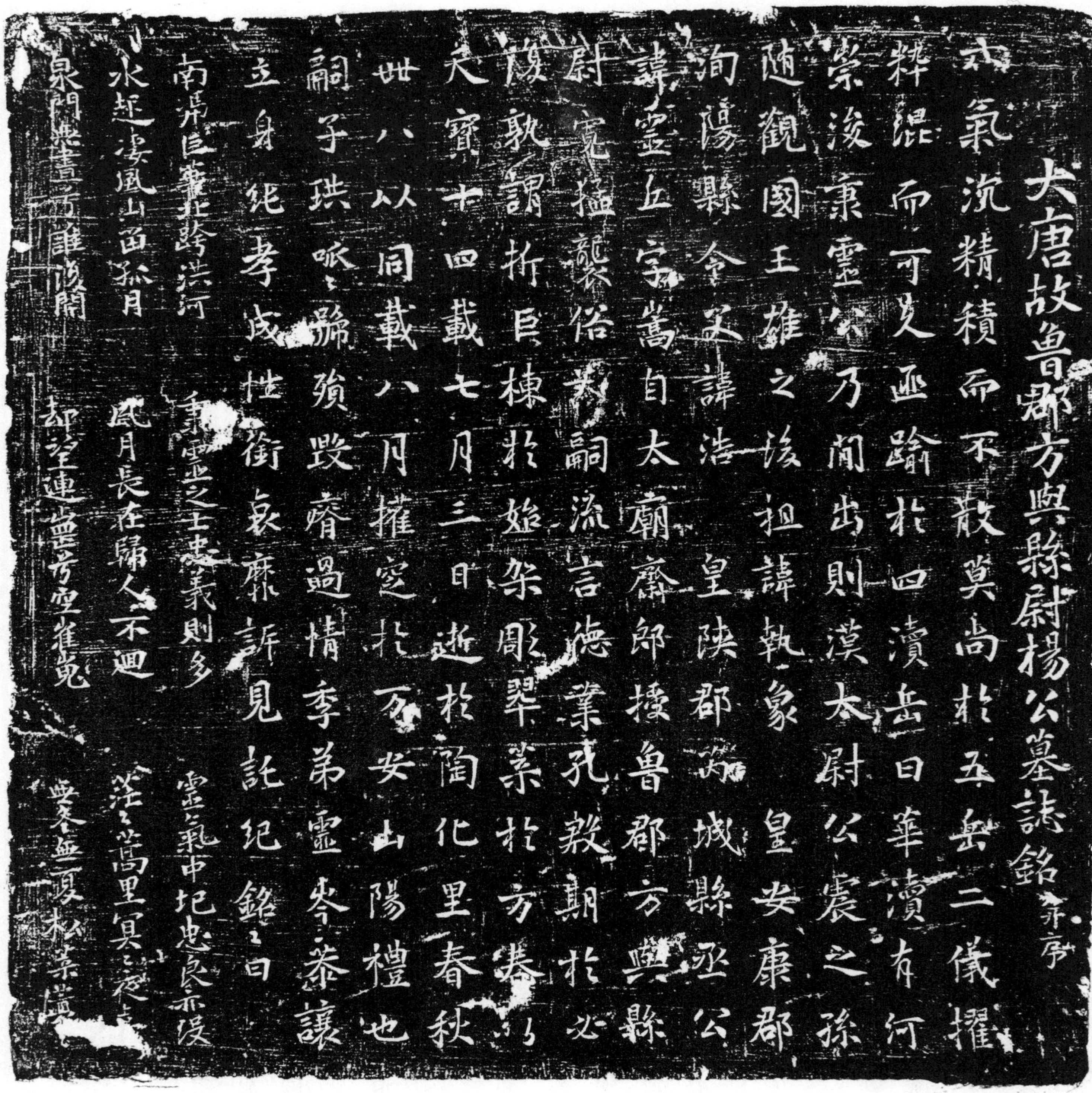
大唐故魯郡方與縣尉楊公墓誌銘并序
元氣流精，積而不散，莫尚於五岳；二儀擢
粹，混而可見，亟踰於四瀆。岳曰華，瀆有河，
崇後業靈，公乃間出，則漢太尉公震之孫，
隨觀國王雄之後。祖諱執象，皇安康郡
洵陽縣令。父諱浩，皇陝郡硤城縣丞。公
諱靈丘，字萬，自太廟齋郎擢魯郡方與縣
尉。寬猛襲俗，為嗣流言，德業孔穀，期於必
復。孰謂折巨棟於始朵，彫翠葉於方來，以
天寶十四載七月三日逝於陶化里，春秋
卌八，以同載八月權窆於万安山陽，禮也。
嗣子珙，哌哌歸殯，毀瘠過情；季弟靈參，恭讓
立身，純孝成性，銜哀茹訴，見託紀銘曰：
南岳巨靈兮上跨洪河，秉靈之士兮忠義則多，靈氣中圮兮忠良亦沒，
水逝淒風，山留孤月，風月長在，歸人不廻。茫茫萬里，冥冥夜臺，
泉門兮晝兮誰復開，却望連峯兮空崔嵬，無冬無夏松柏蕭

一八一　大唐故魯郡方與縣尉楊公（靈丘）墓誌銘

天寶十四載（七五五）八月葬。

誌文十六行，滿行十六字。正書兼行意。誌長、寬均三十九點五厘米。

大唐故魯郡方與縣尉楊公墓誌銘并序

六氣沉精，積而不散，莫尚於五岳；二儀擢粹，混而可久，匪逾於四瀆。岳曰華，瀆有河。崇浚秉靈，公乃間出。則漢太尉公震之孫，隋觀國王雄之後。祖諱執象， 皇安康郡洵陽縣令。父諱浩， 皇陝郡芮城縣丞。公諱靈丘，字嵩。自太廟齋郎授魯郡方與縣尉。寬猛襲俗，□嗣流言。德業孔殷，期於必復。孰謂折巨棟於始架，雕翠葉於方春。以天寶十四載七月三日逝於陶化里，春秋卌八。以同載八月權窆於萬安山陽，禮也。嗣子珙呱呱號殞，毀瘠過情。季弟靈岑恭讓立身，純孝成性。銜哀靡訴，見托紀銘。銘曰：

南憑巨華，北跨洪河。秉靈之士，忠義則多。靈氣中圮，忠良亦没。水起凄風，山留孤月。風月長在，歸人不迴。茫茫蒿里，冥冥夜臺。泉門無晝兮誰復開，却望連崗兮空崔嵬。無冬無夏松葉黄黄。

一八二　大唐故朝議郎前咸寧郡義川縣丞崔府君（容）墓誌銘

天寶十四載（七五五）十月二十三日葬。

誌文二十七行，滿行二十六字。正書。誌長、寬均四十五厘米。

蔣溶撰。

誌蓋篆書：大唐故崔府君墓誌銘

大唐故朝議郎前咸寧郡義川縣丞崔府君墓誌銘并記

公諱容，字惟美，博陵人也。系彼有初，本自農炎之胤；昌茲厥後，更分夷吕之邦。泱泱國風，實爲齊大；綿綿錫土，遂稱崔顯。侯主狎盟，因會晋師於城濮；漢遷豪杰，侔因涿郡爲博陵。賢德繼生，公卿必復。高祖齊工部侍郎府君諱伯友，曾祖隋朝散大夫、侍御史府君諱會仁，祖皇朝秦州録事參軍府君諱尚智，父　皇朝侍御史、□部員外郎、職方郎中、儀滁二州刺史府君諱宣基。弈茂聲華，丕弘□樂。登朝就列，開國承家。根葉流芳，蕚跗標映。公即職方府君之長子也。自魏光禄大夫孝直至公七葉，皆趙郡隴西李氏之自出。一門偉其簪纓，二族光其領袖。向時嘉偶，纍代宗姻。公淳粹出於天倪，敏達不資地籍。弱冠以明經擢第，選授許州許昌縣主簿。志學不倦，自致成麟之業；榮禄及親，始就栖鸞之任。秩滿服闋，調補咸寧郡義川縣丞。樂道安卑，色不形於喜愠；栖閑混迹，心豈繫於窮通。奉先遺之清白，顧代耕之禄廩。不薄五斗，自屈六安。尚遺名而寡尤，於從宦乎何有。反服辭滿，旋歸舊居。宴慰私門，歡宜爾室。兄弟有裕而無瘉，侄甥有慈以無威。閨門睦和，親族欣慕。僉謂人依於善，神降之喜。始徵積慶之門，遽瞰高明之室。嗚呼哀哉！以天寶十四載歲次乙未九月丁巳朔四日庚申寢疾終於河南縣永豐里之舊第，春秋六十有五。雖生也有涯，存無不泯。而桑榆未迫，梁木其摧。嘗有似於彌留，終不嬰其怛化。奄然歸盡，神往形休。啓手足而不言，安晤寐而奚异。推之於理，可謂令終。以其載十月廿三日己酉遷殯於河南縣平洛鄉邙山之北原，禮也。夫人趙郡李氏，痛深齊體，義感如賓，孀居嘒然，晝哭何及。嗣子説等，號而靡訴，哀加孺慕之艱；問而不罰，禮過成人之節。□□柴毁，全倚苴儀。殷殷壞□，惴惴臨穴。見托斯誌，罔不逮情。銘曰：

姜汭華宗，渭濱慶嗣。温恭雅量，淑睦淳至。孝悌承家，貞廉在位。居無外飾，動不言利。降年未永，介福方萃。誰負舟壑，遽歸泉隧。所嗟者何，與善奚貳。

子婿樂安蔣溶撰

一八三　故胡府君夫人太原王氏墓誌

聖武元年（七五六）五月一日葬。
誌文十八行，滿行字數不等。正書。誌長、寬均三十厘米。
胡秀撰。

故胡府君夫人太原王氏，京兆府醴泉人也。唐左金吾衛郎將士和之長女。醴泉縣瑤臺府左果毅韓志忠之女孫。夫人機敏內融，神華外朗，慈惠天性，孝敬生知。早悟法因，尋師問道於藍田福禪師開心地，同德大照禪師進梵戒，龍興福和上釋經議，聖善正和上精舊學。皆會體參真，總衆依寂。不飾外事，恒持內心。夫人宿疾嬰身，針藥無損。臨其大漸，不亂其神。處事自明，遺言有則，命諸子曰：『素衣一副，備吾體焉。綺玩諸物，與吾施焉。勿違我心，更無憂矣。』枕手正足，怗然自安。聖武元年四月十一日終洛陽集賢里私第，春秋七十。嗚呼！府君開廿三年六月廿六日先亡，比權厝南郊之北。今以五月一日同遷奉於河南縣龍門鄉原，禮也。有子英、秀、深等永懷受育之重，哀摧風樹之速。切思劬勞，恨深罔極。恭順嚴旨，以申薄葬。龜謀襲吉，兆穴有分。二魂知歸，天地長久。今於其地，同塋別墳。遺命謹依，無忘 親志。恐變陵谷，將何所知。托金石而爲堅，紀桑海之不惑。其銘曰：

道無爲，禮有儀，卜其宅兆安厝之。龍崗陰，鳳闕陽，新墳古木烟蒼茫。孺慕哀情何可望，
松風夜月永悲涼。

孤子秀述

一八四　唐故朝散大夫行尚書司儲員外郎上柱國平鄉縣開國伯李府君（喬年）墓誌銘

聖武二年（七五七）正月十二日葬。

誌文二十九行，滿行二十九字。正書。誌長、寬均七十八厘米。

陽浚撰，鄭叔則書。

唐故朝散大夫行尚書司儲員外郎上柱國平鄉縣開國伯李府君墓誌銘并序

兵部侍郎陽浚撰

甥前右金吾衛兵曹參軍鄭叔則書

國稱全趙，地曰舊都，英賢無替於世卿，人物固多於奇士，古稱不朽，其在斯乎？公諱喬年，字壽卿，趙郡堯山人也。唐 相州司倉參軍、贈相州刺史、幽州都督公敏之曾孫。唐 金紫光禄大夫、刑部尚書、同中書門下三品、趙郡公懷遠之孫。唐 銀青光禄大夫、工禮二部侍郎、左散騎常侍景伯之次子也。承纍世之明德，負濟時之利用。藏器俟動，含章有貞。體顔子之庶幾，兼冉求之文藝。閨門有裕，鄉黨稱仁。苟飭躬之在兹，於從政乎何有！弱歲以門蔭補弘文生，調秘書省校書郎、京兆府渭南縣尉，拜右拾遺、右補闕、殿中侍御史。俄轉侍御史、起居舍人。纍踐清班，克彰嘉績。撥煩不留於几牘，臨事盡適於韋弦。猛以濟寬，文以飭吏。行有餘力，卓而不群。嗟乎！衆惡獨妍，物疵明哲。柳惠且聞於三黜，崔駰仍謫於六安。内省不疚，曾無愠色。天寶九年，貶襄陽郡司户參軍、陳留郡司士，換太原府清源縣令。久從外職，咸著美聲。木雖秀而先摧，蘭久幽而逾馥。所居則適，何損於明。尋除太子司議郎，遷尚書司儲員外郎，加朝散大夫。陟降青宫，翱翔粉署。諷議之地，所賴正人；彌論之職，允當高選。典兹出納，實效精勤。既竭力以奉公，因積勞而成疾。以唐天寶十五載五月十一日遘疾終於西都安興里第，春秋五十有二。夫人范陽盧氏，左金吾衛長史詢之孫、博州司户參軍昌容之女。四海高族，六姻令範。偕老有違，盛時先謝。以天寶十三年正月十三日先祔於中都洛陽縣平陰鄉之先塋。今龜筮未從，以明年正月十有二日權厝於舊塋之側[一]，從宜也。有子軍器監丞謜銜哀殆滅，泣血襄事。慶臧孫之有後，慰公業之不亡。嗚呼！公明敏夙成，孤標不雜。政能之利，無滯於盤根；詞藻之工，獨推於破的。孝悌形於天至，温清表於日嚴。信義周於友朋，仁和被於親族。方期坐升大位，克享永年。而官僅臺郎，壽纔知命。喪我良寶，彼蒼謂何？長兄工部侍郎彭年，悲斷手足，痛分形影。以余夙承姻好，見托斯文。潘岳申哀，實有懷於公嗣；蔡邕述德，庶無愧於林宗。銘曰：

猗那哲人，顯允令德。入孝出悌，静專動直。如珪如璋，是效是則。誕兹公器，光我王國。爰初筮仕，備歷清資。智必周物，才惟適時。閨門穆穆，兄弟怡怡。孰謂之子，曾無慭遺。北據邙阜，南瞻伊闕。俯近舊塋，未諧同穴。宿草初被，新松始列。埋玉泉中，於兹永訣。

[一] 此處有改刻，文字原爲『其年十二月十八日』。

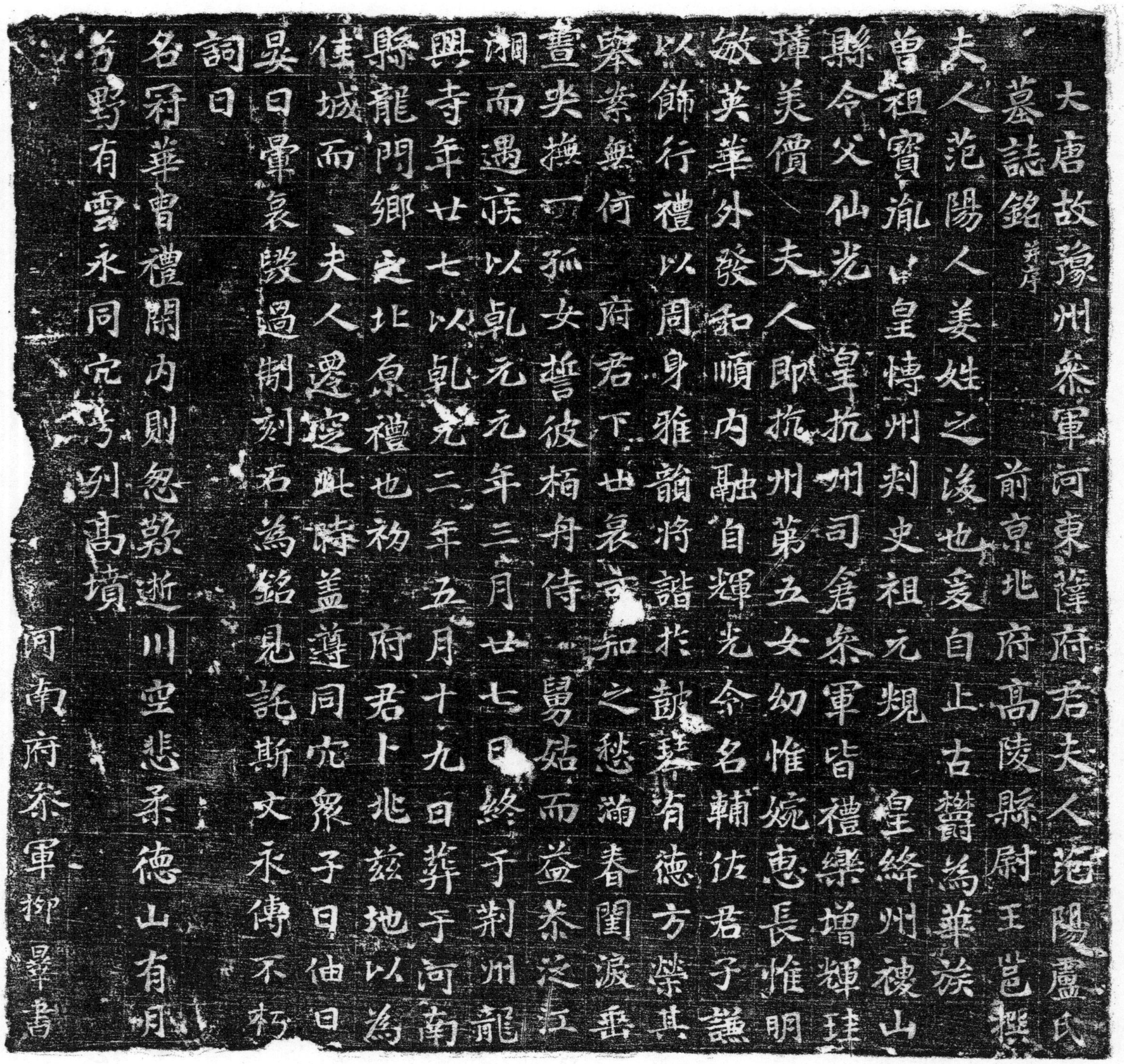
大唐故豫州叅軍河東薛府君夫人范陽盧氏
墓誌銘并序　前京兆府高陵縣尉王邕撰
夫人范陽人姜姓之後也爰自上古爵為華族
曾祖寶胤皇博州刺史祖元規皇絳州稷山
縣令父仙光皇杭州司倉叅軍皆禮樂增輝
璋美價夫人即杭州第五女幼惟婉惠長惟明
敏英華外發和順內融自輝光令名輔佐君子謙
以飾行禮以周身雅韻將諧於鼓琴有德方榮其
舉案無何府君下世哀哉知之愁滿春閨淚垂
豈共撫一孤女誓彼栢舟侍一舅姑而益恭泛江
瀾而遇疾以乾元元年三月廿七日終于荊州龍
興寺年廿七以乾元二年五月十九日葬于河南
縣龍門鄉之北原禮也初府君卜兆茲地以為
佳城而夫人還窆此時蓋遵同穴衆子曰伷曰
旻曰暈哀毀過制刻石為銘見託斯文永傳不朽
詞曰
名冠華胄禮聞內則忽歎逝川空悲柔德山有明
芳野有雲永同穴兮列高墳　河南府叅軍柳曅書

一八五　大唐故豫州參軍河東薛府君（家丘）夫人范陽盧氏墓誌銘

乾元二年（七五九）五月十九日葬。

誌文十九行，滿行十九字。正書。誌長、寬均四十四厘米。

王邕撰，柳曅書。

大唐故豫州參軍河東薛府君［一］夫人范陽盧氏墓誌銘并序

前京兆府高陵縣尉王邕撰

夫人范陽人，姜姓之後也。爰自上古，鬱爲華族。曾祖寶胤，皇博州刺史。祖元規，皇絳州稷山縣令。父仙光［二］，皇杭州司倉參軍。皆禮樂增輝，珪璋美價。夫人即杭州第五女。幼惟婉惠，長惟明敏。英華外發，和順内融。自輝光令名，輔佐君子。謙以飾行，禮以周身，雅韵將諧於鼓琴，有德方榮其舉案。無何　府君下世，哀可知之。愁滿春閨，泪垂晝哭。撫一孤女，誓彼柏舟。侍　舅姑而益恭，泛江湘而遇疾。以乾元元年三月廿七日終於荆州龍興寺，年廿七。以乾元二年五月十九日葬於河南縣龍門鄉之北原，禮也。初　府君卜兆茲地，以爲佳城，而　夫人遷窆此時，蓋遵同穴。衆子曰伷，曰晏，曰暈，哀毁過制，刻石爲銘。見托斯文，永傳不朽。詞曰：

名冠華胄，禮閑内則。忽嘆逝川，空悲柔德。山有月兮野有雲，永同穴兮列高墳。

河南府參軍柳暈書

［一］據本書一七五《唐故汝南郡參軍薛府君（家丘）墓誌銘》，此薛府君即薛家丘。

［二］據本書一七五《唐故汝南郡參軍薛府君（家丘）墓誌銘》，盧氏父爲『遷光』，與本誌不同，或爲其字。

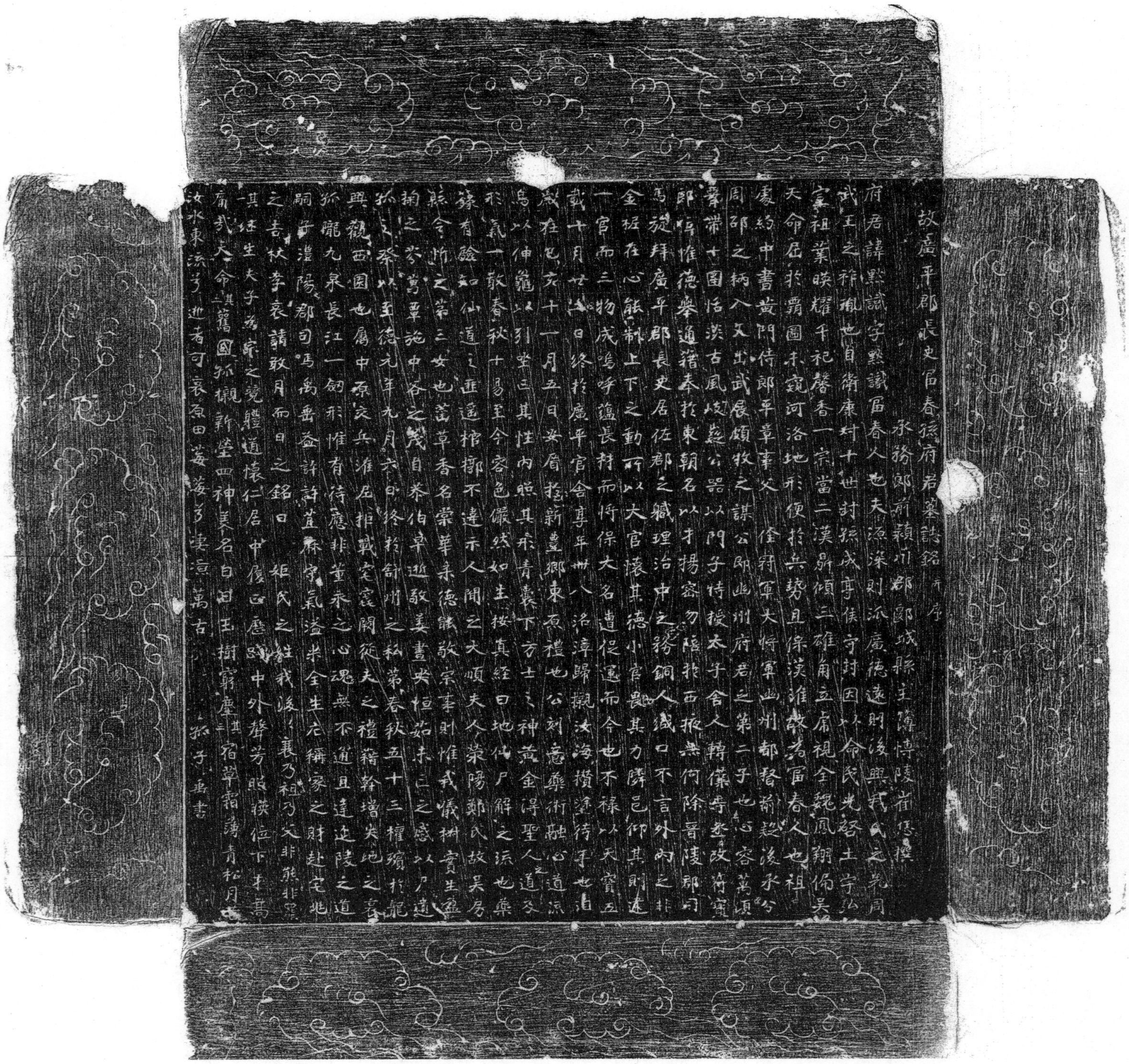
故廣平郡長史富春孫府君墓誌銘并序

一八六　故廣平郡長史富春孫府君（默識）墓誌銘

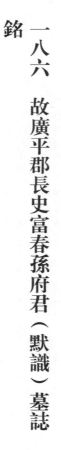

乾元二年（七五九）十一月五日葬。

誌文二十八行，滿行二十八字。正書。誌長、寬均四十一厘米。

崔恁撰，孫禹書。

誌蓋篆書：大唐故孫府君墓誌銘

大唐故
孫府君
墓誌銘

故廣平郡長史富春孫府君墓誌銘并序

承務郎前潁川郡郾城縣主簿博陵崔恁撰

府君諱默識，字默識，富春人也。夫源深則派廣，德遠則後興。我氏之先，周武王之祚胤也。自衛康叔十世封孫成亭侯，守封因以命氏。光啓土宇，弘宣祖業。映耀千祀，馨香一宗。當二漢鼎傾，三雄角立，虎視全魏，鳳翔偏吴。天命屈於霸圖，未窺河洛地形。便於兵勢，且保漢淮，故爲富春人也。祖處約，中書黄門侍郎、平章事。父佺，冠軍大將軍、幽州都督。前疑後承，分周邵之柄；人文出武，展頗牧之謀。公即幽州府君之第二子也。心容萬頃，腰帶十圍。恬淡古風，岐嶷公器。以門子特授太子舍人，轉僕寺丞，改符寶郎。位惟德舉，通籍奉於東朝；名以才揚，密勿陪於西掖。無何，除晋陵郡司馬，旋拜廣平郡長史，居佐郡之職，理治中之務。銅人緘口，不言外内之非；金柅在心，能制上下之動。所以大官懷其德，小官畏其力，鄰邑仰其則，建一官而三物成。嗚呼！藴長材而將保大名，遭促運而今也不禄，以天寶五載十月廿二日終於廣平官舍，享年卌八。洺漳歸櫬，汝海攢塗，待年也。洎歲在己亥十一月五日，安厝於新豐鄉東原，禮也。公刻意藥術，融心道流。烏以伸，龜以引，坐亡其性，内照其形。青囊下方士之神，黄金得聖人之道。及形氣一散，春秋十易，至今容色儼然如生，按真經曰地仙尸解之流也。藥籙有驗，知仙道之匪遥；棺槨不違，示人間之大順。夫人滎陽鄭氏，故吴房縣令忻之第三女也。菡萏香名，棠華柔德，能敬宗事，則惟我儀。椒實生盈掬之芬，葛覃施中谷之茂。自恭伯早逝，敬姜晝哭，恒茹未亡之慼，以尸遺孤之祭。以至德元年九月六日終於舒州之私第，春秋五十三，權殯於龍興觀西園也。屬中原交兵，淮左拒戰，窀穸闕從夫之禮，藉幹增失地之哀。孤隴九泉，長江一劍。形惟有待，應非董永之心；魂無不通，且達延陵之道。嗣子澧陽郡司馬禹，垂、益、評、許苴麻守氣，溢米全生。庀稱家之財，赴宅兆之吉，杖孝哀請，敢月而日之。銘曰：

姬氏之姓，我後以襄。乃祖乃父，非熊非羆。其一。繼生夫子，爲宗之競。體道懷仁，居中履正。歷踐中外，聲芳照映。位下才高，痛哉天命。其二。舊國孤櫬，新塋四神。美名白日，玉樹窮塵。其三。宿草霜薄，青松月苦。汝水東流兮，逝者可哀，原田莓莓兮，凄凉萬古。

孤子禹書